中國 初唐詩論

중국시가론❶

중국 초당시론

류성준

푸른사상

머리말

    중국문학에서 당시(唐詩)는 어떠한 위치에 있는 것인 가라고 깊은 관심을 가지고 묻는 사람들이 많다. 그런 질문은 우리에게 주어진 다양한 여건(與件)으로 인해서 우리는 오랜 역사를 통하여 한자문화권(漢字文化圈)이라는 문화영역 속에서 나름대로 고유한 문화를 창조해 왔기 때문이다.
    그리고 우리 자신이 현실적 입장에서 아무리 서양문물이 우리 문화의식을 지배하는 것처럼 보이는 가운데에서도 역사와 문화라는 면에서 중국이란 그 문화권에서 완전히 자유로울 수 없는 우리 나름의 문화적 성격을 지녔기 때문이기도 하다. 그 질문의 대답은 한 마디로 "그 위치는 절대적이다."라고 할 것이다. 중국문학의 기원이 시로부터 시작되고 시를 통하여 모든 장르가 파생된 것을 알게 되고 중국문학의 모든 작품이 시처럼 운율적인 표현법을 강구하고 그 바탕을 감안하면서 창작하지 않으면 우수한 평가대상이 되기 어렵다는 문학적 특성을 이해한다면 그 대답의 의미는 분명하게 된다.
    오늘날 사용되는 '중국어'의 성조(聲調)가 발음과 어의(語義)에 있어서 가장 중요한 기능을 지니고 있음은 바로 중국어가 지닌 음악성 즉 시적 요소의 중요한 위상을 의미하는 것이다. 그 만큼 중국문화, 좁게는 중국문학 그 자체가 얼마나 음악적 운율과 밀접한 관련이 있는지를 확인하게 하는 것이다. 그러므로 중국문학에서의 시는 단순한 문학상의 장르개념으로만 분류되고 평가될 대상이 아니고 보다 근원적인 대상이 된다는 점을 인식하게 된다. 시는 중국어문학에서 모든 장르의 연원에 기초가 된다고 할 수 있기 때문에 시를 모르고서는 어느 장르의 참다운 이해가 용이하지 않다고 해도 지나친 억설이 아니다. 시는 중국을 공부하는 사람의 알아야 할 첫째 항목이라는 의미도 되는 것이다. 그 시에서 가장 중심이 되는 '당시'는 양적인 면으로는 약 300년간에(618~906 AD) 걸쳐서 2200여 명의 시인에 의해 48000여 수의 시를 창작하여 오늘날까지 천년이 넘도록 전래시켰고, 질적으로는 시성(詩聖)인 두보(杜甫 712~770), 시선(詩仙)인 이백(李白 700~760) 그리고 시불(詩佛)인 왕유(王維 701~761) 등을 위시하여 중국시사의 3분의 2를 '당시'가 차지하고 있는 것이다. 그 당시로는 아직 인쇄술이 발달되기 전인데도 그처럼 방대한 작품들이 전래되었다는 사실 하나만으로도, 당대에 시문학이 얼마나 성행하고 발달되었는지를 짐작하고도 남는다. 이러한 위치에 바로『당시』가 서 있다.

필자가 '당시'를 가까이 하면서 지내온 세월도 어언 40여 년이나 되었으니 적지 않은 시간들이지만, 아직까지 이렇다 할 자취도 남기지 못해 왔고 또 그만한 실력도 갖추지 못하고 있음이 부끄러울 뿐이다. 원래 편협한 소견과 범주 속에서 몇 가지 책을 썼지만 그 모두가 객관적인 평가를 받기에는 여러 모로 미흡하고 오류 또한 적지 않은 바, 이것이 항상 마음에 부담되는 점이었다.

그 간에 필자가 출간한『王維詩研究』(臺灣 黎明出版公司, 1987),『唐詩論考』(北京 中國文學出版社, 1994),『中國唐詩研究』(國學資料院, 1994),『王維詩比較研究』(北京 京華出版社, 1999),『初唐詩와 盛唐詩 研究』(國學資料院 2001 문화부우수학술도서),『唐代 後期詩 研究』(푸른사상 2001),『唐代 大歷才子詩 研究』(한국외대 출판부 2002),『韓國漢詩와 唐詩의 比較』(푸른사상 2002 문화부우수학술도서) 등 당시와 관련된 책들이 있지만, 필자의 견해로 볼 때 전문성을 지니고 있어서 그 나름의 가치를 부여할 수 있을 것이다.

그러나 한편으로는 학문 내용의 대중적 인식의 필요성을 절실히 인식하게 되어 그 시도를 강구하려는 의식에서의 의도와 만족스레 부합되지 않아서 내용상 재활용된 경우가 많았고 편협성도 면치 못한 점을 인정한다. 이런 점에서 학자로서 자괴감(自愧感)을 느끼면서 대중적 홍보 차원에서, 이번에 다시 중국시가론 시리즈 성격의 작업을 시도하게 된 것이다. 그러하다 보니 어느 부분을 제외하고는 지난날에 기술했던 내용을 다소 첨삭하고 쉽게 풀어서 정리하는 작업수준의 한계를 보여줄 수밖에 없게 된 것이다. 이 시가론의 시리즈에는 중국 초당시론을 위시하여 성당(盛唐)시론, 중당(中唐)시론, 만당(晚唐)

시론 등 4시기 당시와 송대 이후의 시, 그리고 현대시가론과 시화(詩話)의 시론, 한중시 비교론 등 모두 10여 종의 내용들이 포함되어 있다. 이들 작업은 모두 필자가 그 동안에 계획하고 준비해온 중국시의 총체적인 논리전개의 일환으로 시도된 것임을 밝혀둔다. 이들 세분화된 분류작업에 앞서서 최근 『중국 시가론의 전개』(한국외대 출판부 2003)라는 제목으로 고대와 근대시가 부분을 다소 포함시킨 종합적 초기단계의 책을 발간하기도 하였다.

본 초당시(618~712)의 시론에는 객관적으로 알려진 작가보다는 제량풍(齊梁風)이 유행하던 시기에 오히려 시 개혁적이며 직설적인, 그리고 시론의 제창자이며 초탈적인 다소 반제량풍 즉 반(反)초당시풍의 요소가 강한 시가들을 선정하여 서술하는데 주안점을 두어 서술방법도 작가와 그 시를 중심으로 하지만 가능한 한 시론적 각도에서 접근하려고 했다. 그리하여 작가론을 전개하기 전에 당시의 시대구분에 의한 시의 성격과 그 중요 작가, 그리고 당시의 형식에서의 체제와 운율을 논하고, 초기 당시의 성격상 고체시와 근체시의 과도기적 의미를 지닌 민가와 고시의 압운(押韻) 및 평측(平仄) 관계를 서술하였다.

아울러 근래 한국에서의 중문학 연구풍토의 상황으로 보아 당시를 위시한 시가연구와 그 교육상의 문제점과 향후 방향을 필자 나름으로 상고한 글을 담고, 이어서 최융(崔融), 소미도(蘇味道), 이교(李嶠) 등 문장사우(文章四友)와 선시인(禪詩人)인 왕범지(王梵志)를 포함시켰으며 성당시와의 교량적인 역할을 한 진자앙(陳子昻)을 심도 있게 다루었다. 최융에서는 시를 통한 교유관계와 시기 지닌 초당시적인 성격인 제량풍적 시 특성과 그에 따른 시내용상의 의식에 대해 집중적으로 거론하고자 하며 소미도에서는 인증자료가 부족한 상황에서 시 자체에 대한 정확한 해석과 그 내면세계의 개성을 주제분류형식으로 구분하여 서술하였다.

그리고 이교에서는 특히 응제시(應制詩)와 영물시(詠物詩) 120수를 중심으로 그만이 지닌 초당대의 기인(奇人)적이며 박학한 시 구사방법에 주안점을 두어 서술하고 시론의 초기단계의 중요 자료인 그의 시격론(詩格論)에 대해서 개관하고자 하였다. 왕범지의 시에 대해서는 기존 발표논저에서 그 일반적인 시론을 서술한 바, 여기에서는 주로 사실적인 직설법에 의한 시 구사에 수반된 다

방면의 고발과 비판 의식을 추출하여 집약시키고자 하였다. 진자앙은 역시 〈감우시(感遇詩)〉 38수가 중요작품인 고로, 그 개괄적인 성격을 논하고 그 개혁적인 복고시풍 즉 시교(詩敎)적 온유돈후(溫柔敦厚) 의식에 대해 나름의 논리를 기술하였다. 이들 일반적인 논리와 작가론의 전개는 모두 당시연구에 시사적(詩史的)인 의미를 지닌 상당히 보편적인 가치가 있는 소재들이라고 자평(自評)한다.

본서를 펴내는 처지에서 그간에 중국문학의 자료를 읽고 이해하기에는 한자 다용(多用)이라든가 서술문장의 고답성(高踏性) 등으로 해서 어렵다라는 고정관념이 읽는 이들의 뇌리(腦裏)에 깊이 뿌리박혀 있었던 점을 솔직히 시인한다. 최근에는 번역이나 주해(註解) 등에 있어서는 전공자가 아니라 해도 능히 읽고 이해할 수 있는 독서물이 다량으로 출간되고 있으며 향후에는 그런 방향으로 나가지 않으면 안 된다고 생각한다. 그래서 본서에서도 중국시가를 대중적 견지에서 접하도록 한다는 취지를 가지고, 전문서적에 대한 독자의 대중화를 위해서 한자 사용의 극소화(極少化), 서술 문장의 평이화(平易化), 그리고 내용 이해의 용이화(容易化) 등에 중점을 두고 가능한 한 독자층의 폭을 확대해야 하겠다는 적극적인 자세로 임하게 된 것이다.

이제 본서를 펴내면서 평소에 어려운 여건 속에서도 여러 종류의 중국시가론 시리즈를 흔쾌히 출간하려는 의지를 지닌 푸른사상의 한봉숙 사장의 높은 안목에 경의와 함께 그 깊은 후의에 고맙다는 말을 전한다. 필자의 오늘은 존경하는 스승들과 선배동료 학자들의 기탄 없는 지교와 격려에 힘입은 바 큼을 이 자리를 빌어서 삼가 감사를 드린다. 한편 원고를 타자하고 정리하느라고 고생한 류신 군에게 학성(學成)하기를 기대하며, 항상 강호 제현의 만사여의(萬事如意)를 축원한다.

2003년 봄

동헌(東軒)에서 류 성 준

차례   중국 초당시론

머리말

당시(唐詩)의 시대 구분과 그 특성 11

당시 연구의 바른 길과 그 교육문제 27
  Ⅰ. 시가 연구의 향후 모색—당시를 통하여 28
    1. 연구 미진의 작가와 그 시에 대한 고찰 · 29
    2. 다양한 연구범위 · 32
  Ⅱ. 한중(韓中) 시가의 비교연구 개황와 당시 관계 48
  Ⅲ. 당시를 위시한 고전시의 교육문제 55

고시(古詩) 율격상의 압운(押韻)과 평측(平仄) 64
  Ⅰ. 고시(古詩)에서의 압운(押韻) 67
  Ⅱ. 고시에서의 평측 유형 71
    1. 측측평평평 · 72   2. 평평측평측 · 73
    3. 평측평평평 · 74   4. 평평평측평 · 74
    5. 측평평측평 · 75   6. 측측평측평 · 76
    7. 측평측측평 · 77   8. 평평측측측 · 78
    9. 측측측측측 · 79
  Ⅲ. 고시의 어법(語法) 문제 88

차례

당대 민가(民歌)의 발생과 그 구성상의 특성 92
Ⅰ. 민가의 발생과 그 배경 93
Ⅱ. 민가에서의 4종 구조 유형 102
   1. 장법(章法) · 103   2. 산성(散聲) · 108
   3. 화창(和唱) · 114   4. 절령(節令) · 116

최융(崔融)의 교유와 시의 제량풍, 그리고 시의 주제의식 122
Ⅰ. 생애와 교유 124
   1. 생애의 생졸연대 문제 · 125
   2. 시를 통한 교유관계 · 135
Ⅱ. 시에 나타난 제량풍(齊梁風) 148
   1. 시어 사용상의 특성 · 152
   2. 명칭의 다양한 활용 · 153
   3. 용사(用事)의 예 · 154
   4. 허자(虛字)의 활용 · 156
   5. 첩어(疊語)의 구사 · 158
Ⅲ. 시의 다양한 주제의식 159
   1. 종군 속의 강개(慷慨)와 사향(思鄉) · 160
   2. 품성의 전아(典雅)와 충성(忠誠) · 167
   3. 인생의 종말과 비애 · 170

 중국 초당시론

소미도(蘇味道) 시의 응제와 영물, 변새와 교유 주제론 174
Ⅰ. 소미도 그 사람 175
Ⅱ. 시의 초당(初唐)적 4가지 특성 179
  1. 응제시(應制詩)의 고아함 • 181
  2. 영물시(詠物詩)의 풍자적인 흥취 • 183
  3. 교유시(交遊詩)의 온유함 • 187
  4. 변새시(邊塞詩)의 비전(非戰)의식 • 197
  5. 서정시(抒情詩)의 정경교융(情景交融) • 199

이교(李嶠)의 응제시와 영물시, 그리고 시격론(詩格論) 204
Ⅰ. 생평(生平) 208
Ⅱ. 전가시와 응제시 216
  1. 전가시(戰歌詩)에 나타난 고원한 기개(氣槪) • 218
  2. 응제시(應制詩)에 나타난 충성심 • 226
Ⅲ. 영물시 120수의 교묘와 미려 235
Ⅳ. 시론「평시격(評詩格)」의 개관 249

왕범지(王梵志)와 그 시의 현실문제 고발의식 255
Ⅰ. 왕범지의 생존 시기와 그의 생활환경 256
Ⅱ. 왕범지 시의 창작배경 269
Ⅲ. 왕범지 시의 일반 성격 275

Ⅳ. 종교에 대한 비판의식	285
Ⅴ. 사회 부조리에 대한 냉엄한 질책	307
Ⅵ. 민생질고(疾苦)에 대한 민심의 통분적 대변	322

진자앙(陳子昻)의 교유관계와 복고개혁적 시풍 … 331
  Ⅰ. 교유관계와 판본(版本) … 332
  Ⅱ. 복고개혁(復古改革)의 시론 … 355
  Ⅲ. 감우시의 풍자의식과 귀자연적 시의 흥취 … 364
    1. 감우시의 특점 · 365
    2. 자연에의 귀거(歸去) · 378

◇ 찾아보기 · 385

中國 初唐詩論

柳晟俊

당시(唐詩)의 시대 구분과 그 특성

　당시란 무엇인가란 물음에 대해서 당대(唐代)에 쓰여진 시라고 답하면 별다른 이론이 없을 것이다. 여기서 첫 마디부터 지극히 상식적인 말로 시작하는 저변에는 그만한 까닭이 있다. 중국문학에서 소위 〈장르〉라는 현대적 개념이 도입된 것부터가 순수한 중국문학적 의식에서가 아니라 서양의 문예사조와 관계되기 때문이다. 물론 중국문학에 전통적인 문체 개념이 있어 왔지만 독립된 개별체로서의 의미는 강하지 않았다. 학문 자체의 연구방법에서 장르별로 엄격한 구상을 중시하지도 않았으며 문학이면 문학 전체를 사학(史學)이면 사학 전체를 총괄하여 습득하는 것이 바로 학문하는 것으로 되어 왔다. 이는 곧 문(文)·사(史)·철(哲)·예(藝)의 균등한 섭렵에서 중국의 학문을 올바르게 터득하는 줄 알고 공부해 왔다.
　따라서 〈당시〉라는 구분개념도 어느 한 시대에 창작된 시를 의미하면서 한편으로는 그 시대의 시적 특성을 의미하기도 하는 것이다. 문학의 정화(精華)인 시가 삼황오제(三皇五帝)부터 면면히 창출되어 왔지만 특히 〈당시〉라고 시대와 장르를 결부시킨 것은 〈당대의 시〉가 시 중에서 가장 훌륭

하고 가치 있다고 해석되어야 한다는 의미이다. 아울러 시대별로 〈한시(漢詩)〉·〈위진시(魏晉詩)〉·〈육조시(六朝詩)〉·〈송시(宋詩)〉 등 왕조에 따라 그 때의 시를 지칭하지만, 그것은 단순히 그 시대의 그 시라는 개념일 뿐 〈당시(唐詩)〉라는 함축적 어의와는 구별되어야 할 것이다. 이와 같이 〈당시〉는 삼백 년도 안 되는 기간에(618~907) 천년이 지난 오늘까지도 2300여 시인에 48,900여 수가(『全唐詩』 900권) 보존되어 왔기에 그 차지하는 비중도 지대하다고 보는 만큼, 당시에 대한 여러 내용들을 개괄적이나마 이해하고 본서 속으로 들어갈 필요가 있다고 본다. 따라서 다음 몇 가지로 나누어 간략하게 기술하려고 한다.

1) 당시가 발달된 원인

〈당시〉는 당나라 때에, 당나라의 시인에 의하여 쓰여진 시를 일컫는다. 중국시가의 발달이 음악과 함께 물론 요순(堯舜)시대부터 시작되었지만, 순수 문학적 입장에서 보아서 시경(詩經)시대부터 짚어본다 해도 삼천년이나 끊이지 않고 전개되어 오면서, 유난히 당나라에 와서 어떻게 근체시(近體詩)(율시와 절구)가 정착되며 중국문학 전체의 커다란 비중을 차지하게 되었는지를 이해하지 않으면 안 되리라고 본다. 이미 말한 바이지만 판본(版本) 기술이 덜 발달되고 천여 년이나 종이의 질(紙質)을 보존하기가 거의 불가능한 상태에 있었는데, 지금까지 그 양이나 질적인 면서서 찬란한 문학적 성가(聲價)를 독차지하다시피 하게 된 원인이 무엇인 지를 알고 싶은 것이다.

첫째, 당대에는 학술 사조가 다양하게 성행하였다는 것이다. 당나라는 도교(道敎)를 국교로 하여 태현진경(太玄眞經)으로서 노자(老子)의 도덕경(道德經)을 추숭하고 도교의 장소(長嘯)나 연단(鍊丹)이 매우 일반화되어 생활의 중요한 일이 되어 있었다. 그리고 전통적인 유가(儒家)의 사상을 견지하면서 불교가 동한(東漢)시대에 중국에 들어 왔지만, 남북조(南北朝)

시대에 성행하면서 당나라에 유입되어 당나라의 초기인 태종(太宗)이나 고종(高宗) 때에 현장법사(玄奘法師) 같은 이들이 불경을 번역하고 선교하는 일을 도우면서 당나라 시대를 통해 지속적으로 교세를 키워 왔다. 이러한 현상은 마치 춘추전국시대에 제자백가들이 할거하던 것과 비슷하였으니 종교사상의 흥성은 즉 문학이 질적인 면이나 양적인 면에서 비례하여 발전하는 요인이 되었던 것이다.

둘째, 정치와 사회의 변화무쌍한 배경이 당시 발달의 큰 요인이 되었다. 태종(太宗, 627~649) 때에 문치(文治)를 중시하여 어진 신하를 임용하고 세금과 부역을 덜면서 태평시대를 열었으며 현종(玄宗, 712~755) 때에는 물정이 풍부하여 당대의 황금시대를 맞게 되었다. 따라서 개국한지 백 년간의 정치와 경제의 안정으로 문화가 자연스러이 발전하게 된 것이다. 아울러 대외적인 영토확장이나 외교 면에서도 성공을 거둔 시기라고 할 것이다. 초반 40년 동안에 돌궐(突厥), 토번(吐蕃), 구자(龜玆), 신라(新羅), 일본 등에 도호부(都護府)를 두어 감독하고 남방으로는 동남아의 월남·버마까지 조공케 하여 중국영토상 가장 광대한 영역을 확보하였으며 문화의 교류 또한 빈번하여 국내외의 학인들의 왕래가 사방 각 국으로 활발하였다. 그러면 여기서 그 예로써 우리 삼국시대의 신라와 당의 시인들의 교류관계를 살펴보면서 당대의 숭문(崇文) 의식을 관조하고자 한다.

신라가 당나라와 교류하기 시작한 시기는 초당 시기인(621년 전후) 신라 진평왕(眞平王) 43년 전후로 간주하는데(『三國史記』 권4) 신라인으로 당의 빈공과(賓貢科)에 급제한 사람만도 김운경(金雲卿) 등 58인이나 되었다고 한다. 구체적으로 보면 『전당시』에 수록된 신라인의 시가 김진덕(金眞德:진덕여왕)·왕거인(王巨仁)·김입지(金立之)·김가기(金可紀)·김운경(金雲卿)·설요(薛瑤) 등 9인의 시가 수록되어 있으며 최치원(崔致遠)·박인범(朴仁範) 등 신라인이 당인에게 준 증시(贈詩)도 십여 수에 달하였다. 그리고 당인이 신라인에게 보낸 증시도 이섭(李涉)·장적(張籍)·장효표(章孝標)·피일휴(皮日休)·정곡(鄭谷)·나은(羅隱)·고운(顧雲)·관휴(貫休) 등의 시 41수나 수록되어 있는 것이 발견되었다(졸저, 『중국당시연구』 하권 참조). 아울러 그들 상호간의 친분도 두터워서 온화한 인정을 읽을 수 있으며 원진(元稹)의 백씨장경집서(白氏長慶集序)에 보면 신라의 경주에서는 백거이(白居易)의 시가 돈 백 량에 교환될 만큼 문물의 교류가 풍성하였다는 것이다. 이와 같은 당나라의 문화적 역할이 당의 문화 수준을 더욱 높이고 긍지심을 북돋아 주었으리라고 본다.

　셋째, 문학 운동에 진력할 수 있는 환경이 조성되어 있었다는 것이다. 문학의 발달에는 음악과 미술 등 예술의 발달이 수반되는 것이다. 당의 현종 때에 음악을 관장하는 교방(教坊)을 두고 관직에 태악승(太樂丞)이 있었으며 전대의 궁중 및 민간의 악곡을 정리케 하였다. 중당대(中唐代)에 신악부(新樂府)가 다시 성행한 것이며 당 중엽부터 서서히 파생하기 시작한 〈사(詞)〉의 등장도 바로 이러한 바탕 위에 가능하였다. 미술도 당에 와서 남화(南畵)가 파생하여 그림의 입체감과 함께 문인화의 등장이 가능하였으며 예술의 규격화된 굴레를 자유로이 벗어날 수 있는 풍토가 조성되게 된 것이다. 특히 한대(漢代)에 성행하던 악부(樂府)가 당대에 와서 더욱 성행하고 체계화된 것은 단순한 음악적인 연관 이상의 사회 구조상의 낭만적이며 토속적인 풍조의 영향도 많이 작용하였다고 본다. 당시의 발달은 일시적이거나 정책적인 인위(人爲)에 의한 요인 때문이 아니고 자연스러우면서도 오랜 시간 쌓여진 복합적인 이유들 때문에 곧바로 당대라는 시기를 거쳐서 형성된 중국문학사상의 피할 수 없는 자연 현상적인 추세의 결과로 나타났다고 보는 것이 보다 합리적일 것이다.

2) 당시의 시대구분과 그 특성

　당시를 시대구분 하는 방법은 여러 설이 있지만, 지금까지는 명대(明代)

의 고병(高棅)이 분류한 다음의 사분법(四分法)을 따르고 있다.(『唐詩品彙』序) 고병도 송대의 엄우(嚴羽)가 분류한 5분법(『滄浪詩話』에서 唐初體·盛唐體·大曆體·元和體·晚唐體로 나눔)을 근거로 하여 나누어 그 시기의 시풍과 활동한 시인들을 체계화 시켰다는 데에 그 구분의 의미를 줄 수 있다. 그러나 어느 시대의 한 시인의 풍격이 반드시 자기가 살던 시기의 풍격에 속한 것으로 일률적인 평가를 하는 편협성에 대해서는 다시 깊이 생각해 보아야 한다. 더구나 문학이라는 시공(時空)에 구애받지 않는 정신세계를 창조하는 면에 있어서는 더 말할 나위가 없다. 그래서 첸중수(錢鍾書)도 일찍이 육유(陸游)가 송대에 살았지만 어느 한 곳에 송시의 맛이 있느냐며 살기는 송대이지만 당시의 맛을 지녔다고 하여 문학시기의 구분에 대해 비판적인 견해를 피력하기도 하였다.(『談藝錄』) 어떻든 이러한 점을 감안하면서 고병의 사분법에 의하여 각 시대의 당시 특성을 보고자 한다.

(1) 초당시(618~712)

육조(六朝)와 수(隋)의 유미주의적인 제량풍(齊梁風)이 계승되었지만, 시의 새로운 형식과 기교가 규율화 되고 이전의 고체시의 틀에서 새로운 시체(詩體)가 완성되었다. 상관의(上官儀) 등의 궁정시인과 왕발(王勃) 등의 초당사걸(初唐四傑), 그리고 최융(崔融) 등의 문장사우(文章四友)가 형식미와 음률을 중시하여 내용보다는 격률에 여전히 치중하였기에, 그에 따라 심전기(沈佺期)와 송지문(宋之問)에 의해서 근체시(近體詩)의 완성을 보게 된 것이다. 그러나 이 시기에도 체재의 중시를 반대하고 성정을 시의 요소로 강조하던 이른바 반제량풍(反齊梁風)의 시를 중시하던 진자앙(陳子昻)과 장구령(張九齡) 같은 시개혁론자들도 등장하였다. 이들 반제량풍의 시인들은 그 이후에 성당시풍을 활짝 열어주는 시문학상의 중요한 역할을 하게 된다.

　이 시대의 중요한 작가로는 율시 완성에 큰 공헌을 한 상관의(上官儀, 608~664)를 비롯하여 제량풍을 따랐지만 독자적인 초당시를 주도한 초당사걸(初唐四傑)인 왕발(王勃, 648~675), 양형(楊炯, 650~692 ?), 노조린(盧照隣, 637 ?~676 ?), 낙빈왕(駱賓王, 640~680 ?)이 있었고 초당 후기에 유미풍을 계승하면서 율시의 완성에 적극적인 역할을 하였던 문장사우인 최융(崔融, 652~705), 이교(李嶠645~714), 소미도(蘇味道), 두심언(杜審言, 645~708 ?) 등을 먼저 들 수 있다. 그리고 같은 노선을 지킨 율시의 완성자인 심전기(656~713)와 송지문(656~712)은 여러 문인의 도움 속에 오언율시를 먼저 완성하고 칠언율시와 절구를 체계화하여 오늘의 '한시(漢詩)'라는 체재의 틀을 만들었다. 한편, 형식보다는 내용을 중시할 것을 주장하던 반제량풍의 시인들의 활약도 적지 않아서 초기에는 왕적(王績, 585~644), 왕범지(王梵志), 한산(寒山) 등 은둔시인들이 있었으며 특히 시에 성정의 홍기(興寄)를 중시하여 제량풍을 극력 반대한 진자앙(661~702)이나 장구령(678~740) 등은 성당시풍의 조성에 길잡이라는 시대적 의미에서 중요한 위치에 있었다.

　(2) 성당시(713~765)

　성당대는 정치·경제의 안정과 번영을 누리면서도 안록산(安祿山)의 난 등 국내외적으로 난리도 많았다. 이 시기에 특기할 것은 현종(玄宗)과 양귀비(楊貴妃)의 애정으로 나타나는 여러 가지 부작용으로 백성에 대한 세금 과중, 기강의 문란, 군벌의 발호 등의 현상이 일어나서 성세의 풍기가 무너지고 민생의 질고가 극심하여지니, 시인의 마음과 현실 또한 이율배반적인 처지에 빠지게 되어 자연히 시도 성정위주의 낭만적이며 자연추구의 은일(隱逸)사상이 깃들어 갔다. 거기에다 초당말기에 일어난 시개혁 정신이 이어지면서 진자앙·장구령에 뒤이어 하지장(賀知章, 659~744)과 장열(張說, 667~730) 등이 그 뜻을 계승하여 성당시의 문을 열게 되자, 개성에 따라서 여러 파의 시풍이 서로 조화를 이루는 당시의 황금기를 맞게 되었다.

이 시기에는 왕유(王維, 701~761)와 맹호연(孟浩然, 689~740)을 중심한 자연시파가 나와서 산수전원을 주제로 하여 자연을 노래하며 은거적인 의식 속에 현실 문제를 떠난 초월적인 시 세계를 추구하였다. 이런 유파에 속했던 시인으로는 위응물(韋應物)·기무잠(綦毋潛, 741전후)·배적(裵迪) 등을 들 수 있다. 그리고 이 시기에는 잦은 전쟁이 있었는데, 그 당시의 문인들에게는 나라가 혼란하여 민심이 어지럽고 고통스러운 까닭에 비전사상(非戰思想)이 팽배해 있었다. 따라서 고적(高適, 702~765)이나 잠삼(岑參, 715~770)같은 시인들은 변새(邊塞)시파로서 구분되어 전쟁에 대한 갖가지 소재를 작품 속에 다루어 현실적이고 진취적인 면을 보여주었다. 그러나 그들도 역시 자연을 노래하는 낭만성을 공유하고 있었다.

그렇지만 이 시기에 있어서 무엇보다 중요한 시인들은 바로 이백(李白, 701~762)과 두보(杜甫, 712~770)인 것이다. 이들은 당대의 시인일 뿐 아니라 중국문학을 대표하는 시인이기 때문이다. 낭만시인으로서의 이백과 사실주의 시인으로서의 두보는 당시가 낳은 시선(詩仙)이요 시성(詩聖)이다. 이백은 도가적 색채가 강하지만 유가적인 면도 지니고 있으며, 유랑생활을 많이 한 까닭에 다양한 시가를 남기고 있다.

여러 가지의 시형을 구사하는 데에 그의 뛰어난 시재(詩才)를 발휘하여서 자유분방하게 시의 감흥을 토로하였다. 두보가 그의 시를「筆落驚風雨, 詩成泣鬼神」(寄李十二白二十韻)(붓을 쓰면 비바람이 놀란 듯하고 시가 지어지면 귀신도 흐느끼네.)라고 읊은 것으로도 이백의 기품을 알 수 있다. 천재 시인은 그의 창작기교와 시의 정취를 가장 즉흥적이고 담백하게 승화시킨 것이다. 두보는 이백에 비해 율격에 엄정하였다. 즉흥이 아니라 많은 각고의 노력에 의해 입신(入神)의 경지에 든 완전한 시를 창조해낸 것이다. 그의 시는 그의 삶이요, 사회상 그 자체이었으며 살아있는 모습 그대로였기에, 하나 하나가 바로 〈詩史〉였다. 1,400여 수의 그의 시는 하나같이 형식과 내용이 잘 다듬어져 있어서 후세의 만인에게 사표가 되며 그의 불행한 생애와는 달리 길이 추승되고 있다.

(3) 중당시(766~835)

이 시기는 대력(大歷, 766~804)과 원화(元和, 805~835)로 나누어 볼 수 있다. 대력시기는 성당을 계승하여 두보의 영향권에 있었으니 현실주의적인 경향을 지니고 있었다. 노륜(盧綸, 748~799), 전기(錢起, 722~785)를 중심으로 한 대력십재자(大歷十才子)들의 활약이 눈에 띄였으며 민생고를 위시한 평용(平庸)한 시가들을 남기고 있어 부분적으로는 문학적 가치를 높이 평가받지 못하지만 전체적으로 중요한 시사적 의미를 지니고 있다. 그러나 원결(元結, 723~772)이나 유장경(劉長卿, 709~780) 등은 왕유나 맹호연을 계승하여 민중의 고통을 노래하면서도 풍유(諷諭)의 뜻을 살리려고 하였고 자연풍의 시도 구사하였다.

원화(元和)시기에는 백거이(白居易, 772~846)를 위시한 원진(元稹, 779~831), 장적(張籍, 765~830), 왕건(王建, 751~835) 등이 신악부운동(新樂府運動)을 전개하여 속어의 구사는 물론이거니와 철저하게 민중의 실상을 풍유하는데 주력하였다. 그리고 한유(韓愈, 768~824)의 기험(奇嶮), 맹교(孟郊, 751~814)의 평담(平淡) 등은 특기 할만 하고 유종원(柳宗元, 773~819)과 유우석(劉禹錫, 772~842) 등은 중당에서도 자연시를 계승 발전시켰으며 이하(李賀, 791~817)는 낭만적이지만 유미풍을 지향하고 난해한 상징시를 개척하기도 하였다. 이 같이 성당에 이르러 시형과 기교를 발달시켰는가 하면, 중당에서는 그것을 더욱 차원 높여서 발전시켜 나갔다고 하겠다.

(4) 만당시(836~906)

　만당은 정치가 혼미해져서 나라가 망해 가는 시대였다. 정치와 사회가 부패하여 백성의 고통은 극에 달하였으며 시인들은 현실을 도피하고 은둔하려 하였고 자포자기적이며 말세적인 도덕과 기강의 문란이 돌이킬 수 없는 지경에 달해 있었다. 따라서 시도 화사한 표현에 주력하여 내용보다는 겉모양의 미화(美化)를 따르게 되었다. 이것을 유미주의적인 시대라고 말하고 있다. 그러나 시단에서는 순수 유미파로 두목(杜牧, 803~852)과 이상은(李商隱, 812~858)을 들 수 있는 반면, 이 시기에도 정치와 사회의 부패와 혼란을 고발하는 현실주의적인 시인들도 많아서 피일휴(皮日休, 843~883)나 두순학(杜荀鶴, 846~907) 등은 민중의 비참한 생활상을 적나라하게 묘사해 냈던 것이다. 여기에 피일휴의「농부의 노래(農夫謠)」한 수를 보고자 한다. 만당에도 이같이 백거이 못지 않은 사실파의 부류가 있었던 것이다(졸서,『中國唐詩硏究』참조).

　　　　농부가 고생을 원망하여
　　　　나에게 그 마음 털어놓는다.
　　　　"한 사람이 농사하기 어려워도
　　　　열 사람의 원정은 하여야 하네.
　　　　어째서 강회의 곡식을
　　　　배와 수레로 서울로 실어 나르나?
　　　　황하 강물은 번개같아서
　　　　태반은 물에 잠기고 빠진다.
　　　　옮기는 일에 능사가 난
　　　　양반들 어찌 감히 투덜대는가.
　　　　삼천에선 어찌 농사 안 짓고

서울 땅엔 어찌 밭갈이 안 하는가.
어찌 그 곡식 수레에 실어
임금의 병사에게 주려함이 아니런가!"
멋지도다! 농부의 말씀
왕도를 어떻게 꾸려 갈려 하는지!

農父寃辛苦, 向我述其情. 難將一人農, 可備十人征.
如何江淮粟, 輓漕較咸京. 黃河水如電, 一半沈与傾.
均輸利其事, 職司安敢評. 三川豈不農, 三輔豈不耕.
奚不車其粟, 用以供天兵. 美哉農父言, 何計達王程.

당시를 이해한다면 중국의 시를 이해한 것이며 중국문학을 올바르게 이해할 수 있는 것이다. 당시를 모르면 중국의 문학세계를 제대로 모르는 것이기도 하다.

3) 당시의 형식

중국의 시는 그 형식에 있어서 크게 고시(古詩)와 근체시(近體詩)로 나누는데, 당시는 이 둘을 모두 포함하고 있다. 고시에는 다시 시경체(詩經體)의 시와 오언고시・육언고시・칠언고시 등 다양한데, 당시에는 오언과 칠언을 다용하고 있었으며 여기에서도 두 가지에 국한시켜서 적기로 한다. 한편, 근체시는 당대에 완성된 시체이므로 상용되었다. 율시와 절구, 그리고 배율(排律)로 구별하여 각각 5언과 7언체를 쓰고 있다. 시는 시의 운율이 있어서 창할 수 있고 음영할 수 있으니 시의 운율은 시의 음악성과 불가분의 관계를 갖는 직접적인 이유가 된다.

먼저 당고시(唐古詩)의 격률을 보겠다. 운(韻)을 쓰는데, 평운(平韻)을 쓰는 고시와 측(仄)운을 쓰는 고시가 있으며 4구마다 운을 바꾼다. 고시이므로 통운(通韻)을 하며 전편의 시가 한 개의 운을 가지고 유사운과 통운하는 경우와 두 개 내지 그 이상의 운을 채용하는 경우가 있다. 따라서 근체시처럼 한 개의 운(一韻)으로 시 전체를 압운하는 일운도저(一韻到底)만을 하지 않고 환운(換韻)할 수 있다. 그리고 당고시의 평측론(平仄論)은 이론이 많은데(졸서,『中國唐詩研究』의「古風의 格律」, 1994년 참고) 다음에 몇 가지 참고할 사항을 보기로 한다.

① 고시의 평측(平仄)은 율시와 맞지 않는다.

    時見歸村人, 沙行渡頭歇。(孟浩然「秋登蘭山寄張五」)
    평측평평평 평평측평측
    때때로 돌아가는 사람 보니
    모래 위에 가다가 나루터에 쉬네.

② 앞 구에서 입률(入律)하면 대구(對句)에서는 피한다.

    明日隔山岳, 世事兩茫茫。(杜甫「贈衛八處士」)
    평측측평측 측측측평평
    내일 이별하여 높은 산에 막혀 있으면
    서로의 소식일랑 또 알지 못하리.

여기서 대구는 입률하지만 출구(出句)는 입률하지 않는다.

③ 삼평조(三平調)(平三連)를 많이 쓴다.

    悠悠西林口, 自識門前山。(王維「崔濮陽兄」)
    측측평평평

아늑히 서림의 입구에 서 있으니
문 앞에 산이 있음을 알겠노라.

다음에는 율시와 절구의 평측배열을 도시하려 한다.

① 오언율시의 평측식정격(平仄式正格)
(측)측평평측, 평평(측)측평.(운)
(평)평평측측, (측)측측평평.(운)
(측)측평평측, 평평(측)측평.(운)
(평)평평측측, (측)측측평평.(운)

여기서 첫 구에 운을 쓰면 〈측측측평평(운)〉이 되어야 한다.

② 오언율시의 평기식정격(平起式正格)
(평)평평측측, (측)측측평평.(운)
(측)측평평측, 평평(측)측평.(운)
(평)평펴측측, (측)측측평평.(운)
(측)측평평측, 평평(측)측평.(운)

여기에서 첫 구에 운을 쓰면 〈평평측측평(운)〉이 되어야 한다.

③ 칠언율시의 측기식정격
(측)측평평(측)측평(운), (평)평(측)측측평평.(운)
(평)평(측)측평평측, (측)측평평(측)측평.(운)
(측)측(평)평평측측, (측)평(측)측측평평.(운)
(평)평(측)측평평측, (측)측평평(측)측평.(운)

여기에서 첫 구에 운을 쓰지 않으면 〈(측)측(평)평평측측〉이 되어야 한다.

④ 칠언율시의 평기식정격
(평)평(측)측측평평(운), (측)측평평(측)측평.(운)
(측)측(평)평평측측, (평)평(측)측측평평.(운)
(평)평(측)측측평평(운)

여기서 첫 구에 운을 쓰지 않으면, 〈(평)평(측)측평평측〉이라고 해야 한다.

⑤ 오언절구의 측기격평성운정식(仄起格平聲韻正式)
(측)측평평측, 평평(측)측평.(운)
(평)평평측측, (측)측측평평.(운)

여기에서 첫 구에 운을 쓰면 〈(측)측측평평(운)〉이 되어야 한다.

⑥ 오언절구의 평기격평성운정식(平起格平聲韻正式)
(평)평평측측, (측)측측평평.(운)
(측)측평평측, 평평(측)측평.(운)

여기에서 첫 구에 운을 쓰면 〈평평(측)측평(운)〉이 되어야 한다.

⑦ 오언절구의 측기격측성운정식(仄起格仄聲韻正式)
(측)측평평측(운), (평)평평측측.(운)
평평(측)측평, (측)측평평측.(운)

⑧ 오언절구의 평기격측성운정식(平起格仄聲韻正式)
(평)평평측측(운), 측측평평측.(운)
(측)측측평평, (평)평평측측.(운)

⑨ 칠언절구의 측기격평성운정식(仄起格平聲韻正式)
(측)측평평측측평(운), (평)평(측)측측평평.(운)
(평)평(측)측평평측, (측)측평평(측)측평.(운)

여기에서 첫 구에 운을 쓰지 않으면 〈(측)측(평)평평측측〉이 되어야 한다.

⑩ 칠언절구의 평기격평성운정식(平起格平聲韻正式)
(평)평(측)측측평평(운), (측)측평평(측)측평.(운)
(측)측(평)평평측측, (평)평(측)측측평평.(운)

여기에서 첫구에 운을 쓰지 않으면 〈(평)평(측)측평평측〉이 되어야 한다.

⑪ 칠언절구의 측기격평성운정식(仄起格平聲韻正式)
(측)측(평)평평측측(운), (평)평(측)측측평측.(운)
(평)평(측)측측평평, (측)측(평)평평측측.(운)

⑫ 칠언절구의 평기격측성운정식(平起格仄聲韻正式)
(평)평(측)측평평측운, (측)측(평)평평측측.(운)
(측)측평평(측)측평, (평)평(측)측평평측.(운)

이상의 여러 격식에서 〈……起格〉이란 첫 구의 제2자가 평성이냐 측성이냐에 따라 구분한 것이고, 〈측〉형은 그 자리에 평과 측의 공용이 가능하다는 의미가 된다. 시의 운율은 『절운(切韻)』에서 정리된 평성(平聲) 57운, 상성(上聲) 55운, 거성(去聲) 60운, 그리고 입성(入聲) 34운 등 모두 206운을 가지고 활용하는데 평성운이란 상평과 하평을, 측성운이란 상성·거성과 입성을 두고 하는 말이다. 위에 열거한 형식들은 정해진 규율이거니와, 규식에 얽매이지 않고 변격을 만들어 시를 짓는 경우가 더욱 많았음을 간과할 수 없는 것이다. 당시의 세계는 형식이나 내용에 있어서 변화무쌍한 풍격과 화려섬세(華麗纖細)한 기교, 그리고 영적인 승화(昇化)를 추구한 경계를 골고루 갖춘 중국문학 최고의 금자탑이라고 말할 수 있다.

당시 연구의 바른 길과 그 교육문제

　중국문학에서의 고전시의 위상은 새삼스럽게 강조할 필요가 없을 만큼 절대적인 것이라고 할 것이다. 문학의 연원과 기초로서 시경(詩經)과 초사(楚辭)는 장르상 시에 속하고 중국문학의 모든 장르는 시를 바탕으로 해서 형성되어 발달되었기 때문이다. 따라서 시를 이해하지 않고서는 중국문학 자체의 근본을 올바로 이해할 수 없다고까지 해도 지나친 억설이 아닌 것이다. 그런데도 최근에는 특히 국내에서 학문 연구분위기가 연구 분야의 세분화 현상과 기초학문에 대한 실용성 문제, 또는 수련의식의 인내와 노력의 부족, 그리고 균형 있는 기초학문대한 배양의식의 감소 등으로 인하여, 학문의 기초인『시경』이나『초사』를 외면한다거나, 또는 문언문(文言文)의 독해력에 소홀하다던가 하는 학문적인 기초실력의 배양이 미진한 현상을 지적하게 된다. 그러면서도 어떤 면에서는 전공의 세분화에 따라서 시 자체의 비중이「시문(詩文)」위주의 연구범주로부터 다양해져서, 소설과 희곡은 물론이고, 백화문(白話文)의 현대문학까지 균형 있는 폭의 확대가 그 나름대로 필요한 현상일 수도 있다고 수긍해 본다. 이러한 시점에, 중문학에서의 고전시의 연구와 그 교육 문제를 재조명하여 향후의 방향을 제시한다는 것은 시기적으로 아쉬우면서도 나름대로 의미 있는 일이라고 사료된다. 본고의 목적으로 보아서 중국시 전체를 소재로 하여야 하지만 시중에서도 그 정화라 할 당시(唐詩)에 대해서 집중적으로 반추(反芻)하므로 해서 중국시, 그리고 나아가서 중국문학 전반을 포괄하는 한 계기로 삼고자 한다. 따라서 여기서는 당시연구의 폭과 대상의 한계를 벗기고, 아울러 당시의 사적인 면과 시론적 면 등에 대한 과감한 재론이 있어야 하겠다는 데에 먼저 그 대부분의 초점을 맞추고, 아울러 그 교육의 현실과 문제점, 그리고 개선할 점 등을 거론하고자 한다.

Ⅰ. 시가 연구의 향후 모색―당시를 통하여

필자의 소견으로는 당시의 중요성에 대한 인식에 비해서, 오히려 그에 대한 체계적이며 논리적인 탐구는 훨씬 미치지 못할 뿐 아니라, 당시의 4분기에서 「문학사」나 「시사」에서 극히 한정된 작가들만 그 연구의 대상이 됐을 뿐, 연구의 폭이나 심도가 바람직하게 더 하여지지 못해왔었다. 그러나 중국을 위시하여 타이완(臺灣), 일본, 구미(歐美) 각지에서의 당시에 대한 연구가 재연되기 시작하여, 중국에서는 당대문학회(唐代文學會)를 중심으로(격년으로 국제학술토론회가 열림) 푸쉬엔중(傅璇琮), 탄이우쉬에(譚優學), 왕다진(王達津), 리우카이이앙(劉開揚), 천보하이(陳伯海), 위시엔하오(郁賢皓), 천시앙진(陳尙君), 지앙인(蔣寅) 등 장년학자들의 활동이 두드러지면서 1980년대에만 1000여 종의 글들이 발표되고[1] 미국이나 유럽에서도 미국인 Nienhauser, Owen와 캐나다인 Kanne, 그리고 독일인 Klopsch같은

---

1) 천윈지(陳允吉)의 「十幾年來國內唐詩硏究綜述」(『中國社會科學』, 1993年 5期). 中國唐代學會會刊(제9기. 臺灣) 에서 근5년 간 唐代文學硏究槪況을 참조.(1998.11)

중진학자들의 논저들이 끊임없이 깊이를 더해가고 있다.

한편, 국내의 상황은 전공의 세분화와 특히 현대문학에 관심이 점증하면서 비율적으로 양과 질에 있어서, 학자의 수에 비해 적어지는 경향을 보이고 있다. 이러한 추세로 인해 전통적인 연구안목과 방법(청대 훈고학파적인 소위 타이완식)에 있어서도 문예미학이론이나 서양문학이론 등의 응용으로 새로운 노정에 들어서 있다고 본다. 그러나 그 나라의 그 문학이 지닌 나름대로의 정신을 바르게 이해하는데는 그 나라대로의 전통방법이 소홀시 되어서는 안 된다고 본다. 따라서 여기에서는 상기한 여러 상황을 통하여 최근 몇 년간 필자가 동서양을 다니면서 느낀 점 가운데에서 필자의 졸문 몇 개를 들면서 당시에 대한 폭과 방법상의 소회를 적어서 자신에 대한 반성과 가편(加鞭)의 기회로 삼고자 한다.

1. 연구 미진의 작가와 그 시에 대한 고찰

앞에서 이미 밝힌 바와 같이 틀에 박은 듯 한정시킨 몇몇 작가에의 탐구에만 집착할 것이 아니라 아직 정리되어야 할 『전당시(全唐詩)』상의 작품세계의 선정과 발굴작업이 가하여져야 공정한 당시의 역사와 작가론이 나올 수 있는 것이다. 현재 상태의 시사나 통론서로는 『전당시』에 대한 객관적인 평가를 하기에는 부족하며, 비교적 많은 작가를 거론하고 있는 리우카이이앙(劉開揚)의 『당시통론』에서도 기존 관계에서보다는 풍부한 작가가 등장하지만 이 역시 절대부족의 단계에 머물러 있어서 그 자신도 이 점을 밝히기를,

> 초당의 시문집은 모두 152작가의 것이 있는데, 그 중에 이름난 시인은 20명에 불과하고 성가가 비교적 큰 사람은 12명일뿐이다.[2]

---
[2] 劉開揚 『唐詩通論』 p.19, (木鐸出版社, 1983)

初唐詩文集共一百五十二作家, 其中著名的詩人不過二十人, 成就較大的
　　僅有十二人.

라고 하여 왕규(王珪), 위징(魏徵), 우세남(虞世南), 왕적(王績), 왕범지(王梵志), 상관의(上官儀), 초당사걸(初唐四傑), 심전기(沈佺期), 송지문(宋之問), 두심언(杜審言), 상관완아(上官婉兒) 등을 열거하고 있다. 그러나 여기서는 문장사우(文章四友)를 위시하여 오중사사(吳中四士) 등 검토되어야 할 대상이 적지 않다. 이러한 현상은 초당시에만 국한되어 있지 않고 당시 전반에 걸쳐 연구대상의 한계성을 노출하고 있는 것이다. 이러한 중에도 푸쉬엔중(傅璇琮)의 『당대시인총고(唐代詩人叢考)』(중화서국, 1980), 지앙인(蔣寅)의 『대력시인연구(大歷詩人研究)』(중화서국, 1995)같은 전론서가 나왔음은 매우 다행스러운 일이다. 따라서 필자는 지난 20여 년 간 통해 연구대상의 폭을 확대하는 시도적 작업을 전개하여 왔는바 그 글들의 목록을 열거하면 다음과 같다.

(1) 「李益과 그 시 소고」(『중국문학』 4집, 1977) ; 중당시의 대언자적 입장과 시의 재평가.
(2) 「杜牧 시의 우국적 호건풍」(『중국문학』 7집, 1980) ; 유미적이며 색정문학으로 분류된 오해를 수정.
(3) 「寒山과 그 시 고」(『외대론문집』 15집, 1982) ; 선과 시와의 관계를 창랑적 시론을 가하여 신시도하고 道仙적 풍을 구명.
(4) 「초당 李巨山 시 논고」(『중국연구』 7집, 1983) ; 초유의 분석으로 그의 시풍 (특히 영물시 120수)를 구명.
(5) 「羅昭諫詩之評語輯析」(『중국학연구』 1집, 1984) ; 고문체의 논문으로 나은시에 대한 평석을 재분류.
(6) 「許渾 시 시고」(『葛雲 文璇奎박사 화갑기념 논문집』, 1985) ; 허혼 시의 초탐적 분석으로 고문체.
(7) 「張祜 시 시고」(『중국연구』 10집, 1987) ; 이것은 당대문학 국제학술대

회(臺灣大學, 1988)에서 필자가 발표한 장호의 시문에 이어지는 연구로서 시에 대한 본격적인 연구.
(8) 「皮日休 시 고」(『중국학연구』 4집, 1988) ; 문예에서의 피일휴 사상을 바탕으로 그의 시 전체에 대한 초탐.
(9) 「崔融과 그 시 고」(『외대론문집』 23집, 1990) ; 18수의 시와 시론을 초탐.
(10) 「薛能 시 시탐」(『중국학연구』 6집, 1991) ; 설능의 생존시기 및 시에 대한 초탐.
(11) 「戎昱과 그 시」(『중국학보』 31집, 1991) ; 융욱(740-801)의 졸년 재론과 시풍 고찰은 탄이우쉬에나 푸쉬엔 중의 이론을 수정.
(12) 「李頎의 시교 고」(『외대논문집』 25집, 1992) ; 이기의 교유관계에 대한 초탐. 142수 시고에 대한 초보단계.
(13) 「韓君平과 그의 시교 고」(『중국연구』 13집, 1992) ; 중당대 시인으로서 그의 생평과 교우에 대한 초탐.
(14) 「韓君平 시의 풍자와 비전의식」(『중국문학』 19집, 1992) ; 한굉 시에 대한 최초의 분석. 중당의 변새시와 상반된 풍격.
(15) 「만당 羅昭諫 영물시의 풍자성 고」(『교육논총』 8집, 1993) ; 최치원의 스승으로서 한국한시에의 입지는 중요한 착상, 그 전단계로서의 분석.
(16) 「中唐陸宣公之文學與詩三首」(『외대논문집』 26집, 1993) ; 변문 대가인 육지의 문학과 잔존된 시 3수를 집중분석.
(17) 「吳中四士與其詩」(『蒼石 李炳漢선생화갑논집』 1993): 초당 하지장, 장욱 등의 시를 풍격별로 분석.
(18) 「敦煌寫本 王梵志 시와 그 윤리의식 고」(『중국연구』 13집, 1993): 시에 나타난 도덕관을 정리분석.
(19) 「蘇味道 시의 상석」(『중국학연구』 8집, 1993): 시 전체를 역석하고 분석.
(20) 「皇甫湜과 그 시 삼수 석」(『중국어문학지』1집, 1994): 장편고시 3수만을 집중해석하고 분석.
(21) 「王梵志 시와 종교타락상 고발」(『중어중문학』18집, 1996): 시에서 유불도 삼교의 부패상을 고발한 부분을 정리.
(22) 「王梵志 시의 사회모순 비판」(『중국학보』36집, 1996): 시에서 사회현실에 대한 직설과 풍자를 추출하여 정리.
(23) 「戴叔倫 시의 진위와 주제의식 고」(『이문논총』18집, 1998): 대력시인

의 체계적 연구의 일환으로 시의 고증과 제재별 내용 고찰
- (24) 「皮襲美와 그 시의 현실묘사 고」(『외국문학연구』5집, 1999): 피일휴의 생평과 사회시를 중심으로 고찰.
- (25) 「중당 盧綸 시 고」(『외대론문집』32집, 2000): 대력시인에 대한 연구일환으로 시의 소재별 분류.
- (26) 「중당 李嘉祐 시 고」(『외대논문집』33집, 2001): 대력십재자의 하나인 시인과 그 시의 개관.
- (27) 「중당 錢起 시 고」(『외대논문집』34집, 2002): 시의 사실적 성격과 시의 회화적 기법 고찰.

이들 위의 글들은 계획된 연구절차에 의해서 진행되어온 일부의 결과에 불과할 뿐이며, 이 같은 작업은 향후에도 지속적으로 이어져 나갈 것이다.[3] 그리하여 당대시사의[4] 온전한 서술이 가능하도록 하여야 하며 나아가서 다른 분야의 체계적인 연구에 본보기가 되게 하여야 한다. 단순히 자기본위대로 지엽적이며 편의적인 연구의식만으로는 어느 한 분야의 연구 체계화가 불가능하다는 절실성을 깊이 인식하게 된다.

2. 다양한 연구범위

어느 연구의 테마는 그에 합당한 방법을 통하여 연구되는 것이 상례인데, 경우에 따라서는 피상적인 테마에 주력하고 그 대상의 진면목을 파악

---

3) 졸저 『唐代 大歷才子詩 硏究』(한국외대출판부, 2002.3)를 출간한 것도 소외된 중요작가의 탐구일환이 된다.
4) 국내에는 唐詩에 대한 개론서로서 安炳國의 唐詩槪說이 나와 있을 뿐이고 일본에는 唐代詩史라는 명칭하에 시대적으로나 내용적으로 계통없이 단지 몇 명의 작가만을 주관적으로 서술하였을 뿐이다.(예컨대, 目誠) 그리고 중국에서 근자에 나온 몇 종의 당시사류도(예를 들어 許總의 『唐詩史』, 江蘇敎育出版社, 1994) 기존의 알려진 작가중심의 범주를 벗어나지 않고 있다. 그 이유는 당연히 선행되어야 할 새로운 작가탐구가 거의 없는 상황의 기존자료만으로 서술하고 있기 때문이다.

못하는 어리석음을 범하기 쉬운 것이다. 연구자세가 정직하고 성실해야 하며, 허식과 위선이 용납되어서는 안되기 때문이다. 중국문학은 적당히 이루어지는 것이 아니다. 그러므로 어느 학자가 있는데 그가 연구하게된 학연과 지연을 중시하게 되며 사승 관계를 확인해 보는 까닭을 이해하게 된다. A라는 테마를 연구하기 위해서는 그에 상응하는 기초능력을 구유 해야 한다. 따라서 자신의 전공선택을 독해력이나 자료의 수집과 분석능력 등 객관적인 자아판단에 의하여 양심적으로 결정해야 한다. 이에 상반되는 풍토가 일고 있지나 않을지 자성하고 바르게 지켜나가야 한다. 우리 한국의 중국문학계에 일어날 수 있는 졸속주의나 적당주의를 막아야만 정통적인 학문의 맥을 이어나갈 수 있는 것이다. 필요한 학문의 기초역량을 배양하는데 최선의 노력을 경주해야 한다. 그러기 위해서는 학문하는 목표와 근성이 절대로 요구된다. 그 이상과 실현은 공론에서 나오는 것이 아니라 끈질긴 집념에서만 가능하다. 그 속에서 바로 어느 한 분야에 대한 연구소재를 파악하여 구명하는 진정한 성과를 기대할 수 있다. 당시의 연구에 있어서도 주어진 한정되어 버린 테마를 쫓다간 오히려 편벽 된 연구결과를 낳을 수 있다. 비록 평면적인 일차적 방법론이지만 사실에 근거를 둔 분석이 제일 요건이며 각종 현학적인 무슨 논이니 설이니 하는 논리를 적용하여 시 자체의 순수성을 배제하게 되고 학문의 편법이 도입될 수 있기 때문이다. 시라고 하지만 정감의 진실성 여부가 그 시의 가치를 좌우하는 것이기 때문이기도 하다. 따라서 연구의 테마는 정통적 안목에서 정해져야 하니, 그들을 예거하면 다음과 같이 볼 수 있다.

1) 작가의 생평과 교유관계

 당대의 시인들은 일부를 제외하고는 생평이 불명한 경우가 대부분이다. 따라서 직·간접적인 자료를 통하여 가능한 연보작성이 될 때에 그 시인의 작품세계의 이해가 용이하다. 그러나 이것은 단순한 문학적 의식으로는 접근하기가 용이치 않다. 역사적 배경을 함께 하므로 이의 구명은 문학연구(작품)에 중요한 과정이며, 또 그 연구는 문학 자체의 연구로 평가되어져야 한다. 예컨대, 설능(薛能)의 경우를 보면, 원이두어(聞一多)가 817년(憲宗 元和 12년)에 출생했다고 『唐詩大系』 하였지만 이렇다할 근거가 부족하다. 그러나 탄이우쉬에(譚優學)에 의하여 개괄적이나마 고증되면서[5] 필자에 의해 시작 계년(繫年)이 미진하나마 작성되고[6] 그 시의 풍격도 고찰할 수 있게 된 것이다. 그리고 교유관계는 사서(史書)와 작품, 그리고 시화(詩話)나 잡기(雜記)에서 상호 교류의 예증을 추출하여 시인의 위치나 의식을 탐색하는 것인데, 작품상에 제시된 인명과 시속에서의 내용, 그리고 시의 주제가 동시에 참증되어야 한다. 한굉(韓翃)의 교유를 보면 그의 시 165수에서 증별류가 아닌 것은 단지 13수뿐이며 그 외는 모두 대인관계의 시들로 구성되어 있으니, 이는 누구보다도 교유가 빈번했음을 알 수 있고 또 교유관계를 파악하지 않고는 그의 시를 올바르게 구명할 수 없는 것이다. 그리고 대력 시대의 문단까지도 그 흐름을 유추할 수 있으므로, 한굉의 경우 필히 교유관계를 선결해야 하는 것이다. 따라서 시상에 나타난 30여 명의 인물 가운데에서 영호원(令狐垣)(『전당시』 권253)・전기(錢起)(722~780, 상동 권236~239)・하후심(夏侯審)(상동 권295)・이가우(李嘉祐)(719~781, 상동 권207~207)・이길보(李吉甫)(758~814, 상동 권318)・낭사원(郎士元)(727~780, 상동 권248)・황보염(皇甫冉)(723~767, 상동 권249~250)・유태진(劉太眞)(상동 권252), 냉조양(冷朝陽)(상동 권305) 등을 추출하여 상호교유의 면모를 살핌으로써 시의 정확한 이해로 들어갈 수 있는 것이다. 영호원과의 관계는 한굉에게는 다음 「영호원외의 집 연회에서 중승에게

---

5) 譚優學은 『唐詩人行年考續編』(巴蜀書社, 1987)에서 「薛能行年考」를 게재.
6) 졸문, 「薛能詩試探」(『中國學硏究』 6輯, 1991)에서 315수(《全唐詩》 9函 2册) 중에서 98수의 작시년대를 구명했음.

(令狐員外宅宴寄中丞)」가 있어 영호원에 대한 순수한 정을 표출하고 있다.

쓸쓸한 빛 내음 비단 장막에 맺혀 있는데
그대와 함께 청명한 밤에 기약했다네.
옥잔 남은 곳에 술 취하고
은촛대 지는 곳에 그대 보내네.
홀로 천리 밖에 앉아서
쓸쓸히 눈을 보며 시를 읊노라.

寒色凝羅幕, 同人淸夜期.
玉杯留醉處, 銀燭送歸時.
獨坐隔千里, 空吟對雪詩.

영호원에게도 두 수의 시가 있으나 한굉을 두고 쓴 시가 아니다.[7] 그러나 그 의취는 담허(淡虛)와 통하고 있다. 또 전기와의 관계를 보면, 이들은 당시의 여러 문인들과 어울린 것을 알 수 있다. 대력 3년(768)에 왕진(王縉)이 유주(幽州)로 부임할 때 같은 제목의 송별시를 남긴 데에서 황보염(皇甫冉)·황보증(皇甫曾)도 동석했었고[8], 냉조양·낭사원 등도 별도의 자리에서 어울린 것이다.[9] 전기와 한굉의 사이는 초탈적 정분을 나눈 것을 알 수 있으니, 한굉의 「저주부 댁의 모임에서(褚主簿宅會畢庶子錢員外郞使君)」를 보면,

---

7) 令狐垣의 두 수의 시는 「硤州旅舍奉懷蘇州韋郞中」·「釋奠日國學觀禮聞雅頌」
8) 황보염은 「送王相公之幽州」(『全唐詩』 4함 7책)·황보증은 「送王相公赴幽州」(상동 3함 9책)이 있으며 전기는 「送王相公赴范陽」(『錢考功集』卷七)·한굉「奉送王相公縉幽州巡邊」 등이 있어 동석의 증거가 된다.
9) 냉조양을 전송하며 전기는 「送冷朝陽還擢第後歸」(상동), 한굉은 「送冷朝陽還上元」이 있으며, 낭사원이 鄭州刺史로 부임할 때 전기는 「寄郎士元使君」, 한굉은 「送郢州郎使君」을 써서 증송했음.

항아리 열어 보매 섣달에 빚은 술 익었으니
주인네 흔쾌한 이 마음 나와 같겠지.
석양이 댓가지에 뉘엿이 걸친 중에
하늘에는 흩뿌리는 눈만 어지럽네.

開甕臘酒熟, 主人心賞同.
斜陽疏竹上, 殘雪亂天中.

이 시는 소탈한 이심전심의 표현을 하고 있다. 문인의 기품이 있고 청아한 우정이 깃들어 있다. 전기의 시 「왕육과 함께 안국사에서(同王鍩起居程浩郞中韓翃舍人題安國寺用上人院)」의 일단을 보아도 상통함을 볼 수 있다.

날이 새도록 화로 연기 꺼지지 않고
날 밝은데 층계의 햇빛에 공허함이 깃들었구나.
미친 사람 방에 들어 할 일 없어서
오로지 흰 눈과 벗하며 같이 웃는다네.

曙後爐煙生不滅, 晴來階色幷歸空.
狂夫入室無餘事, 唯與天花一笑同.

하나 더 예를 든다면, 낭사원과의 관계인데, 이들은 대력십재자의 재자들로서 낭사원의 시도 73수 중에 33수가 송시인 만큼 대인관계가 빈번하였다. 따라서 나이로나 성격으로나 관로에 있어서 처지가 비슷하였으니 한굉의 「영주낭사군을 보내며(送郢州郞使君)」에서,

많은 사람 깃털 꽂고 맞거늘
뉜가 하니 범선성(낭사원)이네.

저녁에 내린 눈에 초산은 차고
봄 강에 한수는 맑구나.
깨끗한 쌀로 나그네 밥해 먹고
푸른 죽대로 쪽배를 끌고 가누나.
헤어지면 언제 만날 건가.
그리는 마음에 방초만 돋누나.

千人挿羽迎, 知是范宣城.
暮雪楚山冷, 春江漢水淸.
紅鮮供客飯, 翠竹引舟行.
一別何時見, 相思芳草生.

라고 한 것이라든가, 낭사원의 「한사직을 연릉으로 전송하며(送韓司直路出延陵)」에서,

오 땅에 놀다가 월 땅으로 떠나거늘
왔다 갔다 세상 풍파에 맡기누나!
그대 다시 떠나 보내면
향긋한 봄 풀 어이할 가.
강가에 뚜렷이 눈 자욱 그대로인데
밀물이 가득한데 석양이 짙기도 하네.
그대 저 묘당에 머물면서
배 멈추고 한 번 들러가렴.

遊吳還適越, 來往任風波.
復送王孫去, 其如春草何.
岸明殘雪在, 潮滿夕陽多.
季子留遺廟, 停舟試一過.

라고 하여 위의 두 시의 소재가 상통하며 담백한 시흥(詩興)에서 양인의

의식상태를 엿볼 수 있으며, 삶의 길을 서로 격려하는 면모를 보여준다. 이러한 시를 통한 교유를 통하여 어느 한 시인의 내면세계를 파악하고 시인의 시 자체에 대한 객관적 평가가 가능한 것이다.

2) 시 자체의 객관적 분석

시에 대한 연구의 본령이 되는데, 연구대상이 안 된 희소한 시인의 작품에 있어서는 접근하기가 쉽지 않다. 기존의 자료가 없기도 하지만, 있다 하여도 그 부족한 자료로 인해서 오히려 주관에 치우치기가 쉽다. 거기에다 또 단순한 시의 감상에 흐르기 쉽기 때문에 시의 풍격을 논함에 있어 기존의 시평에 관한 인증이 수반되어야 하며, 그 근거 하에 주관적 논술이 가미될 수 있다. 따라서 시의 분석에 있어서도 생평과 교유 등의 자료가 필수적인 요건이 될 수밖에 없다. 예컨대, 융욱(戎昱)의 경우를 보면, 탄이우쉬에(譚優學)의 「戎昱行年考」(『唐詩人行年考續編』)와 푸시엔중(傅璇琮)의 「戎昱考」(『唐代詩人叢考』) 등 두 편의 생평에 대한 상이한 자료 외엔 이미 나온 시문학사 자료에조차 거의 거명되지 않았던 시인이다.10) 융욱은 탄이우쉬에(譚優學)가 말한 바 "자연히 우리는 융욱도 성당대의 음을 높이 낸 자라고까지는 주장하지 못하겠다. 그러나 이러한 시인이 과거에는 홀대받았지만, 사실은 그에게 일정한 시인으로서의 역사적인 지위는 부여해야 한다.(自然我們不能要求戎昱還高唱盛唐之音. 這樣的一位詩人, 過去是被忽略的, 其實應該給他一定的歷史地位.)"(「戎昱行年考」)라고 밝힌 대로 시 자체에 있어서도 상당한 가치를 지니고 있음을 그의 시 분석에서 확인할 수 있다. 그의 시 120수(『전당시』 4함 10책)에서11) 변새시가 23수,

---

10) 劉開揚의 『唐詩通論』이나 李日剛의 『中國詩歌流變史』(p.354, 臺灣 文津出版社)에 한 페이지 할애할 뿐 국내 서적에는 전무함.
11) 수록되기는 127수이나 그 중 7수는 타인작으로 부기되어(「全唐詩原注」) 있기도 하니 120수로 봄.

영회시가 23수를 차지하고 이미 지적한 자료에서도 잠삼(岑參)의 영향권에 넣고 있는 것으로 보아 정통적인 변새 시인이 되겠으나 한편으로 탈속의 은일낭만성을 지닌 면이 더욱 강하고[12], 또 종군의 의식도 비전적(非戰的) 의식에 차 있음을 인증하는 배려도 있어야 한다. 비록 시화상에서 보잘것 없는 평가를 내리고 있지만[13], 이것도 하나의 주관일 수 있기 때문에 현재의 관점에서 재조명할 필요가 있습니다. 필자는 융욱을 기존의 연구에서 이익(李益)의 뒤에 놓고 시풍도 그의 아류로 보는 풍조에서 생평상 이익보다는 빠르고, 또 그 독자적인 시파를 형성하였음을 구명하였고(필자의 「융욱과 그 시」, 『중국학보』 31집, 1991), 미진하나마 그 시의 특성을 3분화하여 고찰한 바 있다. 이제는 당시연구의 개척적인 대상 선택과 접근 용기가 필요할 때이다. 국내의 사계도 독자적인 학로를 열어야 한다. 지난날에 구미, 대만, 대륙 등 여러 당대문학 국제학술토론회에 참가해 보고, 여러 대학과의 상호 연구와 교류를 통해 볼 때, 그들의 학적 자세와 수준을 보면서 더욱 자신감을 갖게 되고 우리도 그들과 학문적으로 대등한 수준을 지니고 있으며 나아가서는 한국한문학과 연계된 비교문학적 입장에서는 오히려 우위의 위치에 설 수 있고, 또 있도록 해야 한다고 절감하고 있다. 더구나 우리는 한국한문학이라는 그들이 접근하기 어려운 무한한 연구자료를 보유하고 있기에, 더욱 분발의 끈을 굳게 당겨야 할 줄 안다. 융욱 시에 있어서의 비전사상은 그의 시를 제고시키는 새로운 면으로서 「새하곡(塞下曲)」 제3수를 보면,

   새북 지방엔 초목이 없고

---

12) 그의 시에는 영물이 9수, 서정이 21수, 그리고 도선시가 19수나 된다.
13) 『滄浪詩話』는 「戎昱在盛唐爲最下, 已濫觴晚唐矣. 戎昱之詩, 有絶似晚唐者」(「詩評」)라 하고, 『石洲詩話』는 「戎昱詩亦卑弱. 滄浪詩話謂昱在盛唐最下, 已濫觴晚唐, 是也」(卷二)라 함.

40 · 중국 초당시론

까마귀, 솔개는 시체에 둥지 치네.
넓은 사막 텅 빈데
종일 두고 삭풍만 부네.
전사들 고생만 많으니
그 고생 사시절이 따로 없구나.

塞北無草木, 烏鳶巢僵屍.
決漭沙漠空, 終日胡風吹.
戰卒多苦辛, 苦辛無四時.

　이것은 전장의 참상과 고통을 부정적으로 묘사하고 있다. 주전(主戰)과 승전 고취보다는 암울한 현실에 초점을 두고 있다. 그리고 융욱의 시에서 전혀 관심을 두지 않았던 그의 성당적 낭만풍을 제시해야 한다는 점이다. 그에게 이 특성이 없다고 보기에, 그를 최하니 만당의 남상(濫觴)이니 라고 폄하했을 것이다.14) 그의 시에는 정경교융(情景交融)이 넘치고 시중유화(詩中有畵)의 흥취가 돋보이니,「적상인의 선방(寂上人禪房)」은 그 예가 된다.

속세의 먼지며 뜬 찌꺼기가
참선의 문을 막아 버렸으니
백세의 늙은 이 몸과 맘
언제나 한가함을 얻을 건가.
어떻게 하면 이 삶이
산천초목을 더불어 하여
꺼릴 것 없이 사시절을
오래 두고 누릴 수 있으리오.

俗塵浮垢閑禪關, 百歲身心幾日閑.

---

14)『滄浪詩話』詩評:「戎昱在盛唐爲最下, 而濫觴晚唐矣.. 戎昱之詩, 有絶似晚唐者.」

安得此生同草木, 無營長在四時間.

　속세의 허무와 오욕에서 초탈하고픈 희구는 변새 시인의 의식에서 찾기 어려운 삶 자체의 숭고미를 표출해 준다. 이러한 융욱의 특성을 구명하는 자세가 향후의 당시연구의 독자성을 형성케 하는 착점의 일례가 될 수 있다. 시의 분석과 연관시켜서 지적하고 싶은 것은 분석의 근거자료는, 가능하다면 시화 등 중국의 것에서 찾아야 한다는 것이다. 근년에 서양문학이론을 인증 자료로 활용하는 예를 쉽게 보는데 이것도 필요에 따라서는 가능한 일이지만 우리가 연구대상으로 삼는 소재 대부분은 역대의 각종 시화류에서 거의 거론되고 있기 때문에 우선 원래의 자료에서 해결하려는 연구자세가 요구되는 것이다. 최소한 송대 이후의 시화에 대한 근거자료의 수집을 중시할 필요가 있다.15)

3) 돈황사본(敦煌寫本)의 당대시가

　돈황 당시로는 왕범지(王梵志) 시집과16) 위장(韋莊)의 〈진부음(秦婦吟)〉 외에 왕쭝민(王重民)이 「보전당시습유(補全唐詩拾遺)」(劉脩業 정리, 『中華文史論叢』, 1981년 제4집)에서 127수의 시를 보충했으니17) 그 제목을 열거하면 다음과 같다.

　　권1 잔시집(殘詩集)(≪補全唐詩漏編≫)

---

15) 필자는 졸저 『淸詩話硏究』(國學資料院, 1999. p.410)를 펴낸 바가 있다.
16) 王梵志詩集은 張錫厚의 『王梵志詩校輯』(中華書局, 1983)과 項楚의 『王梵志詩集校注』(上海古籍出판사, 1991) 등 교주본이 나왔고 80여 편의 각종 연구자료가 있으며, 국내는 졸문 「敦煌寫本 王梵志詩와 그 倫理意識考」(『中國硏究』, 1993) 있음.
17) 王重民의 『補全唐詩』 서언에는 「這裏補出的詩凡九十七首, 又殘者三首, 附者四首, 共百四首. 作者五十人, 三十一人見全唐詩, 十九人全唐詩未載.」라 하니 후에 보충됐음.

李翔 涉道詩 (P3866) 28수
馬雲奇詩集殘卷(P2555) 13수

권2 일명시(佚名詩)
殘詩集(P2555) 59수
王昭君怨諸詞人連句(P2748) 1수
謁法門寺眞身五十韻(P3445) 1수
無題(P5558) 1수

권3 돈황인작품(敦煌人作品)
敦煌二十詠竝序附 1수 모두 21수
詠敦煌詩(P5007) 3수

  이상에서 열거된 작품들은 향후 집중정리가 될 것이로되, 특히 왕범지 시 는 당시를 보완하는데 중요한 부분이 될 것이다. 지앙시호우(張錫厚)의 교집본(校輯本)에는 329수, 시앙추(項楚)의 교주본(校注本)에는 390수가 각각 수록되었는데 이것은 시집 서문에서 "시 삼백여 수를 짓다(制詩三百餘首)"라 한 것과 상통하니, 지금은 왕시의 거의 대부분이 돈황사본 28종에서 수집 정리되었다고 볼 것이다. 『전당시』에 수록되지 않았지만, L1456호의 원권제기(原卷題記)에 "대력 6년 5월 일 왕범지 시 110수를 초록함. 법문법사가 기록함.(大歷六年五月□日 抄王梵志詩一百一十首法門法寫之記)"(771년)라고 기재되어 있어서 왕시가 이 때에 서역까지 유행하였음을 분명히 하고 있다. 그럼에도 청대에 편집된 전당시에 미 기재 된 이유라면 왕범지 자신에 대한 출신불명과 저속한 표현과 기탄 없는 직설에 있지 않을까 추측해본다. 원서에 보듯이, 왕시를 숙독하게 되면[18],

---

18) 『王梵志詩集校注』卷5. 왕범지 시는 전부 무제시이므로 대개 시의 첫구를 시제로 삼는 경향이다.

부모의 뜻을 어기는 자식이 반성하여 효도하게 될 것이며
게으른 며느리가 아침저녁으로 시부모를 모시게 될 것이다.
불량자와 탕자가 부끄러워하게 될 것이며
온 나라의 떠돌이가 고향을 그리워하게 될 것이다.

逆子定省飜成孝, 嫺婦晨夕事姑嫜.
查郞湯子生慙愧, 諸州遊客憶家鄕.

라고 하여 왕시가 직언과 비판의 핵을 담고 있음을 알 수 있다. 예컨대, 불효를 통렬히 비판한 시를 보면,

어머니가 아들을 사랑함만 보일 뿐
아들이 어머니를 사랑함은 보질 못했네.
장성하여 장가들면
되려 부모가 추하다고 싫어하누나.
부모 말은 안 듣고
오로지 색시 말만 들으며
생존시에 봉양치 않다가
죽은 후에 흙에다 제사지내니
이러한 도둑놈을 보면
때려 죽여도 그 뉘 옹호하겠나.

只見母憐兒,　不見兒憐母.
長大取得妻,　却嫌父母醜.
耶娘不採括,　專心聽婦語.
生時不恭養,　死後祭尼土.
如此例見賊,　打煞無人護.(項楚校注本 卷二)

이 강한 직설은 보는 자로 하여금 두렵고 부끄러운 마음을 떨칠 수 없게 한다. 더구나 불자의 타락에 대해서는 비판의 도를 더하고 있으니,[19]

살아 있는 부처에 배례하지 않고
재물과 여색에만 빠져 있구나.
낮에는 공명을 쫓고
밤에는 쾌락을 쫓으니
해탈의 수행은 안하고
고뇌의 굴레에 매여 있구나.

生佛不拜禮, 財色偏染箸.
白日趨身名, 兼能夜逐樂.
不肯逍遙行, 故故相纏縛.

　왕범지의 시는 당대의 선시(禪詩)의 사표가 되고 그에 따라 승려는 물론 문인의 선시에도 선도적 역할을 하였음을 부인할 수 없게 하니 소재의 최상품임을 확인할 수 있다.

3. 연구해야 할 대상작가 목록

　상기한 바, 돈황사본 당시의 철저한 정리와 연구가 필요하다. 왕범지의 시는 당시 전반에 끼친 영향 때문에 집중적인 연구 대상이 되어야 하며, 그 당시의 당음(唐音)과 속어(俗語)를 연구하는데 중요한 자료가 될 것이다. 예컨대, "世間何物貴, 無價是詩書"(張氏 校注 306호)에서 書(shu)는 왕범지 당시에는 지금과 같은 독음이 없이 'shi'나 'zhi'로 발음 내어, '知'나 '兒'와 協韻하며[20], "尋常打酒醉"(상동 274호)에서 '打'자는 당대의 속어로는 '喫'(먹다, 마시다)의 뜻이며, "滿街肥統統"(상동 275호)에서 '肥統統'도 당대의 속어로 살이 쪄서 볼록한 모양이니 살이 통통하다의 성음과 상

---
19) 상게서 권6
20) 白滌中의 「關中方音調查報告」 p.184

관이 있는지, 그리고 "閒無呼喚"(상동 286호)에서도 '閒'은 閉의 속어이며 "急手攝你脚"(상동 288호)에서 끝 세 자는 당대의 '너를 잡아가다'의 방언이었음을 규지할 수 있다. 그리고 왕범지 시의 표현법은 전무후무할 정도의 직설이어서 각종 서에 거론되었음에도[21] 『전당시』에 미 기재 된 이유의 하나로 추정하고자 하는 것이다.[22] 이와 더불어 현존 『전당시』상에 1권 이상의 시수와 독특한 경지를 갖고 있는 시에 대한 고찰이 미진한 작가명을 열거한다면 다음과 같으며 □표 한 것은 당시의 총체적인 이론적, 사적 개관을 위해서 긴요한 연구대상임을 밝혀 둔다.(괄호 안의 숫자는 권수임)

---

21) 張錫厚의 校輯本 부록을 참고.
22) 졸저 『初唐詩와 盛唐詩 연구』(국학자료원, 2001) 참조.

張謂 (1), 包佶 (1), 李嘉祐 (2), 包何 (1), 皇甫曾 (1), 賈至 (1),

獨孤及 (2), 郎士元 (1), 皇甫冉 (2), 秦系 (1), 嚴維 (1), 戴叔倫 (2),

盧綸 (5), 李端 (3), 楊憑 (1), 楊凝 (1), 楊凌 (1), 司空曙 (2),

崔峒 (1), 劉商 (2), 朱灣 (1), 于鵠 (1), 朱放 (1), 武元衡 (2),

羊士諤 (1), 楊巨源 (1), 裵度 (1), 令狐楚 (1), 王涯 (1), 陳羽 (1),

張仲素 (1), 皇甫湜 (2), 呂溫 (2), 盧仝 (3), 楊衡 (1), 牟融 (1),

劉言史 (1), 李德裕 (1), 熊孺登 (1), 李涉 (1), 陸暢 (1), 鮑溶 (3),

舒元輿 (1), 殷堯藩 (1), 施肩吾 (1), 周賀 (1), 鄭巢 (1), 章孝標 (1),

顧非熊 (1), 裵夷直 (1), 朱慶餘 (2), 雍陶 (1), 李遠 (1), 喩鳧 (1),

劉得仁 (2), 薛逢 (1), 趙嘏 (2), 盧肇 (1), 姚鵠 (1), 項斯 (1),

당시 연구의 바른 길과 그 교육문제 • 47

馬戴 (2), 韓琮 (1), 李群玉 (3), 段成式 (1), 劉駕 (1), 劉滄 (1),

李頻 (1), 李郢 (1), 崔珏 (1), 曹鄴 (2), 儲嗣宗 (1), 司馬札 (1),

于武陵 (1), 高駢 (1), 于濆 (1), 李昌符 (1), 汪遵 (1), 許棠 (1),

邵謁 (1), 林寬 (1), 周繇 (1), 聶夷中 (1), 顧雲 (1), 張喬 (2),

曹唐 (2), 來鵠 (1), 李山甫 (1), 李咸用 (3), 胡曾 (1), 方干 (6),

羅鄴 (1), 羅虯 (1), 高蟾 (1), 章碣 (1), 秦韜玉 (1), 唐彦謙 (2),

周朴 (1), 鄭谷 (4), 許彬 (1), 崔塗 (1), 韓偓 (4), 吳融 (4),

杜荀鶴 (4), 王貞白 (1), 張蠙 (1), 翁承贊 (1), 黃滔 (3), 殷文圭 (1),

徐夤 (4), 錢珝 (1), 喩垣之 (1), 崔道融 (1), 曹松 (2), 蘇拯 (1),

裵說 (1), 李洞 (3), 唐求 (1), 于鄴 (1), 周曇 (2), 李九齡 (1), 和凝 (1)

王仁裕 (1), 李建勳 (1), 張泌 (1), 伍喬 (1), 陳陶 (2), 李中 (4),

徐鉉 (6), 孟貫 (1), 成彦雄 (1), 譚用之 (1), 王周 (1), 劉兼 (1),

花蘂夫人 (1), 靈一 (1), 淸江 (1), 無可 (2), 廣宣 (1), 子蘭 (1),

貫休 (12), 齊己 (10), 杜光庭 (1), 呂巖 (4),

　이상은 당시사를 객관적으로 정리하는 데 필요한 최소한 연구대상이며 □ 안의 대상은 나름대로 중요한 가치를 지녔다고 볼 수 있다. 사계에 종사하는 동학의 참여와 학문의 확고한 객체의식을 다지는 계기가 될 수 있기를 기대하는 것이다.

Ⅱ. 한중(韓中) 시가의 비교연구 개황와 당시 관계

　이 분야는 우리의 입장에서 매우 중요한 책임감을 가져야 할 것이다. 한국인이 중국문학을 연구함은 단순한 '모의(模擬)'적 단계에 머물게 될 가능성이 많기 때문이다. 나름대로의 독자성을 갖기 위해서 한국한문학이라는 우리의 것이 있으니 이 또한 타국학자들이 따를 수 없는 궁극적인 학문세계가 되겠다. 따라서 중문학자 못지 않게 국문학과 한문학의 학자들이 비교 연구참여도가 높게 나타나고 있다. 그 연구발표는 비교문학회·동방문학비교연구회·한국한문학회 등 어느 모임이든 두루 가능하며,

동방시화학회(東方詩話學會)는 그 대표적 활동무대가 된다. 국외에는 중국 당대문학회를 위시하여 수다한 국제학술활동에서 주목의 대상이 되는 분야가 바로 이 비교연구인 것이다.

국내에서 한중시비교의 기원은 김태준(金台俊) 이후에 정학모(鄭鶴模)의 「한문학과 국문학」(1949), 이능우(李能雨)의 「한중율문의 비교」(1959) 등 초기의 문학일반론적인 시기에서 시작되어 1960년대의 이병한(李炳漢)의 「시화에 산견되는 이조문인의 문학관」(1967)은 시 비교연구에 중문학도가 새삼스레 참여하는 중요한 계기를 제시해 주었다.23) 이어서 허세욱(許世旭)은 「韓中詩話淵源考」(1968・臺灣師大 박사논문)를 발표하여 학계에 큰 자극을 주어 본격적인 중문학자의 한국한시에 대한 연구 참여가 시작되었다고 본다. 한편 차주환(車柱環)은 「시가를 통해본 한중문학사상」(1973)을 발표하기 앞서 한국 한시화(漢詩話)를 선역한 『詩話와 漫錄』(1966)을 출간한 것은 중문학자가 국문학에 직접적으로 기여한 본보기가 된다. 이것은 홍인표(洪寅杓)가 『西浦漫筆』의 역주와 『洪萬宗詩論研究』 같은 역작을 산출시키는 동기를 마련해 주었으며, 국문학자의 중문학 연구의 풍토 또한 비상하여서, 이병주(李丙疇)의 두시(杜詩)연구, 손팔주(孫八洲)가 신위(申緯) 시를 원호문(元好問)・왕사정(王士禎)과 비교한 것은 상당한 연구업적이라고 평가된다. 이제 당대를 전후한 비교연구상황을 개관하겠다.

1. 당대 이전의 시 비교

그 비교대상이 시경・초사・도연명(陶淵明) 등에 치중해 있는데, 시경과

---

23) 국내에서 중문학도의 韓國漢文學과의 관계는 金台俊의 『朝鮮漢文學史』(1936년)가 처음일 것이다.

관련하여 서수생(徐首生)의 용비어천가(龍飛御天歌)와의 관계(1965), 김원경(金圓卿)의 시조(時調)문학과의 관계(1982), 그리고 심경호의 조선 시경학(1987)과 차주환의 「丁若鏞의 시경강의」(1985)를 들 수 있으며, 초사와 관련하여서는 전영란의 굴부(屈賦)와 정철가사(鄭澈歌辭)의 관계(1981)와 이창룡(李昌龍)의 김시습(金時習)의 굴원 수용관계(1984) 등을 열거할 수 있다. 순수문학적인 시경·초사와 연관성을 우리 문학에서 더 찾을 수 있는 소재가 적지 않으리라 보아, 이런 비교연구의 분발을 촉구한다.

그리고 도연명과의 관계는 우선 남윤수(南潤秀)가 한국한시 속에서 화도시(和陶詩)를 수집·정리하고 분석한 업적을 높이 평가해야 할 것이며 이창용의 고려와 이조한시의 총체적인 비교고찰(영향관계)(1973·1974)과 송정헌(宋政憲)의 이색(李穡) 및 삼은시(三隱詩)와의 연관(1985·1986) 등 두 사람의 종합적인 개관은 참고 할만 하다. 당대 이전의 비교대상인 조식(曹植)·사령운(謝靈運)·유신(庾信) 등과 죽림칠현(竹林七賢) 등과의 관계도 향후 고찰되어야 할 것이다.

2. 당대의 시 비교

이 시점의 비교연구는 역시 당시연구자들의 활동이 두드러지고, 그 범위도 한국한시와의 비교인 만큼, 두보·이백·왕유·한유·백거이 등에 한정되어 있다. 예컨대, 두보와의 비교로는 이병주가 『杜詩諺解抄』(1959)부터 「韓國之杜詩」(1963) 등 20여 편의 논저를 발표하여 국내의 두시와 그 비교분야에 단연 다대한 업적을 쌓았고, 이어서 이창용은 「高麗詩人과 杜甫」(1976)·「한국시문학에 대한 杜詩 영향연구」(1980)·「退溪의 杜詩受容樣相」(1982) 등 10여 편의 체계적인 연구물을 내놓아 이병주와 함께 주된 연구자로 평가된다. 그리고 이어서 김영란(金英蘭)도 「韓國詩話中有關杜甫及其作品之硏究」(1989·臺灣사대 박사논문)를 전후하여 다수의 관련논문을 발표하여 그 맥락을 잇고 있다.

이백과의 관계로는 이석호의 「이백이 한국문단에 끼친 영향」(1984) 등 여러 편의 논문과 이창용의 「鮮代詩에 대한 이백시 수용양상」(1983) 등 5편의 유관 자료를 볼 때, 이조의 유학 숭상의식이 이백에 대한 홀시로 작용한 것이 보이고, 기설한 바와 같이 이백 시의 언해가 두시에 비해 거의 전무한 것으로 이해된다.24)

왕유 시와의 관계는 류성준이 「王維詩與申緯詩之比較硏究」(臺灣師大박사논문 1978)를 위시하여 진화(陳澕)·김구용(金九容)·성간(成侃)·이달(李達)과 왕유관계 논문들을 (1977·1981·1983·1985) 발표하여 왕유 시가 이·두(李白과 杜甫)·한·유(韓愈와 柳宗元)·구·소(歐陽修와 蘇軾)의 영향 못지 않음을 조명해 주었다. 류성준은 「全唐詩所載新羅人詩」(1979)과 「羅唐詩人交遊考」(1981)를 통하여 ≪전당시≫에서 20여 수의 신라인시를 추출하였고, 나당시인의 교류시를 30여 수 수집하여 정리한 바, 최치원(崔致遠) 이전의 한국한문학의 공간을 다소 보충하였다. 그리고 최근 최치원 시를 만당 나은(羅隱) 시와 접맥시켜 시도한 「나은시와 최치원시 비교」(1993)와 「이백과 이조 鄭斗卿詩의 풍격비교」(1999)도 참고할만한 자료로 본다.

한유시와의 관계는 허권수(許捲洙)의 「韓愈詩文의 한국에서의 수용」(1985)과 이창용의 「퇴계시의 한유시 수용」(1992)이 자료로 보일 뿐이며, 백거이와의 관계는 김경동(金卿東)의 「백낙천과 고려문인」(1992)이 보인다.

---

24) 근년에 全州지방에서 著者와 書名, 年代 등이 未詳인 李白詩 80여 수를 諺解한 筆寫本 자료가 발견되어 그 간략한 내용소개를 拙著 『韓國漢詩와 唐詩의 比較』(푸른사상사 2002년 4월) 「제3편 朝鮮漢詩와 唐詩」편에 수록.

3. 당대 이후의 시 비교

이 시기는 역시 송대의 소식(蘇軾)과 주희(朱熹)와의 비교가 주류를 이루고 그 이후로는 원호문(元好問)·왕세정(王世禎), 왕사정(王士禎) 등이 보인다. 소식과의 관계에 대해서는 이창용의 「蘇東坡의 투영」(1975)과 장기근의 「和陶飮酒二十首에 나타난 동파와 퇴계의 정취」(1985), 그리고 허권수의 「소동파시의 한국적 수용」(1988) 등은 상당히 주목을 끌만 하고, 주자와의 관계는 이수웅의 「宋代朱熹詩與李朝退溪詩之比較硏究」(1991)는 대만문화대학의 박사논문으로 그 내용상의 천착이 깊고 객관성을 갖추고 있어서 관심의 대상이 된다. 그리고 김주한의 「주자와 퇴계의 문학관」(1987) 등 연관된 세 편의 자료 또한 이수웅과 함께 거론할 만 하다. 그 외에 손팔주는 원호문과 왕사정을 신위시에 비교하여 『申紫霞詩文學硏究』(1984)와 「신위와 원호문」(1992)에서 논리정연하게 논거를 제시하였고, 송영주(宋永珠)는 「왕사정과 이덕무의 시론 비교」(1992)라는 글을 통해 이덕무(李德懋) 시를 명대시론과 연계시키려고 시도하였다. 아울러 김학주의 「朝鮮刊 黃山谷集考」(1989)는 시와 간접적인 관계가 있기에 참고로 지적함이 좋을 듯하다.

위와 같은 국내의 시가 비교 상황을 볼 때, 한중시가의 비교는 중문학을 하는 궁극적인 목표이며, 중문학도만이 성취의 효과를 발양할 수 있는 유일한 진로이기도 하다. 한문학을 국문학도나 한문학도의 전유물로 맡겨서는 우리의 한문학의 정도를 개척할 수 있을 지 의문이다. 단순한 한·중 문학의 비교적 차원이 아니라, 중문학도의 한문학 연구에의 자리 매김을 의미한다. 중문학도가 아니어서는 객관적 연구가 불가한 점이 적지 않기 때문이다. 이와 연관하여 필자는 『전당시』상에서 신라인의 시를 찾아 구명하였고[25], 신위와 왕유를 대등한 입장에서 비교하였으며[26], 이조의 당시풍 재현의 핵인 이달(李達) 등 삼당시인(三唐詩人)을 논구하고[27], 그리고 성간·이달·김구용·진화 등의 시를 당풍의 영향권에 넣어서 객관성을 부여한 바 있다.28) 특히 이백 시의 도가풍을 이조문단에서 찾아보기 어려운 중에도 정두경의 악부시를 이백과 연관시킬 수 있다는 근거를 다음의 예문에서 확인할 수 있었다.

  ○ 정두경은 높은 재주가 빼어났다…… 세상의 명리에 급급하지 않았고,…… 시에서는 오직 이백과 두보 그리고 성당의 여러 명가를 취하여 표준으로 삼았다.
  尹新之〈東溟集序〉: "公有高才逸……不汲汲於世路名利……於詩則獨取李杜及盛唐諸家爲之標準."(『東溟集』)

  ○ 동명의 준일하고 호장함은 마치 맑고 밝은 하늘에 뇌성벽력이 치는 것과 같으니 동명의 「海上雲日間」에서 「푸르른 개골산에 산승이 지팡이 쥐고 가누나.」구는 준일한 중에 우아함이 있다. 시의 정신과 풍격이 이백과 흡사하다.
  洪萬宗 『洪萬宗全集下』: "東溟發越俊壯如晴天白日霹靂轟轟, 至若東溟之海上日雲間; 蒼蒼皆骨山, 山僧飛錫去. 俊逸中極閒雅, 風神骨格酷似太白."

이러한 근거에 의하여 비교논문이 나오게 되는데29) 그 타당한 논증이 곧 중문학도의 한문학에 관여하는 역할인 것이다.30) 그리고 중국문집에서

---

25) 졸저 『韓國漢詩와 唐詩 比較』(푸른사상, 2002.4) 「제1편 新羅漢詩와 唐詩」 참조.
26) 졸저 『王維詩比較硏究』(北京 京華出版社, 1999) 참조.
27) 상게서 제3편 朝鮮漢詩와 唐詩 참조.
28) 상게서 제3편 참조.
29) 졸문 「李朝 鄭斗卿詩의 道仙風 考」(『中國硏究』第24卷 외대 중국연구소, 1999)
30) 졸저 『韓國漢詩와 唐詩의 비교』(푸른사상, 2002)는 新羅와 高麗, 그리고 朝鮮의 漢詩와 唐詩를 14개 주제로 비교 분석한 국내 초유의 저술.

한문학자료를 찾아서 정리하는 일 또한 적지 않은데 이것이야말로 중문학도의 몫이 된다. 당시에만 국한되지 않고 전시대에 걸쳐서 그 발굴을 기다리고 있는 것이다. 예컨대,『전당시』 소재 신라인시,『明詩綜』소재 고려 조선인시, 그리고『淸詩匯』소재 조선문인시 등은 필자가 발굴하여 발표한 자료로서 매우 유익한 소재가 된다.31) 이러한 작업은 항구적으로 지속되어야하며 그 중요한 사명에 성실히 임하는 것이 우리 중문학도의 도리이다. 중문학의 기초를 더욱 다져야 한문학에의 신관찰이 가능하며 한문학도에게 일조를 가할 수 있기 때문이다. 이것에 대한 일조의 대상은 삼국시대부터 특히 통일신라의 문학, 고려조의 미진한 자료, 그리고 명청대와 이조의 부단한 교류의 진면을 시적 입장에서 계속 상관시켜 나가야 한다. 당과 신라, 여말의 시, 임진난의 교류관계는 우선적으로 상호 근접을 절실히 필요로 한다. 신라인의 시를『전당시』에서 더 찾아야 하고, 여말의 시들을 더욱 분석하여야만 이조의 방대한 자료들을 비교할 수 있으니, 이곡(李穀), 이색(李穡), 이종학(李種學), 이달충(李達衷), 이행(李行), 이집(李集), 한수(韓脩), 이존오(李存吾), 이숭인(李崇仁) 등의 문집들을32) 필히 검토·분석해야 할 것이다. 그리고 이조에서는 임진란 전후부터 영정조대까지의 시를 당시와 비견해 보면 명말과 청대의 맥과 상이점을 인식하게 될 것이다.

---

31) 필자는『全唐詩』소재 신라인시에 이어,「『淸詩匯』所載 朝鮮文人詩 考」(『中國硏究』23집.1999.6)에서 117수의 시를 고찰하였으며『明詩綜』소재 고려문인시 고에서(『중국학연구』 21집 2002.12) 137수를 정리했음.
32) 이들 문집은『高麗名賢集』(성균관대 大東文化硏究院 간행, 1980)

Ⅲ. 당시를 위시한 고전시의 교육문제

중국시가는 모든 장르 형성의 기본이 된다. 그런 고로 시의 연구와 그 교육은 중문학을 이해하고 중국문화를 가까이하는 가장 중요한 과정인 것을 강조하고자 한다. 그런데 우리의 현실은 그 중요성을 충분히 인식하고 대처하고자 하는 의지, 그리고 개선방안을 강구하려는 의지와 책임감이 모두 부족한 점을 지적하지 않을 수 없다. 그 이유는 여러 가지가 있겠지만, 첫째는 어문학의 관심대상이 실용적인 필요성에 있으므로 현대어와 현대문학 등 소위 실용성이 많은 분야를 선호하게 되다보니 고전어문학과 그 중에도 더 소원해지기 쉬운 시에 대한 접근은 어려워지게 되는 것이다. 예컨대 대학원에서 소위 중국어문학을 평생 연구하려는 학생들이 학문의 성격상 고전어문학을 습득하지 못하면 현대어문학도 소기의 목표에 도달하기 어려운 줄 알면서도 여전히 80% 이상이 현대어문학을 전공분야로 선택하는 현상은 바로 실용화로서의 학문연구 취향의 경향이라 할 것이다. 이러한 현상은 학문적 장래와 지식습득의 근원적인 성격으로 보아서도 결코 바람직하지 않은 것이다. 학문연구의 기본은 그렇게 바람 부는 대로, 그리고 대중적 취향대로 결정하여서 갖추어 나가는 것이 아니다. 거기에는 나름대로의 단계와 수준이 엄연히 있는 것이기 때문이다. 이런 것이 현재 우리 눈앞에 전개되고 있는 안타까운 학풍의 현실이며 우리 학문의 장래를 염려케 하는 요인인 것이다. 그 근원적인 요인은 대학 학부과정에서 고전문학의 문화적이며 학문적인 중요성을 강조하며 그와 결부된 방향으로 유도하고 자발적으로 접근하도록 하는 지침이 부족하기 때문인 것이다. 따라서 중국문화의 근간으로서의 중국고전문학의 중요성을 인식시키는 노력이 필요하다. 예컨대, 필자는 한국외대에서 2002년에도 제1학기에

선택과목으로서 「중국시선」을 개설하여 학생들에게(3학년 정원 100명중 84명 수강신청) 당시를 강독하면서 두 가지의 참고자료를33) 탐독하여 리포트를 작성케 한 바, 그 결론부분에서 대다수의 학생이 졸업을 앞두고서 중국시의 중요성을 처음 재인식하게 된 것을 지적하고 지속해서 더 공부해야겠다는 소감을 피력한 것은 매우 유의해야 할 사항인 것이다. 그리고 2002년 제2학기의 「시경초사」과목은 더 바람직한 상황인 점을(2~4학년 수강생 107명) 강조한다. 학문도장에서 학생은 교육지침에 따라서 교육되어진다는 원론적인 인식이 교육자에게 절실히 요구된다고 본다. 그리고 둘째는 고전문학 작품을 해독할 수 있는 독해력의 부족이 학문으로서의 자기전공 선택의 기피로 작용하기도 한다는 것이다. 이 점은 중국어문학에 있어서는 절대적인 요인이 되고 그 영향도 크다고 본다. 소위 고문(漢文, 文言文)이 중국고전어문학의 기본 문장이므로 이의 습득은 경서와 제자서, 그리고 사기와 한서, 설문해자와 광운 등과 시경과 초사, 문선 등을 위시한 제반 기본 원서의 필수적인 해독과정을 통해서만 그 독해능력을 가지고 고전어문학의 세계에 접근해야 하는 과정이 필요하기 때문이다. 현실적으로 수요가 점증하는 현대어문과는 달리하는 고전을 그 누가 쉽게 택하려 하겠는가. 결코 용이하지 않고, 또 어쩌면 하나의 시대적 조류라고 이해하기도 하지만, 학문연구는 결코 그렇게 편의적으로 할 수 없으며 뿌리는 무시하고 잎과 가지만을 중시하는 기현상으로 인해서 젊은 학도의 학문능력을 고사시켜서는 안 될 것이다. 인문학의 기초를 배양하고 정도를 걷는 방향을 분명히 제시해주어야 하는 책임감이 현재 우리 교육자에게 절실히 요구되는 시점에 와 있으며, 이미 만시지탄을 금할 수 없는 것이다. 이런 의미에서 다음에 현 교육상의 몇 가지 문제점에 대해서 나름대로 생각한 바를 피력하고자 한다.

---

33) 졸저 『唐代 大歷才子詩 研究』(한국외대출판부, 2002.2 p.371)와 『韓國漢詩와 唐詩의 比較』(푸른사상, 2002.3 p.620)를 참고서로 제시하여 완독하고 분석케 함.

1. 중어중문과의 교과과정상의 시가과목 확대

　중국어문학의 연원과 발달이 시로부터 기원하고 있으므로 시에 관한 과목은 이수해야 할 중요한 대상이 되어야 하는데 우리의 현실은 그것이 점차 등한시되고 심지어는 고전시를 전혀 배울 수 없는 교과과정을 구성하고 있는 대학도 있다는 것을 확인하면서, 교육의 기본요건이 무엇인지를 알면서 강단에 서는지를 의심하게 된다. 대학은 그 전공분야 나름의 반드시 다루어야 할 교과목과 그 과정 그리고 갖추어야 할 수준이 엄연히 정해져 있는 것이다. 문학이라고 해서 편리한 대로 수강자의 수준에 맞추어서 교과를 편성해서는 안 되는 것임을 강조한다. 필자가 대학생 시절 3·4학년 과정에 일년간(주당 3시간) 각각 시경과 초사가 필수과목으로 정하여진 바, 그 학년에 이수하지 못하면 부득이 제5학년을 등록하지 않을 수 없는 학점제도하에서 학업한 적이 있다. 이러한 과정은 베이징대학과 동경대학의 중문학 교과과정에 의해 구성된 것으로서 중문학의 본령을 습득하는 중요한 과목으로서 이 고전시가를 이수케 한 것이다. 그렇다면 대학이 진정한 상아탑으로서의 학문도야의 장이라고 자처한다면 그 학문의 정통성을 지키고 그에 의해 학풍을 이어가야만 올바른 학문의 면모를 지니게 되는 것이다. 수천 년간 계승된 중국학의 바탕이 그것도 외국에서 어느 일각에 의해 변질되어서는 안 되는 것이다. 수학에서 덧셈과 곱셈도 배우지 않고 미적분의 이론을 터득할 수 없는 것과 같은 이치인 것이다. 문학이라고 멋대로 할 수 없다는 것이다. 그러므로 각 대학은 이미 변질된 교과과정을 조속히 원상복귀 시켜서 학생으로 하여금 정도를 걷게 해 주어야 한다. 그렇다면 중문학에서는 시 관계 강좌가 당장 보완되게 될 것이며 그리하여 중문학의 본분을 지키면서 유능한 학도의 양성도 가능해 질 것이다. 대학원도 지금과 같은 풍토로부터 본래의 제자리를 찾아서 고전문학도 위주의 학문적 위상을 회복하게 되는 것은 말할 나위도 없다. 우리는 지금 정신을 차리고 각성하면서, 스스로 부족한 능력을 호도하거나 가식하지 말고 정직하게 부족한 점을 보완하는 겸허한 자세가 필요하다.

2. 시에 대한 실용적인 교수법

첫째; 위에서는 순수한 학문상의 도리를 위해서 거론하여 강조하였는데, 현실적으로는 사회인으로 진출하는데 필요한 분야가 실용회화니 백화문이니 하면서 실용성을 중시하지 않을 수 없는 상황이 전개되고 있다. 그렇다면 시는 실용적으로 활용할 수 없는가. 시도 충분히 실용화시킬 수 있는 것이다. 한국과 중국에서 문학사의 기원적인 위치에서 볼 때, '詩'는 모든 장르의 시원이며 뿌리가 되었고 지금까지도 그 상관성을 함유하여 알게 모르게 연계되어 있는 것이다. '시'는 단지 '문학'이라는 한정된 문화 일각적인 범주에서만 주도적인 역할을 담당한 것이 아니고, 중국인에게 있어서는 언어 자체가 '시'로부터 구어화 되어 나타난 의사표현의 산물이라는 점이다. 중국어의 성조는 시의 용운과 평측(平仄)의 조화를 백화체로 길고도 평이하게 꿰어서 늘어놓은 것이다. 중국어를 성조에 맞게 구사하는 말을 듣노라면, 거기에서 마치 한 곡의 음악을 감상하는 감흥을 느끼는 것은 결코 과장되거나 미화시키기 위한 평어가 아니다. 중국어는 그 어느 언어보다도 음악성이 짙은 말이기 때문이다. 따라서 시는 곧 중국어의 음율과 성조를 숙달하는데 중요한 역할을 하는 것이다.

둘째; 시는 한 수가 짧게는 절구의 경우에 5언 4구 20자, 길게는 7언 배율(排律)의 경우에 700자 이상도 있고 고시의 경우는 2000자 가까운 시도 있을 만큼 다양하다. 당대 백거이(白居易)의 〈장한가(長恨歌)〉는 고시로서 1000자 이상이나 된다. 그럼에도 시인만큼 함축미와 시인의 정감과 자연의 경물을 조화하여 묘사한 중국시 특히 당시로서의 정경교융적인 화해

미를 표현하려고 하기 때문에 시의 어휘구사와 풍자적인 전고의 활용이 절대적으로 중시된다. 그에 따라 시의 정확한 이해를 위해서 주역을 상세하게 교수해 주어야 한다. 수강자의 독해와 그 시의 참뜻을 음미할 수 있도록 하는 점이 중요하다. 중국 시는 중문학에서 가장 난해한 장르이므로 우선 힘들다는 선입관에서부터 거부감을 갖게 하기 때문이다. 경우에 따라서는 시 한 구에서 명사로만 구성되어 있어서 거기에는 문장이 되도록 부연설명을 하여야 하고 혹은 영물시(詠物詩) 같은 비유적인 표현으로 인해 그 담긴 의미를 파악하기 어려우면 그 풍유적인 내용을 풀이해 주어야 한다. 시의 경우는 더욱 그러하므로 시가 어렵다는 인상을 주는데 사실은 시란 가장 정서적이고 간결하여 쉽게 이해되고 분량도 적은 친숙하기 용이한 장르라는 것을 강조한다. 시의 시어도 실용어구로 현재 활용되는 것이 많고 그 시구도 회화체적인 경우가 허다한 데 그 이유는 중국인의 언어형성과 그 발달이 시에서 영향받았음을 앞에서 밝힌 바와 같기 때문이다. 위의 경우들을 예를 들어서 살펴보건대, 명사어를 나열한 예로 두보(712~770)의 「들을 보며(野望)」시의 전반부를 보면[34],

   서산에 백설이 내린 곳에 삼성 수 자리 있고
   나라에 전쟁으로 여러 형제 떨어져 있으니
   남포의 청강에는 만리교가 있다.
   하늘가에서 이 한 몸 멀리 있어 눈물 지누나.

   西山白雪三城戍, xī shān bó xuě Sān chéng shù
   南浦淸江萬里橋。 Nán pǔ qīng jiāng Wàn lǐ qiáo
   海內風塵諸弟隔, hǎi nèi fēng chén zhū dì gé
   天涯涕淚一身遙。 tiān yá tì lèi yī shēn yáo

---

34) 仇兆鰲 『杜詩詳注』 권8(中華書局, 1989)

라고 한 바, 제1구와 제2구가 각각 3단어로 연결하여 시구화 하였으니, "서산에 백설이 내린 곳에 삼성 수자리가 있고, 남포의 청강에는 만리교가 놓여 있네."라고 풀어주게 된다. 그리고 시의 구어체적인 예로 당대 하지장(賀知章)(659~744)의 「고향에 돌아와서(回鄕偶書)」를 보면35),

어려서 집을 떠나 늙어서 돌아오니
고향 사투리 변함없으나 귀밑 털이 쇠하였구나.
아이들이 보고서 알지 못하고서
웃으며 묻기를 "객은 어디서 오셨어요" 하누나.

少小離家老大回, shào xiǎo lí jiā lǎo dà huí
鄕音無改鬢毛衰。 xiāng yīn wú gǎi bìn máo cuī
兒童相見不相識, ér tóng xiāng jiàn bù xiāng shí
笑問客從何處來。 xiào wèn kè cóng hé chù lái

여기서 제1구의 '少小'(어리다)와 '老大'(늙다), 제3구의 '相見'(만나다, 보다)과 '不相識'(알지 못하다)는 모두 현대어이며, 제4구의 '從何處來'(어디서 왔는가)는 고급회화의 모본적인 표현어구인 것이다. 그리고 교육상 교훈적인 시로 왕지환(王之渙)(695~?)의 「관작루에 올라(登鸛雀樓)」를 보면36),

밝은 해 산에 기대어 지고
황하는 바다로 흘러드누나.
천리 멀리 보는 눈을 가지려면
다시 한 층 높은 누대에 올라야지.

---

35) 『全唐詩』 卷112
36) 『全唐詩』 권253

白日依山盡,　　bó rì yī shān jìn
黃河入海流。　　huáng hé rù hǎi liú
欲窮千里目,　　yù qióng qiān lǐ mù
更上一層樓。　　gèng shàng yī céng lóu

위의 시는 인생의 포부를 크게 가지려면 부단한 노력과 발전을 선행해야한다고 권면하고 있으며, 청백한 우정을 노래한 것으로는 왕창령(王昌齡)(698~765)의 「부용루에서 신점을 보내며(芙蓉樓送辛漸)」시를37) 들 수 있다.

찬 비 강 따라 내리는 밤에 오땅에 들어
새벽에 객을 보내니 초산의 이 몸 외로워라.
낙양 간 친구 안부 물으면
한 조각 얼음 같은 마음 옥 항아리에 있다하리.

寒雨連江夜入吳,　　hán yǔ lián jiāng yè rù Wú
平明送客楚山孤。　　píng míng sòng kè Chǔ shān gū
洛陽親友如相問,　　Luò yáng qīn yǒu rú xiāng wèn
一片冰心在玉壺。　　yī piàn bīng xīn zài yù hú

이 시의 말구는 청렴하고 정의로운 우정의 본보기를 보여준다.
셋째; 시는 음악성으로 말하면 음악의 곡조와 가사를 겸비한 일종의 창가인 것이다. 그러므로 시를 읽고 이해하는 과정에 시의 창법을 활용해야 원만한 교육효과를 기대할 수 있다. 그러나 현실은 시 강좌에서 단지 읽고 자구 주석을 가하여 뜻풀이 정도에서 만족하여야 하니 수강자의 흥미와 시의 진면을 음미할 수 없는 것이다. 필자는 유학시절 지도교수로부터 다행하게도 복건조(福建調)와 강서조(江西調)의 두 창법을 전수

---

37) 『全唐詩』 권140

받아서 강의에 활용하므로 해서 상당한 학습효과를 거두고 아울러 수강자의 시의 운율에 대한 가치를 인식하는데 도움을 준다. 시는 압운과 평측이 시율에 매우 중요하고 작시의 기교는 바로 여기에서 가능하다는 점을 실감케 하는 것이다. 예를 들어 왕유(王維)(701~761)의 「위성곡(渭城曲)」을 보면,38)

> 위성의 아침 비가 가벼운 먼지 적시니
> 객사의 푸른 버들 색이 새로워라.
> 그대에 권하노니 술 한 잔 더하게나.
> 서녘 양관으로 떠나고 그 친구 없구나.

渭城朝雨浥輕塵,　　　Wèi chéng zhāo yǔ yì qīng chén
客舍靑靑柳色新。　　　kè shè qīng qīng liǔ sè xīn
勸君更盡一杯酒,　　　quàn jūn gèng jìn yī bēi jiǔ
西出陽關無故人。　　　xī chū Yáng guān wú gù rén

위의 시는 가장 유명한 송별시의 하나다. 원래의 시제는 「원이를 안서 절도사로 보내며(送元二使安西)」로서 안서는 신강성(新疆省) 투루(吐魯) 일대이다. 「양관삼첩(陽關三疊)」이라 하여 소동파는 이 시의 창법을 정리하기도 하였다. 그 중에 하나를 보면, 앞 세 구는 한번 창(唱)하고 제4구만은 세 번 중첩하여 창을 하는 방법인데 간단하면서도 음악 효과가 있다.

중국시는 문학의 정화이며 습득해야 할 필수과목인 것이다. 시를 모르고서 중국문학 자체를 논할 수 없는 것이다. 따라서 시의 이해정도로 중문학자의 실력을 가늠할 만큼 중시해 온 점을 재삼 환기하고자 한다. 그래서 그 중에서도 당시의 위상은 절대적인 것이므로 본고에서 당시의

---

38) 『王摩詰全集箋注』 권5(世界書局, 1973)

미래지향적인 연구방향을 제시하면 중국문학의 제반 장르의 현실과 미래를 어느 정도는 포괄할 수 있다고 보아서 당시 중심의 향후 연구방향과 교육문제를 다룬 것이다. 제시된 내용이 객관성이 부족한 점이 있다고 하여도 그 자체로서 점검할만한 의미가 있다고 보기 때문에, 다소 무리한 논조가 있었다하여도 깊이 양지해주길 바란다. 당시로 말하면 현재 국내의 당대문학 연구상황은 연구인구의 감소와 더불어 지나친 말 같으나 아직도 체계화되지 않고 있다. 우리에게는 아직 시가학회나 당대문학회도 없고 당시학회도 없고, 두보연구회나 이백연구회 같은 것도 없으며 연구자의 인구와 열의도 점감되어 가고 있다. 당시야말로 중문학의 정화이기 때문에 학문적 심도와 그 위상을 회복하고 타 분야와의 연계를 공고히 해야 한다. 주어진 연구테마를 통하여 온당한「당시사(唐詩史)」한 권 없는 사계의 처지를 극복하고 음풍영월의 대상으로서만의 이백과 두보가 아니라 학술적 대상으로서의 그들이 되도록 하고 중문학 전체를 선도하는 완정한 논총과 시사를 만들어내는 것이 중국고전문학의 제자리 회복의 첩경임을 강조하며 그에서 진정한 정통학문의 정도를 걷게 되고 그에 따른 정통적인 교육의 성과도 기대할 수 있다는 점을 강조한다.

고시(古詩) 율격상의 압운(押韻)과 평측(平仄)

　당시에서의 고시(古詩)는 당 이전 이상으로 많이 창작되고, 그 풍격 또한 율사에 못지 않게 다양하며 격조가 고아(高雅)하여서 당시에서 그 비중이 매우 크다. 그러나 그 격률에 대한 정리가 부족하고 그 체재(體裁)가 엄격하지 않아서 율시에 비해 소홀히 한 경향이 있다. 따라서 본문는 필자가 평소 관심을 가진 고시의 격률에 민가의 산성(散聲)을 보충하고 심도를 가하고자한다. 고전시가에 대한 열도(熱度)가 식어 가는 현재의 학계풍토를 관망할 때, 고전문학의 중요성을 재삼 강조하지 않을 수 없다.
　송대의 곽무천(郭茂倩)은 『악부시집(樂府詩集)』에서 한대 이래의 악부시가(樂府歌詩)를 12류로 구분해서 「교묘가사(郊廟歌辭)」・「연사가사(燕射歌辭)」・「고취곡사(鼓吹曲辭)」・「회취곡사(橫吹曲辭)」・「상화가사(相和歌辭)」・「청상곡사(淸商曲辭)」・「무곡가사(舞曲歌辭)」・「금곡가사(琴曲歌辭)」・「잡곡가사(雜曲歌辭)」・「근대곡사(近代曲辭)」・「잡가요사(雜歌謠辭)」 그리고 「당대신악부사(唐代新樂府辭)」 등으로 나눈다. 근인 루칸루(陸侃如)와 펑위엔쥔(馮沅君)은 『中國詩史』에서) 당대의 신악부(新樂府)를 「청상곡사」류에

귀속시켜 곽무천의 분류에 이의를 제기하였다. 곽무천은 이르기를,,

 신악부라는 것은 모두 당대의 신가로서 가사가 악부에 맞으면서 성조에 매양 얽매이지 않으니 따라서 신악부라고 부르겠다.

 新樂府者, 皆唐世之新歌也, 以其辭實樂府而未常被於聲, 故曰新樂府.[1]

라고 한데 비해 육·풍 양인은,

 이미 매양 성조에 얽매이지 않는다함은 곧 기타 시와 다를 바 없는 것이다. 시인 중 어떤 이는 스스로 제목을 붙여서 악부라 하였는데 사실은 악부와는 다르니 따라서 응당 잡가요와 같이 나눠야 할 것이다.

 旣然未常被於聲, 那便與徒詩無異. 詩人或者自題曰樂府, 其實與樂府異, 故當與雜歌謠同樣分開.[2]

라고 하였으며, 이어서 서술하기를,

 악부는 위진 이후 문인의 작품 대부분이 악곡에 넣을 수 없으니 잡시와 다를 바 없다. 당인이 부른 것은 율시나 절귀가 많다.

 樂府到晉以後, 文人所作大都不能入樂, 與徒詩無異. 唐人所歌的, 律詩或絶句爲多.[3]

---

1) 곽무천, 『樂府詩集』 卷 第九十, 「新樂府辭」 p.1027 인용. (臺灣商務印書館).
2) 『中國詩史』, p.167 인용.
3) 상동.

라고 하여 각자의 학설을 예로 들고 있다. 당대 악부는 한위육조(漢魏六朝)의 구제(舊題)를 편명(篇名)으로 삼은 것이 많아서, 「추호행(秋胡行)」, 「맹호행(猛虎行)」, 「연가행(燕歌行)」, 「장가행(長歌行)」, 「단가행(短歌行)」, 「종군행(從軍行)」, 「상류잔행(上留田行)」, 「야전황작행(野田黃雀行)」, 「공무도하행(公無渡河行)」, 「백저무가(白紵舞歌)」, 「자야가(子夜歌)」, 「전성남(戰城南)」, 「유소사(有所思)」, 「장진주(將進酒)」, 「장상사(長相思)」, 「오야제(烏夜啼)」, 「양보음(梁甫吟)」, 「행로난(行路難)」 등 일일이 매거(枚擧)할 수 없을 정도다. 따라서 왕상기(王湘綺)는

초당 제가의 가행은 모두 제양년간에 나왔다. 우아한 수식을 으뜸으로 삼아 진부한 전고를 다용하여 좀 조소거리가 되기도 하였다. 이백과 두보에 이르러 폐습을 끊고 호방한 기세를 발휘하여 이백과 두보가 종횡으로 활약하였다. 포용적이고 호탕한 자세로는 동천 이기가 독특하다.

初唐諸家歌行皆出齊梁, 多以雅飭爲宗, 堆寫陳典, 故當時有點鬼錄之笑. 至李杜乃能闢絶靡習, 放筆騁氣, 李以縱勝, 幷稱當日, 若夫雍容包擧, 跌宕生姿, 則東川獨擅矣.[4]

라고 말한 데서 당인의 가행이 발달하는데는 포조(鮑照)・유신(庾信) 및 한대 채염(蔡琰)의 「비분시(悲憤詩)」 등이 지대한 영향을 주었음을 알 수 있다. 그러나 내용과 의경(意境) 그리고 격률면에서는 당대 고시가 육조와 비교해서 매우 뚜렷한 진전을 보이고 있으니『문체명변(文體明辨)』에서,

고악부의 명제는 모두 주된 의미가 있어 후인이 제목으로 썼으나 문사의 운용만은 그 당시 스스로의 것이었다.

---

4) 王壬秋,「湘綺樓論唐詩」,『國粹學報』 二卷 六號.

古樂府命題槪有主意, 後人用以爲題, 直當代其人而措辭.5)

라고 밝히고 있다. 당대 고시의 독자적인 명제(命題)를 쓴 것도 두보에 이르러 많이 출현하기 시작했다고 할 것이다.6) 격률 중에 근체시의 필수요건인 대우(對偶)가 고시에서는 경미하므로 제외시키고 압운(押韻)·평측(平仄), 그리고 민가의 산성(散聲)을 중심으로 그 특성을 고찰하려는 것이다.

Ⅰ. 고시(古詩)에서의 압운(押韻)

당대 고시는 5언·7언·잡언의 순으로 작품의 분량이 형성되어 있다. 오언고시는 모두 격구용운(隔句用韻)의 시예(詩例)라고는 볼 수 없다. 칠언고시는 백량연구(柏梁聯句)에서 모방한 것으로 구구용운(句句用韻)에다가 평운(平韻)의 일운도저(一韻到底)를 쓰고 평측이 입율(入律)하지는 않는다. 이러한 체재는 두보가 뛰어났다. 경우에 따라서 매구 용운(用韻)하지 않는 예외적인 경우에도 운각(韻脚)만은 꼭 우수구(偶數句)에만 압운하지 않고 방임성(放任性)을 보이고 있음은 역시 고시격률의 방고성(仿古性)을 탈피하지 못한 실예(實例)라 하겠다. 그러나 당인에게 있어서 이 고시는 5·7언 모두 사구일환운(四句一換韻: 매 4구마다 운을 바꿈)하며 평측운(平仄韻)의 상호혼용(相互混用)·대우불피(對偶不避) 등을 취한 것은 근체시의 격률과 상통하다고 할 것이다. 용운에 있어서, 본운불통전(本韻不通轉)이 가장 많아, 평운고시(平韻古詩)과 측운고시(仄韻古詩)로 구분되고 있다. 평

---

5) 『文體明辨』卷六,「樂府」.
6) 陳延傑「論唐人七言歌行」二三卷 五號:〈杜甫七古, 擴漢魏而大之, 沈着蒼老, 甚有悲之槪. …… 詞古質類漢魏, 蓋以唐調化之也.〉.

운고시는 수율(守律)이 엄격하여 〈효(肴)·가(佳)·함(咸)〉과 같은 험운(險韻)은 절대로 출운(出韻) 못한다는 점에서 율시와 서로 상통한다. 측운고풍(仄韻古風)이 있기 때문에, 고시가 율체(律體)와 서로 다른 특색을 지닌다는 점에서 주의할만하다. 특히 당인의 고시 중에는 섭구운(攝口韻)과 합구운(合口韻)이 또한 개구운(開口韻)과 같이 쓰이지 않는 예를 찾아볼 수 있는데, 이는 시인이 성율(聲律)의 조화에 대해서 특히 중시하는 예증(例證)이라고 볼 수 있다. 고풍의 통운(通韻)은 고체와 근체가 매우 상이하여 근체시는 통운을 일체 불허하는데 반해서, 고체시에서는 인정하고 있으니 다음에 3개 유형으로 구분할 수 있다. 즉 시 전체가 한 개의 운을 사용하되, 단지 어느 한 운각(韻脚)이 우연히 출운(出韻)하는 경우가 그 한 유형이며, 비교적 넓은 운자(韻字)를 주로 하고 소수의 착운(窄韻)의 운자를 섞어 쓰는 경우, 그리고 시 전편이 두 개 내지 두 개 이상의 운자를 채용하는 경우인 것이다. 당인이 가장 상용하던 통운(通韻)의 운부(韻部)는 〈어우(魚虞)〉운·〈태대(泰隊)〉[7]운·〈동다(東冬)〉운(上去入聲을 포괄함)·〈월설(月屑)〉운 등이고, 그 다음은 〈효소(肴蕭)〉운·〈효호(肴豪)〉운·〈맥석(陌錫)〉운 등이며 〈진문(眞文)·문원(文元)·원선(元先)·광산(光刪)·산한(刪寒)〉이 교대로 통운된다. 단지 〈眞文〉은 음차(音差)가 심하여 〈刪寒〉과 불통한다. 그리고 〈함(咸)〉운은 〈담(覃)〉운·〈염(鹽)〉운과 통하고 〈제(齊)〉운은 〈미(微)〉·〈가(佳)〉·〈회(灰)〉운과 통한다. 이것은 근체시 첫구에 있어 인운(隣韻)을 사용하는 표준과 매우 동일하다고 할 것이다. 물론 근체나 고풍에 있어서도 전혀 통압(通押)하지 않는 운부(韻部)도 있다. 즉, 〈경증(庚蒸)〉은 〈진(眞)〉 및 〈침함(侵咸)〉과 불통하고 〈眞〉운은 〈侵咸〉과 또한 불통한다. 만당 이전까지는 〈제(齊)〉운은 〈지(支)〉운과 〈양(陽)〉운은 〈강(江)〉운과 불통하였다. 그러나 당대 고시 중에서 우연히 나타난 상거성자

---

7) 『文體明辨』 卷六 「樂府」.

(上・去聲字)는 통압(通押)이 되어서 중당 이후에는 전탁성(全濁聲)의 상성자가 반 이상이 거성(去聲)에 혼입되었다. 예컨대, 두보의 「석호의 아전(石壕吏)」8)의

    관리 부르면 어째서 노하고,
    부녀 울면 어째서 괴로운가.
    부녀의 지난 일 들으니,
    세 아들 업성에 수자리 갔다네.

    吏呼一何怒, 婦啼一何苦.
    聽婦前致詞, 三男鄴城戍.

에서 〈고(苦)〉와 〈수(戍)〉가 통압(通押)하고, 백거이 「장한가(長恨歌)」9)의

    돌아오니 연못은 다 의구하며,
    태액지의 연꽃과 미앙궁의 버들도 예 같도다.

    歸來池苑皆依舊, 太液芙蓉未央柳.

에서 〈구(舊)〉와 〈류(柳)〉가 통압하며, 장적(張籍)의 「낙양행(洛陽行)」10)의

    귀한 님 서쪽으로 가 언제 돌아오리,
    올빼미 집 어린 새끼 날쌘 제비 감추네.
    궁문 공허히 닫힌 지, 오십 년,
    저 농부의 세금으로 궁전을 고치네.

---

8) 『杜少陵全集』, 「古詩」, p.26.
9) 『전당시』 7함 5책.
10) 상동, 권386.

> 翠華西去幾時返, 梟巢乳鳥藏鸞燕.
> 御門空鎖五十年, 稅役農夫修王殿.

에서 〈반(返)〉과 〈연(燕)〉이 통압하며, 이하(李賀)의 「진궁시(秦宮詩)」[11]의

> 오동꽃 긴 골목에서 새 말 타고,
> 안방 그윽한 병풍에 그림이 일다.
> 문 열어 수형전 마구 쓰니,
> 구비치는 황하 몸에 쏟아 지도다.

> 桐英永巷騎新馬, 內屋深屛生色畵.
> 開門爛用水衡錢, 卷起黃河向身瀉.

에서 〈마(馬)〉와 〈화(畵)〉가 통압하는데 이런 현상은 성당 이전엔 거의 없고 중만당 이후에 비교적 많이 보인다. 고체시의 전운(轉韻)은 고시 십구수 중에 이미 선례가 있으며 당대의 고시전운(轉韻)은 방고식(仿古式)의 수의환운(隨意換韻)하며 다른 한 종은 환운의 거리와 운각(韻脚)의 성조상의 관계가 당대 신식고시(新式古詩)의 일대 특색을 이루고 있다. 그러나 방고식 수의환운의 고시 중에도 매편의 기두(起頭)나 결미(結尾)에 단지 두개의 동운운각(同韻韻脚)만을 쓰기도 하니 이백의 「꿈 속에 천모산에서 놀다가 이별을 읊음(夢遊天姥吟留別)」의 제1·2와 3·4구를 보면,[12]

> 바닷객 영주를 말하는데,
> 안개 낀 물결 아득히 실로 그 어디인지.

---

11) 『昌谷集』 卷之三(商務).
12) 『全唐詩』 권162.

월인이 천모산을 말하는데,
구름과 무지개 아롱지는 것이 마음 끌리네.

海客談瀛州, 煙濤微茫信難求.
越人語天姥, 雲霓明滅或可親.

에서 앞의 4구가 두 개의 운을 환용(換用)하였는데, 이를 촉기식(促起式)이라 한 것이다. 그리고 단운(短韻)을 시편말(詩篇末)에 쓰면 촉수식(促收式)이 되는데 그 한 예를 들면, 두보의 「미파행(渼陂行)」의 말사구(末四句)[13]

가까이에 뇌우가 올까 근심한데,
아득히 어둑하니 신령의 뜻이런가.
젊음이 얼마인가, 늙어감을 어이하랴.
묻노니 애환이 그 얼마인가.

咫尺但愁雷雨至, 蒼茫不曉神靈意.
少壯幾時奈老何, 問來哀樂何其多.

에서 위의 두구는 〈치(寘)〉운을, 아래 두구는 〈가(歌)〉운을 써서 시 전체를 조절하면서, 전체의 시의 흐름을 역동적으로 묘사하였다. 방고식(仿古式)의 고시는 촉수식이 비교적 많은 편이다.

Ⅱ. 고시에서의 평측 유형

청대 조집신(趙執信)의 『성조보(聲調譜)』에서 언급한 바와 같이 고시는

---
13) 『杜少陵全集』, 「古詩」 p.8.

5·7언 모두 매구운(每句韻) 말3자를 주종(主宗)으로 삼으며, 5언은 제3자, 7언은 제5자가 가장 중요하며 평구운(平句韻)는 그 자리에 평성, 측구운(仄句韻)는 측성을 쓰고 있다. 고시의 매구말 제3자에 채용할 수 있는 형식을 네 가지로 열거하면, ⑴평평평, ⑵평측평, ⑶측측측, ⑷측평측 등의 형식이 있다. 여기서 ⑴은 삼평조(三平調)나 평삼연(平三連)이라 하여 고풍(古風)에서 가장 많이 활용한다.

왕력(王力)의 『한어시율학(漢語詩律學)』과 조집신(趙執信)의 『성조보(聲調譜)』에 의거해서 오고(五古)·칠고(七古)가 상용되는 평측격식(平仄格式)과 기피하는 격식을 분별하여 서술하면 다음과 같다. 먼저 오고에서 가장 상용되는 격식을 들기로 한다.

1. 측측평평평

이것은 삼평조(三平調)의 정조(正調)로서 두 개의 측성과 세 개의 평성을 배합하고 있다. 예가 시로는 왕유(王維)의 「최복양 형에게(崔濮陽兄)」[14]의,

　　유유하게 서림 입구에 서니,
　　절로 문 앞의 산을 알겠노라.

　　悠悠西林口, 自識門前山.

와 최호(崔顥)의 「옛 놀던 협객(古游俠)」[15]에서,

　　허리에 두 띠를 두르고,

---

14) 『王摩詰全集注』 卷三 p.27.
15) 『全唐詩』 권130.

돌아보니 광채가 일어라.

腰間帶兩綬, 轉盼生光輝.

등을 들 수 있다.

2. 평평측평측

경우에 따라 첫 자가 측성을 쓰면 「측평측평측」으로 변할 수 있다. 평운시(平韻詩)에서는 이 구식의 대구에 삼평조(三平調)가 상용되고 측운시(仄韻詩)에는 대구의 제2·4자가 측성으로 상용되며 때로는 제2자는 측을, 제4자는 평을 쓰기도 한다. 예를 들면, 이기(李頎)의 「변방 요새의 노래(塞下曲)」16)의,

황혼이 물든 구름은 안문군에 떠가고,
지는 해는 바람모래 속에 묻혀 있다.

黃雲雁門郡, 日暮風沙裏.

와 이단(李端)의 「산으로 돌아가 왕규를 불러서(歸山招王逵)」17)의,

밤에 명월루에 올라,
초땅 하늘 넓음을 생각하노라.

夜上明月樓, 相思楚天闊.

---

16) 상동, 권132.
17) 상동, 권284.

등을 들 수 있다. 일반적인 상용구식으로는 다음과 같은 형식을 들 수 있다.

3. 평측평평평

이런 형식은 (1)식과 유사하나 단지 첫 자가 평성으로 쓰인다. 진자앙(陳子昻)의 「감우(感遇)」에서[18],

　　기로에 임해 세도에 눈물 지니,
　　천명은 진실로 그지없구나.

　　　臨歧泣世道, 天命良悠悠.

구와 유장경(劉長卿)의 「계양의 서주에서 새벽에 배를 머물고(桂陽西洲曉泊)」[19]에서,

　　남쪽 길은 긴 하늘에 잇대어 있는데,
　　길 떠난 돛배 아득히 그지없어라.

　　　南路隨長天, 征帆杳無極.

구를 예시할 수 있다.

4. 평평평측평

비록 평성이 네 자가 있지만 제4자에 측성이 끼어 있으므로 전체의 시

---

18) 상동, 권83.
19) 상동, 권147.

구에는 영향이 없고 가끔 대구에서 4개의 측성을 써서 화해(和諧)를 강구하기도 한다. 최서(崔曙)의 「영양의 동계에서 옛일을 화상하며(潁陽東溪懷古)」20)의,

    공허한 색은 물에 안 비치는데,
    가을의 소리는 산에 많아라.

    空色不映水, 秋聲多在山.

와 이백의 「관산월(關山月)」21)에서,

    (한은 백등도로 내려가고,
    오랑캐는 청해만을 엿 보도다.

    漢下白登道, 胡窺靑海灣.

구를 예시로 들 수 있다.

5. 측평평측평

이것은 앞의 (4)식에서 변화된 것으로 첫 자가 측(仄)으로 되어 쓰인다. 대구에 사측성(四仄聲)이 역시 많이 쓰인다. 이기(李頎)의 「기무 교서가 전원에 거하는데(綦毋校書田居)」22)의,

    살아가는 일이 본래 고기잡이려니,

---

20) 상동, 권155.
21) 상동, 권162.
22) 주16과 동.

76 · 중국 초당시론

마음을 즐거이 생사를 맡기리라.

生事本漁釣, 賞心隨去留.

와 고적(高適)의 「이운남이 오랑캐 정벌(李雲南征蠻詩)」23)의,

일에 임해 구차히 면함이 부끄러우니,
위기에 처해서 몸을 추스리네.

臨事恥苟免, 履危能飭躬.

등을 들 수 있다.

6. 측측평측평

시 전체구에 두 개의 평성이 있기에, 대구의 사측성(四仄聲)을 피하는 방법으로 음조의 부조화를 막는다. 예시하면, 심전기(沈佺期)의 「임고대(臨高臺)」24)의,

저녁에 새가 날아돌아 오는데,
근심에 차니 날으는 모습이 급하도다.

向夕飛鳥還, 憂來飛景促.

와 이기(李頎)의 「고삼십오와 헤어지며(贈別高三十五)」25)의,

---

23) 『高常侍詩校注』 卷四 p.101.
24) 『全唐詩』 권96.

소 잡고 술 따라서 또 그들과 함께 하며,
그대가 누구인지 안 묻겠노라.

屠沽亦與群, 不問君是誰.

등을 예로 들 수 있다.

7. 측평측측평

  평운의 운각(韻脚)을 제외하고는 평성은 하나 뿐이어서 「고평(孤平)」격식을 써서 나타내는데, 고시에 있어서 특히 오고(五古)에 이 구식이 많이 보인다. 예시하면, 왕유(王維)의 「푸른 시내(靑谿)」[26]의,

내 마음 본디 한가로우니,
맑은 냇물 깨끗하기 이 같아라.

我心素已閑, 淸川澹如此.

와 두보(杜甫)의 「위팔처사에게(贈衛八處士)」[27]의,

다시 만나기 어렵다고 하면서,
한 번에 열잔 술을 들도다.

---

25) 주16과 동.
26) 주14와 동.
27) 『杜少陵全集』, 「古詩」, p.5.

主稱會面難, 一擧累十觴.

이백의「벗에게 정을 부치며(陳情贈友人)」28)에서,

홍망이 변화 많다 하지만,
법도마저도 이미 무너졌구나.

廢興雖萬變, 憲章亦已淪.

등을 들 수 있다.

8. 평평측측측

이 구식은「측측평평평」과 상대가 된다. 낭사원(郞士元)의「유사공을 제함(題劉相公三湘國)」29)의,

누가 위나라 궁궐 아래에서,
동산이 절로 깊다고 말하는가.

誰言魏闕下, 自有東山幽.

와 권덕여(權德輿)의「저녁에 양자강을 건너며(晚渡揚子江)」30)의,

고개 돌리니 푸른 구름 깊은데,

---

28) 주21과 동.
29)『全唐詩』, 권248.
30) 상동, 권320.

고운 님은 보이지 않누나.

回首碧雲深, 佳人不可望.

등을 들 수 있다.

9. 측측측측측

당인의 고시에는 오측구(五仄句)가 오평구(五平句)보다 많이 보이는데, 측성에는 상·거·입(上·去·入) 3종의 성조가 포함되어 있기 때문이다. 대구에는 오평성(五平聲) 혹은 사평성(四平聲)이 상용되고 있는데 적어도 삼평성(三平聲)은 사용해야 조화를 강구할 수 있다. 예컨대, 왕창령(王昌齡)의 「십이병조를 보내면서(送十二兵曹)」[31]의,

出處兩不合, 忠貞何由伸.

출처가 서로 불합하니,
충정을 어이 펴리오.

와 장열(張說)의 「제공과 금대에 올라(同諸公登琴台)」[32]의,

鴻鵠摶扶搖, 物性各自得.

고니가 날개 치고 하늘을 나니,
물성은 각각 자득하네.

---

31) 상동, 권140.
32) 상동, 권85.

등을 들 수 있다. 이상에 열거한 9종은 당대 고시 중에 일반적으로 상용하는 구식(句式)으로서, 이외에도 다양한 변화를 강구하는 구식들이 소위 변격(變格)이라는 명칭으로 채용되었다.

다음에는 고시에서 특별히 기피하는 3종의 구식을 살펴보도록 하겠다.

1) 평평평평평

이미 밝힌 바와 같이 당인의 고시 중에서 오평구(五平句)는 매우 적게 나타나는데 부득이하게 출구(出句)에서 채용하여야 할 때에는, 대구에서 오측(五仄) 또는 사측(四仄)의 형식으로써 반드시 보구(補救)하지 않으면 안되었다. 이러한 구식은 율체(律體)의 「범고평(犯孤平)」(평성을 사용하지 않는 변칙을 범했음)과 같은 것으로 실지로는 고체시에서 크게 기피하는 구식이다. 예컨대 두보의 「백수현의 최소부십구옹의 집에서(白水縣崔少府十九翁高齋)」[33]의,

　　이른 아침에 모시고 올라가서,
　　느긋이 집 가의 가파른 절벽을 보도다.

　　淸晨陪躋攀, 傲睨府峭壁.

와 이백의 「고풍(古風)」[34]의,

　　내 단약를 써서,
　　영원히 속세인과 결별하리라.

---

33) 주13의 p.13.
34) 주21과 동.

吾將營丹砂, 永與世人別.

등을 들 수 있다.

2) 측평평평평

조집신(趙執信)의 『성조보(聲調譜)』는 사평성(四平聲)을 운용하면서 측성을 끼어넣어 낙조(落調)를 만들지 않았는데, 당인에는 출구(出句)에서 쓰면 대구의 제2·4자에서 측성으로 보구했다. 맹호연(孟浩然)의 「한여름 한남원으로 돌아가며(仲夏歸漢南園)」[35]의,

> 일찍이 고매한 선비의 전기를 읽은 중에,
> 도징군을 가장 가상히 여긴다.
>
> 嘗讀高士傳, 最嘉陶徵君.

와 이백의 「고풍(古風)」[36]의,

> 바른 소리 참으로 미미하니,
> 애원이 시인의 마음에 일도다.
>
> 正聲何微茫, 哀怨起騷人.

등을 들 수 있다.

---

35) 상동, 권159.
36) 상동, 권180.

3) 평평평평측

구식은 대구보다는 출구에서 상용되었다. 맹호연(孟浩然)의 「종제 번이 회남으로 유력함을 전송하며(送從弟藩游淮南)」37)의,

하늘이 찬데 갈대는 물가에서 춤추고,
해가 지니 구름은 숲에서 꿈 꾸도다.

天寒葭菼渚, 日落雲夢林.

와 상건(常建)의 「백용굴에서 배를 띄우고(白龍窟泛舟)」38)의,

쪽배 창랑에 띄울 마음인데,
담담한 꽃 그림자 잠기어라.

扁舟滄浪意, 澹澹花影沒.

이상의 각 예구에서 『성조보(聲調譜)』의 서술이 출구에서 보다는 대구에서 평측을 더욱 중요시했음을 입증하고 있다. 왕유(王維)·맹호연(孟浩然)·왕창령(王昌齡)·이기(李頎)·유장경(劉長卿) 등의 5언고풍(古風)은 그 평측이 율시에 가까워서 신식오고(新式五古)를 형성했다고 하겠는데 이것은 평운(平韻) 오언고시에서는 끝 3자가 「삼평조(三平調)」와 「평측평(平仄平)」을 주로 채용하고, 측운(仄韻) 오언고시에서는 끝 3자가 「측평측(仄平仄)」을 주로 채용하고 있다는 의미이다. 따라서 오언고시의 정규의 평측격

---

37) 주35와 동.
38) 『全唐詩』 권144.

식을 살펴보면 다음 4종으로 개략(槪略)할 수 있다.

  (1) 측측측평측(율구의 측측평평측에서 변전)
  (2) 측측평평평(율구의 측측측평평에서 변전)
  (3) 평평측평측(율구의 평평평측측에서 변전)
  (4) 평평평측평(율구의 평평측측평에서 변전)

 다음으로 7언고시의 평측격식을 열거하면 그 상용구식(常用句式)을 아래의 4종으로 분류한다.

(1) 평평측측평평평(혹은 측평측측평평평)

 첫 한 자가 평이든 측이든 관계하지 않고 아래 3자(下三字)에 중점을 두어 채용한다. 고적(高適)의 「한단의 소년(邯鄲少年行)」[39]의,

  간담이 뉘에 향할지 알지 못하니,
  오히려 평원군을 생각케 하도다.

  未知肝膽向誰是, 令人却憶平原君.

와 이기(李頎)의 「종제가 강회에 유력함을 전송하며(送從弟游江淮)」[40]의,

  도문의 버들색 아침마다 새로운데,
  그대 이제 강상의 노인 되었겠노라.

  都門柳色朝朝新, 念爾今爲江上人.

---

39) 『高常侍詩校注』 卷五 p.124.
40) 주15와 동.

등을 들 수 있다.

(2) 측측측측평평평(혹은 평측측측평평평)

제2·4자가 동성(同聲)이면서 「요구(拗句)」를 형성하는 것인데 이백·두보는 7언고시에서 이 평측법을 즐겨 사용하였다. 두보의 「메마른 말(瘦馬行)」[41]의,

    매어 움직이려니 기우뚱하나니,
    이 어찌 뜻대로 뛰어 달릴건가.

    絆之欲動轉倚側, 此豈有意仍騰驤.

와 이백의 「양보음(梁父吟)」[42]의
    미친 나그네의 넋이 또 이와 같으니,
    어찌 하물며 장사인들 군웅을 당하리오.

    狂客落魄尙如此, 何況壯士當群雄

그리고 이백의 「촉으로 가는 길 험난하고(蜀道難)」[43]의,

    그 후 사만 팔 천년을 두고,
    진의 변경에 사람의 자취 끊기었네.

---

41) 주27의 p.25.
42) 주27과 동.
43) 상동.

邇來四萬八千歲, 不與秦塞通人煙.

(3) 측측평평평측평(혹은 평측평평평측평, 측측측평평측평)

이 구식의 하3자(下三字) 「평측평」은 고시에 잘 쓰이는 격률(格律)이다. 이기(李頎)의 「신향으로 가면서(欲之新鄕)」[44]의,

고성에 해 지니 나는 새 보이는데,
말 위서 때때로 어부가를 듣노라.

孤城日落見飛鳥, 馬上時聞漁者歌.

와 고적(高適)의 「고대량행(古大梁行)」[45]의,

협객이 여전히 현자 주해의 이름 전하나니,
행인도 이문 가는 길을 아는 도다.

俠客猶傳朱亥名, 行人尙識夷門道.

그리고 잠삼(岑參)의 「독고점과 이별을 고하며(與獨孤漸道別)」[46]의,

얼음 조각 높이 쌓인 금빛 쟁반에,
만당의 객이 오슬하여 오월이 춥구나.

氷片高堆金錯盤, 滿堂凜凜五月寒.

그리고 왕유(王維)의 「이문의 노래(夷門歌)」[47]의,

---

44) 주16과 동.
45) 주35, p.125.
46) 『全唐詩』 권198.

바람 따라 깊은 우정으로 공자를 보내니,
칠십 노옹이 무엇을 더 바라리오.

向風刎頸送公子, 七十老翁何所求.

와 잠삼(岑參)의 「비자의 무창 가는 길에(送費子歸武昌)」[48]의,

그대의 길 잃은 것 보니 이 같으니,
인생의 고귀와 비천을 어찌 알리오.

看君失路尙如此, 人生貴賤那得知

등을 들 수 있다.

4) 측측측평측측평평(혹은 평측측평측측평)

 이것은 율구 중의 「고평(孤平)」으로 7언고시는 「고평」을 기피하지 않는(不忌) 반면, 「고측(孤仄)」은 본래 쓰지 않는다. 고평구(孤平句)를 예로 들어보면, 두보의 「한간의에게 부친다(寄韓諫議)」[49]의,

미인이 곱게 가을 물가를 사이에 두고,
동정호에 발 씻으며 팔방을 바라보네.

美人娟娟隔秋水, 濯足洞庭望八荒.

---

47) 『王摩詰全集注』 卷六.
48) 주46과 동.
49) 주27과 동 p.58.

와 위응물(韋應物)의 「횡당행(橫塘行)」50)의,

  언덕에 심은 연꽃이 어이 살며,
  연못에 심은 무궁화 어이 자라리오.

  岸上種蓮豈得生, 池中種槿豈得成.

등을 들 수 있다.
  이어서 기피하는 구식(句式)으로는 다음과 같이 들겠다.

(1) 평평평측평평평

  이것은 고측(孤仄) 즉 고시 중의 「낙조(落調)」인 것이다. 중당 이후에 어느 정도 나타나고 있다. 한유(韓愈)의 「석고가(石鼓歌)」51)의,

  석고의 노래 여기에 멈추니,
  아서라 내 마음이 어지러워라.

  石鼓之歌止於此, 嗚呼吾意其嗟跎.

(2) 측측평평평평평(혹은 평평측평평평평, 측평평평평평평, 측평측평평평평)

  이미 서술한 바 같이 7언고시도 사자평성(四字平聲)의 연용(連用)을 피하고 있다. 단지 극소수만이 채용하고 있을 뿐이다. 두보의 「겨울 사냥(冬

---

50) 『全唐詩』 권186.
51) 상동, 권336.

狩行)」52)의,

> 고기 맛 제사 그릇에 올리기 부족하니,
> 어찌 그물에 얽매어 근심하리오.
>
> 肉味不足登鼎俎, 何爲見羈虞羅中.

구와 두보의 「탄식(可歎)」53)의,

> 요임의 희씨와 화씨로 해서 천문이 이루고,
> 평수를 하므로써 토지가 두터워졌도다.
>
> 用爲羲和天爲成, 用平水土地爲厚.

두보의 이 두 귀는 사평(四平)과 육평(六平)을 연용(連用)했지만 대구에서 육측(六仄)이나 오측(五仄)으로 보구(補救)하고 있다.

Ⅲ. 고시의 어법(語法) 문제

고시의 어법은 대체로 고대산문의 어법과 서로 비슷하다. 고시가 평상 사용한 연개사(連介詞)로는 이(而)·이(以)·차(且)·지(之)·어(於) 등이 있고, 대명사로는 기(其)·기(己)·피(彼)·소(所)·자(者)·연(然)·이(爾)와 부사로는 일하(一何)·하기(何其)·홀부(忽復)·홀이(忽已)·왈이(曰已)·수운

---

52) 주57의 p.58.
53) 상동.

(雖云)・무내(無乃)・홀여(忽如), 어조사에는 야(也)・의(矣)・호(乎)・이(耳), 허자로는 언(言)・운(云)・재(載)・비(匪)・유(惟)・율(聿) 등을 활용하였는데 이들은 근체시(近體詩)에는 보기 드문 용법이다. 아울러 중당 이전의 고시은 구자(句子)의 결구와 어법이 거의 산문형을 지니고 있다. 예를 들면, 이백의 「고풍(古風)」54)에서,

    진인들이 서로 일러 말하기를,
    그대들 갈 것이로다 하네.

    秦人相謂曰, 君屬可去矣.

와 유우석(劉禹錫)의 「토수조(吐綬鳥詞)」55)에서,

    월인이 우연히 보고 기이히 여겨,
    토수라 이름하니 강남이 다 알도다.

    越人偶見而奇之, 因名吐綬江南知.

구 등을 들 수 있다. 이러한 고시 특유의 어법은 성당대까지 익숙하게 운용하였으나 「율화(律化)」의 영향으로 만당대에는 7언고시가 거의 율화되고 5언고시만 명맥(命脈)을 유지하였다.

   고시의 어법상 특기할 사항은 「연환구(連環句)」의 사용이다. 이것은 아랫구(下句)의 끝 한 자(末一字)나 여러 자(數字)와 윗구(上句)의 끝 한 자(末一字)나 여러 자(數字)가 서로 중첩(重疊)되는 현상이다. 왕창령(王昌齡)의 「위십이병조를 보내며(送韋十二兵曹)」56)의,

---

54) 주21과 동.
55) 『全唐詩』 권354.
56) 주31과 동.

해가 뜰 때 군부를 쫓아도,
벗은 찾을 수 없네.
벗은 강호만 생각하여,
부귀를 티끌같이 여겼네.

平明趣郡府, 不得展故人.
故人念江湖, 富貴如埃塵.

의「고인(故人)」과 저광희(儲光羲)의「밤에 낙구에서 황하로 들며(夜到洛口入黃河)」[57]의,

강섬에 푸른 풀 무성하니,
조석으로 나그네 시름 더하도다.
나그네 시름 조석을 애석해 하니,
오시어 잠시 배 머물지라.

河洲多靑草, 朝暮增客愁.
客愁惜朝暮, 枉諸暫停舟.

에서「객수(客愁)」, 그리고 최호(崔顥)의「위성의 소년(渭城少年行)」[58]의,

일찍 돌아오도록 생각하면서,
삼월엔 장안 길에 오르러라.
장안 길에 봄도 아련한데,
살랑대는 봄바람과 따스한 햇빛에 곡강 가에 서 있도다.

---

57) 상동.
58) 주15와 동.

念此使人歸更早, 三月便達長安道.
長安道上春可憐, 搖風蕩日曲江邊.

에서 「장안도(長安道)」 등은 그 예이다. 이러한 연환구(連環句)는 시를 읊을 때에 시의 맛(詩味)을 더욱 나게 하고 시흥(詩興)을 길게 이어주기(延綿) 위해서 사용되었다. 당대 고시는 율시의 대우(對偶)에 대한 중시와는 달리 대우를 격률에 미약한 관계를 가진 것으로 보고, 용운과 평측, 그리고 민가의 산성(散聲) 등을 중심으로 격률의 특성을 논구하였다. 고시의 용운은 일정한 것은 아니나, 사구일환운(四句一換韻)하며 평측은 혼용을 강구하며 평고(平古)와 측고(仄古)로 구분해서 특히 측고 즉 측운고풍(仄韻古風)은 율시와는 다른 점이며, 섭구운(攝口韻)이 개구운(開口韻)과 같이 쓰이지 않았다. 고시의 전운(轉韻)은 방고식(仿古式)의 수의환운(隨意換韻)하며 촉기식과 촉수식의 특성은 고시의 용운상 주의할 점이다. 그리고 평측법(平仄法)에 있어서는 오고(五古)에 가장 상용되는 구식 9종과 기피하는 구식 3종의 예운(例韻)에 의한 분류와 칠고(七古)의 평측격식(平仄格式) 4종 및 2종은 고시가 갖는 평측형식(平仄形式)의 구체적인 예증이 된 줄로 본다.

　당대 고시의 구조연구(構造硏究)는 율시의 그늘에 가려 홀시되어 왔고 구체적인 정리가 미진한 풍토에서 본문이 지닌 의미는 그 중요성을 일깨워주고, 나아가서는 당대에서 율시의 단계까지는 불가능하더라도 학술적인 가치 이상의 필요성을 지니고 있다는데 있다. 연구현실의 풍토가 근시안적이라는 면이 있다고 해서, 본문이 비록 논리적으로 부족한 면이 있다 하여도 결코 간과되어서는 안 될 것으로 본다.

당대 민가(民歌)의 발생과 그 구성상의 특성

　문학의 연원은 대개 민간에서부터 시작한다함은 동서양의 문학사상에서 보는 매우 흔한 통례이다.1) 그것은 시경의 「국풍(國風)」과 『초사(楚辭)』의 「구가(九歌)」, 그리고 한위육조악부(漢魏六朝樂府)가 민간에서 유래하고, 사(詞)가 가기(歌妓)와 무녀(舞女)에서, 원곡(元曲)이 또한 사(詞)와 같고, 탄사(彈詞)가 가로의 창고사자(唱鼓詞者), 그리고 소설이 길가의 설서강사자(說書講史者)에서 각각 시작된 사실에서 비교할 수 있다.
　이와 같이 민가의 발생은 종종 일정한 시간과 장소, 그리고 일정한 배경과 고사(故事)를 필요로 한다. 따라서 민가를 연구하는 일은 가요의 본사(本事)를 파악한 후에 그 내용을 이해해서 발생 년대와 유전지역(流傳地域) 및 사회적인 배경, 생활, 의식과 민속 등의 사정을 탐구하게 된다.
　무릇 당대문학을 논하는데 그 민가를 고려하여야 하는 이유는 문학발전의 배경을 결정하여 주는 요소인 때문이다. 그런고로 당대문학이 발달했다함은 곧 민가가 번성했다는 결론을 내리게 된다. 당대의 사회는 민가번

---

1) 후스(胡適), 『白話文學史』 p.13, 「漢朝的民歌」 참조.

식(民歌繁殖)의 온상으로서 문학·정치·경제·종교·풍속·음악 등의 입장에서 볼 때 민가가 당대에 번성한 것을 매우 쉽게 이해할 수 있게 된다. 따라서 후스(胡適)가 당초(唐初)에 백화시를 먼저 서술해야만 그 시대의 문학을 말할 수 있다고 한 논리는 매우 타당하다고 할 것이다.2) 이처럼 당대민가의 발생원인을 밝히는데 있어서, 먼저 그 사회형태에서부터 선색(線索)을 찾아야 할 것이며, 동시에 그 가요 자체에서 그 원인과 배경을 파악해야 할 것이다.

당대사회는 시가를 중시하는 시대였기 때문에, 시가에서 생활력을 표현하고 가성(歌聲) 중에서 열정과 원망을 노래하였다. 『전당시』를 보면 제왕(帝王)의 시로부터 문인·비자(妃子)·관원 그리고 궁인·은사(隱士)·화상(和尙)·도사·가기(歌妓)·상인, 나아가서 무명씨에 이르기까지 시가를 애창한 총서로서 그 당시의 기풍을 분명하게 대변해 주고 있다. 그리고 전기(傳奇)소설에서 시가와 돈황(敦煌)의 속강변문(俗講變文), 곡자사(曲子詞)를 인용하고 있고 그 후의 대부분의 속문학에서 오칠언 율시(律詩)를 창사(唱詞)로 쓰고 있는 것을 볼 때, 당대문학 특히 시학이론에 중요한 거점이 된다. 본문은 이러한 점을 보아서, 민가의 발생문제 그리고 그 결구점(結構點)만을 다루면서 민가의 특성을 찾아보려 한다. 한정된 목차를 설정한 입장에서, 이 글을 작성하는데 있어 치우시에유(邱燮友) 교수(타이완 사범대학)의 자료제공과 협조에 감사하면서 서두에 밝혀 둔다.

Ⅰ. 민가의 발생과 그 배경

오랜 역사를 지닌 민가는 민간의 소박하고 조속(粗俗)한 정조(情調)를

---

2) 상게서 p.155 참조.

지니고 있는 것이 특성인 만큼, 악공과 문인에 의해서 윤색을 거친 후에 궁정이나 시정의 오락품이 될 수 있었다. 따라서 일부의 원시적인 잡곡(雜曲)을 제외하고는 법곡(法曲)이나, 대곡(大曲)같이 상당히 진화된 형태를 지닌 것이 당대민가의 유형이다. 그러면 이제 민가의 발생과 배경을 고찰하는데 있어서 다음 몇 가지로 귀납시켜 보려는 것이다.

첫째는 전래되어 온 속악(俗樂)과 그 당시의 신가(新歌)에서 민가의 발생원인을 찾을 수 있다. 당대의 조정음악(朝廷音樂)은 수대(隋代)를 계승하여 아악(雅樂)과 속악(俗樂)으로 양분된다. 아악은 당대 고조(高祖) 무덕(武德) 9년(626) 두진(竇璡)이 남북조의 구음(舊音)을 참고해서 「대당악삼십일곡(大唐樂三十一曲)」을 지어 교제조연지용(郊祭朝宴之用)(제사와 조정연회에 사용)으로 했고 장대수(張大收)와 여재(呂才)에 의해 완비된 것이다. 속악(俗樂)은 연악(燕樂)이라 하여 수대(隋代) 「구부악(九部樂)」에 「고창기(高昌伎)」를 더한 것인데3), 당대민간의 구곡(舊曲)은 거의가 「청상악(淸商樂)」으로서 『구당서(舊唐書)』, 「음악지(音樂志)」에 자세히 기술하고 있다. 이 「청상악(淸商樂)」은 장강(長江) 유역의 민가인 만큼 오가(吳歌)와 서곡(西曲)이 위주가 되었다. 이들 곡사(曲辭)는 곽무천(郭茂倩)의 『악부시집(樂府詩集)』 권44에서 권51까지 당인(唐人)의 방제(仿製)로 수록되어 있는데 「청상곡」의 내용을 위의 「음악지」에서 보면 다음과 같다.

  수나라가 진나라를 평정하고서 청상서를 두어서 청상이라고 한다. 양진 두 나라가 망하게 되매 남은 것은 대개 적어졌다가 수대 이래로 날로 사라지게 되었다. 그러나 무태후 시기에는 여전히 63곡이 있었다. 지금 그 가사가 남아 있는 것이 단지 백설공막무, 파유, 명군, 봉장무, 명지군

---

3) 『구당서』, 「禮樂志」 云 : 「高祖卽位, 仍隋制, 設九部燕樂, 樂伎, 樂工, 舞人無變者. 淸商伎, 西涼伎, 天竺伎, 高麗伎, 胡旋龜, 龜玆伎, 安國伎, 疏勒伎, 康國伎, 工人之服皆從其國. 隋樂, 每奏九部樂終輒奏文唐樂, 太宗時命削之, 及平高昌收其樂, 自是初有十部樂.」

턱무, 백구, 백저, 아야오성사시가, 전계, 아자 및 관문, 단선, 오뇌, 장사, 독호, 독곡, 오야제, 석성, 막수, 양양, 서오야비, 고객, 양반, 아가, 교호, 상림희, 삼주, 채상, 춘강화월야, 옥수후정화, 당당, 범용주 등 32곡과 명지군, 아가 각 2수, 사시가 4수 합하여 37수이다. 또 7곡의 곡만 있고 가사가 없는 것 즉 상림, 평조, 청조, 슬조, 평절, 명소 등이 있어서 앞의 것과 합하여 44곡이 남아 있다.

隋平陳, 因置淸商署, 總謂之淸商. 遭梁陳亡亂, 所存蓋鮮, 隋室以來, 日益淪缺, 武太后之時, 猶有六十三曲. 今其辭存者, 惟有白雪公莫舞, 巴渝, 明君, 鳳將雛, 明之君鐸舞, 白鳩, 白紵, 子夜吳聲四時歌, 前溪, 阿子及觀聞, 團扇, 懊憹, 長史, 督護, 讀曲, 烏夜啼, 石城, 莫愁, 襄陽, 棲烏夜飛, 估客, 楊伴, 雅歌, 驍壺, 常林戱, 三州, 採桑, 春江花月夜, 玉樹後庭花, 堂堂, 泛龍舟三十二曲. 明之君, 雅歌各二首, 四時歌四首, 合三十七首. 又七曲有聲無辭, 上林, 鳳雛, 平調, 淸朝, 瑟調, 平折, 命嘯, 通前爲四十四曲存焉.)

그리고 곽무천(郭茂倩)은 『악부시집』에서 청상곡에 대해 다음과 같이 상세하게 기록하고 있다.

청상악은 일명 청상이라 한다. 청상은 아홉 왕조에 걸쳐 내려오는 성조로서 상화 삼조 같은 것이 그러하다. 한위 이래의 구곡은 그 가사가 모두 고조와 위 삼조대에 지은 것이다. 진대가 파천하고부터 그 음이 분산되고 부견이 양을 멸하여 얻은 후에 전후 이진에 전해지고 송의 무제가 관중을 평정하여 남하하고서는 다시는 내지에 남아있지 않았다. 이 때 이후로는 남조의 문물이 가장 성행하여 민요며 나라 습속에 새로운 곡조가 나왔다. 고로 왕승건은 삼조가를 논하기를 지금의 청상은 진실로 동작에서 기인하니 위씨 삼조에 풍류가 품을 만하여 경락에 높이고 강좌에 중히 여기니 정조가 변하고 듣기가 바꾸니 점차 쇠락하여 십 수년간 없어진 것이 반이나 된다. 그래서 남아있는 곡을 추리고 오래 생각하면서 남은 악기를 어루만지며 탄식하는 것이다.

商樂一曰淸商. 淸商者, 九代之遺聲, 其如卽相和三調是也. 幷漢魏已來舊曲. 其辭皆古調及魏三祖所作. 自晉朝播遷, 其音分散, 符堅滅凉得之, 傳於前後二秦. 及宋武定關中, 因以入南, 不復存於內地. 自時已後, 南朝文物號爲最盛, 民謠國俗, 亦世有新聲. 故王僧虔論三調歌曰 : 今之淸商, 實由銅雀, 魏氏三朝, 風流可懷, 京洛相高, 江左彌重. 而情變聽改, 稍復零落, 十數年間, 亡者將半. 所以追餘操而長懷, 撫遺器而太息者矣. (卷四十四)

위의 두 인용문에서 민가의 연원이 청상곡의 유행에 바탕을 두고 있음을 확인할 수 있다.

둘째는 당대 자체에서 발생한 신가는 또한 민가에 중요한 역할을 하였다. 이 신가는 민심에 의해 정가(情歌)로 이어져 전해진 것으로 「황죽자(黃竹子)」와 「강능 여인의 노래(江陵女歌)」를 보면, (『악부시집』권47)

강변에 난 황죽은,
여인네 패물 상자 되어서,
한 배에 두 노를 저으며,
신부 얻어 고향에 돌아온다.

江邊黃竹子, 堪作女兒箱.
一船使兩槳, 得娘還故鄕. (「黃竹子」)

비는 하늘 위에서 내리고,
물은 다리 아래로 흐르누나.
여인의 치마 띠 주워서,
한 마음으로 두 머리를 이어 맺으리라.

雨從天上落, 水從橋下流.
拾得娘裙帶, 同心結兩頭. (「江陵女歌」)

여기서 황죽자(黃竹子)는 장강 유역에서 발생한 정가이며 강릉여가(江陵女歌)는 강릉지방의 정가로서 곽무천(郭茂倩)은 이강성(李康成)의 말을 인용하기를 「황죽자와 강릉여가는 모두 지금의 오가이다.(黃竹子, 江陵女歌, 皆今時吳歌也.)」(『악부시집』 권47)라고 하여 오성가곡(吳聲歌曲)의 영향을 받아 발생한 민가임을 알 수 있다.

그리고 백거이(白居易), 유우석(劉禹錫)이 모의해서 지은 「양류지(楊柳枝)」와 「죽지(竹枝)」 또한 그 예가 된다. 「양류지」는 고곡(古曲)에 두 종류가 있는데, 하나는 호가(胡歌)인 양대(梁代)의 「고각횡취곡(鼓角橫吹曲)」이요, 다른 하나는 화성(華聲)으로 상화곡(相和曲)의 「절양류행(折楊柳行)」 및 청상곡 중의 「월절절양유가(月節折楊柳歌)」가 있다. 그러나 백거이의 「양류지」는 건무곡(健舞曲)으로서 화성(和聲)으로 보전(補塡)하여 장단구(長短句)를 이루고 있는데 돈황곡(敦煌曲)도 츤자(襯字)를 가하고 있어4), 중당 이후 널리 유행한 신가임을 알 수 있다. 그리고 「죽지」는 본래 『교방기(敎坊記)』중에 실려 있는 「죽지자」와는,5) 다른 새로운 건평(建平)(지금의 四川성 巫山현) 일대의 산가(山歌)이니 이것이 곧 유우석(劉禹錫)이 고쳐서 지은 작품이다. 여기에 그 중에서 제1수를 들도록 한다.

   산 복숭아의 붉은 꽃이 가지 끝에 가득하고,
   촉강의 봄물은 산을 치며 흐르도다.
   꽃 붉으나 쉬이 시듦은 님의 생각 같고,
   물 흘러 그지없음은 내 수심 같아라.

   山桃紅花滿上頭, 蜀江春水拍山流.
   花紅易衰似郞意, 水流無限似儂愁. (『전당시』 6함 3책)

---

4) 邱燮友「唐代民間歌謠與敦煌曲子詞之探述」 참고.
5) 唐馮贄『雲仙雜記』云:「張旭醉後唱竹枝曲, 反覆必至九回, 乃止」.

이 시는 민가의 방제품(仿製品)이지만, 정서가 건랑(健朗)하고 산도(山桃)·춘수(春水)같은 향토색이 짙은 시어라든가, 낭의(郎意)·농수(儂愁)같은 서정이 넘치는 서민적인 표어가 있다.

셋째는 궁정의 시가애호에서 민가의 흥성을 낳는 선도적인 역할을 하였다. 계유공(計有功)의 『당시기사(唐詩紀事)』에 보면, 왕이 신하들과 연회(宴會)를 열어 시를 짓고 파진무(破陣舞)를 추는 등 당시의 상황을 말해 주고 있으며[6], 송대 우무(尤袤)의 『전당시화(全唐詩話)』에는 태종(太宗)의 부시(賦詩)가 아정체(雅正體)와는 거리가 있는 것으로 밝히고 있다. 그 시화에서 예를 들어보면,

> 왕이 일찍이 궁체시를 지어서 우세남으로 하여금 화답케 하였는데 세남이 말하기를 왕께서 지으신 시는 진실로 공교롭습니다. 그러나 체식이 아정하지 아니한 바 위에서 좋아하는 바가 있으면 아래에서 반드시 더함이 있게 되니 두렵기는 이 시가 전해지게 되면 천하를 풍미하여 감히 받들어 지어 올리지 못할 것입니다.
>
> 帝嘗作宮體詩, 使虞世南賡和, 世南曰: 聖作誠工, 然體非雅正, 上有所好, 下必有甚焉, 恐此詩一傳, 天下風靡, 不敢奉詔. (卷一)

이와 같이 속악(俗樂)이 애호됨에 따라 현종(玄宗)시엔 교방(敎坊)을 두고, 황제이원제자(皇帝梨園弟子)를 세워 길러 나가는 여건까지 형성되니 그러한 성행은 국가적인 정책의 뒷받침을 받았다고 하겠다. 송대 정대창(程大昌)은 이 점에 대해서 기술하기를,

---

[6] 『唐詩紀事』 卷一:「貞觀六年九月, 帝辛慶善宮, 帝生時故宅也. 因與貴臣宴, 賦詩. 起居郎請平宮商, 被之管絃, 命曰功成慶善樂, 使童子八佾爲九功之舞, 大宴會, 與破陣舞偕奏於庭」.

개원 2년 현종이 태상예악의 관리로는 배우와 잡악을 다스리지 못한 다하여 곧 좌우교방을 두어 속악을 가르치게 하고 좌우교위장군 범급으로 하여금 그 책임을 맡게 하였다.

開元二年, 玄宗以太常禮樂之司, 不應典倡優雜樂, 乃更置左右教坊以教俗樂, 命左右驍衛將軍范及爲之使.(『演繁露』)

라 하였고, 『구당서』, 「음악지」에 다시 이르기를,

현종은 또 정치를 하는 여가에 태상악공 자제 300인으로 하여금 악기를 다루어 음향을 고르게 내게 하고서 소리 한 마디라도 틀리면 현종은 반드시 바르게 고치니 황제의 제자이라거나, 이원제자라고 호칭하여 금원의 이원 가까이에 두었다.

玄宗又於聽政之暇, 敎太常樂工子弟三百人, 爲絲竹之戲, 音響齊發, 有一聲誤, 玄宗必覺而正之, 號爲皇弟子, 又云梨園弟子, 以置院近於禁苑之梨園.

라고 하여 그 사정을 명백하게 알 수 있다. 넷째는 사회경제의 번영(繁榮)이라 할 것이다. 당고조(唐高祖)가 개국한 후에, 정관지치(貞觀之治)와 개원천보지치(開元天寶之治)를 통하여 현종대에 이르기까지 당대경제(唐代經濟)의 발달을 가져와서, 민생이 쾌락하고 물자가 충족하여 절일(節日)마다 연악생가(宴樂笙歌)가 끊이질 않았던 것이다. 『신당서』, 「식화지(食貨志)」에 보면,

정관 초에 가호가 삼백 만이 안되고 비단 한 필에 쌀 한 말과 바꾸었으며 4년에 이르러 쌀 한 말에 사오 전하고 바깥문을 닫지 않은지 몇 달이나 되며 소와 말이 들에 놓여지고 사람이 수천 리 길을 가는데 식량을

준비하지 않았다. 백성과 사물이 번식하였으며 사방의 오랑캐로 항복해
온 자가 20만 명이니 이 해에 천하에 옥에 갇혀 죄로 죽은 자가 29인이
어서 태평이라 호칭하였다

  貞觀初, 戶不及三百萬, 絹一匹易米一斗. 至四年, 米斗四五錢, 外戶不閉
者數月, 馬牛被野, 人行數千里不齎糧, 民物蕃息, 四夷降附者二十萬人, 是
歲天下斷獄死罪者二十九人, 號稱太平.

이라고 하여 그 당시의 생활상황을 적절히 설명하였고, 호진형(胡震亨)의[7]
『당시담총(唐詩談叢)』에 이르기를,

  당나라 때는 풍습이 호화롭고 사치스러워서, 들자면, 상원산 누각에서
탄신일에 가무하며 안주를 하사하면서 만민이 동락함을 본다. 더욱 민간
에서는 절기를 좋아하고 옛일을 가꾸기 좋아하여 길쌈이 왕공에까지 행
해지고 중배끼가 세속 속에 남아 있었다. 문인은 세월을 기려서 노래로
담았다. 조정선비와 문사들이 글을 지으면 다음날 즉시 서울에 유행하였
다. 그 당시에 창화가 많고 시편이 성행한 까닭은 이러한 것이 또한 일
조하였다고 할 것이다.

  唐時風習豪奢, 如上元山棚, 誕節舞馬賜酺, 縱觀萬衆同樂, 更民間愛中
節序, 好修故事, 綵縷達於王公, 粔籹不廢俚賤. 文人紀賞年華, 槪入歌詠
…… 朝士詞人有賦, 翌日卽流傳京師. 當時倡酬之多, 詩篇之盛, 此亦其一
助也. (卷三)

라고 하여 당인의 연악가무(宴樂歌舞)의 성행을 알게 한다. 그리고 홍매(洪
邁)는[8] 그 당시의 생활상의 풍족함에 의한 음악발달과 함께 시가가 성행

---

7) 胡震亨, 明海鹽人, 字孝轅, 晚自稱遯叟. 萬曆擧人, 官至兵部員外郞. 有『唐音統
籤』,『赤城山人稿』,『海鹽圖經』,『讀書雜志』.
8) 洪邁, 字景盧, 紹興間中詞科, 累遷左司員外郞. 使金, 書用敵國儀, 金人令改陪臣二

한 구체적인 내용을 다음과 같이 기술하고 있다.

당대 개원천보 년간에 문물이 성한 내용이 전기와 시가에 많이 보인다. 장호가 지은 것이 특히 많아서 다른 시인들이 따르지 못하는 것이다. 예컨대, 「정월십야등」에 이르기를 ; 〈모든 문이 열리고 모든 등이 밝으니 정월 중순에 서울이 진동하네. 삼백의 나인들이 소매를 이어서 춤추니 일시에 천상에 노래 소리가 나도다.〉「상사악」에 이르기를 〈비린내나는 피가 매인 머리에 물드니 천상의 고른 소리 드러나 감도네. 나인의 마음 간절하여 육궁의 붉은 소매 일시에 우러나네.〉「봄 꾀꼬리 울어」에 이르기를 〈흥경지 남녘 버들이 움트지 않았는데 태진이 먼저 한 가지 매화를 쥐었도다. 나인이 이미 춘앵전을 노래하며 꽃 아래에서 가지런히 돌아가며 춤추네.〉 또 대포악, 분왕소관, 이막적, 영가래, 분랑갈고, 퇴궁인, 요랑가, 패라아무, 아보탕, 우림령, 향랑자 등 시는 모두 개원의 남긴 일들을 보충해 줄만한 현악의 악부인 것이다.

唐開元天寶之盛, 見於傳記歌詩多矣, 而張祜所詠尤多, 皆他詩人所未嘗及者. 如正月十夜燈云 : 千門開銷萬燈明, 正月中旬動帝京. 三百內人連袖舞, 一時天上著詞聲. 上已樂云 : 猩猩血染繫頭標, 天上齊聲擧畫橈, 却是內人爭意切, 六宮紅袖一時招. 春鶯囀云 : 興慶池南柳未開, 太眞先把一枝梅. 內人已唱春鶯囀, 花下傞傞轉舞來. 又有大酺樂, 邠王小管, 李謨笛, 寧歌來, 邠娘羯鼓, 退宮人, 要娘歌, 悖拏兒舞, 阿鴇湯, 雨霖鈴, 香娘子等詩, 皆可補開天遺事, 絃之樂府也. (『容齋詩話』 卷五)

그리고 호한문화교류(胡漢文化交流)로 호악(胡樂)이 수입되어 민가의 발달을 촉진하였고 종교적으로는 유도불(儒道佛) 삼가가 함께 어울리는 가운데 불교의 유행으로 변문(變文)과 강창(講唱)을 파생케 하여 불교선교의 도구로서 불곡(佛曲)의 민간화가 이루어진 것이다. 당대 조린(趙璘)이[9] 승

字, 邁執不可, 爲金人多方困辱, 卒遣還, 除知贛州, 謚文敏, 有『史記法語』,『南朝史精語』,『經子法語』,『容齋隨筆』,『夷堅志』等書.

문서(僧文漵)가 사묘(寺廟)에서 고사를 얘기하고 가요를 부르는 (說故事, 唱歌謠) 정경을 묘사한 것을 다음 글에서 보면 분명히 알 수 있다.

> 문서승이 있어 공이 대중을 모아 담설을 하는데 경론을 가탁하니 하는 말이 음탕하고 더러우며 비속하여 외설적이 아닌 것이 없었다. 부정한 무리는 오히려 서로 선동하고 부추기며 어리석은 사람은 아녀자를 희롱하였다. 그 말을 즐겨 들으며 듣는 자는 절에서 요란하게 떠들면서 예를 다해 숭배하여 화상교방이라고 호칭하니 그 성조를 본받아서 가곡으로 하였다.
>
> 有文漵僧者, 公爲聚衆譚說, 假托經論. 所言無非淫穢鄙褻之事. 不逞之徒, 轉相鼓扇扶樹. 愚夫冶婦, 樂聞其說, 聽者塡咽寺舍. 膽禮崇拜, 呼爲和尙敎坊, 效其聲調, 以爲歌曲. (『因話錄』 卷四)

Ⅱ. 민가에서의 4종 구조 유형

당대 민간가요의 구조는 음악의 본질을 이해해야 한다. 당대의 음악은 아악(雅樂)과 속악(俗樂)으로 분류하는데 민가는 속악의 범주에 속한다. 당속악(唐俗樂)은 연악(燕樂)이라고도 하는데 그 중에서 수제구부악(隋制九部樂)을 십부악(十部樂)으로 늘려 놓았으니, 그것은 청악(淸樂)을 위주로 하고 그 다음으로 호악(胡樂)이 있는데 서량악(西涼樂), 고려악(高麗樂), 구자악(龜玆樂), 안국악(安國樂), 고창악(高昌樂) 등을 포괄하고 있는데 그 중에 서량악(西涼樂)과 구자악(龜玆樂)이 주된 음악이 된다.

이런 속악은 세 가지 성분을 지니고 있으니, 하나는 청악이요, 다른 하

---

9) 趙璘, 字澤章, 開城進士, 爲佐補闕, 後爲衢州刺史, 所著『因話錄』.

나는 서량악, 그리고 다른 하나는 구자악이다. 청악은 전통적인 본토음악으로서 육조의 청상악을 계승한 것이며 장강 유역의 가요를 주체로 한 오가(吳歌)와 서곡(西曲)이 있어 대개 소령단가(小令短歌)의 형태를 지니고 있다. 그리고 서량악은 여광(呂光), 저거몽손(沮渠蒙遜) 등이[10] 양주(凉州)를 거점으로 해서 구자악을 변형시켜서 지한기(秦漢伎)라 하였는데 위태무(魏太武)가 하서(河西)를 평정하고 이 성악을 취득하고서 서량악이라고 하였던 것이다. 그 악기와 성조가 모두 호융(胡戎)에서 나온 것으로서 본토의 화하(華夏)의 보래 구성(舊聲)은 아닌 것이다. 한편, 구자악은 여광(呂光)이 구자를 멸하여 그 성악을 얻었는데 여씨가 망하여 분산되자 북위(北魏)가 수(隋)에 전하여 서국구자(西國龜玆), 제조구자(齊朝龜玆), 사구자(土龜玆)의 세 부분으로 나누어졌다. 서량악은 감숙(甘肅)과 신강(新彊) 일대의 민가에서 기원하여 북조(北朝)에 유입되었으며, 구자악은 신강 일대 및 신강의 서부에서 유행하던 민가였다고 하겠다.

　청악은 소곡(小曲)과 잡곡(雜曲)의 형태로서 소령(小令), 소조(小調)의 가곡이며 서량악과 구자악은 대곡(大曲), 법곡(法曲)의 형태로서 적편(摘遍)과 탄파(攤破)를 강구(講究)하곤 하였다. 본문은 결구를 논함에 있어 장법(章法), 산성(散聲), 화창(和唱), 절령(節令) 등으로 구분하여 열거하려 한다.

1. 장법(章法)

　당조(唐朝)가 육조(六朝)의 청악(淸樂)을 위주하여 오가(吳歌), 서곡(西曲) 혹은 근세곡사(近世曲辭)는 대개가 오언소시(五言小詩)의 형태를 보여 주

---

10) 呂光, 後凉始祖, 略陽氏人, 字世明, 初事符堅, 略平西域, 還師至姑臧, 聞符堅被害, 遂自稱凉州牧, 後稱三河王. 沮渠蒙遜, 北凉盧水胡人, 先世爲匈奴左沮渠. 博涉群史, 雄傑有權變, 頗好天文, 爲諸胡所歸. 呂光殺其伯父羅仇, 蒙遜遂推段業爲凉州牧, 業稱王, 官尙書左丞, 出爲西安太守. 後襲殺業, 稱河西王, 旣又稱凉王.

는데 사구(四句) 형식의 7·5언시의 민가가 주체를 이룬다. 오언가요(五言歌謠)로서 「복숭아 나뭇잎(桃葉歌)」(『악부시집』 권45)를 예로 들어보면,

  복숭아 잎, 복숭아 잎,
  강을 건너면서 노를 기다리지 않네.
  바람에 이는 물결 무상하게 출렁이는데,
  목숨 걸고 강남을 건너네.

  桃葉復桃葉, 渡江不待櫓.
  風波了無常, 沒命江南渡.

그리고 또 「봄노래(陽春曲)」을(상동 권51) 들어보겠다.

  질경이는 앞길에 돋아나고,
  앵두는 작은 뜰에 지는구나.
  춘심이 절로 일어 출렁거려서
  온통 혀로 수없이 떠드는 소리.

  芣苢生前逕, 含桃落小園.
  春心自搖蕩, 百舌更多言.

칠언가요로는 민가의 방제(倣製)인 시견오(施肩吾)의[11] 「양양곡(襄陽曲)」(상동 권48)과 「연꽃 따기(採蓮曲)」(상동 권50)을 열거할 수 있다.

  큰 둑가의 여인을 낭군은 찾지 마오.

---

11) 施肩吾, 唐洪州人, 字希聖, 元和進士, 隱洪州之西山, 終身不仕, 爲詩奇麗, 有『西山集』.

허나 삼삼오오 맘을 한데 맺었네.
맑은 아침 거울을 대하여 화장하나니,
뜻은 낭군의 천만금 애중함을 얻으려는 거라네.

大堤女兒郎莫尋, 三三五五結同心.
淸晨對鏡冶容色, 意欲取郎千萬金.(「襄陽曲」)

마름 잎 물결에 싸이고 연잎 바람에 펄렁이는데,
연꽃 깊은 곳에 작은 배 지나가네.
님 만나 말하려다 머리 숙여 웃으며,
벽옥 비녀 머리 긁으매 물 속에 떨어지네.

菱葉縈波荷颭風, 荷花深處小船通.
逢郎欲語低頭笑, 碧玉搔頭落水中.(「採蓮曲」)

그리고 단편의 장단구(長短句)로서는 「오동과 측백(桐柏曲)」(『악부시집』 권51)과 「금단곡(金丹曲)」(상동)을 들기로 한다.

오동과 잣이 좋아서 귀한 분께 올리고,
이곡과 낙수가에서 노닐도다.
얼기설기 봉황무늬 자리 늘어놓고,
느긋이 음악을 연주하니,
보아도 그지없어,
머뭇하며 인사하도다.

桐柏眞, 昇帝賓, 戲伊谷, 遊洛濱.
參差列鳳笙, 容與起梁塵, 望不可至, 徘徊謝時人.(「桐柏曲」)

보라 빛 서릿발 빛나고 붉은 눈 날리어,
몰아 올랐다가 돌아와서는,
빙그르 다시 휘날도다.
첩첩 하늘 길 이제 희미하여,
천년 두고 전하지 않고,
한 가닥 전하는 것 저 구름 옷자락이로다.

紫霜耀, 絳雪飛, 追以還, 轉復飛,
九眞道[12]方微, 千年不傳, 一傳裔雲衣. (「金丹曲」)

 그리고 정격연장(定格聯章)으로는 「태자오경전(太子五更轉)」을 들어서 그 좋은 예로 삼고자 하는 것이다.

일경은 초저녁이니,
태자가 앉아 깊은 생각하도다.
어찌하면 부모를 지키고,
어느 때 눈 내린 산천을 건너냐?
이경은 밤 깊으니,
오백 역사가 깊이 잠들도다.
황양(시베리아, 몽고일대)을 막아 쥐고 수레 숨기니,
붉은 말갈기와 백마가 한 마음이로다.
삼경은 한밤이니,
태자가 허공에 올라도 보이는 이 없도다.
궁 안에서 들으려해도 아무 것이 없는데,
부모의 간장은 마디마디 끊기도다.

---

[12] 眞道:「仙法所謂道者, 非於百姓日用之外, 別有所謂眞道道也, 不過洞曉陰陽, 深達造化, 於陰陽互藏之宅內, 窮其眞一之炁, 以爲立命之基而已.」(戴源長編, 『仙學辭典』).

사경은 긴 밤이니,
태자의 고행은 만리에 향기롭도다.
문득 보리수 즐기어 불도를 닦으니,
그대 세상에 공왕 되지 않으리!
오경은 새벽이니,
대지에 중생이 도를 행하도다.
홀연히 성 머리에 백마의 발자국 보니,
태자가 성불한 듯 하도다.

一更初, 太子欲發坐心思, 奈何耶娘防守到, 何時度得雪山川.
二更深, 五百個力士睡昏沈, 遮取黃羊及車匿, 朱鬃白馬同一心.
三更滿, 太子騰空無人見, 宮裏傳聞悉達無, 耶娘肝腸寸寸斷.
四更長, 太子苦行萬里香, 一樂菩提修佛道, 不藉爾世上作公王.
五更曉, 大地上衆生行道了, 忽見城頭白馬蹤, 則如太子成佛了.

  위의 시에서 일경(一更)을 제외하고는 압운이 정연하여 3·7·7·7 자구의 형식에서 1·2·4 구에 일운도저(一韻到底)하고 있다. 이경은 '深'·'沈'·'心'자에 하평 12 침운(侵韻)으로, 그리고 삼경은 '滿'·'見'(霰韻이나 銑과 통하고 銑이 旱韻과 통함), '斷'자가 상성 14 한운(旱韻)으로, 그리고 사경은 '長'·'香'·'玉'자가 하평 7 양운(陽韻)으로, 오경은 '曉'·'了'·'了'자가 상성 17 소운(篠韻)으로 각각 압운하고 있다. 민가인데도, 일운도 저격(一韻到底格)의 운법(韻法)을 강구하고 있음은 흥미로운 격식이다. 그리고 대곡(大曲)형식의 작품 또한 장법상 중요하므로 곽무천(郭茂倩)은 대곡을 15곡으로 분류하였는데(『樂府詩集』 권43 참조), 그 예로 「검남사(劍南詞)」 제2수를 들기로 한다.

  장부는 기력이 온전하여,

하나로 천을 당할 만 하도다.
용맹한 기운 마음에서 솟아 나오고,
죽음을 보아도 잠자듯 하다.
갑자기 손을 떼지 않고,
종일 진지 앞에 머물러서
마치 매가 기러기를 치듯,
좌우로 모두 다 꿰뚫도다.

丈夫氣力全, 一箇擬當千.
猛氣衝心出, 視死亦如眠.
率率不離手, 恒日在陣前.
譬如鶻打雁, 左右悉皆穿.

2. 산성(散聲)

가요 중의 화성(和聲)을 산성(散聲)이라 하는데 시가에 있어 화송성(和送聲)의 응용은 음악의 절주를 배합하는데 있는 것이며 화성은 시가 중간에 쓰이고 송성(送聲)은 시가 말미에 쓰인다. 화송성의 작용은 두 가지가 있어서, 하나는 시가의 구법을 서로 어긋나게 배열하여 다변화해서 가사구조상(歌詞句調上)의 번복성(繁複性)을 증대시키며, 다른 하나는 대중이 화창(和唱)하여, 음조상의 강열성(强烈性)을 더 하게 한다. 이런 화송성을 활용한 것은 오가(吳歌)와 서곡(西曲)에서 많이 보인다. 여기의 구법상의 참치화(參差化)는 당시로부터 사(詞)가 파생해 가는 과정에서의 장단구의 활용을 볼 수 있다. 예시를 들어보면 다음과 같다.

어디서 오는 낙타 나그네인가!
사리홍파 아이 아이 아이!

파사에서 오는 낙타 나그네인가!
사리홍파 아이 아이 아이!

那裏來的駱駝客呀, 沙里洪巴唉唉唉!
巴薩來的駱駝客呀沙, 沙里洪巴唉唉唉! (新疆民謠「沙里洪巴」, 邱教授
제공)

사(詞) 중의「沙里洪巴唉唉唉」는 아무 의미가 없는 화성으로 음악적 선율만으로써 화성의 강렬성과 향토성을 가미해 준다. 그리고 민가 중에서 「죽지」와 「양류지」는 화성으로 유행한 가요인데 「죽지」는 파유(巴渝) 일대의 민가로서 그 연원은 육조시대의 서곡의「女兒子」에서 나왔다.13) 먼저「딸아이(女兒子)」(倚歌)(『악부시집』권49)를 들기로 한다.

파동 삼협에 원숭이 슬피 우는데,
밤에 세 곳서 우는소리에 눈물이 옷을 적시네.
나는 촉 지방에 오르려니 촉수를 건너기 어려워,
자개 돌 머리 밟으니 허리가 휘어 돌아간다.

巴東三峽猿鳴悲, 夜鳴三聲淚沾衣. (一曲)
我欲上蜀蜀水難, 蹋蹀珂頭腰環環. (二曲)

유우석(劉禹錫)이 방제(倣製)한「죽지사(竹枝詞)」(『劉賓客文集』권27) 9수는 화성으로 배합하여 황종지우(黃鐘之羽)에 맞추었는데14), 그 중에 제2·

---

13) 곽무천은 西曲名을 『古今樂錄』에서 인용하여 34곡으로 분류하고 있다. 그리고 서곡의 출원지는 형영번등(荊郢樊鄧)의 지역으로, 그 성절(聲節)과 송화(送和)가 吳歌와 달리 속되다고 하였다. (『樂府詩集』卷四十七 西曲歌上 참조).
14) 「竹枝詞幷引序」에 창작동기를 부언하고 있다. 즉「四方之歌, 異音而同樂. 歲正月, 余來建平, 里中兒聯歌竹枝, 吹短笛擊鼓以赴節, 歌者揚袂睢舞, 以曲多爲賢,

4수를 보면 육조의 「女兒子」와의 상관되는 것을 알 수 있다. 그 가사는 다음과 같이 구성되어야 할 것이다.

산 복숭아의 붉은 꽃이 가지에 가득하고,
촉강의 봄물은 산을 치고 흐르도다.
꽃 붉어 쉬 시듦은 님의 생각 같고,
물 흘러 끝없음은 내 수심 같도다.

山桃紅花竹枝, 滿上頭女兒.
蜀江春水竹枝, 拍山流女兒.
花紅易衰竹枝, 似郎意女兒.
水流無限竹枝, 似儂愁女兒. (其二)

해 돋으니 세 가닥 낚싯대에 봄 안개 걷히니,
강가의 촉객은 난초 노를 멈추도다.
광부에 부쳐서 한 줄 글 써서 부치나니,
성도 머문 곳에 만리교가 있도다.

日出三竿竹枝, 春霧消女兒.
江頭蜀客竹枝, 駐蘭橈女兒.
憑寄狂夫竹枝, 書一紙女兒.
住在成都竹枝, 萬里橋女兒. (其四)

위의 인용시에서 「죽지」와 「여아」는 곧 화성이 된다. 그러나 이외에 『전당시』에는 단지 황보송(皇甫松)의15) 「採蓮子」 2수만이 화성을 지니고

聆其音, 中黃鐘之羽, 卒章激肝如吳聲. 雖傖儜不可分, 而含思宛轉, 有淇濮之艶. 昔屈原居沅湘間, 其民迎神, 詞多鄙陋, 乃爲作九歌, 到於今荊楚鼓舞之. 故余亦作竹枝詞九篇. (『劉賓客文集』卷二十七).

있으니 당인의 화성을 사용한 경우를 과소 평가해도 가할 것이다. 그러면 「연꽃 따기(採蓮子)」(『전당시』권369)를 보기로 한다.

　　연꽃 봉오리의 향기 넓은 물에 퍼져 이어진데,
　　소녀가 꽃놀이에 빠져서 연꽃을 따는 것이 늦네.
　　저녁에 물놀이하느라 뱃머리가 젖는데,
　　붉은 치마 벗으니 오리알이 들어 있네. (연꽃이 피는 모양을 비유)

　　菡萏香連十頃波(擧櫂)
　　小姑貪戲採蓮遲(年少)
　　晚來弄水船頭濕(擧櫂)
　　更脫紅裙裹鴨兒(年少) (其一)

　　배 움직이니 호수의 빛 영롱한 가을인데,
　　젊은이 보느라 배가는 대로 흘러가네.
　　덧없이 물 사이에 두고 연꽃을 던지니,
　　멀리 남이 알까 한나절을 부끄러워하네.

　　船動湖光灧灧秋(擧櫂)
　　貪看年少信船流(年少)
　　無端隔水抛蓮子(擧櫂)
　　遙被人知半日羞(年少) (其二)

　여기서 사용한 화성(和聲)은 구미(句尾)에 있는데, 이 외에 매창구(每唱句)마다 동일한 화성으로 형성된 것이 있으니, 육조의 오가(吳歌)인 「정독호가(丁督護歌)」5수가 바로 그 예가 된다. (『악부시집』권27) 그 중에 제2

---

15) 皇甫松, 皇甫湜之子, 自稱檀欒子, 詩十三首. (『全唐詩』권369).

수를 들면,

> 낙양은 수 천리 길인데,
> 맹나루 강물은 흘러서 그지없네.
> 융마 속에 큰 고생하는 중에,
> 이별은 쉬우나, 만나기는 어렵다네.

> 洛陽數千里(丁督護) 孟津流無極(丁督護)
> 辛苦戎馬間(丁督護) 別易會難得(丁督護)

위의 구 중의 「丁督護」 3자는 화성이다. 그러나 당인 중엔 매구에 위와 같은 화성을 사용한 것은 매우 적으니 불곡(佛曲) 중의 「산화락(散花樂)」을 (邱교수 제공) 들 수 있다.

> 관세음께 받들어 비니,
> 자비가 도장에 내리도다.
> 몸을 가다듬어 삼가함이 虛 속에 드러나니,
> 분노가 마왕을 굽히도다.
> 몸을 들어 법고를 치니,
> 용맹이 위엄의 빛 보이며,
> 손에서 향내가 나고,
> 미간엔 흰털이 빛나도다.

> 奉請觀世音(散花樂) 慈悲降道場(散花樂)
> 斂容空裏現(山花樂) 忿怒伏魔王(散花樂)
> 騰身振法鼓(山花樂) 勇猛現威光(山花樂)
> 手中香色乳(山花樂) 眉際白毫光(山花樂)

그리고 화성의 사용은 장단구의 사에 중요한 역할을 하였으니, 당인은 탄파(攤破)라 칭하였다. 예컨대, 모문석(毛文錫)의16) 「완계사(浣溪沙)」의 곡조는 본래 7언의 구식(句式)으로 되어 있고 쌍성을 써서 전부 7언구로 이루어져 있다.

  칠석은 매년 참으로 어기지 않고 와서,
  은하수 맑고 옅은 중에 흰 구름 엷게 끼었는데,
  두꺼비 빛과 까치 그림자 있는 달 아래 때까치가 날도다.
  매양 쓰르라미를 한하고 무녀별 연민하였더니,
  몇 번이나 애교와 질투가 원앙의 연분에 내렸던가!
  오늘 밤 즐거운 재회가 빗속에 은은하도다.

  七夕年年信不違, 銀河淸淺白雲微.
  蟾光鵲影伯勞飛, 每恨蟋蛄憐婺女.
  幾回嬌妒下鴛機, 今宵嘉會兩依依. (『全唐詩』 권893)

그리고 같은 작가의 「탄파완계사(攤破浣溪沙)」의 구식은 7・7・7・3・7・7・7・3으로 되어 있다.

  봄물 가벼이 이는 파도 푸릇한 이끼에 스며들고,
  비파나무 주위의 자단은 활짝 피는 도다.
  밝은 날에 잠든 원앙은 평온한데,
  따스하게 서로 사랑하는 도다.
  비단신 먼지 일며 유녀가 지나가니,
  어떤 님을 만나 옥구슬 굴리고,
  난초와 사향 향기 흩날리며 패대를 풀고서,

---

16) 毛文錫, 字平珪, 登進士第, 後事蜀爲翰林學士, 遷內樞密使, 歷文思殿大學士司徒, 詩三十一首. (『全唐詩』 권893)

돌아갈 줄 잊는 도다.

春水輕波浸綠苔, 枇杷洲上紫檀開.
晴日眠沙鷄安穩, 暖相儂.
羅襪生塵遊女過, 有人逢著弄珠回.
蘭麝飄香初解佩, 忘歸來.(『全唐詩』 권893)

3. 화창(和唱)

민가에서의 화창과 대창(對唱)은 오가서곡(吳歌西曲) 중에 가장 많은데 남녀간의 증답(贈答)의 형식을 갖추고 있다. 「환문변가(歡聞變歌)」 6수(『악부시집』 권45) 중에17) 제1·2수를 보겠다.

금기와의 구중궁궐 담에는,
옥벽과 산호기둥 둘렀는데.
한밤에 찾아와서,
부르며 기뻐하며 듣고서도 돌아보지 않는 도다.
기뻐서 머뭇대지 않으니,
양지 녘 창은 모두 작은 문이로다.
노파 아직 잠들지 않았는데,
애타는 마음은 노를 미는 듯 하도다.

金瓦九重牆, 玉壁珊瑚柱.
中夜來相尋, 喚歡聞不顧. (南唱)·(其一)
歡來不徐徐, 陽容都銳戶.

---

17) 郭茂倩云:「古今樂錄曰, 歡聞變歌者, 晉穆帝升平中, 童子輩忽歌於道, 曰, 阿子聞曲終, 輒云, 阿子汝聞不, 無幾而穆帝崩, 褚太后哭阿子汝聞不, 聲旣棲苦, 因以名之.」(『樂府詩集』 卷四十五)

耶婆尙未眠, 肝心如推櫓. (女答)·(其二)

남녀 대구의 가요는 강남 각지의 산가(山歌)와 도가(棹歌) 중에 그 특색을 보존하고 있어서, 남녀격강대창(男女隔江對唱), 채상호답(採桑互答), 상호증답(相互贈答), 독백식포술(獨白式鋪述) 등으로 표현하였다. 당대민가 중에는 남녀증답의 정조가 흔치 않은데, 최호(崔顥)의 방제악부(倣製樂府)인「장간행(長干行)」(『전당시』권130)을 예로 들기로 한다.

님의 집 어디인가요,
첩은 횡당에 살아요.
배 멈추고 잠시 물어 보오니,
혹시 동향 분이신가요? ─여창
집은 구강에 임해 있어서,
구강 가를 왕래하오.
같은 장간인이오마는,
나이 어려 알지 못하겠오. ─남답

君家何處住, 妾住在橫塘.
停船暫借問, 或恐是同鄕. (女唱)
家臨九江水, 來去九江側.
同是長干人, 生小不相識. (男答)

이 시는 남녀화창의 방식으로 상열지정(相悅之情)을 표현한 것으로 화창이라면 남녀증답에 한하여 표현되는 형식이라 할 것이니 군신간의 응제(應制)와 문인의 화창은 여기에서 논외로 한다.

4. 절령(節令)

 당대의 절령가는 오경(五更)·십이시(十二時)·십이월령(十二月令)·사계(四季), 그리고 백령(百齡)을 창하는 관식(款式)에 따라 연장가요형식(聯章歌謠形式)을 지니는데, 각종 형식의 예를 돈황곡자(敦煌曲子) 중에서 한 수를 들고자 한다. 먼저 「오경을 탄식함(歎五更)」(『敦煌零拾』권5)을 든다.

일경은 초저녁이니,
스스로 길러 나아감에 곧지 못함을 절로 한하도다.
부모는 어려서 가르치지 아니한 바,
지금이야 다투어 문서를 익히도다.
이경은 밤 깊으니,
효경 한 권 일찍이 존귀히 여겼도다.
그런 것 모두 알지 못하였으니,
이제야 한탄하며 비로소 슬피 읊는 도다.
삼경은 야반이니,
곳곳이 남의 필두로 정리되도다.
관직 얻었어도,
이처럼 공사문서를 처리하도다.
사경은 긴 밤이니,
주야로 늘 담을 대하고 있는 듯 하도다.
남아가 이 지경이면 땅에 엎디어지니,
효경 한 줄 못 읽은 것이 후회롭도다.
오경은 새벽이니,
사람됨이 이미 별나도다.
동서남북으로 몰리어서,
마치 맹인이 길을 보지 못함과 같도다.

一更初, 自恨長養枉生軀. 耶孃小來不敎授, 如今爭識文與書.
二更深, 孝經一卷一曾尊. 之乎者也都不識, 如今嗟歎始悲吟.
三更半, 到處被他筆頭算. 縱然達得官職, 公事文書爭處斷.
四更長, 晝夜常如面向牆. 男兒到比屈折地, 悔不孝經讀一行.
五更曉, 作人已來都殊了. 東西南北被驅使, 恰如盲人不見道.

그리고 십이시가(十二時歌)인데, 이는 12간지(干支)로서 정격연장(定格聯章)의 형식을 취하는데 돈황곡(敦煌曲) 중에서 십이시가는 19수나 되어 대부분이 불문(佛門)의 전창사(傳唱詞)이다. 「선문십이시(禪門十二時)」를 열거하기로 한다.

> 야반의 자시에,
> 잠이 오는데 또 떨쳐야 하도다.
> 단정히 앉아 마음을 바르게 하고[18],
> 다 버리고 남을 벗함이 없도다.
> 닭 우는 축시에,
> 나무 꺾어 창문을 보도다.
> 날이 밝아 오는데 자득하여,
> 불성이 마음속에 있도다.
> 먼동의 인시에,
> 사색하며 탐욕과 분노를 끊도다.
> 마음을 어지러이 하여,
> 한 몸을 헛되이 보내지 말지라.
> 해 뜨는 묘시에,
> 거울 쥐고 마음 비쳐 보도다.
> 성정과 지혜가 안팎으로 사심 없이 텅 비게 하여,

---

18) 觀心 : 觀察心性如何謂之觀心. 心爲萬法之主, 無一事漏於心者, 故觀察心, 卽觀察一切也. 因而凡究事觀理, 盡稱爲觀心. (丁福保, 『佛學大辭典』).

더욱 번뇌를 일지 말게 할지라.
아침 식사하는 진시에,
노력하여 일찍 탈속에 들지며.
평소의 고통을 생각하지 말며,
열반의 근인을 터득할 지로다.
정오경의 사시에,
속세에서 불계로 들어가기 어렵도다.
항상 몸을 훼손하면,
생사의 바다에서 표류하도다.
정남의 오시에,
만유간(四大)에19) 의지할 기둥 없도다.
몸을 적응하기 어려운 줄 알아야 하리니,
만불이 주가 되도다.
해 기우는 미시에,
죄지어 쌓이도다.
무상히 사념 하면서,
헛수고하며 허비하는 도다.
저녁식사의 신시에,
미래의 인연을 닦는 도다.
몸을 돌아보매 지난 일 구원받지 못하니,
끝내 한 티끌로 돌아 가도다.
해 지는 유시에,
살펴보니 구원받지 못함 알도다.
생각하고 생각해도 마음 떨치지 못하니,
염주 몇 개 항상 손에 있도다.

---

19) 四大, 地水火風也. 依俱舍論言, 此四大有假實二種, 其實者, 稱爲四界, 或四大界假者, 單云四大. 實之四大, 一地大, 性堅, 支持萬物. 二水大, 性濕, 收攝萬物. 三火大性煖, 調熟萬物. 四風大, 性動. 生長萬物. 此四者, 以造作一切之色法, 故謂之能造四大.」(丁福保, 『佛學大辭典』).

황혼의 술시에,
돌아가 의지할 곳 어둔 방뿐이로다.
죄 또한 알지 못하니,
언제 밝은 해(慧日)[20] 보리오.
인정의 해시에,
내 이제 곧 끊으려 하네.
몰고 몰아 잠시도 머물지 않으니,
만물이 모두 무너지네.

夜半子, 監睡還須去. 端坐政觀心, 濟却無朋彼.
鷄鳴丑, 摘木省窓牖. 明來暗自知, 佛性心中有.
平旦寅, 發意斷貪嗔. 莫令心散亂, 虛度一生身.
日出卯, 取鏡當心照. 情知內外空, 更莫生煩惱.
食時辰, 努力早出塵. 莫念時時苦, 早取涅般因.
隅中巳, 火宅難歸口. 恒在敗壞身, 漂流生死海.
正南午, 四大無梁柱. 須知寡合身, 萬佛皆爲主.
日昃未, 造罪相連累. 無常念念至, 徒勞漫破費.
哺時申, 修見未來因. 念身不救往, 終歸一微塵.
日入酉, 觀身知不救. 念念不離心, 數珠恒在手.
黃昏戌, 歸依須闇室. 罪垢亦未知, 何時見慧日.
人定亥, 五令早欲斷. 驅驅不暫停, 萬物皆失壞.

다음으로 사시가(四時歌)와 십이월령가(十二月令歌)인데 당민가에는 사시가가 전해지지 아니하고 문인이 방제한 작품이 전래되니, 『악부시집』(권45)에 왕한(王翰)의 「子野春歌」, 최국보(崔國輔)의 「子夜冬歌」, 설요(薛瑤)의 「子夜冬歌」, 곽원진(郭元振)의 「子夜四時歌」 6수, 이백의 「子夜四時歌」

---

20) 慧日:〈佛智能照世之盲冥, 故比之於日. 無量壽經下曰, 慧日照世間, 淸除生死雲.〉法華經普門品曰, 慧日破諸闇, 能伏災風火.(丁福保,『佛學大辭典』).

4수, 육구몽(陸龜蒙)의「子夜四時歌」4수 등이 수록되어 있다. 그리고 십이월령가는 돈황곡에 조명(調名)이 산실 된「十二月相思」가 있는데, 사월령(四月令)만 제외하고는 매월령에 탈자가 적지 않아서(邱敎授제공) 가의(歌意)가 불분명하므로 본문에서는 육구몽(陸龜蒙)의「자야사시가(子夜四時歌)」를 열거하기로 한다.

    산은 푸른 날개 내린 병풍으로 이어 있고,
    풀은 안개 낀 꽃자리로 어울려 있네.
    바라보니 남으로 제비 나는데,
    가인은 소식이 끊겼다네.

    山連翠羽屛, 草接煙華席.
    望盡南飛鴈, 佳人斷信息.(「春歌」)

    난초 눈에는 이슬이 비스듬히 걸려 있고,
    앵두 입술에는 시드는 꽃이 맺혀 있네.
    금룡이 기우니 물이 다 새고,
    옥 우물에서 얼음 같은 찬물이 흐르네.

    蘭眼擡露斜, 櫻脣映花老.
    金龍傾漏盡, 玉井敲氷早.(「夏歌」)

    서늘한 은하수 뜬 맑은 하늘에,
    시들은 숲은 비바람을 원망하고,
    수심 속에 귀뚜라미 노래 들으니,
    마치 매여 있는 혼과 말하는 듯 하네.

    凉漢淸沈寥, 衰林怨風雨.

愁聽絡緯唱, 似與羈魂語. (「秋歌」)

남녘 빛은 추운 땅을 떠나고,
북풍이 공허한 나무에 울리네.
해마다 서리와 싸락눈 오지마는,
왕대의 푸르름을 덜지는 못하리라.

南光走冷圭, 北籟號空木.
年年任霜霰, 不減篔簹綠. (「冬歌」)

    이상에서 거론한 당대 민가의 발생연원과 결구는 극소부분에 불과한 내용을 다룬 것이다. 당인의 가요가 산일된 것이 수다하니, 『악부시집』, 『사적』 및 『당인시문집』 그리고 『돈황곡교록(敦煌曲校綠)』 등에 수집되어 실린 것에서 간간이 발견된다. 대개 편차를 보면 『악부시집』에 81수, 『돈황곡교록』에 545수, 『전당시』에 103수가 수록되어 있으며 기타 문인의 방제는 계산에 넣지 않았다. 그리고 『전당시보편(全唐詩補編)』(1992 中華書局)에도 산실 된 작품의 정리 수집이 수천 수에 달할 만큼 적지 않은 것을 볼 수 있다. 이로써 당대 민가의 양 또한 질에 못지 않았다는 점을 알겠으니, 당시연구에 중요한 분야로 바르게 인식되고 학술적으로 정리되어야 할 것이다.

최융(崔融)의 교유와 시의 제량풍(齊梁風), 그리고 시의 주제의식

중국문학사에 있어서 한위진(漢魏晋)시대와 당송 시기를 두고 흔히 중국시가의 정화로 지칭한다. 더구나 당대의 시는 그 중에도 으뜸으로 평가한다. 그러나 당시에서의 초당시가 지닌 내용적인 비중에 대해서는 매우 홀시해 온 것이 일반적인 기술태도였던 점 또한 부인할 수 없을 것이다. 그 비근한 예로써, 대륙에서 1977년부터 5년간의 당시연구물이 무려 2000여 편이 발표되었음에도[1] 초당시에 대한 자료는 짱시호우(張錫厚)의 『왕범지시교집(王梵志詩校輯)』 6권과 시앙추(項楚)의 『왕범지시교주(王梵志詩校注)』가 돋보일 뿐으로, 지금까지의 적고 편협한 범주를[2] 탈피하지 못하

---

[1] 천보하이(陳伯海)는 「國內唐詩研究近況」(『文學評論』 6期, 1982年 11月 15日刊)에서 1977년부터 1982년까지 5년간에 2000여 편의 평론이 나왔는데, 이는 1949년 이후 27년간을 초과하는 것이라고 밝힘. 푸쉔중(傅璇琮) 교수는 1993년 11월에 「十幾年來中國唐代文學研究的槪況」을 한국외대에서 발표하여 연구의 성황을 더욱 강조한 바 있음.

[2] 초당시에 대한 전서는 Stephen Owen의 『The Poetry of the Early T'ang』(New Haven and London, Yale University Press,1977)외에 대륙이나 대만이나, 일본에서 나온 개설서를 구하기 힘든 상태이며, 작가론이라 해도, 四傑을 위시한 몇 명의 개

고 있는 실정을 결코 가벼이 간과할 수 없는 것이다. 이것은 학문연구에 있어서 하나의 큰 문제이기도 하다.

초당시를 단순히 제량(齊梁)의 유풍으로 분류하여 평가하는 선에서 다루고 그것도 초당말기에 장구령(張九齡)이나 진자앙(陳子昻) 등 소위 시의 풍골(風骨)에 대해 개혁의지를 보인 점이라든가, 심송(沈宋: 沈佺期와 宋之問)의 근체시율(近體詩律)에 대한 확립정도에서 초당시를 마감하는 경향이 있다. 그리고는 곧이어 시의 황금기라고 할 성당시(盛唐詩)에로 건너가는 연구풍토가 아직 지속되고 있다고 할 수 있다. 그러나 유풍(그것을 궁체시「宮體詩」라고 하며 그들을 宮廷시인이라 하지만)이 없이는 신사조가 싹트게 할 수 없다는 것을 안다면, 그 유풍의 세계를 면밀히 검토하는 자세가 더욱 요긴하다고 할 것이다. 지금까지 당시의 연구를 해 오면서 당시는 두 가지 면에서 재평가를 요한다고 사료된다. 그 하나는 문학연구의 초기 단계에서 다루어진 작가의 연구를 과감히 확대하고 그 평가된 작가의 연구 편견도 시정해야 한다는 것과, 또 하나는 아직 미 발굴 된 작가와 그 작품의 개발과 재평가가 시급하다는 것이다. 필자는 이러한 관점에서 나름대로 이 문제에 대해서 관심을 가져 왔으며3) 이 글의 의도 또한 그 하나의 목적에서 시작된 것이라 할 수 있다.

초당 시기(618~712)의 시는 호진형(胡震亨)에 의하면 초당시문집이 모두 152인의 것이 있었다고 하지만(『당음계첨(唐音癸籤)』 권30), 근래까지

설분의 한계에서 벗어나지 못하는 연구실태.
3) 필자는 연구가 한소한 작가로서 1980년대에 들어오면서 「初唐李巨山 詩攷」(『中國硏究』7집, 1983), 「羅昭諫詩之評語輯析」(『中國學硏究』 1집, 1984), 「許渾詩試攷」(『葛雲文璇奎博士華甲紀念論文集』, 1985), 「晚唐 張祜詩 試攷」(『中國硏究』 10집, 1987), 「晚唐 皮日休 詩攷」(『中國學硏究』 4집, 1988) 등을 발표하였음.「薛能詩 試探」(『中國學硏究』, 6輯,1990), 「韓君平과 그 詩交考」(『中國硏究』,13 輯,1992), 「蘇味道詩의 賞析」(『中國學硏究』8輯,1993), 「錢起詩考」(『자大논문집』 34집, 2000) 등 다수.

이름이 거론되고 연구된 자는 대개 10여 명에 불과하다는 사실은4), 어떤 면에서는 연구대상·기준·평가의 틀을 근본적으로 재설정해야 한다는 점을 지적해야 할 것 같다. 이런 관점에서 작품 수가 19제의 20수에 불과한 자료이지만 당시연구의 중요한 위치에 있는 최융의 시를 살펴본다는 의미는 초당시의 점진적인 정리를 하는 단계에서 가치 있는 작업이라고 할 수 있다. 본문은 문자 그대로 극소한 자료를 가지고 필자의 주관적인 견해에서 기술한다는 점을 솔직히 밝혀 두며, 따라서 작품 전체에 대한 분석을 위주로 전개해 나가고자 한다.

I. 생애와 교유

최융 자체에 관한 자료는 의외로 적으며, 있다고 해도 간략하기만 하여서 그의 시문학에 대한 인식과 비중이 어떠한가를 대변해 준다고 볼 수 있다.5) 그리고 생애에 관한 부분도 상세하지 않아서 『구당서(舊唐書)』·「열전

---

4) 리우카이양(劉開揚)은 『唐詩通論』(1980年) p.19에서 "初詩文集共一百五十二, 其中著名的詩人不過二十人, 成就較大的僅有十二人."이라 하고는 그 대상인물을 王珪, 魏徵, 虞世南, 太宗, 王績, 王梵志, 上官儀, 初唐四傑 그리고 沈佺期, 宋之問, 杜審言, 上官婉兒 등에 국한시켰다. 따라서 여기에는 文章四友의 李嶠(필자는 205수의 시를 『中國硏究』 7집에서 상석한 바 있음, 1983) 蘇頲(100여 수의 近古詩가 있음, 『全唐詩』 권73~74) 등 수다한 대상작품들은 도외시되어 후학의 길을 편협케 하고 가치 있는 작품이 사장되는 결과를 초래해 온 것이다. 劉氏라면 반세기를 당시에만 전념해 왔고 그의 통론서는 당시에 관한 최근 통서로 그 가치를 인정한다.

5) 최융에 관해서 기술한 자료를 보자면, 수쉐린(蘇雪林)의 『唐詩槪』(第八章 「戰爭和邊塞的作品」)과 『全唐詩話』 卷一, 『升菴詩話』 卷九, 정전두어(鄭振鐸)의 『揷圖本中國文學史』(p.304), 리우다지에(劉大杰)의 『中國文學發達史』(pp.391~392), 『唐詩紀事』 卷第八, 胡雲翼의 『唐詩硏究』(p.49) 등에서 단편적으로 열거되어 있음을 알 수 있다.

(列傳)」에 소미도(蘇味道) 등과 나란히 거론되어 있을 뿐6),『당재자전(唐才子傳)』같은 초보적인 자료에도 들어 있지 않다. 더구나, 출생과 졸년에 관한 사항도 확실하지 않는 터이므로 그의 생애를 정리하는 것조차 용이하지 않다는 점을 지적하고자 한다.

한편, 최융의 교유(交遊) 관계는 20회에 걸친 관직생활에서 그의 교유가 빈번했음을 확인할 수 있지만, 시를 통한 교유관계를 찾아보는 것이 최융을 이해하는 지름길이라고 본다. 따라서 여기에서는 최융의 생애를 세 개로 시대 구분하여 기술하고 시를 통한 교유는 직접적인 것과 간접적인 것으로 나누어서 그 관계를 고찰하고자 한다.

1. 생애의 생졸연대 문제

최융의 출생 시기는 그의 사망 년도에서부터 역산하면, 그 산출이 가능할 것이다.『구당서(舊唐書)』·「열전」권44(百衲本) 최융의 조문에 이르기를,

> 신룡 2년에 측천실록을 다듬어 완성하고서 청하현자에 봉해지고 하사물 오백 단을 받고 옥서가 그를 찬미하였다. 최융은 문장이 전아하여 그 당시에는 짝할 사람이 적어서 조정에서 필요한 도송문이나 측천애책문, 그리고 여러 글들을 모두 그의 손으로 지어냈다. 최융이 애책문을 지음에 있어 노심초사하고 고생하여 마침내 병들어 죽으니 그때 나이 54세이다.

> 神龍二年, 以預修則天實錄成, 封淸河縣子, 賜物五百段, 璽書褒美. 融爲文典麗, 當時罕有其比, 朝廷所須洛出賓圖頌, 則天哀冊文及諸大手筆, 並手

---

6) 예컨대,『舊唐書』列傳卷四十四에는 蘇味道, 李嶠, 盧藏用, 徐彦伯과 병렬되어 있다.

勅付, 融撰哀册文, 用思精苦, 遂發病卒, 時年五十四.

라고 한 것을 보면 졸년이 신룡(神龍) 2년인데 이것은 중종조(中宗朝)(706년)에 해당하니 이 때가 최융이 54세라 하였으니, 여기서부터 소급해 보면 고종(高宗) 영휘(永徽) 4년(653년)이 곧 출생 년도가 될 것이다. 측천무후(則天武后)의 졸년이 신룡 원년(705년)인 만큼 최융의 생졸 년도는 653년에서 706년으로 밝혀지게 된다. 이것은 『당등과고(唐登科考)』권2에서,

최융이 의봉 원년에 사탄문율과에 급제한 것으로 열입하다.

列崔融於儀鳳元年詞殫文律科及第.

라고 기술한 부분에서 의봉 원년(676년)과도 앞 뒤 조리가 맞게 되는 것이다. 그러나 『태평광기(太平廣記)』권209 왕방경(王方慶)조에서 기록하기를,

용삭 2년 4월, 왕방경이 그의 선조 28인의 필적을 바치니, 고종이 봉각사인 최융에게 서문을 짓게 하였다.

龍朔二年四月, 王方慶獻其先祖二十八人書蹟, 高宗令鳳閣舍人崔融作序.

라고 한 데서 용삭(龍朔) 2년(662)이란 연대는 최융의 나이로 보아서 잘못 기록된 것으로 보이니 그의 졸년을 구명하는 데에는 참고가 되기에 부족하다고 할 것이다. 다음에 최융이 등과(登科)하고부터 사망하기까지를 3시기로 구분하기로 한다.

1) 득의(得意)의 시기
(고종「高宗」의봉「儀鳳」원년~고종 홍도「弘道」원년)(676~683)
이 시기는 최융이 24세에 과거에 등과 하여 관리의 길에 들어서부터 위

주(魏州)로 부임하기까지의 희망과 득의(得意)가 넘치는 출세가도의 시기이다. 최융 자신에 대해서 『구당서』·「열전」과 『당시기사(唐詩紀事)』권8에 자가 안성(安成)이며, 제주(齊州) 전절인(全節人)이라고 한 기술내용은 착오가 없다.7) 최융이 등과한 시기는 『구당서』고종본기(本紀)에 '상원 3년 11월 임신년에 개원하여 의봉 원년이라 하다(上元三年十一月壬申改元曰儀鳳元年)'이라 하니 그의 등과도 그 해의 연말에 있었던 일로 볼 수 있다. 그 후 5년간의 행적은 알 수 없으나, 등과 후에 말직에 있다가 영융(永隆) 2년(681)에야 비로소 궁문승(宮門丞)에 보임되니 정팔품하(正八品下)의 직분이다. 이어서 숭문관학사(崇文館學士)8)를 겸임하면서 최융은 그의 문재를 발휘하게 된다. 최융이 숭문관학사에 있었던 사실을 다음의 글에서 확인할 수 있다.

　　영융 2년에 고종이 동도를 순행하매 원초로 태자를 시종케 하였다.
　　원초가 최융을 숭문관학사로 추천하였다.

　　　永隆二年, 高宗幸東都, 留元超侍太子. 元超表薦崔融等爲崇文館學士.」
　　(『舊唐書』卷七二「薛元超傳」)

그리고 최융 자신이 쓴「기와의 소나무 부서(瓦松賦書)」에도,

---

7) 鄭振鐸은 「崔融字安成, 齊州全節人.」(『揷圖本中國文學史』p.304)이라 하였으나 誤記.
8) 『通典』卷三十;「貞觀中, 置崇賢館. 後沛王賢爲皇太子, 避其名, 改爲崇文館.」『資治通鑑』卷二百二唐紀十八高宗上元二年;「六月, 戊寅, 立雍王賢爲皇太子, 赦天下.」라 하니 崇文館으로 改名한 것은 上元 二年 以後이며 그 명칭이 太子 賢이 廢位된 뒤인 永隆年間에도 이어졌음을 알 수 있다. 通鑑同卷高宗永隆元年(680)에「明崇儼以厭勝之術爲天后所信, 常密稱「太子不堪承繼, 英王貌類太宗.」及崇儼死, 賊不得, 天后疑太子所爲.甲子, 廢太子賢爲庶人. 乙丑, 立左衛大將軍, 雍州牧英王哲爲皇太子, 改元, 赦天下.」라 하니 여기서 改元이란 調元에서 永隆으로 바뀜을 말한다.

숭문관의 기와에 난 소나무가 지붕 아래에 나니 나무라 하겠다. 산객을 찾아 물어도 자세하지 않고 풀이라 한다. 신농편을 살펴도 기록되지 않으니 노래하기를 빛나고 빼어나도다······.

崇文館瓦松者, 産于屋霤之下, 謂之木也. 訪山客而未詳, 謂之草也. 驗神農而罕記, 賦云, 煌煌特秀······.(『唐詩紀事』卷第八)

이라는 기록을 통해서 숭문관직의 역임을 확인하게 된다. 이처럼 문재를 인정받으면서 최융은 영순(永淳) 원년(682)에 태자시독(太子侍讀)과[9] 시속문(侍屬文)이라는 중요한 직분을 맡는다. 『구당서』본전에 기록하기를,

중종이 춘궁에 있을 때 최융을 시독으로 삼아서 시속문을 겸직하게 하니 조정의 표기문과 상소문은 거의 그의 손에서 이루어졌다.

中宗在春宮, 制融爲侍讀, 兼侍屬文, 東朝表疏, 多成其手.

라고 기술한 것은 그의 이런 관직을 뒷받침해 주는 근거가 된다. 이 시기는 최융에게는 등과하고부터 능력을 인정받으며 관직도 승관(昇官)의 길을 걷는 소망의 시기였던 것이다.

2) 은거의 시기
(예종「睿宗」사성「嗣聖」원년~중종「中宗」만세등봉「萬歲登封」원년)(684~695)

이 시기는 최융이 위주(魏州)의 사공참군(司功參軍)으로 좌천되어 있던 기간에 해당한다. 무슨 이유로 폄적 되었는지 확인할 수 없지만 그 당시의 정치상황으로 볼 때에 여능왕(廬陵王) 이현(李賢)과 무후(武后)와의 알력에

---

9) 唐正觀中, 許叔牙爲王侍讀, 高宗升春宮, 仍兼侍讀, 職林云, 開成元年十一月, 宰相李石, 奏置太子諸王侍讀.(『中文大辭典』p.1595)

서 온 여파가 아닌가 본다.10) 최융이 12년간의 방랑생활을 위주에서만 하였는지는 불투명하지만 그가 장안(長安)에 입경한 때는 만세(萬歲) 등봉(登封) 원년(695)이 된다. 입경 동기는 『구당서』 본전에 기록된 바,

> 측천이 숭악을 순행 갔다가 최융이 쓴 계모 묘비문을 보고 매우 찬미하였다. 봉선을 필하자 곧 최융에게 조근비문을 짓게 하고서 위주사공참조에서 저작랑을 제수하였다.

> 則天幸嵩嶽, 見融所撰啓母廟碑, 深加歎美. 及封禪畢, 乃命融撰朝覲碑文, 自魏州司功參軍, 授著作佐郎.

이라고 한 데서 확인할 수 있다.11)

3) 문재를 발양하는 시기
(중종 만세통천「萬歲通天」~중종 신룡「神龍」2년) (696~706)

위주에서 무후로부터 문재를 인정받아 입경하면서 조산대부검교저작좌랑(朝散大夫檢校著作佐朗)을 맡고 곧 양왕(梁王) 무삼사(武三思)를 수행하여 거란(契丹)을 원정 간다. 이 시기에 대해 진자앙(陳子昻)이 최융을 송별하는 「저작좌랑 최융 등이 양왕을 따라 동정함을 송별하며」의 서문(送著作佐郎崔融等從梁王東征詩幷序)」(『신교진자앙집(新校陳子昻集)』권2)에서 다음과 같이 확인할 수 있으니,

> 그 해 7월 군대가 관문을 나서니 하늘이 밝고 구름이 없으며 삭풍이

---

10) 『資治通鑑』 卷203 唐紀19 참조.
11) 『資治通鑑』 卷205 唐紀에 다음과 같은 武后의 순행(巡行)기록이 있다. 「臘月, 甲戌, 太后發神都; 甲申, 封神嶽; 赦天下, 改元萬歲登封, 天下百姓無出今年租稅. 丁亥, 禪于少室, 己丑, 御朝觀壇受賀; 癸巳, 還宮; 甲午, 謁太廟」.

맑은지라, 분북부낭중 당봉일·고공원외랑 이경수·저작좌랑 최융 등이 막부의 참모와 서기의 임무를 맡다.

　　歲七月, 軍出國門, 天晶無雲, 朔風淸海, 分北部郎中唐奉一, 考功員外郎 李逈秀, 著作佐郎崔融, 並參帷幕之賓, 掌書記之任.

이라고 한 데서 시기는 그 해 7월이고 수행원은 최융 외에 당봉일·이경수 등이며 이 때 최융은 서기의 직분을 수행하였음을 알 수 있다.

같은 해 9월 무수의(武攸宜)가 청변도행군대총관(淸邊道行軍大總管)으로 가면서 진자앙(陳子昻)이 그 참모로서 계주(薊州)에 가서 최융을 만난다. 진자앙은 이 때 최융의 웅대한 기상에 감동하여 최융이 입경할 때 다음과 같은 뜻을 전하였다.

　　그대가 임금의 은혜에 보답하려고, 출정하여서, 한 겨울에 춥고 괴로운데, 북방이 평정되어 병사의 기세가 떨치고 오랑캐의 기색을 가라앉힐 것이니 흰 깃털을 한번 휘두르기만 하면 천하를 휩쓸 수 있으리라.

　　子思報主, 仲冬寒苦, 幽朔初平, 蒼茫天兵之氣, 冥滅戎雲之色, 白羽一指, 可掃九都(「登薊城西北樓送崔著作融入都幷序」『陳子昻集』卷二)

여기서 진자앙은 최융의 임금에 대한 보답의식(報主精神)을 높이 칭찬하고 있다. 신공(神功) 원년(697)에 45세 나이로 저작좌랑(著作佐郎)이 되고 이어서 우사(右史)로 직책을 옮기게 된다.[12]

성력(聖曆) 원년(698), 저작랑(著作郎)과 우사내공봉(右史內供奉)을 겸임하며[13], 그 이듬해엔 봉각사인(鳳閣舍人)이 되지만 장창종(張昌宗)의 뜻에

---

12) 『全唐文』卷242, 李嶠의 「授劉如玉崔融等右史制」가 있음.
13) 著作郞은 從五品으로 『李遐叔文集』 卷三의 「著作郞廳壁記」에 보임.

맞지않아 무주장사(婺州長史)로 나갔다가 동년에 다시 춘관낭중(春官郎中)과 지제고(知制誥)로 들어온다.

장창종은 당시에 광록대부(光祿大夫)로서 최융와 교유(交遊)가 깊었던 사이였다.14) 최융이 무주장사로 나갔다함은 육심원(陸心源)이 "사업 최융은 구시 원년에 이 고을에 부임하여 거석에다 영천기를 새겼다.(崔司業融, 當久視元年, 莅斯邑也, 刻靈泉記於巨石.)"(『당문습유(唐文拾遺)』권26)라고 기술한 내용과 상통하지만 무주(江南東道)가 아닌 위성현(魏成縣·劍南道)이므로 기재의 오류인가 한다.

무주라는 것을 뒷받침할 만한 유일한 자료는 최융 자신의「동양 심은후 팔의 누대에 올라 누대를 노래함(登東陽沈隱侯八詠樓詩)」을 들 수 있겠다. 장안(長安) 2년(702), 최융은 다시 봉각사인(鳳閣舍人)과 수국사(修國史)를 겸임하여 국사에 깊이 관여하게 된다.(『全唐文』권96) 이 때에 최융은「간세관시(諫稅關市)」라는 글을 상소하여 세금제도의 부당성을 6단계로 제시하여15) 측천무후(則天武后)가 그 뜻을 받아들인 일이 있었으니, 그의 우국(憂國)과 충성심을 충분히 짐작할 만하다.

장안 4년(704), 사례소경(司禮少卿)을 맡았다가 이듬해에 원주(袁州)자사로 좌천된다. 그 좌천의 이유를 본전에서 보면 다음과 같다.

> 장역지 형제가 자못 문인들을 불러모으니 최융·납언 이교·봉각시랑 소미도·인대소감 왕소종 등이 모두 글 재능으로 절개를 꺾고 그들을 섬겼다. 역지가 죽게 되자 최융은 원주자사로 좌천되었다.

> 張易之兄弟頗招集文學之士, 融與納言李嶠, 鳳閣侍郎蘇味道, 麟臺少監

---

14) 『太平廣記』卷 220에 朝野僉載를 인용하여「武三思爲張易之作傳, 云是王子晋後身. 詞人爲詩詠之, 崔融爲最.」라 하였는데, 최융에게「和梁王衆傳張光祿是王子晋後身」작이 있음.『舊唐書』·「張易之傳」에도 보임.
15) 『舊唐書』本傳과『全唐文』卷219에 수록.

王紹宗等, 俱以文才降節事之. 及易之伏誅, 融左授袁州刺史.(『舊唐書』本
傳)

여기서 보면, 장역지(張易之)의 사건에 연루되어서 당한 좌천임을 알 수 있다. 두 번의 좌천은 모두 오해(誤解)와 의리 때문에 생긴 일인 것이다. 그러나 동년에 곧 국자사업(國子司業)의 직책을 받아 명예를 회복하고 그 이듬해인 신룡 2년(706)에는 측천실록(則天實錄)을 찬술하고 청하현자(淸河縣子)에 봉함을 받아 그 생애에 최고의 명예를 높인다.

그러나 그의 충성심이 너무 강하여 측천무후(則天武后)를 위한 애책문(哀冊文)을 쓰느라고 과로와 질병으로 인해 발병한 지 100여 일 만에 54세를 일기로 병졸하였다. 그의 발병에 대하여 『태평광기(太平廣記)』에서는 다음과 같이 기록하고 있다.

최융이 발병한지 백여 일에 배에서 벌레가 꿈틀거려 참을 수 없더니, 어떤 물건이 밑에서 빠져 나오는 것 같더니 곧 죽었다.

融病百餘日, 腹中蟲蝕不能忍, 有物如守宮從下部出, 須臾而卒.(卷220引『朝野僉載』)

상기와 같이 상세히 기록하고 있다. 죽은 후 위주자사(衛州刺史)에 추증(追贈)되고 시호(諡號)를 문(文)이라고 하였다.(『구당서』·본전에 의거함) 다음에 최융의 역관(歷官)시기와 그 근거자료를 참고로 제시한다.

『최융의 관직역임시기(官職歷任時期) 및 그 근거표(根據表)』

○ 676년(고종 · 의봉 원년)

관직 : 팔과거(八科擧)에 급제.

근거:『구당서』·「열전」권44: "처음 팔과거에 응시하여 급제하다(初應八科擧擢第)" 동고동본기: "상원 3년 11월 임신년에 개원하여 의봉 원년이라 하다(上元三年十一月壬申改元曰儀鳳元年)"『등과고(登科考)』권2: "이 해에 여러 과에 4인이 등과 하였는데 최융이 사탄문율과에 등제하다(是年諸科四人, 崔融以詞殫文律科登第.)"

○ 681년(고종. 영융「永隆」2년)

관직: 궁문승(宮門丞)에 보임되고[16] 숭문관학사(崇文館學士)를 겸함.

근거:『구당서』·「열전」권44: "궁문승에 누보되고 숭문관학사를 겸하다(累補宮門丞, 兼直崇文館學士.)" 상동 권72「설원초전(薛元超傳)」: "영융 2년에 고종이 동도를 순행하였는데 원초가 태자를 모시었다. 원초가 최융 등을 숭문관학사에 추천하는 글을 올렸다.(永隆二年, 高宗幸東都, 留元超侍太子. 元超表薦崔融等爲崇文館學士.)"『통전(通典)』권30: "정관 년간에 숭현관을 세웠는데 후에 패왕 현이 황태자가 되어 그 명칭을 회피하여 숭문관이라고 고쳤다.(貞觀中, 置崇賢館. 後沛王賢爲皇太子, 避其名, 改爲崇文館.)"

○ 682년(고종. 영순「永淳」원년)

관직: 태자시독(太子侍讀)이 되고, 시속문(侍屬文)을 겸함.

근거:『구당서』본전; "중종이 춘궁에 있으면서 최융을 시속에 제수하고 시속문을 겸하다(中宗在春宮, 制融爲侍讀, 兼侍屬文."

○ 684년(예종「睿宗」. 사성「嗣聖」원년)

관직: 위주사공참군(魏州司功參軍)에 좌천.

근거:『구당서』본전: "聖曆中, 則天幸嵩嶽, 見融所撰啓母廟碑, 深加歎美. 及封禪畢, 乃命融撰朝覲碑文, 自魏州司功參黨, 授著作佐郞." 그리고 상기문에서「聖曆中」은 오기로서 측천무후가 숭악(嵩嶽)에 봉선(封禪)한 시기가 천책만세(天册萬歲)(695)이니(「武則天本紀」및『通鑑』·唐紀二十一), 최융이 참군(參軍)으로서 부름 받음은 좌천된 지 12년의 일이다.

---

16)『舊唐書』百官志;「東宮官屬, 宮門丞, 正八品下. 此曰累補」.

○ 696년(중종 . 만세통천「萬歲通天」원년)

관직 : 검교저작좌랑(檢校著作佐郞)을 제수.

근거 : 陳子昻「送著作佐郞崔融等從梁王東征」幷序 : "歲七月軍出國門, 天晶無雲, 朔風淸海, 時比部郞中唐奉一, 考功員外郞李迥秀, 著作佐郞崔融並參帷幕之賓, 掌書記之任." 陳子昻「登薊城西北樓送崔著作融入都」幷序 : "元戎按甲, 方刈鮮卑之壘, 天子賜書, 且有君相之召, 而崔侯佩劍, 卽謁承明."

○ 697년(중종 . 신공「神功」원년)

관직 : 저작좌랑(著作佐郞)에 발탁되고 우사(右史)로 전임(轉任).

근거 : 『舊唐書』本傳 : "擢授著作佐郞, 尋轉右史"『全唐文』卷二四二의 李嶠의「授劉如玉崔融等右史制」에 "朝散大夫檢校麟臺著作佐郞崔融可行右史, 散官如故."

○ 698년(중종 . 성력「聖曆」2년)

관직 : 저작랑을 제수하고 우사내공봉(右史內供奉)을 겸임.

근거 : 『구당서』본전 : "聖曆二年, 除著作郞, 仍兼右史內供奉."『全唐文』卷二四二의「李嶠文」에 "長才廣度, 贍學多聞."라고 崔融을 稱하고, 『李邕叔文集』卷三의「著作郞廳壁記」에 "且以崔融與虞世南魏徵相比次."

○ 699년(중종 . 성력 3년)

관직 : 봉각사인(鳳閣舍人)이 됨.

근거 : 『구당서』본전 : 「聖曆三年, 遷鳳閣舍人.」

○ 700년(중종 . 구시「久視」원년)

관직 : 무주장사(婺州長史)로 좌천되었다가 춘관낭중(春官郞中)과 지제고(知制誥).

근거 : 『舊唐書』本傳 : "久視元年, 坐忤張昌宗意, 左授務州長史, 頃之, 昌宗怒解, 又請召爲春官郞中知制誥事."「武則天本紀」 : "聖曆三年五月, 武則天以所疾康復, 大赦, 改元曰久視" 陸心源『唐文拾遺』卷二六 : "崔司業融, 當久視元年, 莅斯邑也, 刻靈泉記於巨石." 崔融의「登東陽沈隱侯八詠樓」을 보면 婺州에 가서 쓴 것으로 봄.

○ 702년(중종 . 장안「長安」2년)

관직 : 다시 봉각사인(鳳閣舍人)과 지제고(知制誥)가 됨.
근거 : 『구당서』본전 : "長安二年, 再遷鳳閣舍人."

○ 703년(중종．장안 3년)

관직 : 수국사(修國史)를 겸임.
근거 : 『舊唐書』本傳 : "三年, 兼修國史."『全唐文』卷九六 : "武后勅武三思李嶠崔融
　　　等同修唐史制. 時崔融與魏知古同以鳳閣舍人參預其事."

○ 704년(중종．장안 4년)

관직 : 사례소경(司禮少卿)・지제고(知制誥)
근거 : 『구당서』본전 : "四年, 除司禮少卿, 仍知制誥."

○ 705년(중종．신룡 원년)

관직 : 원주자사(袁州刺史)로 나감. 국자사업(國子司業)이 됨.
근거 : 『구당서』본전 : "時張易之兄弟頗招集文士, 融與納言李嶠, 鳳閣侍郎蘇味道, 麟
　　　臺少監王紹宗等, 俱以文才降節事之. 及易之伏誅, 融左授袁州刺史. 尋召拜國
　　　子司業, 兼修國史."

○ 706년(중종．신룡 2년)

관직 : 청하현자(淸河縣子)에 봉함. 사후에 위주자사(衛州刺史)에 추증(追贈).
근거 : 『구당서』본전 : "神龍二年, 以預修則天實錄, 成封淸河縣子." 同云 : "融撰哀冊
　　　文, 用思精苦, 遂發病卒, 時五十四, 以侍讀之恩, 追增衛州刺史, 諡曰文."

2. 시를 통한 교유관계

최융은 흔히 문장사우(文章四友)의 하나로 부른다. 『당시기사(唐詩紀事)』권제8「최융조」에서,

> 최융의 자는 안성이며 제주인으로 과거에 높게 급제하였다. 소미도・왕소종과 같이 장역지의 형제에 어울렸다. 두심언은 최융에 의해 추천되

었다.

> 融字安成. 齊州人, 擢入科高第. 與李嶠, 蘇味道, 王紹宗, 附易之兄弟. 杜審言爲融所奬引.

라고 기술하였듯이, 이교, 소미도, 두심언 등과 교유가 빈번하였고 특히 초장대의 문인들과의 시교(詩交)가 있었음을 알 수 있다. 고로 뒤에 상술할 것이로되 여기서의 시를 통한 교류가 최융의 시풍을 간접적으로 이해하는 역할을 할 수 있으리라 본다. 최융의 시 가운데에 교유에 관한 것으로는「和宋之問寒食題黃梅臨江驛」,「留別杜審言幷呈洛中舊遊」,「和梁王衆傳張光祿是王子晋後身」등과 3수의 만사(挽詞)[17] 그리고「嵩山石淙侍宴應制」시 등이 직간접적인 교유시라 하겠다.

한편, 최융과 유관한 타인의 시도 있으니, 두심언(杜審言), 송지문(宋之問), 장열(張說), 심전기(沈佺期), 진자앙(陳子昂), 최면(崔沔) 등과 숭산(嵩山)의 석종(石淙)에서 시연(侍宴)에 참여한 자들로 무삼사(武三思), 소미도(蘇味道), 장역지(張易之), 장창종(張昌宗), 설요(薛曜), 양경술(楊敬述), 우계자(于季子) 등이 있다. 이제 상기의 사람들을 중심으로 상호 교유의 관계를 보기로 한다.

1) 소미도(蘇味道)

소미도와는 시풍부터 상통하니 리우다지에(劉大杰)는「소최 양인의 시는 모두 평용하여 서술할 것이 없다.(蘇崔二人的詩, 亦俱平庸無可述者.)」(『中國文學發展史』p.391)라고 품평한 바가 있다. 양인의 관계는 석종(石淙)에서의 시연(侍宴)을 노래한 양인의 시를 가지고 서로 교유한 실예(實例)로

---

17) 挽詞란「戶部尙書崔公挽歌」,「韋長史挽詞」,「哭蔣詹事儼」등을 말함.

삼을 수밖에 없지만 간접적인 비교는 될 수 있으리라 본다. 예시컨대, 최융의 「숭산의 석종에서 시연의 응제시(嵩山石淙侍宴應制)」를 보면(『전당시』 권68),

    굴 입구의 신선바위 잘라 만든 듯하고,
    샘 향기 그윽한 돌은 차가워 낮에도 시원하다.
    용무늬 깃발 달 그리듯 하늘 아래 차고,
    봉황무늬 피리 구름 잡듯 이곳에 울리네.
    나무가 병풍 이뤄 햇빛이 어둡고,
    향초는 궁궐 같아 여름에 서늘하다.
    오늘 아침 머뭇대며 현포에 나가고,
    내일에는 모시고 놀며 적성으로 가리라.

    洞口仙巖類削成, 泉香石冷晝含淸.
    龍旗畫月中天下, 鳳管披雲此地迎.
    樹作帷屏陽景翳, 芝如宮闕夏涼生.
    今朝出豫臨懸圃, 明日陪遊向赤城.

여기에 대해 소미도는 같은 응제시에서,

    옥가마 보위를 천관이 감싸고,
    선동의 신령한 골에서 구단의 비술을 찾는 도다.
    사랑스런 샘터의 꽃에 가려 가까운 길을 잃었고,
    쭈뼛한 언덕의 대숲은 우뚝 선 단을 가렸구나.
    겹겹의 낭애는 우뚝한데 노을이 무너져 어울고,
    폭포수 엇겨 날려 빗 기운이 차구나.
    임금님의 마음에 흥이 나시어,
    두루 다니시며 구경하면서 가마방울을 멈추네.

彫輿藻衛擁千官, 仙洞靈谿訪九丹.
　　隱愛源花迷近路, 參差嶺竹掃危壇.
　　重崖對聳霞文駁, 瀑水交飛雨氣寒.
　　天洛宸襟有餘興, 裵回周矚駐歸鑾.

라고 하여 제량(齊梁)의 궁체시풍을 보여 준다. 최융과 석종시연(石淙侍宴)에 참가하여 시회에서 같은 시제(奉和聖製夏日遊石淙山)의 시를 남긴 시인들은 동유(同遊)의 낙을 나눈 사이인데, 그들은 바로 무삼사(武三思)[18], 장역지(張易之)[19], 장창종(張昌宗)[20], 설요(薛曜)[21], 양경술(楊敬述)[22], 우계자(于季子)[23] 등으로서 그 당시의 대가들이면서, 정치적으로도 상당한 권세를 누렸기 때문에 최융의 문단활동은 비교적 활발하였다고 할 수 있다.(이들의 시들은 순서대로 『전당시』(권68)에 수록되어 있음.)

　이처럼 최융은 상기의 문인들과의 시연(侍宴)과 시회에서 상호의 교분을 나누며 당시의 시단에서 실력을 인정받았음을 알 수 있다.

---

18) 武三思 ; 則天兄子. 右衛將軍에 이름. 詩 八首.
19) 張易之 ; 定州人. 則天以後 弟 昌宗과 奉宸令에 이름. 宋之問, 閻朝隱, 薛稷 등과 교유. 詩 四首.
20) 張昌宗 ; 易之의 弟. 銀靑光祿大夫에 이름. 武后의 命으로『三敎珠英』을 撰하고 文學之士 李嶠 등 26人을 모아 文集을 撰함. 詩 三首.
21) 薛曜 ; 元超의 子. 正諫大夫에 이름. 文集 二十卷. 今存詩 5首.
22) 楊敬述 ; 則天時에 右玉鈐衛郎將과 左奉宸內供奉을 지냄. 詩 一首.
23) 于季子 ; 咸享中에 進士되고 則天時에 司封員外를 지냄. 詩 七首.

2) 두심언(杜審言)

　최융은 이들 석종산(石淙山)의 교분을 나누는 시교 외에 특히 두심언과의 교왕이 많은 것으로 보인다. 먼저 최융의 「두심언을 이별하며 낙양에서의 옛 교유를 고함(留別杜審言幷呈洛中舊遊)」을 보면,

　　　　희끗한 귀밑 털로 지금 이별하지만,
　　　　홍안의 젊은 날 어제 우리 함께 놀았지.
　　　　해마다 봄은 기다리지 않건만,
　　　　곳곳에 술은 마냥 남아 있구나.
　　　　말일랑 서녘 다리 위에 매고,
　　　　수레는 남녘 밭이랑 가에 돌려놓았지.
　　　　친구여 이제 여기서 헤어지자니,
　　　　바람과 달 속에 앉아
　　　　그리는 마음 그지없구나.

　　　　班鬢今爲別, 紅顔昨共遊.
　　　　年年春不待, 處處酒相留.
　　　　駐馬西橋上, 回車南陌頭.
　　　　故人從此隔, 風月坐悠悠.

　여기서 첫 연을 보면 양인의 교분이 오래된 것을 알 수 있고 제2연에서는 남다른 정감이 표출되고, 후의 2연에서는 석별의 정이 그지없음을 보여 준다. 한편, 두심언은 그 깊은 우정을 가지고 왕사(王師)를 따라 동정(東征)하는 최융에 대한 기대와 장도의 심정을 다음 「최융을 보내며(送崔融)」에서 담고 있다.(『全唐詩』 권62)

군왕이 길 떠나 출정하니,
서기가 멀리 수종을 하네.
행장이 하궐에 이어 있고,
군기가 낙성에 떨치네.
깃발이 아침에 찬 기운 일고,
피리 소리 밤마다 변방에 울리네.
앉아서 이 싸움 그칠 일 생각하니,
가을바람이 북평에 부누나.

君王行出將, 書記遠從征.
祖帳連河闕, 軍麾動洛城.
旌旗朝朔氣, 笳吹夜邊聲.
坐覺煙塵掃, 秋風古北平.

  이 시는 진자앙(陳子昻)의 「최저작의 동정을 송별하며(送別崔著作東征)」과 같은 시기의 작품이 아닌가 한다.[24] 최융이 무수의(武攸宜)의 막하에서 서기로서 북평을 토벌하는 것을 송별한 시인데 당시에 무씨가 봉왕(封王)했기에 이 시에서 '君王'이라고 호칭한 것으로 본다.[25] 이 시는 삭풍에 깃발이 날리고 피리가 변방에 울리는 정군(征軍)의 정경을 특색 있게 묘사하여 기대와 벗을 보내는 수심을 동시에 표출시키고 있다. 그리고 두심언은 「최융에게 주는 20운 시(贈崔融二十韻)」(동상)의 장시를 남기고 있으니, 애틋한 정의와 삶의 고뇌, 그리고 허무한 세월이지만, 양인의 정을 지을 수 없는 굳은 마음을 노래하고 있다. 그 일단을 보면,

    십 년을 천박한 신하로서,

---

24) 이반룡(李攀龍), 『唐詩選評釋』 卷三.
25) 상동.

만리 타향을 두루 다녔지.
구름 낀 하늘이 서찰을 끊었고,
풍토에 따라 한서가 달랐다네.
…… (중략) ……
서로 만나면 옛 일을 위로하고,
서로 대하여 죽고 사는 일을 논했지.
풀 우거져 찌든 거리 무너진 데,
교유하면서 갖은 봉욕 겪었다오.
공작은 다투어 날개를 치고,
학은 다투어 자웅을 겨루누나.
생각할수록 기쁨이 넘치니,
벗의 정을 어이 잊을 수 있으리오.
거문고와 술잔이 놓인 곳에 연석을 차리고,
바위 골에 누운 곳에 시흥을 돋군다오.
…… (중략) ……
몸을 어루며 바른 길 다지고,
손을 잡고서 영광을 그린다오.

十年俱薄臣, 萬里各他方.
雲天斷書札, 風土異炎涼.
…… (中略) ……
相逢慰疇昔, 相對叙存亡.
草深窮巷毀, 交遊寵辱妨.
雀羅爭去翟, 鶴氅競尋王.
思極歡娛至, 朋情詎可忘.
琴樽橫宴席, 巖谷臥詞場.
…… (中略) ……
撫躬銜道義, 攜手戀輝光.

3) 진자앙(陳子昻)

최융에겐 증시(贈詩)가 없으나 진자앙에겐[26] 두 편의 최융에게 주는 서(序)가 있는 중요한 작품을 남기고 있다. 즉 「저작좌랑 최융 등이 양왕을 따라 동정함을 송별하며(送著作佐郞崔融等從梁王東征)」와 「계성의 서북루에 올라 최저작랑이 입도함을 송별하며(登薊城西北樓送崔著作融入都)」(『全唐詩』 권83)이 그것이다. 이 중에서 전자의 시를 보겠다.

> 가을 하늘 때마침 쌀쌀한데,
> 흰 서릿발에 이제야 원정 가네.
> 군사가 싸우기 즐기지 않으니,
> 그대는 삼가 좋은 병사 만드세.
> 바닷 기운 남부에 스며들고,
> 변방 바람 북평을 휩쓰네.
> 노룡새를 팔지를 마오.
> 돌아와 기린각에 이름 오르리.

> 金天方肅殺, 白露始專征.
> 王師非樂戰, 之子愼佳兵.
> 海氣侵南部, 邊風掃北平.
> 莫賣盧龍塞, 歸邀麟閣名.

진자앙은 이 시의 서(序)에서,

> 그 때 비부낭중 당요일과 고공원외랑 이형수, 저작좌랑 최융이 함께 막하의 빈객으로 참여하여 서기의 임무를 맡았다. …… 이에 항아리에 화

---

26) 졸문, 「陳子昻詩攷」(『外大論文集』 19집).

살을 쏘아 넣고 바둑으로 병법을 익히며 요금으로 역수의 강개함을 노래하고 관산곡을 연주하면서 배회하였다. 그리고 뙤약볕엔 숲에 들고 흐리면 나와 앉아서 장풍으로 물결치는 것을 생각하였다. 밝은 해가 기울기가 두려워서 술을 달게 마시고 칼을 뽑아 일어나 춤을 추면 그 기상이 요갈을 가로지르고 웅지가 오랑캐를 쓸어버릴 만 하였도다.

> 時比部郞中唐奉一, 考功員外郞李逈秀, 著作佐郞崔融並參帷幕之賓, 掌書記之任. …… 爾乃投壺習射, 博奕觀兵, 鐺金鐃䥽, 瑤琴歌易水之慷慨, 奏關山以徘徊, 頹陽半林, 微陰出座, 思長風以破浪. 恐白日之蹉跎, 酒中樂酣, 拔劍起舞, 則已氣橫遼碣, 志掃獯戎.

이와 같이 진자앙은 최융의 동정(東征)에 대해 우국의 정에 의한 거사임을 칭찬하면서 자신의 감개 어린 심정과 함께 경의를 표하고 있다. 여기서 최융의 국가의식과 충성심을 엿볼 수 있는 것이다.[27] 그리고 진자앙의 후자의 시도 외지에 있던 최융이 저작랑으로 입도(入都)하는 것을 송별한 것인데, 최융의 굳은 신뢰와 애국정신을 기리고 있다. 그 서에서,

> 군사를 따라 변새에 나가서 오랑캐의 원흉을 누르고 바야흐로 선비의 보루를 베니 천자가 칙서를 내리시어 군상의 조서로 부르매 최후는 칼을 차고 곧 알현하여 받들 도다.

> 從王師之出塞, 元戎按甲, 方刈鮮卑之壘, 天子賜書, 且有君相之召, 而崔侯佩劍, 卽謁承明. …….

라고 하여 최후(崔侯)(崔融)의 적극적인 호국태도를 묘사하고 있는데, 그 시에서는 최융의 호기(豪氣)를 더욱 선양하며 전송하는 정분을 그리고 있

---

[27] 『唐詩選評釋』卷三(p.118)에 강협엄(江俠菴)이 역술(譯述)하여 「望崔著作庶幾以田疇之心爲心, 切勿爲自己徼倖麒麟角上之功名作」.

음을 본다. 보건대,

> 계루에서 연나라 바라보며,
> 칼 쥐고 기꺼이 여기에 올랐노라.
> 맑고 고운 가락 때마침 울리니,
> 단창을 나 어이하면 좋을까?
> 한 겨울엔 변방 바람 세찬데,
> 구름 낀 하늘에 또 서리가 모질구나.
> 분개하면 결국 어찌하잔 말인가?
> 서남에서 벗 잃음을 한탄하도다.

> 薊樓望燕國, 負劍喜玆登.
> 淸規子方奏, 單戟我無能.
> 仲冬邊風急, 雲漢復霜稜.
> 慷慨竟何道, 西南恨失朋.

4) 송지문(宋之問), 심전기(沈佺期)

양인의 조당 시율에 대한 업적은 두 말할 필요가 없다. 최융의 시에는 「송지문과 한식날 황매가 강에 임해 있음을 시제로 하며(和宋之問寒食題黃梅臨江驛)」가 있는데 은근한 우정과 그리움을 짙게 담고 있다.

> 춘분이 회수 북녘에서 오고,
> 한식이 강남을 건너오네.
> 문득 심양수를 보노라니,
> 송씨 집 연못인가 의심하네.
> 명철한 군주의 문지기 찾기 어려우니,
> 외로운 신하는 쫓아가기 힘들 도다.

아득히 고향 땅 생각하노라니,
복사와 오얏꽃이 때마침 만발하겠지.

春分自淮北, 寒食渡江南.
忽見潯陽水, 疑是宋家潭.
明主闇難叫, 孤臣逐未堪.
遙思故園陌, 桃李正酣酣.

최융의 이 시는 송지문의 「도중에 한식을 맞아 황매가 강역에 임해 있다는 제하로 최유에 부침(途中寒食題黃梅臨江驛寄崔)」(『전당시』 권51)에 화답한 것으로 그리운 심정을 절실하게 묘사하고 있다.

말 위에서 한식 만나니,
근심 속에 늦봄이구나.
쓸쓸히 강가를 바라보니,
낙양 사람 보이지 않네.
북쪽 가에서 명철한 님 그리니,
남쪽 바다에서 쫓긴 신하되었구나.
고향은 그리움에 애끊는 곳이려니,
밤낮으로 버들가지 새롭구나.

馬上逢寒食, 愁中屬暮春.
可憐江浦望, 不見洛陽人.
北極懷明主, 南溟作逐臣.
故園腸斷處, 日夜柳條新.

양인의 역할이 율격을 완성하는데 기여한 바 큰 만큼[28], 상호 우의도

---

28) 劉大杰은 「在初唐詩壇的百年中, 雖有王績王梵志們的新異的作品, 然其主要的詩潮, 全是傾向於律體完成的工作. 如上官儀四傑以至沈宋及四友諸人, 都是這工作

잦아서 둘의 성격과 감정까지 이해하는 관계였던 것 같다.29)
 한편, 심전기는 「소사군과 최사업 두 공을 곡함(哭蘇使君崔司業二公)」(『전당시』 권95)을 남기고 있는데, 양인의 문재와 덕성을 찬미하여 인생의 무상을 절실하게 토로하고 있다. 이 시의 서(序)에서,

> 신룡 3년 가을 8월에, 나는(심전기) 은총을 입어 북으로 돌아가는 도중에 친구를 찾아 머물렀던 중에 소미도·최융을 알게 되었는데, 잠깐 사이에 차례로 떠나가 버렸도다.
>
> 神龍三年秋八月, 佺期承恩, 北歸途中, 覯止訪友及故舊, 知蘇使君味道 國子崔司業融, 馳施間相次而逝.

라고 하여 사후에 양인이 죽은 것을 알고서 그 비통한 심정을 노래한 것임을 알 수 있다. 그 시의 일단을 보건대,

> 조칙이 천하에 내리어서,
> 방황하며 바다 밖에서 맴돌다가,
> 장사에서 태수를 만나서,
> 옛 누구 누구 온전한지 물었더니,
> 국보 같은 두 님을 잃었고,
> 천재 같은 두 현인을 잃었도다.
> 큰 이름 약관에 가지런하고,
> 높은 덕은 중년에 나란히 했도다.

  的努力者.」(p.392).
29) 『全唐詩』一函十冊의 宋之問의 「明河篇」에는 최융이 송지문의 성격을 잘 파악하고 있는 다음과 같은 逸話가 附記되어 있다. 「紀事云, 武后時, 之問求爲北門學士, 不許, 乃作此篇以見意. 后見之, 謂崔融曰, 非不知之問有奇才, 但恨有口過耳, 之問終身恥之」.

예악은 양숙자 같고,
문장은 왕중선 같도다.
…… (중략) ……
친한 벗 구름 안개같이 뭉치는데,
죽었느니 살았느니 해마다 전해오는 슬픈 소식.
최융은 예전에 문필을 휘날렸고,
소미도는 일찍이 큰 강을 건넜다네.

渙汗天中發, 伶俜海外旋.
長沙遇太守, 問舊幾人全.
國寶亡雙傑, 天才喪兩賢.
大名齊弱歲, 高德並中年.
禮樂羊叔子, 文章王仲宣.
…… (中略) ……
親朋雲霧擁, 生死歲時傳.
崔昔揮宸翰, 蘇嘗濟巨川.

라고 하여 양인에 대한 높은 평가를 가하고 있다. 평소에도 친분이 두텁고 존중하는 심회를 표현하여 최융에 대해서는 문재가 뛰어남을 특히 강조하였다. 아울러 장열(張說)의 「최사업 만가(崔司業挽歌)」 2수(『전당시』 권86)도 최융의 문재를 양웅(揚雄)과 사령운(謝靈運)에 짝하여 높이었다. 그 제1수를 보겠다.

해대의 영험한 기운과
교상의 예악의 자질을 갖추고서,
풍류는 천하를 덮었고,
인물은 서울을 떨쳤도다.
재기는 양웅의 부에 기대고,

넋은 사령운 시에서 놀았도다.
이제부터 글 좋아하는 님께서
남은 원한이 남다르리로다.

海岱英靈氣, 膠庠禮樂資.
風流滿天下, 人物擅京師.
才寄揚雄賦, 魂遊謝客詩.
從今好文主, 遺恨不同時.

장열의 최융에 대한 관점은 문장력이었으며, 최융 자신은 무후(武后)의 애책문(哀冊文)을 쓰느라고 건강을 상실하였던 만큼, 애도의 주관점이 최융의 필력(筆力)에 있었다고 할 것이다. 시작상으로는 이상과 같이 한정된 시문에 지나지 않지만, 최융은 그 당시의 문장가로서 황제로부터 동료에까지 폭넓은 교우가 있었고, 특히 근체시의 형성에 적지 않은 역할이 있었음을 알 수 있다. 최융의 시를 통한 교류는 단순한 교우적 차원에서만이 아니라, 초당시의 발전에 기여하는 의미가 크며, 최융에게 준 시들의 공통점은 인품존경과 문재 예찬이라는 것을 알 수 있다.

Ⅱ. 시에 나타난 제량풍(齊梁風)

최융의 시는 모두 19제 20수만이 전해 오는데[30], 그 중에도 「새원행(塞

---

30) 최융의 시제를 열거하면 다음과 같다. 1)「關山月」(五律), 2)「擬古」(五古), 3)「西征軍行遇風」(五古), 4)「塞垣行」(五古), 5)「登東陽沈隱侯八詠樓」(五古, 第三句第五字缺), 6)「從軍行」(七古), 7)「和宋之問寒食題黃梅臨江驛」(五律), 8)「留別杜審言幷呈洛中舊遊」(五律), 9)「詠寶劒」(五律), 10)「吳中好風景」(五律), 11)「則天皇后挽歌二首」(五律), 12)「戶部尙書崔公挽歌」(五律), 13)「韋長史挽詞」(五律), 14)「和梁王衆傳張光祿是王子晋後身」(五古), 15)「哭蔣事儼」(五排), 16)「嵩山石淙侍宴應制」(七

垣行」은 최식(崔湜)의 작으로도 기재되어 있다.(『全唐詩』권68) 최융의 시 자체에 대한 평가는 그다지 높지 않은데, 그 이유는 적은 수의 작품만을 남기고 있기 때문이다. 그들 평을 들어보자면, 『전당시화(全唐詩話)』권1에서 이르기를,

> 최융의 시는 절창이다. 『옛날에 부구백을 만났고 지금은 정영위와 같도다. 중랑의 재모는 옳고, 장사의 성명은 그르도다.』의 시구가 있는데, 후에 재상 소미도와 서로 꾸짖어 말하기를 최융의 시가 재상에 못 미치는 이유는 『은화합』구가 최융에게는 없기 때문이다.

> 融賦詩爲絕唱. 有『昔遇浮邱伯, 今同丁令威. 中郎才貌是, 藏史姓名非.』之句, 後與宰相蘇味道相誚云 ; 融詩所以不及相公, 無銀花合.

라고 하여 소미도의 시와 비교하였으며, 그리고 정전쥑(鄭振鐸)는,

> 그의 시에는 종군을 읊은 것이 많다. 「서방으로 원정 가는 행렬이 바람을 맞다」같은 것은 자못 이역의 풍취가 있으니, 그 시대에서는 별난 곡조라 할 것이다.

> 他的詩詠從軍者爲多. 像西征軍行遇風. 頗具有異域的風趣, 置在這個時代裏, 總算是別調.(『揷圖本中國文學史』p.304)

라고 하여 종군시의 특성을 나름대로 호평하였고, 수쉐린(蘇雪林)은 최융의 변새시(6수)에 대해서 특히 강조하기를,

> 초당의 최융은 일찍이 종군하였기에, 그 작품도 다분히 변방 풍경과

律), 17)「塞上寄內」(五絶) ; (이상의 편호에 의거하여 활용함).

군대의 사정을 기술하고 있다. 「새상기내」·「서정우풍」·「새원행」·「종군행」 같은 것은 격정적이며 비장하여, 고적과 잠삼의 선성을 열었다.

> 初唐崔融便曾從軍, 其作品多記關塞風景與軍中情事, 如塞上寄內, 西征遇風, 塞垣行, 從軍行, 激昻悲壯, 已開高岑先路.(『唐詩槪論』第八章 「戰爭和邊塞的作品」 p.53)

라고 하여서 성당의 변새시에 길잡이가 된 가치를 인정하려고 하였다. 그러나 후원이(胡雲翼)는 최융을 두고서 평하기를,

> 그의 시 「화양왕충전장광록시왕자진후신」같은 것은 전혀 기골이 없으니, 문장사우의 끝에 이름을 붙인다 해도, 실지로 초당의 대표시라 하기에 부족하다.

> 其詩如和梁王衆傳張光綠是王子晋後身, 毫無氣骨, 雖附名四友之末, 實在夠不上說是初唐的代表詩人.(『唐詩硏究』 p.49)

라고 하여 시의 기골(氣骨)이 부족함을 지적하였고, 리우다지에(劉大杰)는 심지어 서술할 만한 가치조차 없다고 하면서,

> 소미도와 최융 두 사람의 시는 모두 평범하여 기술할 만한 것이 없다.

> 蘇崔二人的詩, 亦俱平庸無可述者.(『中國文學發達史』第十三章 「初唐的詩壇」)

라고 혹평하였다. 이 모든 개괄적인 품평을 수긍하기에는 유전된 작품이 적으며, 또 부인하기에는 나름대로의 개괄적인 보조자료가 부족하다고 하

겠다. 이러한 소위 평가상의 갈등은 당시에 대해 평한 원대의 부여려(傅與礪)의 형식보다는 시정위주의 고래적 관념 같은 데에서 더욱 심화된 것으로 본다. 보건대,

당나라 사람들은 시를 가지고 벼슬을 얻었기에 시가 당대만큼 성한 적이 없다. 그러나 시는 덕성에 근원을 두고 재주와 성정에서 드러나는 것이니 마음의 소리가 다른 것은 그 얼굴과 같으니 따라서 시의 법도는 배울 수 있어도 시의 의취는 배워서 되는 것이 아니다.

唐人以詩取士, 故詩莫盛于唐, 然詩原于德性, 發于才情, 心聲不同有如其面, 故法度可學, 而神意不可學.(『詩法正論』)

라고 하니 시의 의취를 담고 있음이 어떠하냐에 대해서는 최융에게 있어 평가의 갈등은 풀리지 않는다. 그러나 무후(武后) 시절의 시인들은 자의적인 창작태도라기보다는 응제적(應制的) 자세를 취한 궁정체(Court Poem)를 잘 지어서 하버드대학의 스티븐 오웬(Stephen Owen)은 이 시기의 시를 놓고 아속적인 형식(Subgeneric Styles)이라고까지 서양인의 시각을 기술하고 있음을 간과하지 않는다면,[31] 최융의 시는 변새적인 우국심, 정경혼합(情景混合)의 정회, 그리고 정의(情誼)와 충성심이 담긴 삶의 비장 등이 그 특성으로 대변될 수 있을 것이다. 이런 성격을 논하기에 앞서 최융의 시어상의 몇 가지 사용방법은 또 시의 이해를 위해서 나름의 참고가 될 것이다. 최융에게는 응제시(應制詩)가 한 수만 수록되어 있지만 수다히 산실되었을 것이며, 현재의 한 수만을 가지고 최융의 시를 궁체시의 부류에서 제외시킬 수는 없다. 그러나 오웬(Owen)이 말한 바의 개성적인 형식(Individual Styles)을 지니고 있으며 수쉐린(蘇雪林)이 최융을 두고서 선로(先路)라는

---

31) Stephen Owen, 『The Poetry of the Early T'ang』(p.255) 참조

평가에 조심스러운 동의를 하면서 다음에 기술하고자 한다.

1. 시어 사용상의 특성

최융의 시는 시어 사용에 있어서 다음 몇 가지 사항을 지적할 수 있다.

1) 자연계의 현상

천체(天體)의 시어를 사용하며 자연현상을 시어화(詩語化)하여 작자의 ⓐ비애, ⓑ충성심, ⓒ우국심, 또는 ⓓ경물의 정감을 읊고 있다.

月生西海上, 氣逐邊風壯.(「關山月」)-ⓓ
달이 서해에서 뜨고 기세가 이니 변방의 바람이 세다.

月夕大川陰, 雲霞千里色..(「擬古」)-ⓓ
달이 뜬 저녁 대천이 어둡고 구름과 노을이 천리에 빛난다.

北風卷塵沙, 左右不相識.(「西征軍行遇風」)-ⓒ
북풍이 모래먼지를 말아 좌우를 모르겠다.

疾風捲溟海, 萬里揚沙磧..(「塞垣行」)-ⓓ
질풍이 바다를 거둬 올리고 만리에 돌 모래 인다.

十月邊塞寒, 四山沍陰積..
시월의 변방은 차고 사방의 산은 어둠이 쌓인다.

雨雪雁南飛, 風塵景西迫..(「塞垣行」)-ⓒ
눈비에 기러기 남으로 날고 바람먼지에 해가 서쪽으로 진다.

關頭落月橫西嶺, 塞下凝雲斷北荒(「從軍行」)-ⓒ
관변의 지는 달 서쪽 산에 걸리고 변새에 엉긴 구름이 북녘에 끊겼네.

夕煙楊柳岸, 春水木蘭橈..
域邑高樓近, 星辰北斗遙.(「吳中好風景」)－ⓓ
수양버들 언덕에 저녁 안개 자욱한데, 봄강에 목란 노를 졌는다.
성내의 높은 누대 가까이 있고 북두성은 저 멀리.

陰月霾中道, 軒星落太微.(「則天皇后挽歌」)－ⓐ
흐린 달에 거센 비 오는 길에서 큰 별이 태미궁에 지다.

日落桑楡下, 寒生松柏中.(「韋長史挽詞」)－ⓐ
해가 뽕나무 느릅나무 아래로 지니 찬 기운이 송백나무에서 인다.

朝遊雲漢省, 夕宴芙蓉池.(「哭蔣詹事儼」)－ⓑ
아침에 은하에서 놀고 저녁엔 부용지에서 잔치한다.

2. 명칭의 다양한 활용

지명으로는 관산(關山)(「關山月」), 연산(燕山)(「塞垣行」), 회계(會稽), 동양(東陽),(이상 「登東陽沈隱侯八詠樓」), 회북(淮北)·심양(潯陽)(이상 「和宋之問寒食題黃梅臨江驛」), 곤오(昆吾)(「詠寶劍」), 낙저(洛渚)(「吳中好風景」), 형남(荊州), 제남(濟南)(이상 「戶部尙書崔公挽歌」), 경조(京兆), 부양(扶陽)(「韋長史挽歌」), 회남(淮南), 낙성(洛城)(「和梁王衆傳張光祿是王子晉後身」), 운한성(雲漢省), 부용지(芙蓉池)(「哭蔣詹事儼」), 현포(縣圃), 적성(赤城)(「嵩山石淙侍宴應制」) 등이 나온다. 이들 지명은 변방이나 궁궐내의 지명 등으로서 종군의 이별과 사향(思鄕), 그리고 충성심을 암시해 준다. 인명으로는 반초(班超), 장건(張騫), 위청(衛靑), 곽거병(霍去病)(「擬古」), 은후(隱侯)(「登東陽沈隱侯八詠樓」), 부구백(浮丘伯), 정령위(丁令威)(「和梁王衆傳張光祿是王子晉後身」)가 있어서 한결같이 강인하고 고아한 삶을 영위했던 의지력을 지닌 인물을 부각시켰다.

3. 용사(用事)의 예

용사는 전고(典故)의 활용이라 할 수 있으니, 시의 품격과 간설적인 비유의 묘를 살리기 위하여 중요한 요소가 된다. 송대의 섭몽득(葉夢得)은 용사에 대하여,

> 시의 고사 활용은 억지로 해서는 안 된다. 반드시 쓰지 않으면 안될 때에 써야 하는 것이니, 용어를 한 번 쓰되 그 배열된 자취를 보이지 않게 해야 한다.
>
> 詩之用事, 不可牽强, 必至于不得不用而後用之, 則事詞爲一, 莫見其安排斗湊之迹.(『石林詩話』)

라고 하여 용사를 독자가 의식하지 않게 자연스레 하는 데에 절창(絶唱)의 묘를 살릴 수 있다고 밝히고 있다. 그러기에 북송의 이기(李頎)는,

> 시를 짓는데 있어 고사 활용은 마치 물 속에 소금을 타면 음식에서 소금 맛을 아는 것과 같으니, 이것이 시인의 비법이다.
>
> 作詩用事要如水中著鹽, 飮食乃知鹽味, 此說詩家秘藏也.(『古今詩話』)

라고 하여 용사가 작시에서 어떤 역할을 하는 지를 설명하였고, 소동파는 용사의 궁극적 가치에 대하여,

> 시는 창작하여 짓는 것인데 시의 전고는 옛것으로 새것을 만들고 속된 것으로 우아한 것을 만들어 내야 한다. 기이함을 좋아하고 새것에 힘 쓰니, 이가 곧 시의 병폐이다.

> 詩要有爲而作, 用事當以故爲新, 以俗爲雅; 好奇務新, 乃詩之病.(『東坡志林』,「題柳子厚詩」)

라고 하여 용사의 목적은 신선하고 고아한 풍격을 갖추는데 긴요한 작시 방법임을 명시하고 있다. 최융에게도 용사가 있으니「의고(擬古)」시를 보면,

> 칼을 뽑아 큰 느릅나무 잘라 보고,
> 활을 휘어 작은 가시 쏘아보네.
> 반초와 장건은 내 정말 비할 수 없고,
> 위청과 곽거병의 행적 내 따라 가리라.
>
> 拔劍斬長楡, 彎弓射小棘.
> 班張固非擬, 衛霍行可卽.

여기에서 후연의 반장(班張)은 한대의 장군인 반초(班超)와 장건(張騫)으로서 서역을 정벌하였으며 위곽(衛霍)은 무제(武帝) 시에 흉노(匈奴)를 정벌한 위청(衛靑)과 곽거병(霍去病)으로서 이들 한대의 무인을 용사하여 작자 자신의 의분과 호국 정신을 강렬하게 반영시켰다. 또「새원행(塞垣行)」을 보면,

> 정녕 황하의 맹세를 하였으니,
> 모름지기 연산석을 따르리라.
> 안타깝다. 양치는 신하의 몸으로,
> 나라 밖에서 오래 나그네 되었구나.
>
> 豈要黃河誓, 須勒燕山石.
> 可嗟牧羊臣, 海外久爲客.

여기에서 연산석(燕山石)이란 후한의 두헌(竇憲)이 흉노를 격파하고 연년산(燕然山)(지금 察哈爾省 宣北縣 東)에 올라가서 돌에 공적을 새겼다는 고사를 인용한 것인데, 작자는 이를 통하여 외침을 막고 호국의 뜻을 이루어야 한다는 결심을 비의(比擬)한 것이다. 그리고 「양왕과 함께(和梁王衆傳張光祿是王子晋後身)」의 일단을 보면,

아침마다 흰 학이
길게 낙성으로 나는구나.

朝朝緱氏鶴, 長向洛城飛.

여기에서 「구씨(緱氏)」는 하남성 언사현(偃師縣)의 산명으로서 왕자진(王子晋)이 백학(白鶴)을 타고 승선했다는 고사를[32] 인용하여 학의 이미지를 신선화 시키고 있는 것이다. 최융의 용사는 무리 없이 고아한 품격을 조성하였음을 볼 수 있다.

4. 허자(虛字)의 활용

시를 짓는데 있어서 연구(煉句)와 연자(煉字)는 시의(詩意)의 구상 못지 않게 중요하다. 그래서 송대 장표신(張表臣)은 이르기를,

시는 의취로 본을 삼을 것이니, 작품 속의 연구, 시구 중의 연자는 공교함을 얻기만 하면 된다. 시의 기품이 청고하고 심묘한 것이 으뜸이며 시의 격식은 웅건하고 호방한 것이 좋은 것이다.

詩以意爲主, 又須篇中煉句, 句中煉字, 及得工耳, 以氣韻淸高深眇者絶,

---

32) 列仙傳」;「王子晋見桓良曰, 告我家七月七日, 待我於緱氏山頭, 果乘白鶴駐山嶺, 望之不到, 擧手謝時人而去.

최융(崔融)의 교유와 시의 제량풍(齊梁風), 그리고 시의 주제의식 · 157

以格力雅健雄豪者勝.(『珊瑚鉤詩話』卷一)

라고 하였다. 이렇게 정제된 시의 어구라야 시안(詩眼)을 올바르고 밝게 가지고 시의를 표현할 수 있다. 이러한 과정에서 시의 허자의 묘미를 활용하는 것은 활자(活字)와 활구(活句)의 중요한 관건이 되기도 한다. 따라서 청대 곽북린(郭北麟)은 이르기를,

    시 속의 허자가 오묘하게 잘 쓰일 때만이 시 전체의 정신이 힘차게 솟구쳐 나오게 된다.

    詩中虛字用得妙時, 直使全篇精神踊躍而出.(『梅崖詩話』)

라고 명시하였다. 최융 시의 허자 용례를 다음에 보기로 한다.

  ① 河水日東注, 河源乃西極.
   思君正如此, 誰爲生羽翼.(「擬古」)
  강물이 날로 동으로 흐르는데 강샘은 서방 끝이네.
  그대 생각 정말 이러하니, 누굴 위해 날개를 돋울가.
  ② 草木春更此, 天景晝相匿.(「西征軍行遇風」)
  초목은 봄에 더 이러하고 하늘빛은 낮에도 숨는다.
  ③ 山川不可望, 文物盡成非.(「則天皇后挽歌」)
  산천은 보이지 않고 문물은 다 그르도다.
  ④ 市若荊州罷, 池如薛縣平.(「戶部尙書崔公挽歌」)
  저자는 형주처럼 파하고 연못은 설현처럼 잔잔하다.
  ⑤ 將軍空有頌, 刺史獨留碑.(「哭蔣詹事儼」)
  장군은 공허히 송가 남고, 자사는 홀로 비석 남았네.
  ⑥ 遺愛猶如在, 殘編尙可規.(상동)

아낌이 또 이 같거늘 남은 글 더욱 본받으리라.
⑦ 卽今流水曲, 何處俗人知.(상동)
이제 흐르는 냇가 한 곳에 있으니 어디 속인 알건가.
⑧ 春風若可寄, 暫爲遠蘭閨.(「塞上寄內」)
춘풍에 부칠만 하다면 잠시 규방을 엿보아주길.

여기서 보며는 ①은 강조적 의미, ②는 정도표시, ③은 부조(副調)로서 가능성, ④는 비유, ⑤는 한정, ⑥은 비유, ⑦은 시제, ⑧은 비교를 각각 표현해 주는 용례인 것이다.

5. 첩어(疊語)의 구사

이 용법은 시에 가장 흔한 구사방법인데, 최융에게는 ①시각적이고 시간적인 개념과 ②청각적이며 공간적이고 공간적인 감성, 그리고 ③심성의 상태를 의식케 하는 감흥을 자아낸다. ①의 경우를 보면,

夜夜聞悲笳, 征人起南望.(「關山月」)
밤마다 슬픈 피리 소리 들리니 길 떠난 이 일어나 남쪽을 바라보네.
昏昏同一色.(「西征軍行遇風」)
어둑어둑 모두 같은 빛이라.
昏昏竟朝色.(「塞垣行」)
어둑 아직 아침이라
昏昏朔氣聚群羊.(「從軍行」)
어두운 삭풍이 뭇 양을 모은다.
年年春不待.(「留別杜審言幷呈洛中舊遊」)

해마다 봄은 기다리지 않네.

등을 들 수 있겠고, ②의 경우는,

  颯颯吹萬里.(「西征軍行遇風」)
  쉭쉭 만리에 분다.
  漠漠邊塵飛衆鳥.(「從軍行」)
  아득히 변방에 뭇새가 난다.
  處處酒相留.(「留別杜審言幷呈洛中舊遺」)
  곳곳에 술이 남아 있구나.

등을 들겠으며, ③의 경우는,

  桃李正酣酣.(「和宋之問寒食題黃梅臨江驛」)
  복사꽃와 오얏꽃이 마침 한창이라.
  風月坐悠悠.(「留別杜審言幷呈洛中舊遊」)
  경치 속에 느긋이 앉아 있네.
  切切有悲風.(「韋長史挽詞」)
  슬픈 바람이 애끓는다.

등을 열거할 수 있다.

Ⅲ. 시의 다양한 주제의식

최융 시의 지금까지의 평가는 수쉐린(蘇雪林)을 제외하고는 호평이라고 볼 수 없다. 그러나 최융 시에는 수량은 적지만 그 나름의 주제에 따라서 다음과 같이 성격을 규정지어 볼 수 있다.

1. 종군 속의 강개(慷慨)와 사향(思鄕)

이 부류에 속하는 작품은 7수가 된다. 「관산의 달(關山月)」을 보면,

> 달이 서해 상에 뜨니
> 찬 기운이 삭풍을 따라 세차다.
> 만리 길 관산을 건너니
> 아득히 한 가지 모양이 아닐세.
> 병사가 나라를 개척하려니
> 오랑캐 말이 수 자리를 엿보네.
> 밤마다 슬픈 피리 소리 들리니
> 나그네 일어나 남쪽을 바라보네.

> 月生西海上, 氣逐邊風壯.
> 萬里渡關山, 蒼茫非一狀.
> 漢兵開郡國, 胡馬窺亭障.
> 夜夜聞悲笳, 征人起南望.

이 시는 변방의 정경을 노래하면서 고향을 그리워하는 정경교융(情景交融)의 구성이 훌륭한 시인 것이다. 이것은 명대 사진(謝榛)이 이르기를,

> 시는 곧 성정과 경물의 구상을 잘 묘사한 것으로 서정은 마음속에서 우러나 깊고 길며 경물은 겉에서 빛나서 멀고 크도다.

詩乃模寫情景之具, 情融乎內而深且長, 景耀乎外而遠且大.(『四溟詩話』)

라고 기술하였듯이 내정(內情)과 외경(外景)이 조화되어 몸은 변방에 있지만 마음은 사향의 마음(思鄕之心)에 젖어 있는 "외로워 스스로 추스르지 못한다(孤不自成)"(『四溟詩話』)의 묘(妙)를 보인다. 그리고 「의고(擬古)」를 보면,

> 말에 물 마시게 탁하에 가니,
> 탁하가 깊어서 헤아릴 수 없네.
> 강물은 날마다 동쪽으로 흐르는데,
> 강의 수원은 바로 서쪽 끝이라네.
> 님 그리움이 바로 이와 같으니,
> 뉘를 위해 날개 돋을까?
> 해 저무니 강에 그늘지고,
> 구름의 물든 노을 천리 멀리 물들었네.
> 그리운 님 어디 계신가?
> 완연히 베틀에서 옷감 짠다네.
> 이별의 꿈엔 넋이 있건만,
> 근심 띤 얼굴엔 정말 힘이 없구려.
> 어린 나이에 기특한 뜻 지녔건만,
> 이 한 밤에 한숨만 하도 할사.
> 칼을 뽑아 큰 느릅나무 잘라 보고,
> 활을 휘어 작은 가시 쏘아보네.
> 반초와 장건은 내 정말 비할 수 없고,
> 위청과 곽거병의 행적 내 따라가리라.
> 규방의 그에게 인사말 부쳐서,
> 힘써 건강히 먹는 일 더하라고.

飮馬臨濁河, 濁河深不測.
河水日東注, 河源乃西極.
思君正如此, 誰爲生羽翼.
日夕大川陰, 雲霞千里色.
所思在何處, 宛在機中織.
離夢當有魂, 愁容定無力.
夙齡負奇志, 中夜三歎息.
拔劍斬長楡, 彎弓射小棘.
班張固非擬, 衛霍行可卽.
寄謝閨中人, 努力加飡食.

이 시에서 제5연은 가정에 대한 일을, 제6연은 집 떠난 이별의 정을, 제 9연은 한대의 명장을 비의(比擬)하여 자신의 의분(義憤)을 각각 노래하였고, 말 연에서 부인에 대한 사랑과 염려를 그려서 작자의 섬세하면서도 인간적인 감성을 보여 준다. 이 시는 명대 강영과(江盈科)가 말한 바,

> 시는 성정을 근본으로 한다. 만약 참된 시라면, 그 시를 한번 읽어서 그 사람의 성정이 눈에 들어와 보이게 된다. …… 그 시가 비장하면 그 사람은 반드시 산뜻할 것이며 그 시가 고결하면 그 사람은 반드시 맑고 다듬어져 있다.

> 詩本性情, 若系眞詩, 則一讀其詩而其人性情入眼便見. …… 其詩悲壯者, 其人必磊落, 其詩不羈者, 其人必豪宕, 其詩峻潔者, 其人必淸修.(『雪濤詩評』)

라고 한 내용과 같이 최융의 시에는 호탕하면서도 청결한 두 가지 시상이 깃들어 있는 것이다. 그리고「서방 원정에 바람맞으며 (西征軍行遇風)」의 시를 보건대,

최융(崔融)의 교유와 시의 제량풍(齊梁風), 그리고 시의 주제의식 • 163

북풍이 모래 먼지 말아 올려서,
좌우를 알아보지 못하겠네.
쉭쉭 만리에 불어 대고,
캄캄하게 온통 한 빛이라.
말은 지쳐서 나가려 아니코,
사람은 서두느라 먹을 겨를 없구나.
초목은 봄인데도 쓸쓸하고,
하늘의 햇빛은 낮인데도 가려 있네.
젊어서 충의를 기려서,
마음 곧고 굳게 지켰네.
사서 읽으며 오기를 품고,
시서 읽으며 시련을 탄식하였네.
여기 오랑캐 땅 이르른 데,
외람되이 서기직에 종사하니,
병사의 기세 북녘 땅에 솟고,
군대의 소리 서녘 땅에 떨치네.
앉아서 위엄 멀리 떨침을 생각하니,
가면서 가슴이 막히는걸 느끼도다.
못난 신하 어찌해야 보답할까.
말에 의지코 미력이나마 펴겠노라.

北風卷塵沙, 左右不相識.
颯颯吹萬里, 昏昏同一色.
馬莫煩敢進, 人急未遑食.
草木春更悲, 天景晝相匿.
夙齡慕忠義, 雅尙存孤直.
覽史懷浸驕, 讀詩歎孔棘.
及玆戎旅地, 忝從書記職.

兵氣騰北荒, 軍聲振西極.
坐覺威靈遠, 行看氛浸息..
愚臣何以報, 倚馬申微力.

　이 시에서는 종군하면서 우국충절(憂國忠節)의 의지가 충만해 있음을 볼 수 있다. 제9연은 젊어서부터 충의를 위해 굳은 마음 길러 왔다고 하였으며, 제11연은 능력이 없음에도 서기직분을 감당하는 자신의 겸손한 자세를 보여 주었고, 말 연은 미력을 다하여 충성으로 본분을 지키겠다는 결심을 담고 있다. 이 시에 넘치는 사상은 초당 시인이 지닌 고원한 안광(眼光)을 개국의 회포에서부터 발산하여 비전(非戰)사상보다는 주전(主戰)론적인 적극성을 표출하고 있다. 이런 주전의식은 민족성의 의기가 공명심의 유혹과 결부되어 초당의 부국강병책(富國强兵策)에 맞추어서 출새(出塞)를 통한 입공(立功)의 몽상도 곁들여진 데에 그 원인이 있다고 할 수 있다.[33] 최융에게는 소박한 단면이 더 짙어서 주전의식과는 결부시키기에 부적절하지만, 주전의식의 의지가 다소 개재된 것은 불식할 수가 없는 것이다. 최융의 이 같은 시정은「종군행(從軍行)」의 다음 구에도 섬세하게 나타나 있다.

천자의 깃발 실버들을 지나가니,
흉노의 운수는 마른 버들에 다하였네.
변방의 지는 달 서녘 산에 가로 걸렸고,
요새의 엉킨 구름 북녘들을 끊었구나.
뿌연 변방의 먼지에 뭇 새 날고,
어두운 찬 기운에 양 떼 모이네.

天子旌旗過細柳, 匈奴運數盡枯楊.

---

33) 胡雲翼,『唐代的戰爭文學』(商務) pp.13~30 참조.

關頭落月橫西嶺, 塞下凝雲斷北荒.
漠漠邊塵飛衆鳥, 昏昏朔氣聚群羊.

웅위한 승리의 기상으로 북진하는 천자의 행군은 주전이며, 전승의 고무(鼓舞)를 노래하는 초당 전쟁시의 한 패턴이라고 할 수 있다.
특히 최융의 변새시에는 사향의 정이 강하여서 위의 시 외에도 「변새에서 아내에게 부치며(塞上寄內)」는 감상 어린 그리움이 넘치는 애틋한 비감마저 자아내고 있다.

> 나그네의 넋은 변새의 북녘에서 놀라니,
> 돌아가려니 하서에서 끊겼구나.
> 춘풍에 이 마음 부칠 수 있다면,
> 잠시나마 그대 난향 넘치는 규방에 감돌가나.

> 旅魂驚塞北, 歸望斷河西.
> 春風若可寄, 暫爲遶蘭閨.

한편, 전쟁에 쓰이는 칼(劍)에 대한 유일한 영물시(詠物詩)로서 「보검을 읊음(詠寶劍)」은 영물시가 지닌 특성을 골고루 보여 주어 초당의 영물시의 면모를 보여준다. 영물시는 설설(薛雪)이 말한 바, "영물은 사물에 기탁하여 흥취를 부치는 것이 으뜸이다.(詠物以托物寄興爲上.)"(『一瓢詩話』)라 한 것처럼 기탁의 운용과 유희재(劉熙載)가 말한 바, "고인의 사물 묘사는 은연히 오직 영회적이지만 대개 그 속에 자아가 깃들어 있다.(昔人詞物, 隱然只咏懷, 蓋其中有我在也.)"(『藝槪』)라 한 바처럼 작자의 영회가 포용된 시흥이 기본적인 요건인데, 최융의 이 시는 전쟁의 기본 무기인 검(劍)을 통하여 애국의 염(念)을 영회한다. 이것은 영물시가 지닌 상징적인 열거나

은유적 표현 같은 묘사법이 충분히 강구되어 있다는 의미가 된다.[34] 그러면 「보검을 읊음」시를 보도록 한다.

> 보검은 곤오에서 나오니,
> 거북과 용머리에 채색 진주 섞여 있네.
> 오행의 정으로 처음 묘술을 부렸더니,
> 천호가 다투어 도읍을 무찌르네.
> 칼갑의 기상은 북두성을 찌를 듯,
> 산 모양으로 고패를 둘렸도다.
> 천하에 귀한 줄 알려거든,
> 이걸 가져다 풍호자에게 물어 보세.

> 寶劍出昆吾, 龜龍夾采珠.
> 五精初獻術, 千戶競淪都.
> 匣氣衝牛斗, 山形轉轆轤.
> 欲知天下貴, 持此問風胡.

여기서 섬세하고 화려한 묘사를 하면서 칼의 모습을 힘차게 그리어서 제1연과 제3연은 똑같은 칼의 모양에 대한 묘사이면서도 전후가 정(精)과 웅(雄)을 각각 상징하는 묘법(描法)을 쓰고, 말 연에서는 춘추시대에 초(楚)의 명검가(名劍家)인 풍호(風胡)를 풍류적으로 비유하여 칼의 진가를 높여 주면서 결국(結局)의 극치를 다하려고 하였다.

---

[34] Stephen Owen은 상기서에서(p.284)(In the Early T'ang Yung-Wu topics are amplified in a predictable number of ways. Descriptive techniques were the most important. Forn of the most common of these are ; (1) enumeration of attributes, paired in corplets(the simplest of the techniques) ; (2) resemblances either metaphors or similes marked by the rich vocabulary of simile ; (3)contextual descriptions which seek the unusual "wonders" of the thing in some setting ; and (4)description through effects, in which case the name of the object is usually avoided.

2. 품성의 전아(典雅)와 충성(忠誠)

최융이 의기 있는 성품을 지닌 것을 앞에서 밝힌 바인데, 그의 시에는 최융의 성품이 다각적으로 표현되어 있다. 「양왕과 함께(和梁王衆傳張光祿是王子晉後身)」에서,

> 한주는 선요에 계시고,
> 회남왕은 도기를 사랑하시니,
> 아침마다 흰 학이
> 길게 낙성으로 나는구나.
>
> 漢主存仙要, 淮南愛道機.
> 朝朝緱氏鶴, 長向洛城飛.(末四句)

라 한 묘사는 상대에 대한 고아하고 탈속적인 인품을 노래한 것이지만, 기실은 최융 자신의 맑고 정의로운 심성을 읽을 수 있으며, 선계(仙界)에의 유토피아를 상상케 하는 현실초월의 의식을 보여준다. 이러한 표현은 평소에 최융이 지니고 있는 명랑하면서 진취적인 성격의 탓이 아닌가 한다. 그의 「오에서의 좋은 풍경(吳中好風景)」에서 그 요소를 파악할 수 있다.

> 낙수 가에서 오 땅의 조수 물으며,
> 오문에서는 낙수의 다리 생각하네.
> 저녁 아지랑이 수양버들 언덕에 자욱하고,
> 봄의 강물은 목란의 노에 감도누나.
> 성읍의 높은 누대 가까이 뵈고,
> 하늘의 북두성은 멀리에 있네.

까닭 없이 날개나 돋아,
가벼이 날아서 돌개바람에 기탁해 볼까나.

洛渚問吳潮, 吳門想洛橋.
夕煙楊柳岸, 春水木蘭橈.
域邑高樓近, 星辰北斗遙.
無因生羽翼, 輕擧託還飇.

여기서 구절마다 산수시의 깊은 묘미를 보여준다. 이것은 최융이 마치 살아 있는 느낌이며 의식이다. 이것은 진순(陳洵)이 말한 바,

시는 숨쉬는 기식보다 더 어려운 것이 없다. 기식에는 우아와 저속이 있으며, 두터움과 엷음이 있으니 그 사람의 평소 삶을 모두 살펴 알게 된다.

詩莫難於氣息. 氣息有雅俗, 有厚薄, 全視其人平日所養.(『解絅說詞』)

라고 한 데에서 최융의 살아 숨쉬는 기식이 시에서 자신의 모습 그대로를 드러내어 준다는 의미로 이해한다면, 위의 시는 곧 최융의 개랑(開朗)하고 초탈한 인생관의 표출이라고 볼 수 있는 것이다.

그리고 성품의 온후함이 그의 대인관계를 주제로 한 시에서 잘 나타나고 있으니, 「송지문과 함께(和宋之問寒食題黃梅臨江驛)」와 「두심언과 이별(留別杜審言幷呈洛中舊遊)」(이 두 시는 시의 교유 부분에서 이미 인용하였음)를 보면 전자는 송지문에 대한 은근한 우정을 노래하면서 유연한 성품의 일단을 보여 주는데, "홀연히 심양의 강물을 보니 송가네 연못인가 하도다.(忽見潯陽水, 疑是宋家潭.)"구는 우인을 생각하는 마음으로 인해 타지의 경물조차 송지문의 못으로 연상시킨 묘사는 최융의 송지문을 향한 진

실된 면을 읽을 수 있게 하며, 후자는 두심언(杜審言)을 보내는 마음이 담겨 있어서,

친구가 여기서 떠나간 후
풍월의 경물 속에 한없이 앉아 있노라.

故人從此隔, 風月坐悠悠.

라고 한 데에서 자연과 상합하는 귀거래의 성정을 엿볼 수 있다. 한편, 그러면서도 최융은 지조있는 충성심이 제왕에게 남다른 바가 있다. 그것이 앞에서 이미 거론하였지만 무후(武后)의 애책문(哀冊文)을 찬(撰)하면서 발병하고 결국 죽는 지경에 이르는 원인이 되었던 것과 상관된다. 「측천무후 만가(則天皇后挽歌)」의 제2수를 보면,

앞전에서 조회에 임석하시고는,
장능으로 합장하여 돌아가시도다.
산천의 평화를 기대할 수 없으며,
문물이 다 그릇되게 되었구나.
사월에 흙비가 내리고,
귀한 별이 태미궁에 졌도다.
공허히 천 자손만 남았으나,
솔 위에 밝은 구름이 휘날리리라.

前殿臨朝罷, 長陵合葬歸.
山川不可望, 文物盡成非.
陰月霾中道, 軒星落太微.
空餘天子孫, 松上景雲飛.

여기서 제3연과 4연에서 각각 무후의 붕어와 신황제의 등극을 묘사하였는데, 이는 혼신의 심정을 토로한 구절이다. 그리고 「숭산의 석종에서 연회(嵩山石淙侍宴應制)」를 보면(이미 인용) 산수의 경물을 대상으로 하였지만 응제시(應制詩)가 지닌 축송과 찬양의 헌신(頌揚得體)과 충성과 애국의 마음(忠愛切心), 그리고 원망하되 노하지 않으며 풍자는 하되 찌르지 않는(怨而不怒, 諷而不刺) 풍아의 요소를 모두 담고 있다.35) 제2연은 칭송의 구이며, 제3연은 경앙의 마음을, 제4연은 충성의 마음을 각각 대변하는 것이다. 최융의 시에서 그의 성품과 대인관계, 제왕에의 충성심을 직접 파악할 수 있다는 것은 그의 진솔한 성격에서 나온 작품이기에 가능하다고 본다.

3. 인생의 종말과 비애

이에 속하는 작품은 만가류(挽詞類)를 들겠다. 타 시인에게서의 무상이나 탈속은 종교적 색채를 가미하는 경우(仙・禪 등)가 흔한 데 비하여, 최융은 단지 애도시(哀悼詩)에서 찾을 수밖에 없다. 그의 이런 시 의식은 사인(死人)에 대한 예의와 칭송, 그리고 애도의 공허감(空虛感)과 무상(無常)을 비교적 정적(靜的)인 묘사법으로 서술하고 있다. 그의 「호부상서 최공 만가(戶部尙書崔公挽歌)」를 보면,

   사방의 도서는 널려 있고,
   삼대의 장주는 가득 차도다.
   잔 들어 늘 권했건만,
   신발 끄는 소리 홀연히 끊겼구나.
   저자는 형주처럼 파했고,
   연못은 설현처럼 잔잔하구나.

---
35) 施補華의 『峴傭說詩』 14~15조 참조(『淸詩話』).

최융(崔融)의 교유와 시의 제량풍(齊梁風), 그리고 시의 주제의식 • 171

공허히 제남검만 남았노니.
천자께서 높은 이름 새기시리라.

八座圖書委, 三臺章奏盈.
擧杯常有勸, 曳履忽無聲.
市若荊州罷, 池如薛縣平.
空餘濟南劍, 天子署高名.

여기서는 말 연에서 공적의 칭송을, 제2·3연에서는 비애의 감정적 표출과 떠난 이를 잃은 상심을 노래하였으며, 「위장사 만가(韋長史挽詞)」를 보면,

해는 뽕나무 느릅나무 아래 지니,
찬 기운 송백나무 속에서 나네.
자욱히 짙은 안개 끼었고,
애틋이 슬픈 바람 이는구나.
서울에 새 고랑 트는데,
부양의 큰 집은 텅 비어 있구나.
성문 여기서부터는,
가시덤불이 더욱 빽빽하지요.

日落桑楡下, 寒生松柏中.
冥冥多苦霧, 切切有悲風.
京兆新阡闢, 扶陽甲第空.
郭門從此去, 荊棘漸蒙籠.

여기서는 제1·2연에서 잃은 비애를, 제3연에서는 단순한 심적인 비애에서 현실적으로 그 사람은 떠나고 없다는 실감을 묘사하여 더 짙은 애도의 심정을 토로한다. 그리고 「장첨사 엄을 곡함(哭蔣詹事儼)」의 일단을 보

면,

  (A) 부모 섬기어 효도 빛내고,
     임금 섬기어 충성을 다하였네.
     정절은 벌써 굳으셔서,
     빼어난 영예는 실로 욕되지 않으리.
     아침에는 운한성에 놀고,
     저녁에는 부용지에서 놀이 하였다네.
     …… (중략) ……
  (B) 산만함이 서가에 스며 있고,
     쓸쓸함이 칼자루에 걸려 있네.
     …… (중략) ……
  (C) 평상에서의 따뜻한 은정은 더욱 돈독하였고,
     문에서 맞이하는 예의는 절로 겸손했도다.
     …… (중략) ……
  (D) 남기신 사랑 아직 있는 듯,
     남기신 편적 아직도 엿볼 수 있도다.
     지금은 흐르는 물 모퉁이에 계시어,
     그 어딘지 속인들이 알 리 있으리.

  (A) 養親光孝道, 事主竭忠規.
     貞節旣已固, 殊榮良不訾.
     朝遊雲漢省, 夕宴芙蓉池.
     …… (中略) ……
  (B) 蕪漫藏書壁, 荒涼懸細枝.
     …… (中略) ……
  (C) 置榻恩逾重, 迎門禮自卑.
     …… (中略) ……
  (D) 遺愛猶如在, 殘編尙可窺.
     卽今流水曲, 何處俗人知.

여기서 (A)는 생전의 업적을 칭송하고 (B)는 죽고 부재중인 슬픔을 노래하며, (C)는 죽은 자가 작자에 대한 겸손과 예절을 다해 준 것을 기렸으며,

(D)는 벗을 잃은 허무감과 인생의 무상을 풍류적으로 묘사하고 있다. 최융의 만가는 담담한 초연의 자세가 강하게 나타나 있다고 하겠다.

　최융의 시는 그 분량이 적게 유전되어서 그 가치를 바르게 부여하기에는 미흡하다.36) 그래서 지금까지 문장사우(文章四友)의 하나로 초당시의 율격형성에 동참한 정도로밖에 평가를 인정받지 못하였다. 그러나 위에서 이미 밝힌 바와 같이 적은 편수 속에서도 초당시의 맥락을 개관하고 최융 시의 특성도 분석해 볼 만한 점을 확인할 수 있었다. 초당시가 지닌 제량풍(齊梁風)과 궁정체(宮廷體)의37) 시의 흐름과 격식을 골고루 최융 시에서 구명함으로써 최융도 초당시의 사조에 중요한 지위를 차지하고 있었음을 알 수 있다. 그것은 그의 시교(詩交)상의 폭과 깊이를 보아서도 충분히 유추케 된다. 아울러 지적할 것은 최융의 신정시체(新定詩體)에 대한 이론이다. 이것은 필자가 다음 이교(李嶠)의 평시격(評詩格)에서 자세히 기술할 것인 바, 여기서 최융의 부분에 대해서는 미리 거론을 불요하리라 본다.

---

36) 孫望의 『全唐詩補逸』 卷之三(1992년 中華書局印의 『全唐詩補編』에 列入)에는 최융의 시 두 수를 추가시키고 있다. 「太平興龍寺」(『永樂大典』 卷六六九九, 「九江府」와 「寶名」(『新編纂圖增類群書類要事林廣記』 卷七).
37) 초당의 궁정체시(형식과 내용을 포함)에 대하여 Owen은 「Court poetry was a formalized art in its structure, in its range of topics and vocabulary, and its exclusion of intense moral, political, and private sentiments. This formalization was largely a product of the circumstance under which court occasional poetry was composed. Our evidence of the practice of court poetry in earlier centuries is fragmentary, but enough material-poems, complete poem series, and anecdotes-survives from the second reign of Chung-tsung(705-10) to build a relatively complete picture.」(『The poetry of the Early T'ang』 p.234)

소미도(蘇味道) 시의 응제와 영물, 변새와 교유 주제론(主題論)

초당대의 시 흐름이 육조와 수(隋)대를 이은 답습기의 과정을 벗어나지 못한 상황이었기 때문에 제량풍(齊梁風)의 조류에 있었고, 비록 심전기와 송지문 양인의 율체(律體)가 시도되었다고 하지만 그 완성과 발양까지는 아직 미진한 시점에서 소위 문장사우(文章四友)(杜審言·李嶠·崔融가 등장한다.[1] 그 중의 하나인 소미도(650~707)는[2] 초당사걸의 풍소적(風騷的)인 흐름과는 달리 아직까지 수구적(守舊的)인 자세를 견지하는 궁정파(宮廷派)에 속한다고 볼 수 있다. 이것은 그의 작풍이 심종(沈宋)처럼 성운(聲韻)이 온순하고 대우(對偶)가 정세하고 공교한 경향을 지닌 것을 의미한다. 명대 호응린(胡應麟)이 『시수(詩藪)』에서,

---

[1] 文章四友 중에 이교와 최융에 관해서는 이미 졸문을 낸 바가 있다. 즉,「初唐李巨山詩 論攷」(『中國硏究』 七輯, 1983)과「初唐 崔融과 그 詩攷」(『外大論文集』23輯, 1990)等.
[2] 리웨강(李日剛)은 『中國詩歌流變史』(p.287)(臺灣文津出版社)에서 「650~707」, 그리고 왕홍(王洪)이 주편한 『唐詩精華分卷』(p.42)(朝華出版社)에서는 「648~705」으로 소미도의 생졸 년대를 각각 표기하고 있는데, 여기서는 전자를 따름.

오언 율체의 시작은 양나라와 진나라 때부터라 하겠고 초당의 사걸이 아름답게 수식하기를 서로 뽐내다 보니 때로는 꼬이고 어렵게 되어 올바른 시작으로 볼 수 없었다. 신룡 년간 이후에야 뚜렷이 성조를 갖추게 되어 심전기와 송지문, 소미도와 이교가 앞에서 같이 궤도를 마련하고 왕유와 맹호연, 고적과 잠삼이 뒤에 더불어 따라 맞추어서 새로운 작품들이 연달아 나와서 고체와 구분되게 되었다.

　　五言律體兆自梁陳, 唐初四子靡縟相矜, 時或拗澀未爲正始. 神龍以還, 卓然成調. 沈宋蘇李合軌於前, 王孟高岑幷馳於後, 新製迭出, 古體攸分.

라고 말한 것처럼 격률을 중시하는 입장에서 율체(律體)를 완성시키는데 기여하였다고 할 것이다. 그러나 전해지는 작품이 적고 심송(沈宋)에 가려져서 문장사우(文章四友) 중에서도 특징이 없는 하등품으로 소외당해왔던 것이다. 그러나 초당시사에 반드시 거론되고 그 위상 또한 심송과 병칭되는 만큼 총괄적 차원에서 그의 16수의 시 전체를 살펴보려는 것이다. 먼저 그의 생애에 대해서 기록한 자료들을 소개하고서 이어서 그의 시 전체를 다섯 구분하여 감상적인 단계에서 개관하고자 한다.

Ⅰ. 소미도 그 사람

　소미도에 대한 기록으로는 『신구당서(新·舊唐書)』·『대당신어(大唐新語)』·『당어림(唐語林)』·『당이전(唐李傳)』·『자치통감(資治通鑑)』·『당시기사(唐詩紀事)』·『전당시화(全唐詩話)』 등에 다소간의 분량으로 각각 기술되어 있는데 그 어느 것 하나 객관적인 생애자료라고 하기에는 너무 일화적인 서술이기 때문에 이들 자료만으로 그의 생평을 설명하기엔 부족하다고 본다. 따라서 여기에서는 위의 자료를 소개하면서 그 사람됨과 시의 품평에 대해서 전개해 나가려고 한다. 먼저 『구당서(舊唐書)』 열전(권44)을 보기로 한다.

　조주 난성인으로서 어려서 동향인 이교와 문장을 날렸기에 그 때, 『소·이』라 불렸다. 약관에 진사에 급제하여 함양위가 되었다. 이부시랑인 배행검이 그의 재주를 보고 예절을 다해 대접하였다. 돌궐의 아부나 도지를 칠 때에 서기직을 맡았다. 효경 황제 비의(효경은 李弘) 아버지 배거도가 다시 좌금오장군이 되어서 미도에게 표문을 지어 달라고 부탁하매 미도가 붓을 들어 글을 지으니 그 이치가 정밀하여 후대에 전해졌다. 연재 초(측천무후의 연호)에 봉각 사인과 검교봉각시랑, 동봉각난대평장사 등을 지냈다. 증성 원년(695)에 연루되어 집주자사로 좌천된 지 얼마만에 천관시랑으로 귀경하였다. 성력 초에(698전후) 봉각시랑, 동봉각난대 삼품에 올랐다. 미도는 상소문을 잘 지어 아뢰어서 조정 일에 밝았다. 그러나 벼슬에 있은 지 몇 년간은 결국 성취해 놓은 것은 없이 너무나 여리고 나약하여 겨우 얼굴치레만 하였다. 그는 일찍이 남에게 말한 적이 있으니, 「일을 너무 분명히 결정해 버리는 것은 좋지 않네. 혹 잘못되면 필시 허물과 견책을 못 면하네. 모서리 양끝을 매만지듯 양다리 걸치는 게 좋네.」따라서 당시 그를 '소모릉'이라 불렀다. 장안 연간에 고향에서 선친이 묘소를 좋게 단장하는데 주현에 명하여 장례의 일을 돕도록 하였다. 이로 인해서 마을 사람의 묘지를 헐뜯고 부역이 과해서 사천부의 탄핵을 받아 방주자사로 나갔다가 곧 익주대도독부장사를 제수 받았으나 부임하기 전에 죽었다. 향년 58세로 기주자사에 추증되었다.

　州欒城人也. 少與鄕人李嶠俱以文辭知, 時人謂之'蘇李', 弱冠本州進士, 累轉咸陽尉. 吏部侍郎裵行儉先知其貴, 甚加禮遇, 及征突厥阿史那都之, 引爲管記. 孝敬皇帝妃文襃居道再登左金吾將軍, 訪當時才子爲謝表, 託於味道援筆而成, 辭理精密, 盛傳於代. 延載初, 歷遷鳳閣舍人, 檢校鳳閣侍郎, 同鳳閣鸞臺平章事, 尋加正援. 證聖元年, 坐事出爲集州刺史, 俄召拜天官侍郎. 聖曆初, 遷鳳閣侍郎, 同鳳閣鸞臺三品. 味道善敷奏, 多識臺閣故事, 然而前後居相位數載, 竟不能有所發明, 但脂韋其間, 苟度取容而已, 嘗謂人曰

:「處事不欲決斷明白, 若有錯誤, 必貽咎譴, 但摸稜以持兩端可矣.」時人由是號爲 '蘇摸稜'長安中, 請還鄕改葬其文優制, 令州縣供其葬事, 味道因此侵毁鄕人墓田, 役使過度, 爲憲司所劾, 左授坊州刺史, 未幾, 除益州大都督府長史, 未行而卒, 年五十八, 贈冀州刺史.

여기서 소미도가 지금의 허베이성(河北省)인 난성인이며 문장사우의 하나인 이교와 죽마고우였으며 문장이 정밀하여 문재가 뛰어났다는 점과, 성품이 기회적이며 사명감이 부족하고 공사가 불분명하여 말년이 비참하였음을 확인케 한다. 아울러 『신당서(新唐書)』(권114 소미도전)에도 위의 기록과 유사한 내용의 기록이 있는데, 소미도의 행적에 대해서 위의 것보다 매우 상세하다. 그 중복되지 않는 부분을 기술하면 다음과 같다.

증성 원년에 장석과 함께 법에 저촉되어 형옥에 매인 바 되었는데 장석은 하급 관리이지만 기상이 늠름한데 미도만은 땅에 자리 깔고 거친 음식을 먹으며 두려워하여 가련하게 하거늘 무후가 그걸 듣고 장석은 영남지방으로 내치고 미도는 집주자사로 좌천시켰다가 천관시랑으로 불러 들였다. 성력 초에 다시 봉각시랑과 동봉각난대삼품으로 삼았다. 그 부모를 이장함에 주현에 명을 내려 장례를 치르게 하였다. 미도는 부역시키는 과정에서 마침내 고을의 묘지를 훼손하여 소지층이 그것을 탄핵하니 방주자사로 좌천되었다가 익주대도독부장사로 옮겨갔다. 장역지가 패하자 당파에 연좌되어 미주자사로 좌천되었다가 다시 익주장사로 복직되었으나 부임하지 못하고 도중에 죽으니 나이 58세이며 기주자사에 추증되었다. 소미도는 대각의 일을 잘 하였으며 상소를 잘하였으나 높은 자리에 있어 그 자리를 지키면서 뚜렷이 해 놓은 것이 없고 여리고 나약하여 자신만을 영위할 뿐이었다. 항상 남에게 이르기를. 『일 처리를 분명히 하지 말게나. 잘못하면 후회가 되니 모서리를 만지며 양 다리를 걸치면 되네.』 따라서 그를 『모서리를 더듬는 사람』이라고 불렀다.

證聖元年, 與張錫俱坐法, 繫司刑獄, 錫雖下吏, 氣象自如, 味道獨席地飯蔬爲愞危可憐者, 武后聞, 放錫嶺南, 纔降味道集州刺史, 召爲天官侍郎. 聖

曆初, 復以鳳閣侍郎, 同鳳閣鸞臺三品, 更葬其親, 有詔州縣, 治喪事, 味道因役庸過程遂侵毀鄉人墓田, 蕭至忠劾之, 貶坊州刺史, 遷益州大都督府長史. 張易之敗, 坐黨附, 貶眉州刺史. 復還益州長史, 未就道卒, 年五十八, 贈冀州刺史. 味道練臺閣故事, 善占奏, 然其爲相, 持其位, 未嘗有所發明, 脂韋自營而已, 常謂人曰: 決事不欲明白, 誤則有悔, 摸稜持兩端可也. 故也號摸稜手.

여기서 소미도의 성격을 모서리를 더듬는 것으로 특징지은 것에 관심을 두어야 할 것이다. 이것은 그의 작품과도 관련되며 특히 변새(邊塞)류에서 온화한 기풍을 보여줌이 그의 이런 성격과 관련이 있을 것이라는 추측을 하기 때문이다. 이 칭호는 소미도의 유약하고 소심한 처세술이기도 하지만, 그의 시에서 강렬함이 적은 이유이기도 할 것이다. 따라서 그의 시와 유관한 성격에 대해 기록된 몇 가지 예문을 들어 살펴보고자 한다. 먼저 왕당(王讜)의 『당어림(唐語林)』(권5 보유補遺)를 보면,

소미도가 처음 재상을 제수 받았는데 어느 문인이 물었다. 『수많은 일을 훌륭히 처리하는데 재상께서는 어떻게 조화시키려 하십니까?』 소미도는 단지 손으로 침상 모서리를 더듬을 뿐이었다.

蘇味道初拜相, 門人問曰, 『方事之殷, 相公何以燮和?』 味道但以手摸牀稜而已.

라고 한 것은 소미도의 성격을 단적으로 대변하는 자료로서 별명의 근거를 알게 하며, 이 별명에 부합하는 다음의 고사는 소미도의 사람됨을 밝히 알게 한다. 유숙(劉肅)의 『대당신어(大唐新語)』(권9 유영諛佞 제20)을 보면,

측천무후가 조정에 계신데 일찍이 3월에 눈이 내리자 봉각시랑인 소미도 등이 이것은 상서로운 일이라 여겨서 표문을 써서 경하하려 하였다. 좌습유 왕구례가 그것을 저지시키자 미도가 말하기를 "나라의 일인

데 어찌하여 허황되고 망령되이 조정을 축하하겠는가?"하니 구례가 말하였다. "재상은 음양의 섭리를 어겨선 안됩니다. 삼월에 눈 내리면, 이것은 재앙이니 상서롭다함은 거짓입니다."

  則天朝, 嘗三月降雪, 鳳閣侍郎蘇味道等以爲祥瑞, 草表將賀. 左拾遺王求禮止之. 味道曰, "國家事, 何爲誣妄以賀朝廷?" 求禮曰, "宰相不能燮理陰陽, 令三月降雪, 此災也, 乃誣爲瑞."

이와 같이 상관에 대한 부조리한 처신의식 때문에 자신의 태도 또한 어설프게 취할 수 있는 인품을 지니고 있다는 의미의 별명으로 풀이된다. 알려진 기록의 일치된 면이[3] 그의 시에서 볼 수 있는 온화하고 담백한 면과 수사법상의 제량풍과는 달리 '유명(諛佞)'·'징계(懲戒)'·'조희(嘲戲)' 등 고상치 않는 면에서[4] 소미도 성품을 다루고 있다.

Ⅱ. 시의 초당(初唐)적 4가지 특성

『전당시(全唐詩)』(권65)에는 소미도의 시가 16수(5율이 9수, 5배가 6수, 7율이 1수)가 수록되어 있다. 소미도의 시가 높은 평가를 받지 못함은 주지의 사실이며, 또 그 가치를 인정할 만한 경지에 있지도 못한 것도 인정한다. 그래서, 명대 양신(楊愼)은 소미도의 대표작이라고 할 「정월 보름날 밤(正月十五夜)」 평하기를,

---

[3] 본문의 예문 외에도 王勃과 楊炯과 비교한 『大唐新語』 卷七知微篇(上海古籍 1957)이나 胡震亨의 『唐音癸籤』, p.248(上海古籍 1957), 그리고 두심언이 소미도의 문장을 폄하한 내용이 있는 『唐才子傳』 卷一杜審言條(廣文書局)와 동시대의 宋璟(663~737)의 인물을 공평하게 관찰하지 못한 일화가 있는 『全唐詩話』 卷一 (何文煥編 『歷代詩話上』 藝文印書館) 등을 들 수 있다.
[4] 이것들은 劉肅의 『大唐新語』 卷九諛佞, 上同書卷十一懲戒, 그리고 孟棨의 『本事詩』 卷七嘲戲를 지칭하는 것이다.

소미도의 시 『은하수 다리 쇠고리를 열은 듯 하네』구는 본래 진대의 장정견의 시 『하늘의 길이 가을 물에 가로 걸려 있고, 은하수 다리는 밤 따라 흘러가네.』의 구인 것이다.

　　蘇味道詩, 『星橋鐵鎖開』, 本陳張正見詩, 『天路橫秋水, 星橋轉夜流』之句. (『升奄詩話』卷六)

라고 기술한 것이라든가, 왕부지(王夫之)가 또 같은 시를 놓고서,

시의 기승전수는 하나의 시법이다. 초성당의 율시를 가져다가 따져본다면 누가 이 법칙을 지키고 있는가? …… 『빛나는 나무와 은빛으로 물든 꽃이 어울리듯 밝고』 같은 구는 온통 한 기운으로 표현된 것이다.

　　起承轉收, 一法也. 試取初盛唐律驗之, 誰必株守此法者? …… 如 『火樹銀花合』, 渾然一氣. (『薑齋詩話』卷下)

라고 한 평가는 소미도의 시에 대한 관점을 단적으로 대변해 주는 것이라고 하겠다. 그러나 초당의 시풍으로 보아서 소미도가 적은 작품을 남겼지만(그러나 『구당서(舊唐書)』의 「경적지(經籍志)」에는 문집 20권, 『신당서(新唐書)』의 예문지(藝文志)에는 15권이 전해진다고 기록되어 있어서 본래는 많은 작품을 남긴 것을 알 수 있음), 시의 주제(主題)에 따라 다양한 시를 보여 주고 있어서 그냥 지나칠 만은 없는 것이다. 이제 16수를 세분해 보면 응제류(應制類)로는 「初春行宮侍宴應制」·「奉和受圖溫洛應制」·「嵩山石淙侍宴應制」 등 3수가 있으며, 영물류(詠物類)로는 「詠霧」·「詠虹」·「詠霜」·「詠井」·「詠石」 5수, 그리고 교유류(交遊類)로는 「贈封御史入臺」·「使嶺南聞崔馬二御史並拜臺郎」·「始背洛城秋郊矚目奉懷臺中諸侍御」·「和武三思於天中寺尋復禮上人之作」 등 4수가 있으며, 변새류(邊塞類)로는

「單于川對雨二首」가 있고, 서정류(抒情類)로는 「九江口南齊北接蘄春南與潯陽岸」,「正月十五夜」 등 2수를 들 수 있다.

1. 응제시(應制詩)의 고아함

초당의 궁정시의 중요한 내용과 형식을 가진 종류의 시들이다. 대개 시연(侍宴)에서 지어지는 것으로 봉제(奉制)와 같이 황제를 축송하는 시어와 표현구법을 강구하고 있는 것이다. 먼저 「초봄 행궁의 연회(初春行宮侍宴應制)」시를 보면,

> 따뜻한 샘물 졸졸 솟아나고,
> 솟구치는 물결 급히 음악소리에 맞추는 듯.
> 비녀며 의관은 임금의 덕을 드러내고,
> 고운 여인은 태평성대를 노래하네.
> 임금님의 술잔 그득히 차 넘치고,
> 임금님의 법도는 온 천하에 밝히 걸려있네.
> 미천한 소신은 이제부터 마냥 취하니,
> 거대한 하늘을 꿈꾸듯 뿌듯하도다.

> 溫液吐涓涓, 跳波急應弦.
> 簪裾承睿賞, 花柳發韶年.
> 聖酒千鍾洽, 宸章七曜懸.
> 微臣從此醉, 還似夢鈞天.

여기서 작자는 측천무후(則天武后)를 모시고 태평성세를 축수하며 연회를 베푸는 환락을 묘사하였다. 표현된 시어들 즉 예상(睿賞)・소년(韶年)・성주(聖酒)・신장(宸章)・칠요(七曜)・균천(鈞天) 등은 최고의 경어로서 군신의 관계에서만이 가능한 표현법이다. 그리고 「따뜻한 낙수의 도편을 받

들며(奉和受圖溫洛應制)」를 보면,

> 푸른 비단으로 하검을 감싸니,
> 깨끗한 제단에서 낙수 가 보이네.
> 천자가 순행하다가 잠시 머물고,
> 효도로 배향하여 엄숙한 제사를 올리네.
> 올라가 배향하니 삼조를 빛내고,
> 온유한 마음 지니니 백신들을 감동시키네.
> 안개 걷히니 도중에 해가 뜨고,
> 눈이 걷히니 수레에 먼지가 이네.
> 받들어 모두 뛰어난 진언을 드리니,
> 길게 노래하며 억만년을 기리리라.

> 綠綺膺河檢, 淸壇俯洛濱.
> 天旋俄制蹕, 孝享屬嚴禋.
> 陟配光三祖, 懷柔泊百神.
> 霧開中道日, 雪斂屬車塵.
> 預奉咸英奏, 長歌億萬春.

라고 하여서 성덕(聖德)이 있으므로 낙수(洛水)가 따뜻해진다는 전설을 주제로 하여 천자의 왕조가 무궁하기를 기원하고 있다. 이 시 역시 엄숙한 심기로 정중한 신하의 자세를 표현하여 시어와 구법이 한정된 형식에 구속된 것을 볼 수 있다. 소미도의 응제시는 하나 더 있는데, 이제「숭산의 석종의 시연(嵩山石淙侍宴應制)」를 보기로 한다.

> 옥 가마 보위를 천관이 감싸고,
> 선동의 신령한 골에서 신선 구단의 비술을 찾는 도다.
> 사랑스런 샘 가의 꽃은 가까운 길을 덮었고,

쭈빗한 언덕의 대 숲은 높은 누단을 가렸구나.
겹진 낭떠러지는 솟았는데,
노을이 무늬져 어울리고,
폭포수 엇겨 날려 물 기운이 넘치도다.
임금님의 마음에 흥이 나시어,
두루 다니시다 가마를 멈추시네.

琱輿藻衛擁千官, 仙洞靈谿訪九丹.[5]
隱暖源花迷近路, 參差嶺竹掃危壇.
重崖對聳霞文駮, 瀑水交飛雨氣寒.
天洛宸襟有餘興, 裹回周矖駐歸鑾.

숭산에서 천자를 모시고 산수의 수려함을 묘사하면서 유연(遊宴)을 마련한 자리에서 지은 것이다. 최융(崔融)(『全唐詩』 권68)과 심전기(沈佺期)(『全唐詩』 권96) 등과 무삼사(武三思)·장역지(張易之)·양경술(楊敬述) 등도 동석한[6] 연회였던 만큼 더욱 시의 맛이 자연의 풍광과 함께 온후하게 느껴진다. 따라서 시어 또한 천자와 유관한 '조여(琱輿)'·'천관(千官)'·'신금(宸襟)' 등은 제량풍의 궁체미를 보여주고 있다. 이상의 응제류에 속하는 3수의 시의 공통점이라면 장엄하고 근신(謹愼)하는 군신의 풍모를 보여주며 격식을 중시하고 있지만 실제로는 소미도 자신의 진정 어린 성정을 엿볼 수 없는 것은 단순히 응제시로 그 이유를 돌리기엔 아쉬운 감이 든다.

2. 영물시(詠物詩)의 풍자적인 흥취

영물시의 특징은 사물에 기탁하여 흥취를 일으킴(託物起興)이 중요한

---

5) 『晉書』, 「葛洪傳」, 「紬奇冊府, 總百代之遺編, 紀化仙都, 窮九丹之秘術」.
6) 졸문, 「崔融과 그 詩考」(『外大論文集』 23輯·1990)을 참조.

목적이 된다. 따라서 묘사는 아후(雅厚)하며 담은 뜻은 풍유로 표현한다. 소미도에게 영물시가 5수인 것은 같은 고향인 이교(李嶠)의 영물시에 보이는 개성과 상통한다고 추리할 수 있다.7) 소미도의 영물 대상은 안개나 서리, 무지개 등의 자연 현상과 우물과 바위 등 자연물체를 소재로 하여 초당의 섬세하고 수사적인 표현법을 구사하였고, 상징과 비유를 시 속에 활용하여 다분히 현학적(玄學的)이면서 난삽한 상징시와 같은 의취(意趣)를 보여 준다. 이제 그 5수를 먼저 열거하고 대비(對比)하려고 한다.

(A)
아지랑이 골짜기에 일어나서,
아득히 넓은 밭이랑까지 감쌌구나.
갑자기 용무늬 칼을 머금은 듯,
혹시 신기루가 비치는 듯 한다네.
숲을 헤치니 빗물이 자욱히 젖고,
오솔길 가노라니 안개가 짙게 깔려 있구나.
방금 사령운이 훌쩍 지나간 곳,
이제 낙광 선생을 따라 놀리라.(「안개」)

氤氳起洞壑, 遙裔匝平疇.
乍似含龍劍, 還疑映蜃樓.
拂林隨雨密, 度徑帶煙浮.
方謝公超步, 終從彥輔遊.(詠霧)

(B)
빙 둘러서 별 주위를 감돌고,

---

7) 졸문, 「初唐 李巨山 詩 論攷」(『中國硏究』 7輯・1993)과 「羅隱詠物詩의 풍자성고」(『敎育論叢』8輯・1993) 참조.

아름다이 하늘 개울을 가로질렀네.
공연히 장사로 보이다가,
때로는 미인인양 취하누나.
빼어난 빛은 옥을 머금은 양,
신기한 꽃은 황금으로 물들은 듯.
홀로 긴 칼을 뉘어놓고,
빛나는 자태는,
어언 옛 성현의,
고결한 마음 담겨 있다네.(「무지개」)

紆餘帶星渚, 窈窕架天潯.
空因壯士見, 還共美人沈.
逸照含良玉, 神花藻瑞金.
獨留長劍彩, 終負昔賢心.(詠虹)

(C)
금빛 지신이 날 저무니 가락도 다하고,
옥 같은 여인은 어두운 기운에 돌아오네.
찬 기운은 종소리 따라 스며들고,
가벼운 흰 꽃은 칼을 감아 휘날리네.
해 따라서 떠다니는 차가운 그림자는,
바람을 타고 저녁의 위세 떨치누나.
스스로 곧은 대쪽같은,
굳은 성품 지녔으니,
어찌 초목의 장딴지인들(줄기) 당해 내리오.(「서리」)

金祇暮律盡, 玉女暝氛歸.
孕冷隨鐘徹, 飄華遶劍飛.
帶日浮寒影, 乘風進晚威.
自有貞筠質, 寧將庶草腓.(詠霜)

(D)
영롱하게 옥 난간을 비추는 물빛이,
맑고 깨끗하게 은빛 물대에 뿌려대누나.
유성같이 흐르는 물에 공작이 깃들고,
드리운 그림자에 땅속 괴물이 뛰어 나올 듯.
오동 잎 질 때 가을 개구리 흩어지고,
복사꽃 퍼져날 때 봄 비단 향기롭다.
임금님의 은혜가 또 뭐 필요하리오,
속세에 매인 마음,
여기에서 잊어나 볼까?(「우물」)

玲瓏映玉檻, 澄澈瀉銀牀.
流星集孔雀, 帶影出羵羊.
桐落秋蛙散, 桃舒春錦芳.
帝力終何有, 機心庶此忘.(詠井)

(E)
제북에서 신의 글씨 새긴 듯,
하서에서 비단 얼룩무늬 씻은 듯,
울리는 소리는 연못의 비와 어울리고,
드리운 그림자는 태산의 구름에 닿아 있네.
제비가 돌아오다가 머물러 기다리고
양도 일어나서 스스로 무리를 짓는다.
신령스런 정수를 어찌 잡을 수 있으랴만,
벼게를 높이 하여,
속세의 소란을 끊어 보리라.(「돌」)

濟北甄神貺, 河西濯錦文.

聲應天池雨, 影觸岱宗雲.
燕歸猶可候, 羊起自成群.
何當握靈髓, 高枕絶囂氛.(詠石)

　이상의 시들에서 (A)는 안개를 대상으로 삼아서 시계(視界)가 차단되는 안개에서 속세를 절연한 기상을 보여 주고 자연의 신묘함을 연상시키고 있다. 그 탈속의 의식은 사령운의 귀거래적인 자취를 그리워하는 소미도의 초자연적 경계를 엿보게 한다. 그리고 (B)는 무지개의 형상을, 장검을 뉘어 놓은 듯 보았고 그 장검은 의기(義氣)와 보국(報國)의 상징으로 표현하고 있다. (말 연) 또한 그 자태에서 장사와 미인의 인상을 그려 놓았으며 옥과 금의 소중함과 광채를 이 자연현상에 대한 수식으로 비유하면서 자연으로부터 인간의 숭고한 의식의 재발견을 추구하고 있는 것이다. (C)에서 서리가 내리는 형상을 제4구의 가벼운 꽃이 흩날리는 듯 묘사하였고, 서리의 차고 흰 면을 곧은 대쪽에(貞筠) 비유하고 있다. (D)는 우물을 읊은 것인데, 그 맑고 옥 같은 물을 순결에 비견하여 속세에 매인 마음들(機心) 모두 이것으로 씻을 수 있을 것 같은 시인의 바램과 지신(地神)이 지켜주는 인간의 도덕의식의 바탕을 내면에 깊이 담고 있다. 한편, 제3연은 한 폭의 봄가을 계절의 풍경을 이 우물가에서 찾을 수 있듯이 산수시를 연상시킨다. (E)에서 말 연은 이 시의 핵심을 말하는 것으로서 높이 솟은 바위를 보며 온갖 세상의 소리(萬籟)를 떨친 탈속의 극치를 표현해 준다. 그 고고(孤高)한 기상은 제2연의 묘사에서 자연스레 부각되었고 그러면서 의지하지 아니하고 만상을 포용하는 관용과 조화를 제3연에서 그려내고 있는 것이다.

3. 교유시(交遊詩)의 온유함

　소미도는 이미 말한 바,「모릉(摸稜)」의 별명을 가지고 있듯이 교우관계에 있어 독선적인 기질을 보이지 않았다. 가능하면 모나지 않게 두루 어울리는 자세로 우인을 맞았음을 알 수 있다. 그의 시교(詩交)도 상대방을 높이며 자신을 감추는 외양으로는 겸손한 태도를 견지하였으므로, 소미도의 시에는 4수가 대등한 입장의 내용보다는 겸양이 표현된 것들로 구성되어 있다. 주위의 우인들이 소미도를 두고 읊은 작품들도 일관되게 소미도의 드러내지 않는 성격을 높이 평가하고 있다. 심전기(沈佺期)의 「소미주와 최사업을 곡하며(哭蘇眉州崔司業二公)」(『全唐詩』 권96)의 일단을 보면,

> 나라의 보배로서 두 분인데,
> 두 분의 어진 천재를 잃었도다.
> 약관에 큰 이름 떨치고,
> 중년에 높은 덕을 세웠도다.
> 예악은 양숙자이고, 문장은 왕찬이로다.
> 인재분별은 왕이보이며, 문장은 사혜련이로다.
>
> 國寶亡雙傑, 天才喪兩賢.
> 大名齊弱歲, 高德幷中年.
> 禮樂羊叔子, 文章王仲宣.
> 風鑑王夷甫, 文章謝惠連.

라고 하여 최융과 함께 국보와 같은 재주와 덕성을 지녀 왕찬(王粲)이나 사혜련의 문장에 비길만한 인물로 추숭하고 있으며 소미도의 애국심과 종군의 의기에 대해서, 두심언(杜審言)은 「소미도에게 드리며(贈蘇味道)」의 말 2연에서(『全唐詩』 권62),

> 수레 타고 서울로 돌아와서,
> 친구들과 노니나니 서울에 가득하네.

이제 개선하여 돌아오기 기대하니,
노래하고 춤추며 함께
봄날의 빛을 누리리라.

輿駕還京邑, 朋遊滿帝畿.
方期來獻凱, 歌舞共春輝.

라고 하여 변방에 종군 갔다가 개선하는 소미도의 위용을 기원하며, 평소의 정의감을 칭송하는 것이다. (이것은 생평에서 조상묘 사건으로 폄적된 것과는 실지에 있어 상이하다. 그러나 소미도의 내적인 어질게 보이는 기교(良譏)를 간과할 수 없다.)

소미도에 있어서 숭산석종(嵩山石淙)에서의 시연시회(侍宴詩會)에 참석한 시인들은 위의 최융 시에서 언급하였지만 여기에 추가로 보충한다면, 소미도·최융 이외에 무삼사(武三思)·장역지(張易之)·장창종(張昌宗)·설요(薛曜)·양경술(楊敬述)·우계자(于季子)를 포함하여, 요숭(姚崇)(『全唐詩』권64)·염조은(閻朝隱)(상동 권69) 등이 더 참가하였음을 알 수 있는데, 소미도의 폭 넓은 교우관계를 확인하게 된다.[8] 그리고 소미도에게 증수(贈酬)한 시로는 상기한 심전기(沈佺期)와 두심언(杜審言) 외에도 교지지(喬知之)의 「소원외와 당직하며(和蘇員外寓直)」를 (『전당시』권81)을 들 수 있으니, 이제 뒷부분을 본다면,

먹으로 상서의 상주문을 쓰며,
옷자락도 가벼이 주상을

---

8) 則天武后의 오빠의 아들인 武三思가 諸臣및 詞人들과 함께 侍宴을 열었음. 姚崇과 염조은은 「奉和聖製夏日遊石淙山」를 각각 썼다. 武三思에 대한 그 당시의 문인들의 추숭이 컸음을 李嶠의 「武三思挽歌」등 多數가 있음. 「玉匣金爲縷, 銀鉤石作銘. 短歌傷薤曲, 長暮泣松扃. 事往昏朝霧, 人亡折夜星. 忠賢良可惜, 圖畫入丹青」.

모시는 일 향기롭도다.
난간을 여니
대숲의 정기 고요하고,
대숲을 스치니
향기로운 바람 살랑이네.
새벽에 궁궐문을 나서니,
종소리 미앙궁에서 나네.
본디 대각에서 잠을 자니,
천자께서 그대의 문장 귀히 여기시네.

墨草尙書奏, 衣飄侍御香.
開軒竹氣靜, 拂簟蕙風凉.
曉漏離閶闔, 鳴鍾出未央.
從來宿臺上, 天子貴文强.

여기서 소미도의 근면성과 문재(文才) 그리고 천자의 총애를 엿볼 수 있다. 그러면 소미도의 「어사 누대에 드는데(贈封御史入臺)」를 살펴보도록 한다.

나랏일로 해서
대각에 뽑히어서,
이제 궁궐문을 대하게 되었도다.
저녁 까마귀 함께 춤추고 노래하며,
휘늘어진 풀은 더욱 향기를 내도다.
창고에는 재화 가득하고,
별난 휘장은
수놓은 의관에 철렁이네.
바람은 대각에 휘몰아치고,
서릿발은 상소문에 휘날리네.

늠름한 자태는
아침에 빛나고,
가는 길 마다에는
위엄이 넘치도다.
새매를 쏘아 맞추려니,
독수리를 맞춰 떨구도다.

故事推三獨, 玆辰對兩闈.
夕鴉共鳴舞, 屈草接芳菲.
盛府持淸橐, 殊章動繡衣.
風連臺閣起, 霜就簡書飛.
凜凜當朝色, 行行滿路威.
惟當擊隼去, 復覩落鵰歸.

이 시는 어느 관리가 시어사가 되어 입조(入朝)하는 모습을 쓴 것으로 조정의 장엄과 관리의 행차와 자태를 품위 있게 묘사하고 있다. 입대(入臺)라 함은 소미도가 연재(延載) 년간에 봉각사인(鳳閣舍人)을 지냈고, 성력(聖曆) 초에는 봉각시랑(鳳閣侍郞)을 지낸 바 있기에 동료에게 축시의 의미로 준 것으로 본다. 또「영남에 사절 나가서 두 어사가 누대에 배알함을 듣고(使嶺南聞崔馬二御使幷拜臺郞)」를 보면,

날개 치는 백로는 나란히 날고,
날아가는 꾀꼬리 소리 멀리서 들려오네.
밝은 의견 빈틈을 대비할만하고,
맑고 높은 식견 구름을 헤칠 듯 하네.
기쁘게도 조정에 천거되었는데,
아쉽기는 대각궁이 서로 나눠있네.
옛 수풀엔 잣나무 무성히 자라고,
새 휘장을 치니 난초가 향기롭네.

의관을 벗으니 해태의 그림자인 듯,
수레가 상서로운 꿩깃 단 그대들을 맞는구나.
멀리 남두성 밖을 따라서,
아득히 별들의 무늬를 쳐다 보도다.

振鷺齊飛日, 遷鶯遠聽聞.
明光共待漏, 淸鑒各披雲.
喜得廊廟擧, 嗟爲臺閣分.
故林懷柏悅, 新崿阻蘭薰.
冠去神羊影, 車迎瑞雉群.
遠從南斗外, 遙仰列星文.

여기서 소미도는 누군지는 모르지만 장역지(張易之)의 사건에 연루되어 원주자사(袁州刺史)로 나갔다가 곧 국자사업(國子司業)으로 입경한 최융인 듯 한데, 이 때에 소미도 역시 장역지 사건으로 미주(眉州)와 익주(益州) 지역으로 좌천되어 있을 시기로 본다. 두 사람의 입경을 축하하며 그들이 조정에 출입하게 된 것을 기뻐하고(제2연), 그들의 관로(官路)가 행복하기를 기원하며 해태와 꿩을 가지고 묘사하였다.(제5연) 그러나 자신의 신세를 돌아보며 남두성 밖에서 멀리 뭇별을 쳐다보는 심경을 토로하여 우정과 상심(傷心)을 동시에 보여준다. 이 시를 짓게 된 내력에 대해 유숙(劉肅)의 『대당신어(大唐新語)』(권1)에 보면,

> 소미도가 영남에 부임한 중에 최·마 두 시어사가 조정에 드는 것을 소식 듣고 시를 부치니 …… 미도는 재주 많아서 문장으로 뛰어나니 봉각시랑지정사에 이르렀으나 장석과9) 연좌되어 사형사에 계류되었다. 높

---

9) 『新唐書』 卷113 張文琮傳: "子錫, 久視初, 爲鳳閣侍郞, 同鳳閣鸞臺平章事, 代其甥李嶠爲宰相. 請還廬陵王, 不爲張易之所右. 與鄭杲俱知選, 坐洩禁中語. ……"라 하고 『唐詩紀事』 卷九: "錫, 文琮之子也. 久視初代其甥李嶠爲宰相, 請還廬陵王,

은 재상을 지낸 귀한 신분으로 연좌된 일이 비록 경박하다 해도 대접이
극진하였다. 미도는 황송하게 여겨서 말을 타지 않고, 걸어서 갇힌 곳을
가고 땅에 자리 깔고 누우며 나물밥을 먹을 뿐이었다.

　　蘇味道使嶺南, 聞崔馬二侍御入省, 因寄詩曰 : (詩는　省略) 味道富才筆,
代以文章著稱, 累遷鳳閣侍郎知政事, 與張錫俱坐法, 繫於司刑寺. 所司以上
相之貴, 所坐事雖輕, 供待甚備. 味道終不敢當, 不乘馬, 步至繫所, 席地而
臥, 蔬食而已.

라고 하여서 심신의 모욕과 고초를 당하고 있는 가운데 쓴 상기의 시에서
소미도는 단지 끝 연에서 하늘에 뜬 별을 쳐다보며 편벽한 외지에서의 설
움을 은근히 표현하였지만, 실지의 심기가 얼마나 처절했을 것이며 두 우
인의 입경을 축하하며 자신의 희망을 동시에 담았다고 할 것이다. 그리고
또「낙성을 등지고 가을 교외를 보며 대각의 여러 시어사를 생각하며(始
背洛城秋郊矚目奉懷臺中諸侍御)」를 보면,

　　　경박하게 놀면 어사대를 욕되게 하고,
　　　곧은 지조는 맑은 마음을 일깨운다.
　　　벽려가 자란 물가는 마침 남쪽에 있고,
　　　향풀이 난 언덕은 북쪽으로 있도다.
　　　산은 개이고 변방의 요새는 끊겼고,
　　　개천은 저무는데 넓은 성이 그늘졌도다.
　　　채소밭은 경대부의 땅에 통해 있고,
　　　밭두둑은 돌밭으로 막혀있네.
　　　들판의 아이는 이삭을 줍고,
　　　밭의 노인은 노래를 읊조리네.
　　　귀뚜라미 소리는

　　不爲張易之所右. 俄知選坐贓, 論流循州. 韋后臨朝, 爲相. 旬日, 出刺絳州, 卒".

가을바람 따라 들려오고,
쓸쓸한 갈대풀은
저녁의 이슬이 짙구나.
임금 계신 서울은 우울한 중에,
원정의 소식을 전하느라
말이 힘차게 내달리네.
책을 펴보던 곳을 생각해보며,
쓸쓸히 자연을 노래하며
내 바랬던 것을 떨치고자 하노라.

薄遊忝霜署, 直指戒冰心.
荔浦方南紀, 衡皐暫北臨.
山晴關塞斷, 川暮廣城陰.
場圃通圭甸, 溝塍礙石林.
野竟來捃拾, 田叟去謳吟.
蟋蟀秋風起, 蒹葭晚露深.
帝城猶鬱鬱, 征傳幾駸駸.
廻憶披書地, 勞歌謝所欽.

　이 시는 소미도가 봉각난대평장사 시절의 동료들을 생각하며 읊은 것이다. 그들의 바르고 맑은 마음을 회상하고 자연의 경물을 대하면서 야인 된 자신을 관조하는 순수한 심경이 토로되어 있다. 그러나 나라를 생각하고 임금을 향한 충심도 불변하며 전쟁이 없기를 바라는 마음을 감추지 못하고 있다. 조정의 옛 동료들이 우국(憂國)과 애국의 집념을 굳게 지켜나가기를 희원하고 권면하고 있는 것이다. 교우시로서 다른 하나는 측천무후의 조카인 무삼사(武三思)와 천중사(天中寺)로 복례상인(復禮上人)을 방문 가서 무삼사(武三思)와 화창(和唱)한 「무삼사와 천중사에서 복례상인을 방문하며(和武三思於天中寺尋復禮上人之作)」을 들겠다.

제후의 삼옹집은 한가한데,
좌선하며 두 방의 모퉁이에 거하네.
문득 소리 들으며 계원을 따라가서,
걸음을 옮겨 화단을 밟는도다.
영민하시고 재주가 많으며,
고상한 담론 속에 달변이시라.
시비 분별을 어이 지체하리오
공연히 의심을 사겠도다.
오행의 깊은 이치에 밝고,
삼변의 오묘한 열쇠를 깨우쳤네.
맛이 감로를 뿌린 듯이,
향내가 돌개바람 따라 풍기네.
오랜 섬돌은 네모난 돌이고,
맑은 연못엔 타다만 재가 보이네.
사람은 학이 깃든 물섬을
찾아서 돌아들고,
달은 범의 계곡을 따라서 돌아드네.
머뭇거리면서
날아갈듯 높은 지붕을 쳐다보며,
술잔을 타고 놀다가
강나루를 건너고 싶구나.
바라나니 모시고서
즐겁게 노닐다가,
여기에서 훌쩍
속세의 먼지를 털고 떠나리라.

藩辰三雍暇,10) 禪居二室隈.

---

10) 三雍이란 明堂・辟雍・靈臺.『後漢書』章帝紀 : "備三雍之敎, 躬養老之禮".

忽聞從桂苑, 移步踐花臺.
敏學推多藝, 高談屬辯才.
是非寧帶著, 空有掠嫌猜.
五行幽機暢, 三蕃妙鍵開.
味同甘露灑, 香似逆風來.
砌古留方石, 池淸辨燒灰.
人尋鶴洲廻, 月逐虞谿廻.
企躅瞻飛蓋, 攀遊想渡杯.[11]
願陪爲善樂, 從此去塵埃.

절간의 가을풍경과 시인의 탈속의식을 표현하고 있다. 무삼사는 당시의 문인들을 애호하여 상기한 바와 같이 문단의 후원자로서 당시의 흥행에 기여한 것이다. 무삼사 또한 "가을 날 천중사에서 복례상인을 찾아서(秋日于天中寺尋復禮上人)"(『전당시』 권80)을 남기고 있는데, 소미도가 무삼사와 계급적 관계를 떠나서, 내심의 동질적인 교감을 두 개의 시에서 공통으로 찾을 수 있다. 여기에 무삼사의 시의 후반부를 보도록 한다.

이치와 말이 한 곳으로 귀착되고,
마음과 행동은 두 갈래로 나가지 않네.
있음과 없음 둘 다 분명치 않고,
참됨과 속됨 둘 다 인연이 같네.
나뭇잎 따보니 푸른빛을 태우는 듯 하고,
꽃을 따 던지니 붉은 빛 흩어지는 것 같네.
꿰인 구슬은 멀리 햇빛에 반짝이고,
처마 밑의 풍경소리는 가까이 바람 따라 울려나네.
고요한 늪에는

---

11) 『法苑珠林』;"西晉杯度, 嘗寄宿一家, 家有金像, 杯度晨興, 輒持而去, 主人策馬追之, 度自徐行, 而騎走不及, 及河乘一小杯以渡孟津, 因號渡杯".

차가운 빛이 하얗게 물들었고,
참선하듯 잔잔한 가지에는
파란빛이 밝게 아롱지네.
원하노니 중생을 위한 좋은 방법으로,
길이 길이 속세의 먼지 쌓인
새장에서 풀어 주기 바라노라.

理詣歸一處, 心行不二中.
有無雙惑遣, 眞俗兩緣同.
摘葉疑焚翠, 投花若散紅.
網珠遙映日, 檐鐸近吟風.
定沼寒光素, 禪枝暝色葱.
願隨方便力, 長翼釋塵籠.

　이 시야말로 왕족의 규율화 된 인생관이 아닌 선리(禪理)와 선경(禪境)을 터득한 마음의 세계(心界)를 절실하게 묘사한다. 구절마다 자연과 합일이요, 글자마다 속계(俗界)를 떠나 있으니, 끝에 가서 속진의 광주리를 풀어버리고 싶은 현실과 이상의 부조화에서 오는 갈등이 서슴없이 나타나 있다.

4. 변새시(邊塞詩)의 비전(非戰)의식

　초당의 변새시는 전쟁과 안정을 통해 국토의 확장과 정착을 도모하였기에 시인의 의식도 전쟁에 대한 긍정적인 자세를 보였는데, 소미도의 두 수의 시들은 변방의 경물과 평화의 바램이 깃들어 있다. 그 「선우천에서 비를 대하고(單于川對雨)」 두 수를 보겠다.

아침 내내 비가 내리더니,
저녁 무렵 짙은 구름 뭉게 지네.
푸르른 섬돌에는 하얀 물거품 일고,
끝없는 물에는 둥근 무늬가 뭉치네.
강가의 버들나무 나지막이 드리웠고,
산의 꽃은 떨어져서,
향내를 잃었도다.
맑은 술잔을
오래도록 권하지 못하였거늘,
오래두고 머물면서
끝내 그대 오길 기다리려네.

崇朝遘行雨, 薄晚屯密雲.
綠階起素沫, 竟水聚圓文.
河柳低未擧, 山花落已芬.
淸尊久不薦, 淹留遂待君. (其一)

휘날리는 빗발이 여나믄 날 접어든 데,
뜬구름은 벌써 봄을 떠나보내네.
비가 와서 나무 가지 다 씻고 나면,
이내 병기를 내다 닦아야겠네.
오랑캐의 기세가 사당밖에 모이고,
떠드는 소리는 바다의 고래보다 더 크네.
옛날 주공자가 형 나라 땅을,
정벌하려고 무리를 얻었으니,
벌써 알겠노라.
변방의 먼지가 일지 않고 고요한 것을.

飛雨欲迎旬, 浮雲已送春.
還從濯枝後, 來應洗兵辰.

氣合龍祠外,[12] 聲過鯨海濱.
伐邢知有屬, 已見靜邊塵.(其二)

　이들 시에서 전자는 종군시라기 보다는 한 폭의 산수화라고 보겠다. 평화가 깃든 변방의 분위기이며 망향(望鄕)의 정이 깃들어 있다. 그리고 그 묘사가 변새시 답지 않게 정묘(精妙)하고 청담(淸淡)하며 특히 님을 그리워 하듯 간절한 상봉의 표현을 말 연에 드러내어서 변새의 안정과 가정의 회복을 희구하고 있다.
　그리고 후자에서는 이미 평정된 변방, 그리고 더 이상 전쟁이 없는 질서를 노래하고 중원으로 하나된 당(唐)의 통일과 발전까지 담고자 하였다. 비온 후에 묵은 노폐물을 씻겨 가게 하듯이 전쟁 후의 무기를 씻어내는 마무리 작업이 곧 평화의 갈구를 의미해 주는 것이다.

5. 서정시(抒情詩)의 정경교융(情景交融)

　소미도의 적은 시에서 산수시라 할 만한 것이 "구강 입구에서 남제 북쪽이 기춘 남쪽과 심양 안에 접함을 대하며(九江口南濟北接蘄春南與潯陽岸)"인데 이 역시 타지의 경물을 그리면서 귀향의 수심을 담고 있다. 그리고 인구에 회자하는 「정월 보름밤에(正月十五夜)」는 원소(元宵)의 야경을 통하여 작법상의 고매함을 부각시켜 준다. 먼저 전자를 본다면,

　　　강의 길은 하나로 아득한데,
　　　도도하게 구강은 흘러오네.
　　　멀리 있는 연못은 어두워서
　　　안개 낀 듯 하고,

---

12) 『後漢書』南匈奴傳;「匈奴俗, 歲有三韻祠, 常以正月, 五月, 九月戊日, 祭天神, 南單于旣內附, 兼祠漢帝, 因會諸部, 議國事」.

앞의 포구는 솟구쳐 우레 소리 나도다.
물고기와 조개는 모두 물 속에서 자라고,
생선장수는 물을 거슬러 올라가네.
바람이 흔들어대니 촉 땅의 감이 떨어지고,
해가 비치니 초 땅의 부평초가 피어 나누나.
물은 가까이 성의 구석을 씻어가고,
바람은 비스듬히 연못의 모퉁이를 스쳐가네.
쇠 거북이는 공물로 들이고,
짐승무늬의 배를 띄어 재앙을 막도다.
나루터의 아전은 노를 저음이 빠르고,
우체부는 소식을 서둘러 전하도다.
돌아가고픈 마음 물은들 어이하리.
지는 썰물을 보면서 돌아 가고싶다네.

江路一悠哉, 滔滔九江來.
遠潭昏似霧, 前浦沸成雷.
鱗介多潛育, 漁商幾沂洄.
風搖蜀柿下, 日照楚萍開.
近漱溢城曲, 斜吹蠡澤隈.
錫龜猶入貢, 浮獸罷爲災.
津吏揮橈疾, 郵童整傳催.
歸心詎可問, 爲視落潮廻.

　　이 시는 시인이 증성 원년(695)에 집주자사(集州刺史)로 좌천될 때인 영남지방에서 쓰여진 것으로 본다. 시제(詩題)며 시의 내용이 남방의 경물을 묘사하고 있다. 그리고 남방으로 가고 있는 행차의 정경도 깃들여 있고 귀심(歸心)을 썰물처럼 불현듯 오던 길로 되돌아가고픈 데에 비겼다. 그리고 후자를 보면,

등불 밝은 나무와
은빛 나는 꽃이 어울리고,
은하수 다리에는 쇠고리가 열렸도다.
어두운 먼지는 말 따라 일어나고,
밝은 달님은 사람 쫓아오는구나.
노니는 여인네들 만발한 복사꽃이요,
지나는 노래에 매화꽃이 다 지는구나.
임금의 금오군이 통행금지 않으니,
물시계는 제발 시간을 재촉치 말아라.

火樹銀花合, 星橋鐵鎖開.
暗塵隨馬去, 明月逐人來.
遊伎皆穠李,13) 行歌盡落梅.
金吾不禁夜, 玉漏莫相催.

이 시에 대한 고사를 맹개(孟棨) 『본사시(本事詩)』(권7)과 『전당시화(全唐詩話)』(권1), 그리고 오증(吳曾)의 『능개재만록(能改齋漫錄)』(권3) 등에서 볼 수 있는데 그 중에 『본사시』의 것을 보면,

> 재상인 소미도와 장창령은 모두 유명하였는데 한가한 날 서로 만나서 상대방을 서로 추켜세웠다. 창령이 말하기를 : "누구의 시도 상공을 따르지 못하는 이유는 '은화함'이란 구가 없기 때문입니다". 소미도의 관등시에 이르기를, "등불 밝은 나무와 은빛 나는 꽃이 어울리고 은하수 다리에는 쇠고리가 열렸도다. 어두운 먼지는 말 따라 일어나고, 밝은 달은 사람 따라 오도다." 소미도가 말하기를 "그대의 시는 '은화함'이 없지만 또 '금동정'구가 있더군요." 창령의 장창종에 준 시에 "옛날의 부구백은 지금의 정영위와 같도다."가 있다 하니 드디어 서로 손바닥을 치면서 크

---

13) 詩「召南」, 何彼穠矣:「何彼穠矣, 華如桃李」.

게 웃었다.

> 宰相蘇味道與張昌齡俱有名, 暇日相遇, 互相誇誚. 昌齡曰: "某詩所以不及相公者, 爲無銀花合故也." 蘇有觀燈詩曰: "火樹銀花合, 星橋鐵鎖開. 暗塵隨馬去, 明月逐人來." 味道云: "子詩雖無銀花合, 還有金銅釘." 昌齡贈張昌宗詩曰: "昔日浮丘伯, 今同丁令威." 遂相與拊掌大笑.

이 고사를 일화로 돌려 중시할 것은 아니지만, 소미도의 시가 대단히 애송되고 있었음을 실증하는 것이다. 이 시에서 화수(火樹)·은화(銀花), 그리고 성교(星橋) 등은 색채 의상을 가미하여 화려하고 찬란한 정월 대보름의 성황을 묘사해주고, 낭만적인 정조로써 시 속에다 환락의 분위기를 조성해 준다. 이것은 명대 당여순(唐汝詢)이 평한 바, "처음에는 야경의 아름다움을 말하고, 중간에는 놀이의 성대함을, 끝에는 즐거워서 집에 돌아감을 잊도다.(首言夜景之佳, 中述遊人之盛, 末見樂而忘歸.)"(『唐詩解』)라고 하여 풍속적인 그 당시의 명절을 심미(審美)의식을 가미하여 작자의 흥취를 통하여서 흥겨운 감각을 불러 일으켜 준다.

소미도의 시를 보는 것은 초당시의 한 표본을 대하는 소회로 표현할 수 있다. 16수를 다섯 분류하는 것도 무리이며 혹시 억지가 따르기도 한다. 그러나 본문에서 그의 전 작품을 개관할 가능한 방법을 강구하려는 데서 나온 차서(次序)이기 때문에 이해를 구하는 것이다. 소미도의 생평이 상기한 자료 외에 객관화시킬 만한 방증이 부족하고, 또 그것이 그의 시와 관련하여 본문에서 기술해 나가는 점도 거의 불가하다. 따라서 단지 시인에 대한 소개수준에서 필요한 자료를 인용하고 짜임새 있게 모아 놓는 데만 주안점을 두었다.

소미도 시가 주는 의미는 전고(典故)와 수사가 번다하여서 그 당시의 풍격을 대변할 수 있다고 보며, 영물시의 의인화(擬人化) 묘사는 이교의 것을 능가하여 시의(詩意) 파악에 어려운 면이 보인다. 그리고 변새류는 그 당시의 주전의식과는 다른 비전과 화합의 개념을 제시하여서 성당으로 이어주고 있다고 본다. 소미도 시의 가치가 총괄적으로 여러 평가와 같이 높지 않으나 초당시의 한 전형을 보여주고 있다는 것과 당시의 체계적 정리 차원에 한 번은 짚고 넘어가야 할 대상임을 밝혀두고 싶다.

이교(李嶠)의 응제시와 영물시, 그리고 시격론(詩格論)

이교(644~713)에 관한 연구논저는 시인 자신의 당시사에 있어서의 낮은 위치에도 그 이유가 있겠지만 이교와 그 시에 대한 연구 자료가 매우 적은 것은[1] 초당의 문장사우(文章四友)이며, 『전당시』(권57~61 중화서국)에 총 205수의 작품을 남긴 것과 시법(詩法)을 논술한 면으로 보아서, 사실은 그에 관한 연구를 소홀히 한 면이 있다고 하겠다.[2]

이러한 문학연구의 편향(偏向)은 초기의 문학논자들과 그 후학들이 가치상으로 보아 객관적이며 사명감에 입각한 것보다는 선현의 유문(遺文)에 매여서, 그 안에서 제한된 정리를 한 경향에 기인한 점이 크다고 본다.

---

1) 이교에 관한 론저로는 日本 神田喜一郎의 「李嶠百詠雜考」(東方學會創立15周年紀念 『東方學論集』·1962)과 동인의 『敦煌本李嶠百詠』을 볼 수 있으며, 타이완(臺灣)의 왕멍오우(王夢鷗)가 쓴 『初唐詩學著述考』(商務印書館)에서 「評詩格」을 간략히 소개한 것뿐이다.

2) 文章四友란 杜審言·崔融·李嶠·蘇味道이며 그의 작품들은 『全唐詩』에 收錄되어 있으며, 퉁양녠(童養年)의 『全唐詩續補遺』卷一(中華書局·1992年)에는 李嶠의 「錢」(『古今圖書集成』, 「食貨典」三五六 「錢鈔部」에서 抽出)을 수록했고 또 천샹쥔(陣向君)의 『全唐詩續拾』卷九에는 『佚存叢書』의 「李嶠雜詠百二十首」卷下에 수록된 영물시 「池」와 「箏」은 『全唐詩』의 동제와 차이가 크다.

따라서 한 시인을 논할 때에 이미 고증의 여부를 떠나서, 상고(詳考)할만한 가치 있는 시를 남긴 작가를 골라서 지속적으로 분석해야 할 것이다.3) 이렇게 보면 이교는 초당시에서 거명된다 해도 그 문학에 대한 타당성 있는 평가가 극소한 일면에 비해서 그의 시 내용은 간과할 수 없기 때문에 이 글을 쓰게 되었다고 할 것이다.

이교의 생평 관계는 뒤에서 별도로 서술하기로 하고, 여기서는 먼저 이교 그 당시의 시학경향을 개관하고자 한다. 일반적으로 초당시학은 제량시(齊梁詩)에서 탈피하지 못한 착종기(錯綜期)인 만큼 내용상으로 소위 "화려함을 고르고 번다함을 다툼(采麗競繁)"을 지니고 있었고, 형식상으로는 심약(沈約)의 팔병설(八病說)이란 성조이론(聲調理論)의 영향으로 상관의(上官儀)・원긍(元兢)・최융(崔融), 그리고 후대의 왕창령(王昌齡)・교연(皎然)까지 시평(詩評)과 시의(詩議)가 논란되고 있었다.4) 이런 풍토에서 상관의와 최융은 당대의 신체시율의 발생과정에 주요인물로 등장하고 왕창령과 교연은 그 번다한 시율을 수정하여 복고의 기풍까지 보였다고 할 수 있다. 이에 대해서 당대의 은번(殷璠)은 다음과 같이 밝히고 있다.

　　　소통 이후로 더욱 수식이 더하여졌으며, 무덕 초에도 그 여파가 있었다. 정관 말년에 격조가 점점 높아져서 경운 년간에는 자못 심원한 율조가 통하게 되고, 개원 15년 이후에야, 성률과 풍골이 비로소 갖추어지게 되었다.

---

3) 『全唐詩』本을 열람하면서 한 권 이상의 시작을 남긴 문인이 223인으로 위징(魏徵)에서 호증(胡曾)까지이니 이들에 관한 본격적인 연구가 요구된다. 이교의 시 수도 『唐才子傳』에는 「單題詩 120首」라 하나 전기한 바 훨씬 많은 시수가 전함과 같다.
4) 上官儀(?~644);「字游韶, 陝州陝人. 貞觀進士, 召授弘文館直學士, 遷秘書郞. 太宗每屬文, 遣儀視稿工詩, 其詞綺錯婉媚, 貴顯人多放之, 謂爲上官體」.
　「崔融(653~706); 字安成, 齊州全節人. 則天時, 爲鳳閣舍人兼修國史」.

蕭氏以還, 尤增嶠飾, 武德初, 微波尙在; 貞觀末, 標格漸高, 景雲中, 頗通遠調; 開元十五年後, 聲律風骨始備矣.(『河嶽英靈集』序)

여기서 당시의 시율과 초당의 시학이 서로 불가분의 관계라는 것을 은번은 분명히 밝히고 있음을 알 수 있다. 이러한 상황에서 이교는 상관의와 최융의 맥락과 상통했음과 시체의 독자적인 설정을 도모한 점을 본문에서 또한 살피려 한다. 초당의 시론자로는 『신당서(新唐書)』 예문지사류(藝文志史類)에 기록된 바에 의하면 단지 이사진(李嗣眞)의 『시품(詩品)』 1권과 원긍(元兢)의 『송약시격(宋約詩格)』 1권뿐이라고 하였으나, 사실은 『문경비부론(文鏡秘府論)』에 상관의(上官儀)의 『필찰화량(筆札華梁)』, 원긍(元兢)의 『시수뇌(詩髓腦)』, 최융(崔融)의 『신정시체(新定詩體)』 등이 더 부가되어 있으며 이교(李嶠)의 것은 『음창잡록(吟窓雜錄)』에서 찾을 수 있는 바, 당초(唐初)에 이미 시론전개가 활발하여서 그것이 당말과 송대에 가장 성행하는 맥락을 이어 준 것으로 보게 된다.5) 특히 송대 엄우(嚴羽)는 초당의 시체를 세분하여 당초체(唐初體)·심송체(沈宋體)·왕양노낙체(王楊盧駱體)로 나누었는데(『滄浪詩話』,「詩體」), 이교는 위의 엄우의 분류상에서 당초체에 넣어서 시체를 규정할 수 있을지는 생각할 문제이다.

초당에 있어서의 시학이 후대로 가면서 그 주요한 내용인 「기언성역설(綺言聲疫說)」이 문인이 시를 읊는 기본지식이며 동몽독물(童蒙讀物)이 되

---

5) 이교의 『評詩格』은 진진손(陳振孫)의 『吟窓雜錄』 30卷(宋本, 日本內閣文庫藏)에 기재된 것이 정문이며 후간본으로는 臺灣中央圖書館藏(金陵書坊重刊·宋本)이 있다. 후설하겠지만 최융의 설은 이교의 평을 구체화한 것이다. 호응린(胡應麟)의 『詩藪』 卷二에 시론저의 맥류를 다음과 같이 기술하고 있다. "唐人詩話入宋可見者, 李嗣眞詩品一卷, 王昌齡詩格一卷, 皎然詩式一卷, 詩評一卷, 王起詩格一卷, 姚合詩例一卷, 賈島詩格一卷, 王叡詩格一卷, 元兢詩格一卷, 倪宥龜鑑一卷, 徐蛻詩格一卷, 騷雅式一卷, 點化秘術一卷, 詩林句範五卷, 杜氏詩格一卷, 徐氏律詩洪範一卷, 徐衍風騷旨格一卷, 歷代吟譜二十卷, 金針詩格三卷, 今惟金針, 皎然, 吟譜傳, 餘曜不睹, 自宋已亡矣. 近人見宋世詩評最盛, 以爲唐無詩話者, 非也."

고 보니 새로운 면을 상실하고 개원(開元) 이후에야 성당의 정지(情志)가 규율을 압도하게 되었다. 이로 인해 초당의 시인과 논리는 과소평가 되고 단지 제량시체(齊梁詩體)를 분석하는 가치 없는 뒷일로까지 여기게 되었다. 이것은 시를 격률위주(格律爲主)에서 정감화(情感化)로 치중케 한 소위 성당 숭배적인 시론에 그 원인을 두어야 하겠지만, 그러나 초당의 시를 깊이 이해해야만 당대 시학을 바르게 정리할 수 있음을 강조하고자 한다. 사실상 당시의 특성이 원대 이후에는 미약하였다고 하여 그 맥락을 찾으려는 복고적 의식이 청대에 이르러 흥기한 현상이 초당보다는 뿌리 위의 가지에 더 관심을 둔 듯한 성중당(盛中唐)을 보다 더 추종한 것으로 나타났음은 시사적 접근상 하나의 모순이라 하겠다.6) 이교의 문학이 처한 평가상의 입장을 적은 연구 자료를 가지고 주관이 다분히 개재되겠으나 나름대로 상세하게 분석해 보면서 시의 풍격을 다음 몇 가지 면을 살피려 한다.

리우다지에(劉大杰)은 이교 일파를 가볍게 보아 평가하기를 '궁정의 어용문인(宮廷的御用文人)'이라든가 "심송율시 운동상의 중요한 추동자(沈宋律詩運動中的重要推行者)"라든가, 또는 "이교는 율시 160여 수를 지었는데 영물에 편중되어 있어서 천문 지리, 금수, 어물, 화초 및 문구용품까지 읊지 않은 것이 없으니 당대의 제일 가는 영물시인이다. 그러나 그 작품이 모두 정취가 없어 단지 일종의 유희문자일 따름이다.(李嶠作律詩一百六十餘首, 偏於詠物, 天文地理禽魚花草以及文具用品, 無不詠到, 成爲唐代第一個詠物詩人. 而其作品全無情趣, 只是一種遊戲文字." (劉大杰의 『中國文學發展史』 P.391)라고 하여 어용적이니, 추동자니, 편향적이며 유희적이라는

---

6) 왕어양(王漁洋)이 신운설(神韻說)을 들고 나와 『唐賢三昧集』(盛唐詩人 이후의 것 수록)을 꾸민 례가 그 하나이며, 중장보(仲是保)는 『聲調譜』 序에서 "唐詩聲調, 迄元來微矣, 明季寢矣. 吾虞馮氏始發其微, 和之者有錢牧齋程孟陽. 若後之婁東吳梅村, 則又聞之於程氏者矣. 顧解人難得, 惟新城王阮亭及見梅村, 心領其說. 執以律人, 人咸自失, 然卒無有得其說者."라고 하여 근본을 중시하지 않은 자책을 서술하였다.

혹평을 서슴지 않았는데, 본문에서는 이런 선입관을 떠나서 시 자체만을 따져서 다음과 같이 고찰하려고 한다.

Ⅱ. 생평(生平)

이교(644~713)에 대한 기사(記事)는 신당서와 구당서 그리고 신문방(辛文房) 『당재자전(唐才子傳)』(권1)에 가장 명백하게 기술되어 있다. 먼저 『신당서(新唐書)』(권 123 「열전(列傳)」 48)에서 보면,

> 이교는 자가 거산이며 조주의 찬황인으로서, 일찍이 아버지를 여의고 어머니를 효성으로 섬겼다. 자못 문재가 있어, 15세에 오경을 통달하여 설원초가 칭찬하였고, 20세에 진사 급제하여 안정위가 되고 제책갑과에 급제하여 장안에 드니, 그 당시 명문장가로 낙빈왕·유광업이 있었고, 이교는 가장 나이가 어렸다.

> 李嶠, 字巨山, 趙州贊皇人, 早孤, 事母孝. 自是有文辭, 十五通五經, 薛元超稱之, 二十進士第, 始調安定尉, 擧制策甲科, 遷長安, 時畿尉名文章者 駱賓王·劉光業, 嶠最少.

라고 하여 이교의 자(字)가 거산(巨山)이며 조주(趙州)의 찬황인(贊皇人)으로서[7] 홀어머니에 효도하며 문사(文辭)가 트이면서 20세에 진사에 급제하여 관로(官路)에 들게 됨을 말하고 있다. 그리고 그의 출신과 성품에 대해서 『당재자전』에는 다음과 같이 요약하고 있다.

---

7) 趙州贊皇人; 趙州는 지금의 趙縣. 後魏 때 趙郡으로 設置(河北省에 있음). 日本 齊藤冏의 『唐詩選』上(集英社)에는 이거산의 생졸년을 645~714로 했으나 년대가 맞지 않음.

이교의 자는 거산이며 조주인이다. 15세에 오경을 통달하고 20세에 진사에 급제하여 감찰어사가 되고 무후시에는 봉각난대평장과 죄로 인해 여주별가로 폄적 가서 졸하였다. 이교는 재사가 풍부하여 지은 글이 많아 사람들이 문득 전하여 읊었는데 명황이 촉에 순행하여 화악루에 올라서 누대 앞에서 수조가를 잘하는 자로 연주케 하였는데 후에 연주 가락에 이르기를 "산천을 온통 보니 눈물이 옷을 적시나니 부귀영화 얼마나 갈 수 있으랴. 지금은 분수 위에 보이지 않고 오직 해마다 가을 기러기만 나는구나." 왕이 비통하게 시를 옮겨 읊으며 시종자를 돌아보아 묻기를 「누가 이것을 지었는가?」 하니 대답하여 아뢰기를 "고 재상 이교의 시입니다."라 하니 왕이 말하기를 "참된 재자로다."라 하며 곡이 끝나기를 기다리지 않고 떠났다. 이교는 전반은 왕발, 양형과 가까이 하였고 중년에는 최융, 소미도와 명성을 가지런히 하였으며 만년에는 제가들이 문장대가로 대하여 배우는 자가 그의 시법을 취하였다.

嶠, 字巨山, 趙州人, 十五通五經, 二十擢進士, 累遷爲監察御使, 武后時同鳳閣鸞臺平章因罪貶廬州別駕卒. 嶠富才思, 有所屬綴, 人輒傳諷. 明皇將幸蜀, 登花萼樓, 使樓前善水調者事, 後奏歌, 歌曰 ; "山川滿目淚霑衣, 富貴榮華能幾時, 不見只今汾水上, 惟有年年秋雁飛." 帝慘愴移詩, 顧侍者曰 ; "誰爲此" 對曰 ; "故宰相李嶠之調也." 帝曰 ; "眞才子." 不待線曲而去. 嶠前與王勃, 楊炯接, 中與崔融, 蘇味道齊名, 晩諸人爲文章宿老, 學者取法焉.

여기서 이교는 재사(才思)가 우이(優異)하고 대인관계가 원만하여 그 당시의 노소문인과 서로 교제하고 후인의 추숭(推崇)을 받음은 물론이거니와, 자수성가하여 재상의 직에 오를 만큼 처세술이 발출하였음을 알 수 있다.
그의 성품에서 의기를 말해 주는 내용으로서『신당서』열전에 보면, 이교가 급사중(給事中)으로 있으면서 고종(高宗)이 옹주(邕州)와 암주(巖州)를 치게 되매 반란자가 나타나매 이에 연루되어 이사진(李嗣眞)·배선례(裵宣禮) 등 옥장(獄將)이 죽게 되었다. 이때 칙명(勅命)으로 장덕유(張德裕) 등과 그 내용을 조사케 하매 이교는 "그 사실과 어긋남을 알고 드러내 알리지 않으면 이것은 의를 보고하지 않는 것이다.(知其枉不申, 是謂見義不爲者)."라고 한 사실에서 확인케 된다. 더구나 그의 애국과 우국(憂國)의 관념을 대언하는 예화로서 그가 무후시(武后時)에 우어사대(右御史臺)가 되어 주현리(州縣吏)의 선악풍속(善惡風俗)의 득실을 살피고 상소(上疏)한 다음 글을 들 수 있다.

  금망상소법이 간결한 듯하여 간결하니 법이 쉽게 행해지고 번잡하지 않으며 간소하니 널리 퍼지고 까다롭지 않습니다. 엎드려 생각건대 받쳐 올릴 때 여러 도순찰사의 법령이 44이고 별도의 칙령이 또 30인데 삼월에 나가서 십일월에 상주하매 매도 순찰관리가 많아서 이천이요 적어도 천 여명입니다. 모름지기 재행을 품평하여서 포폄을 해야 하는데 지금이 마침 촉박하여 틈이 나지 않으니 그 능력을 상세하게 파악하기를 바라는 것은 또한 어렵지 않겠습니까?

  禁網上疏法象宜簡, 簡則法易行而不煩雜, 疏則要羅廣而不苟碎, 伏見乘拱時, 諸道巡察使科條四十有四, 至別勅令又三十而使以三月出盡, 十一月奏事, 每道所察吏多者二千, 少亦千計, 要在品覈才行而褒貶之, 今期會迫促奔逐不暇, 欲望詳究所能, 不亦艱哉.

여기에서 이교가 행정시행의 문제점을 구체적으로 제시하였으니 그의 적극적인 의식을 볼 수 있다. 그리고 그는 국가의 이익을 위해서라면 서슴없이 상소(上疏)하고 멸사(滅私)하여 국익에 앞장섰다. 『신당서』 열전에 보면 절검(節儉)과 봉공(奉公)을 강조한 면을 다음 글에서 찾을 수 있다.

  원하오니 십도사가 간사하고 교활하여 감추는 것을 살펴서 잡아내는 일을 하도록 허락해 주시고 또 태상의 약방이 이미 많으매 산악을 찾아 북을 가진 자가 이미 이만 명이니 원하건대 양을 줄여 망녕되이 허비하는 것을 막아 주소서.

> 願許十道使訪察括擧使姦猾不得而隱. 又太常藥戶已多, 復求訪散樂獨持鼓者已二萬員, 願量留之, 餘勒還籍以杜妄費.

여기서는 국가의 비용의 낭비를 막고 왕의 곤욕(困辱)을 멸사(滅私)로써 다하여 공사의 분별이 확실한 성품에서 자신의 영광이 된 사실을 기록하고 있다.

이교는 말년에 현종(玄宗)이 즉위하매 중종 재위 시(中宗在位時)에 상왕제자(相王諸子)들과의 밀정관계(密情關係)를 이유로 사형을 면키 어렵게 되자, 장열(張說)이 이교의 강직한 성격을 다음과 같이 말하여 사형을 면하게 된다.[8]

> 이교는 진실로 순리에 역행하는 일을 부끄럽게 여기는데, 그러나 당시에 일을 모르고 잘못한 것이니 임금께서 죄를 면하게 해주십시오.

> 嶠誠悎逆順, 然爲當時謀吠, 非其主不可追罪.

이교는 순리에 역행하는 일은 부끄럽게 여겼다는 말에서 품성이 분명하고 청고(淸高)한 면을 파악하게 된다. 또 현종과의 관계에서 이교의 「분음행(汾陰行)」은 현종의 은총을 입은 중요한 작품의 하나이니, 따라서 이 시는 이교의 생애와 깊은 인연이 되는 것이며(이교가 현종 초년에 죽었고, 이 고사는 천보 말년에 있었기 때문에 현종의 이교에 대한 추억이라 볼 수 있음), 이교의 시문을 높이 평가케 하는 근거도 되는 만큼, 이 시를 여기서 반드시 짚어 봐야 할 것이다.

---

8) 張說 ; 『新唐書』 卷 125列傳전과 『唐才子傳』 卷 1에 보이는데, 『唐才子傳』에 보면, "說字道濟, 洛陽人, …… 文思淸新, 藝能優洽 …… 說敦氣節, 重然諾, 爲文精長, 長於碑誌朝廷大述作, 多出其手, 詩法特妙. 左丞相燕國公."

그대는 모르는가! 옛날 서경의 전성시절에 분음의 후토제를 친히 제사
하던 일을.
제궁의 침방에는 주방을 마련하고
종치고 북 울려 깃발을 세웠네.
한가의 오세들은 재주 있고 사나이다워서
수많은 사람을 끌고 오랑캐 땅으로 향하네.
백양에서 시 지어 고각 연회 끝내고
조서를 내려 하동으로 순행 떠났네.
하동 태수가 몸소 소제하여
지존의 왕 받들어 맞아 어가를 인도하니
오영의 군사들이 길을 끼고서 호위하는데
삼하(하동·하서·하내)를 두루 보니 마을이 비어 있도다.
깃발을 돌려 발길을 멈추고 신령한 제단에 내리시어
분향하며 제물 드리며 온갖 길조 기원하도다.
황금 솥의 빛난 색 마침 휘황하니
신령한 신께서 환하게 광채 드러내네.
묻은 옥과 마련된 제물로 신께 예배 필하고
휘장 들어 말에 올라서 가마 타고 떠나네.
저 분음의 땅 아름다워 놀만 하니
목란으로 노를, 계수로 배를 만들도다.
뱃노래를 읊으니 채색의 익새 모양 뱃머리 뜨고
퉁소 슬피 우니 흰 구름은 두둥실 가을이라네.
즐거운 연회 여러 제후에 내리시니
집집마다 방 쓸고 술 담그네.
명성이 천지를 움직여 즐거움이 그지없으니
천추 만세 누리사 남산의 장수 다하시라.
천자께서 진관으로 떠나신 후
옥 가마 금수레 다시 돌아오지 않도다.

주렴 드리운 덮개는 오래 적막하니
천자의 수염을 어찌 어루만지실 수 있으리.
천년의 안사는 하루아침에 허사 되고
사방이 집이 되어 이 길이 막혔도다.
영웅호걸의 의기 지금 어디 가고
단장의 궁궐은 온통 다북쑥 밭이러라.
길에 노인 만나면 장탄식이요
세상일은 돌고 돌아서 예측하기 어려워라.
옛날엔 청루에서 가무와 짝하였는데
지금은 누런 먼지만이 가시덤불에 모였어라.
산천을 보매 온통 눈물이 옷을 적시니
부귀영화를 언제 다시 누리려나.
지금은 분수가 보이지 않고
단지 해마다 가을 기러기만이 날고 있구나.

君不見昔日西京全盛時, 汾陰后土親帝祠.
齋宮宿寢設儲供, 撞鐘鳴鼓樹羽旗.
漢家吾葉才且雄, 賓延萬靈朝九戎.
柏梁賦詩高宴罷, 詔書法駕幸河東.
河東太守親掃除, 奉迎至尊導鑾輿.
五營夾道列容衛, 三河縱觀空里閭.
回旌駐蹕降靈場, 焚香尊醑邀百祥.
金鼎發色正焜煌, 靈祇燁憚攄景光.
埋玉陳牲禮神畢, 舉麾上馬乘輿出.
彼汾之曲嘉可遊, 木蘭為楫桂為舟.
櫂歌微吟綵鷁浮, 簫鼓哀鳴白雲秋.
歡娛宴洽賜群后, 家家復除戶牛酒.
聲明動天樂無有, 千秋萬歲南山壽.
自從天子向秦關, 玉輦金車不復還.

珠簾羽蓋長寂寞, 鼎湖龍髥安可攀.
千齡人事一朝空, 四海爲家此路窮.
豪雄意氣今何在, 壇場宮館盡蒿蓬.
路逢古老長歎息, 世事廻環不可測.
昔時靑樓對歌舞, 今日黃埃聚荊棘.
山川滿目淚沾衣, 富貴榮華能幾時.
不見只今汾水上, 惟有年年秋雁飛.

이 시를 연관된 고사에 대해 송대 계유공(計有功)은 『당시기사(唐詩紀事)』(권10 이교편)에서 기술하기를[9],

　　천보 말년에, 명황께서 봄에 근정루에 오르시어 이원의 제자들에게 노래를 부르게 하였는데 "부귀영화를 언제 다시 누리려냐" 이하의 4구에 이르렀다. 임금께서 연세가 많아 노쇠한데 누구의 시인지를 물으시니 어떤 사람이 '이교'라고 대답하자, 슬프게 눈물을 흘리시며 문득 일어나서 말씀하시기를, "이교는 진정 재자로다."라고 하였다. 그 해에 촉 지방에 순행을 가시어 백위령에 오르시고 한참 동안 두루 살펴보시면서 또 이 가사를 노래하시고는 말씀하시기를, "이교는 진정 재자로다." 하시었다.

　　天寶末, 明皇乘春登勤政樓, 命梨園弟子歌數闋, 有唱歌至富貴榮華能幾時以下四句. 帝春秋衰邁, 問誰詩, 或對李嶠, 因凄然涕下, 遽起曰; 嶠眞才子也. 及其年幸蜀, 登白衛嶺, 覽眺良久, 又歌是詞, 復曰; 嶠誠才子也.

라고 하였으니 이교의 우국심이 담긴 이 장편시에서 현종은 현실의 각박(刻迫)과 안사란(安史亂)으로 인한 국운의 혼미, 그리고 인생의 무상을 절

---

9) 「汾陰行」의 고사는 「明皇傳信記」(『全唐詩』)에도 기록되어 있어 "上將幸蜀, 登花萼樓, 使樓前善水調者登而歌, 至山川滿目云云, 上顧侍者曰, 誰爲此, 曰宰相李嶠詞也, 因凄然涕下, 遽起曰; 嶠眞才子也. 不待曲終而去."라 함.

실히 통감하게 된 것이다.

한편, 이교의 성품상의 덕성에 있어서는 하나의 일화에 불과하지만, 삼려(三戾)가 있다하니 그의 생애를 이해하는데 참고가 된다.10) 그러나 누구에게나 장단점이 있는 법이니, 이런 기질이 그를 더욱 초당의 정치와 문학에 있어 일가를 이루게 한 잠재력이 되었을지도 모른다. 이제 이교의 생평을 연대별로 분류하면 다음과 같다.

1세(태종(太宗) 정관(貞觀) 18년·644) ; 9월 저수량(褚遂良)이 황문시랑(黃門侍郎)이 되어 참정하던 때에 조주(趙州) 찬황(贊皇)에서(하북성) 출생. 일찍 부친을 잃고 모친에 대한 효성이 지극.

15세(고종(高宗) 현경(顯慶) 3년·658) ; 오경(五經)에 통달하여 문재(文才)가 사방에 떨침.

20세(고종 용삭(龍朔) 3년·663) ; 진사에 급제하여 안정위(安定尉)의 직을 받은 후부터 장안에서 낙빈왕(駱賓王), 유광업(劉光業) 등과 교우하였고 이후에 35세가 될 때까지 감찰어사(監察御使), 급사중(給事中) 등의 현직(顯職)을 청년 시에 이미 봉직(奉職)하여 관운을 다짐.

35세(고종 의봉(儀鳳) 3년·678) ; 측천무후(則天武后) 시대가 열리면서 윤주사마(潤州司馬), 봉각사인(鳳閣舍人)으로부터 시작해서 연이은 관직순례(官職巡禮)와 같은 다변하는 세태에 휘말린다. 그리하여 705년 무후가 죽기까지 다사다난한 세파의 조류에 따라 수다한 고저관직(高低職分)을 맡았으니, 우어사대(右御史臺)로서 주현리(州縣吏)의 선악풍속을 순찰하여 시정에 관한 의견을 상소하였고 이어서 지천관시랑사(知天官侍郎事), 인대소감(麟臺少監), 동봉각난대평장사(同鳳閣鸞臺平章事), 난대시랑(鸞臺侍郎)을 지내고, 장석(張錫)을 보필하다가 파직하여 성균제주(成均祭酒)가 되기도 한다. 무후 말년에 이교는 환갑이 넘은 시절에도 무후가 백사마판(白司馬坂)에 대상(大像)을 세우려하자 그 부당성을 간하기도 하였다.11) 그러나 이 상소는 결국 받아들여지지 않았

---

10) 『唐詩紀事』 卷十 ; "嶠有三戾, 性好榮遷, 憎人陞進, 性好文學, 憎人才華, 性貪濁, 憎人受賂."

고 오히려 장역지(張易之)에 연좌(連坐)되어서 무고(誣告)를 당하였다.
60세(중종(中宗) 장안 3년·703) ; 평장사(平章事)가 되었다가 장역지에 연
좌되어 예주자사(豫州刺史)에 폄적된다. 그 해에 이부시랑(吏部侍郞)에
전보(轉補)되고 재상(宰相)에 이르다.
63세(중종 신룡(神龍) 2년·706) ; 위안석(韋安石)을 대리하여 중서령(中書
令)이 되다.
64세(중종 신룡 3년·707) ; 수문관대학사(修文館大學士)가 되었다가 조국
공(趙國公)에 봉(封)하여 영광을 누리다.12)
67세(예종(睿宗) 경운(景雲) 원년·710) ; 회주자사(懷州刺使)로 좌천(左遷).
69세(현종 태극(太極) 원년·712) ; 현종이 즉위하여 숙청이 있자 상왕제자
와 밀정했다 해서 치죄(治罪)를 면키 어려웠는데, 장열(張說)의 변호로
사면되고 저주별가(滁州別駕)에 폄적었다가 여주별가(廬州別駕)로 감.
70세(713) ; 졸. 후사는 건주자사(虔州刺使)를 지낸 이창(李暢)이 있음.

Ⅱ. 전가시(戰歌詩)와 응제시(應制詩)

초당의 문학은 곧 전대인 제량(齊梁)의 풍조에 물들어 있는 상태라고 하
지만, 내면적으로는 초당 나름의 문풍(初唐)을 형성하고 있었다고 하겠다.
이런 의식은 초당 문인 자신의 다음 서술에서 스스로 평하고 있으니, 그

---

11) 『新唐書』列傳:"造像雖俾浮屠輸錢, 然非州縣承辯不能濟, 星名雖不稅而實稅之,
臣計天下編戶, 貧弱者衆, 有賣舍帖田供王役王者. 今造像錢積十七萬, 若頒之窮人
家給千錢, 則紓十七萬戶寒之苦, 德無窮矣."
12) 唐代에 修文館을 設置하여 學士를 양성하고 修文을 담당케 하였는데, 李攀龍
의 『唐詩選評釋』卷四에 修文館의 設置와 風景을 다음과 같이 기술하고 있다.
즉 "中宗景龍 三年 十二月(709), 帝幸驪山溫泉, 歸駕時, 臨同中書門下三品韋嗣
立山莊, 因封嗣立爲逍遙公, 令郡臣賦詩. 先是中宗置修文館於闕廷, 選公卿以下善
文者充學士, 李嶠實爲其冠. 每禁苑遊幸, 或宗戚讌集, 學士無不畢從, 賦詩屬和,
以上官昭容, 品第甲乙, 優者賜金帛, 於時諸武專權."(p.235)

예로써 이백약(李百藥)의 『북제서(北齊書)』「문원전서(文苑傳敍)」에서,

> 양대 말기는 경미함과 기험함을 받들어서 제관들이 유속에 빠졌다. 군더더기를 섞어 소리를 만들었으니, 비애 어린 표현이라도 아정하지 못하였다. 무평 대에 이르러 정치가 혼란하고 시세가 부패하였는데 문사가 미려함만은 정도로 남아 있었다. 유순한 기법으로 문장을 짓고 큰 환란을 입어서도 아정 할 수 있었다. 그러나 두 왕조를 거치면서 지나친 음률이 퍼져있어서 제대의 변풍이 음악에 쓰이고 양대의 변아가 작품에 들어가서 속되지 않음이 없었으니, 모두 망국의 작품들이다.

> 江左梁末, 彌尙輕險. 始自儲官, 刑乎流俗. 雜沾滯以成音, 故雖悲穴而不雅. 爰逮武平, 政乖時蠹. 唯藻思之美, 雅道猶存. 履柔順以成文, 蒙大難而能正. 原夫兩朝叔世, 俱肆淫聲, 而齊代變風. 屬諸絃管. 梁時變雅, 在夫篇什, 莫非易俗所致, 竝爲亡國之音.

라고 하였으며, 위징(魏徵)은 「양론(梁論)」에서 이르기를,

> 문식이 화려하고 내실이 적으며 화미하여 알차지 않으니 문체는 음미하게 되고 뜻은 잘 통하지 않아서, 슬픈 수심의 소리가 마침내 풍속을 바꾸어 놓았다.

> 文艶用寡, 華而不實, 體窮淫靡, 義罕疏通, 哀思之音, 遂移風俗.

라고 하여 제량을 반대하여 염려(艶麗)하고 경박(輕薄)한 시가에서 감정과 사실(寫實)을 자연스레 토로할 수 있는 혁신의 기운을 이미 모색하고 있었음을 확인할 수 있다. 이 현상을 확인할 수 있는 근거로 왕어양(王漁洋)의 『사우시전록(師友詩傳錄)』의 다음 몇 구절을 제시한다.

> 오언시가 흥기한 것은 한나라에서 연원하고 위나라 때에 주력하니 동

서 양진 대에는 홍왕하다가, 남북조의 양진대에 혼탁하여져서 그 풍조가 후대에 내려 왔다. 그러다가 당대가 일어나 문학이 크게 떨치니, 우세남·위징 제공이 이미 구습을 버렸고, 왕발·양형의 사걸들이 미려함을 가하였으며, 진자앙의 고풍이 우아하였다. 이거산의 문장은 완숙하고 심전기와 송지문은 신체시를 만들어내고, 소미도와 장열의 문필은 초당의 뛰어난 것들이다.

五言之興, 源於漢, 注於魏, 汪洋乎兩晋, 混濁乎梁陳, 風斯下矣. 唐興而文運不振, 虞魏諸公已離舊習, 王楊四子因加美麗, 陳子昻古風雅正, 李巨山文章宿老, 沈宋之新聲, 蘇張之手筆此初唐之傑也.

왕어양(王漁洋)은 초당의 문기(文氣)가 이미 제량(齊梁)의 구습을 떠나서 율격과 풍격에서 미려하고 아정(雅正)한 신성(新聲)이 출현하였음을 밝히고 있다. 이런 여러 설을 모두어 보건대, 초당 문풍은 신구의 혼동(混同)에서 교체를 모색하던 양상을 띠고 있었다고 할 것이다.

이교의 시세계 또한 예외일 수 없으니 이제 리우따지에(劉大杰) 등의 기설의 과소평가 곧 졸평을 생각하지 않고 진정한 초당 대가의 면모를 통하여 당대 초기의 시풍을 파악하는 동기로 삼고자 한다. 따라서 기술한 바, 그의 시에서 초당시인의 장가적(壯歌的) 의취(意趣), 그리고 이른바 대각체(臺閣體)라 할 응제시(應制詩)의 특성[13] 나아가서는 그의 영물시(詠物詩) 120수를 분석하고자 한다.

1. 전가시에 나타난 고원한 기개(氣槪)

이교의 전가시는 모두 15수인데[14] 이것이 중만당(中晩唐) 시인의 광망

---

13) 청대 송락(宋犖)의 『漫堂說詩』에 ; "初唐王楊盧駱, 倡爲排律, 陳杜沈宋繼之, 大約侍從遊宴應制之篇居多, 所稱臺閣體也."

(狂妄)과 낭만, 그리고 퇴폐적인 의식과는 달라서, 초당시인은 비교적 고원(高遠)한 안광을 가지고 개국(開國)의 와중(渦中)에서 전진적인 회포를 폈던 것이다. 이 시기의 의식은 중당의 비전(非戰)사상과 다르게 주전론(主戰論)을 주장하여 적극적이며 강개(慷慨)적으로 표현하고 있음을 알 수 있다.

초당시인의 적극적인 주전의식이 어디서 연유하고 있느냐 하는 점에 대해서 후윈이(胡雲翼)는 내적인 원인으로는 민족성 자체에 의한 의기(意氣)의 중시에 있으며, 외적인 원인으로는 공명심(功名心)의 유도, 즉 새 국가의 부국강병(富國强兵)을 위하면서 변방에 출새(出塞)하여 공을 세우려는 몽상적인 기백이 창작의식에 작용한 것으로 보고 있다.15) 후윈이의 주장이 타당하냐의 여부를 떠나서 그 당시의 사회적 혼란기와 결부하여 긍정적인 방향으로 이해할 수 있다.

이교의 종군시는 많지 않은 중에도 강렬한 민족의식에서 나온 ① 충군애국(忠君愛國)의 기상과 ② 승전을 독려(督勵)하는 영웅적 기개(氣槪), 그리고 ③ 승리에서 오는 공명심의 발로 등 그 당시의 전형적인 전가시의 성격을 갖추고 있는 것이다.

이상의 성격들을 시를 인용하면서 이해하고자 한다. 먼저 ① 충군애국의 경우에, "삭방의 육주성을 축조케 하며(奉使築朔方六州城率爾而作)"의 앞의 6구를 보면,

조서 받들어 변방에서 복무하며
늘 오로지 삭방을 축성하리라.

---

14) 『全唐詩』 수록의 제를 보면, 「秋山望月酬李騎曹」(編號2), 「奉使築朔方六州城率爾而作」(5), 「早發苦竹館」(6), 「安輯嶺表事平罷歸」(7), 「擬古東飛伯勞西飛燕」(11), 「寶劍篇」(12), 「汾陰行」(13), 「和周記室從駕曉發合璧宮」(31), 「和杜學士江南初霽覆懷」(33), 「送李邕」(35), 「奉和行望春宮送朔方總管張仁亶」(180), 「餞薛大夫護邊」(186), 「送駱奉禮從軍」(189), 「倡婦行」(185), 「軍師凱旋自邕州順流舟中」(192).
15) 胡雲翼, 『唐代的戰爭文學』(商務) pp.13~30 참조.

저 개나 양 같은 족속 몰아내어
이 오랑캐와 중국의 경계 바로 하리니
그 님이 와서 기뻐하고 즐거워한다면
나랏일을 어이 태만하리오.

奉詔受邊服, 總徒築朔方.
驅彼犬羊族, 正此我夏疆.
子來收悅豫, 王事寧怠遑.

여기에서 봉조(奉詔)를 받아 삭방에서 축성하는 일에 참여하매, 그것은 궁왕을 위하는 일이요, 국방을 위함이니, 마음이 기쁘다는 의향을 표출하였고, 같은 시의 뒤의 8구에서는,

이 일은 모든 군주의 법식으로 하여
모두 합심하여 천년 두고 방어하리라.
소와 말이 길가를 덮었고
칼날과 화살 끝이 전쟁터를 녹이도다.
어찌 어진 노고를 생각하지 않으리오만.
바라는 바는 영원한 평강이로다.
나랏일 어찌 될 것인가 하니
대대로 칭송의 노래 펴게 되기를.

制爲百王式, 擧合千載防.
馬牛被路隅, 鋒鏑銷戰場.
豈不懷賢勞, 所圖在永康.
王事何爲者, 稱代陳頌章.

여기서는 우마(牛馬)가 길을 메우면서 진지를 쌓는 의도가 바로 영원한

평강(永康)에 있는 것이니 나라정치(王事)가 대대로 칭송을 아끼지 않을 성군에 충성하는 애국의 희생정신을 강렬하게 그리고 있다.

그리고 「보검편(寶劍篇)」의 끝 4구는 전쟁의 일을 그치기 위해서 문무를 겸비해야 하며 재환이 군왕에게 미치는 일이 있어서는 안되며 오래도록 태평할 것을 기원하고 있다.

> 평화를 이어서 오래 두고 전쟁 일이 그쳐시니
> 요행히도 문무를 넉넉히 갖추고 있음이라.
> 재앙을 없애고 환란을 피함은 의당 군왕의 공이려니
> 천수 누리시어 후세에 길이 이어지리라.
>
> 承平久息干戈事, 僥倖得充文武備.
> 除災辟患宜君王, 益壽延齡後天地.

더구나 이교는 「창부행(倡婦行)」을 통해서 불쌍한 아녀자가 변방에서 창부 노릇하면서도 그녀의 생활에 그늘이 없고 오히려 국가의 안정을 위할 수 있는 하나의 본분이라고 여기고 있는 것으로 묘사하고 있다. 그 시를 보건대,

> 십 년간 창가의 여인네러니
> 변방에 든지 삼 년이나 되었네.
> 예쁘게 단장하던 청춘을 누각에서 다 보냈고
> 백발이 언덕 머리에 새롭구나.
> 밤마다 풍상에 괴로워하고
> 해마다 원정이 빈번하도다.
> 산 서녘에 길게 해 떨어지고
> 변새 북녘엔 오래 동안 봄이 없도다.

둥근 부채처럼 님의 사랑 끊겼으니
돌아오는 글에는 고생만이 담겨있네.
오랑캐군이 자주 침공해 오니
한나라의 사신은 화친을 끊었도다.
소식은 항아리의 우물물 같이 감감하여
마음 떴다 가라앉았다 길가의 티끌 같도다.
공허히 천리 멀리의 달만 남아서
첩의 양미간의 주름 비치누나.

十年倡家婦, 三秋邊地入.
紅粧樓上歇, 白髮隴頭新.
夜夜風霜苦, 年年征戍頻.
山西長落日, 塞北久無春.
團扇辭恩寵, 回文贈苦辛.
胡兵屢攻戰, 漢使絶和親.
消息如瓶井, 沈浮似路塵.
空餘千里月, 照妾兩眉嚬.

여기에서 창부가 변방에 들어가 제3연의 "밤마다 풍상에 괴로워하고 해마다 원정이 빈번하도다(夜夜風霜苦, 年年征戍頻.)"와 같은 상황을 겪고, 또 제5·6연의 "둥근 부채처럼 님의 사랑 그쳤으니 돌아온 글엔 고생이 담겨 있도다. 오랑캐군이 자주 침공하니 한나라 시신이 화친을 끊도다.(團扇辭恩寵, 回文贈苦辛. 胡兵屢攻戰, 漢使絶和親.)"와 같이 고생 중에 패전하면서도 화친을 결코 해서는 안 된다는 중화의식에 찬 애국의 심회(心懷)를 나타내었다.

② 승전을 독려하는 경우를 그의 「안집령에서 평정하고 돌아가며(安輯嶺表事平罷歸)」에서 앞 8구를 보면,

구름 저 끝을 보며 서울 생각하니
서울이 보일 듯도 하구나.
하늘가에서 월대를 바라보니
바닷길이 얼마나 멀고 아득한가.
유월에 붕새 날아가고
삼 년만에 길조의 꿩이 날아오네.
경계 멀리에 구리기둥 드러나 있고
산은 험한데 돌문이 열리도다.

雲端想京縣, 帝鄉如可見.
天涯望越臺, 海路幾悠哉.
六月飛鵬去, 三年瑞雉來.
境遙銅柱出, 山險石門開.
…… (이하 생략) ……

여기서 제1연은 사군(思君)의 충성심을 그리면서 성취의 기상을 나타내었고, 제3연은 희망의 승전(勝戰)을 비유하였다. 이러한 함의가 인용되지 않았지만 제8연의 "이미 하늘의 덮개를 넓게 펴시고 다시 임금의 은혜를 널리 베푸시도다.(旣弘天覆廣, 且諭皇恩博.)"과 연결되어 진다.

그리고「낙봉례의 종군을 보내며(送駱奉禮從軍)」는 종군하는 우인의 개선(凱旋)을 격려하여 영웅이 되어 돌아오라는 용기를 불어넣은 것이다.

변방에서 봉홧불 올리고
단묘에서는 전략을 펼치네.
격문(羽書)은 싸움을 도와주니
융막엔 영명한 자 끌어들이네.
칼엔 삼군의 기상 넘치고

옷엔 만리의 티끌 날리네.
거문고와 술잔은 이별의 정 남겨 있고
앞의 경물은 이별의 아침을 아쉬워하네.
피리 나는 매화엔 저녁의 소리 머금었고
군영의 버들은 저무는 봄빛을 띠고 있네.
그대에 바라보니 돌에 승리를 새기고 돌아와
노래하고 춤추며 성문에 들게 되기를.

玉塞邊烽擧, 金壇廟略申.
羽書資銃筆, 戎幕引英賓.
劍動三軍氣, 衣飄萬里塵.
琴尊留別賞, 風景惜離晨.
笛梅含晚吹, 營柳帶餘春.
希君勒石返, 歌舞入城闉.

여기서 제2·3연은 사기가 진작(振作)되고 용기가 충만한 구절이며 제5, 6연은 심적인 여유와 성취의 개선을 희원(希願)하는 낭만적이며 회화(繪畫)적인 감흥을 고취(鼓吹)하기까지 한다.
③ 승리의 공명심 발로의 경우는 다음 「설대부의 변방호위를 전송하며(餞薛大夫護邊)」이 그 대표적인 무공의 성취를 격려하는 작품이라 하겠다.

황폐한 곳이 때로는 통하지 못하나
그래도 오랑캐의 경계에 임하리라.
군율 가하니 꼬리별 움직이고
병사 나누니 달무리 비는 도다.
소가죽으로 푸른 자루 싸고
상아로 활을 다듬어내네.
결연히 삼하를 이길 용기를 내고

길게 여섯 군의 무리를 몰아내리라.
산에 올라 대북을 살피고
손가락 꼽으며 요동을 칠 계략을 세우도다.
우두커니 연연산 위를 바라보며
결단코 무공을 칭송하길 바라 도다.

荒隅時未通, 副相下臨戎.
援律星芒動, 分兵月暈空.
犀皮擁青橐, 象齒飾雕弓.
決勝三河勇, 長驅六郡雄.
登山窺代北, 屈指計遼東.
佇見燕然上, 抽毫頌武功.

여기서 말 6구는 웅혼(雄渾)하고 장엄한 기풍과 무공의 축송을 노래하여 설대부의 변방 출정을 환송한 동시에 무공까지도 축송하게 되기를 희망하고 있다. 변새시(邊塞詩)가 현실적이며 피속(避俗)하지 않는 경향이 있는데 이교의 것은 활달(豁達)하면서 웅기탈속(雄氣脫俗)적인 면을 비춰주고 있다.16)

이교의 전가시(戰歌詩)에는 다른 시인에게서 보이는 바와 같이 변새(邊塞) 용어를 활용하면서도 속성(俗性)을 떨친 기상(氣象)을 시중에 함입(含入)시킨 점을 간과해서는 안될 것이다.

그 예로서, 「호종하여 낙양으로 환귀하매 시종관들에게 바침(扈從還洛呈侍從群官)」의 가소(笳簫.피리)·정문(旌門)·참융(參戎), 「모시고 삭방의 육주의 성을 쌓으며(奉使築朔方六州城率爾而作)」의 견양족(犬羊族)·융하

---

16) 『詩人玉屑』에 「七言難於氣象雄渾, 句中有力, 而紆餘, 不失言外之意」라 하고 「相國新兼五等崇, 非不壯也, 然意亦盡於此矣.」(卷十二)라고 하여 從軍詩의 갖출 장점을 밝혔는데, 이거산의 시는 바로 이에 상응되어 있어서 시품이 장출하다.

강(戎夏疆)·변복(邊服)·사막(沙漠)·북해(北海)·대황(大荒),「안집령에서 평정을 파하고 돌아가며(安輯嶺表事平罷歸)」의 월대(越臺)·정의(征衣)·이 락(夷落)·외구(外區)·백만(百蠻)·가향(笳響)·금성(金聲),「설대부의 변방 호위를 보내며(餞薛大夫護邊)」의 황우(荒隅)·요동(遼東)·연연(燕然),「낙 봉례의 종군을 송별하며(送駱奉禮從軍)」의 옥새(玉塞)·융막(戎幕),「군사 가 개선하매 옹주에서 강따라 배를 타고(軍師凱旋自邕州順流舟中)」의 명 비(鳴騑)·장구(嶂口)·천위(川湄)·고성(鼓聲)·강관(羌管)·초사(楚詞) 등 적지 않은 용어를 사용하여서 활기와 기망(期望)의 의기(義氣)를 잃지 않도 록 썼다고 하겠다.

2. 응제시에 나타난 충성심

이교의 응제(應制) 및 봉화시(奉和詩)는 43수에 달하는데, 그의 시에서 중요한 위치를 차지하고 있다.[17] 일반적으로 응제시라면 현실적이며 입속 (入俗)에서 벗어나기 어렵고, 대신에 충애(忠愛)와 충후(忠厚)를 높인 것인 데, 이에 대해 청대 오뇌발(吳雷發)은 『설시간괴(說詩菅蒯)』에서 이르기를,

> 시는 산림의 기세를 으뜸으로 하는데 대각의 기세 같은 것은 청신하 며 속기를 벗어나려 힘쓰지만 그렇지 않으니 격조가 낮아서 전인의 조 정에서의 응제시들은 그 속기를 벗어난 것이 열에서 한 둘에 지나지 않 다. 대개 이런 제목들은 세속에 들기 쉬우니 유능한 자라도 별 재주가 없는 것이다.

---

17) 『唐詩紀事』卷十에는 응제시로「三會寺應制」,「送沙門玄奘等還荊州詩」,「幸太 平公主南莊詩」,「送張仁亶赴朔方應制」,「薦福寺應制」,「陪遊苑中遇雪」,「翦綵 花應制」,「人日淸輝閣應制」,「安樂公主山莊」,「人日大明宮應制」,「春日遊苑喜 雨詩」,「送金城公主」,「九日應制」,「正月中宗上淸輝閣遇雪嶠賦詩」,「七夕應制」 등을 열거하였는데, 기실은 본문의 시수와 같다.

> 詩以山林氣爲上, 若臺閣氣者, 務使淸新拔俗, 不然則格便低, 前人早朝,
> 應制諸詩, 其拔俗者不過十之一二. 大抵此等題極易入俗, 雖有能者, 無所技
> 也.

라고 하여 입속(入俗)의 여부로 호불호(好不好)를 가리는 듯한 언변을 했는데 여기서의 입속(入俗)이란 응제시가 갖는 특성으로 보아서, 충군(忠君) 의식이 아당(阿當)으로 전락하기 쉬운 면을 지적한 것이라 본다. 그리고 청대 시보화(施補華)는 『현용설시(峴傭說詩)』에서 응제시가 갖는 요체(要諦)를 예시하면서 다음과 같이 밝혔다.

> 「명성의 조정은 무관한 일이니 간언의 글이 드문 것을 절로 느낀다」
> 는 송양의 체재이며 「내일 아침 나라일 있으니 자주 밤을 새는 것 어찌
> 하리오」는 충애가 절실한 것이니 모두 참 의미를 얻은 것이다.
>
> 「聲朝無關事, 自覺諫書稀」, 頌揚得體.「明朝有封事, 數問夜如何」, 忠愛
> 切心, 皆得三篇意(14條)
>
> "성명한 조정은 버리는 것 없고 노쇠하여 병들어 노인이 되도다"는
> 원망하되 노하지 아니하고 「한 번의 병이 성명한 임금과 인연되어 삼
> 년 홀로 이 마음이러라」는 풍자적이면서도 찌르는 것이 아니니 모두 시
> 인의 충후를 본다.
>
> 「聖朝無棄物, 衰病已成翁」, 怨而不怒, 「一病緣明主, 三年獨此心」, 諷而
> 不刺, 皆見詩人中忠厚.(15條)

위의 15조에서 "원망하되 노하지 않다(怨而不怒)"하고 "풍자적이면서도 찌르지 않는다(諷而不刺)"하는 기품이 요구되는 것이 바로 응제시가 지향하는 특성임을 말하고 있다. 이교의 응제시는 모두 충후한 숭경(崇敬)으로

채워져 있어서 이런 시의 표현은 화려부섬(華麗富贍)한 것이 그 특징이라 하겠다.18) 이제 (A)「장녕공주 동장에서의 연회에서(侍宴長寧公主東莊應制)」 와 「위사립 산장의 시연에서(奉和幸韋嗣立山莊侍宴應制)」를 가지고 그의 응제시의 면모를 분석하고자 한다.

먼저 (A)시를 보면,

> 별장은 푸른 교외에 서 있는데
> 임금의 수레 궁궐에서 내려오시네.
> 긴 연회에 원추리와 백로 같은 신하들 모였고
> 선관피린 봉황 같은 공주에 어울려나네.
> 나무 남산에 가까이 있고
> 안갠 북쪽 물가에 멀리 있네.
> 은총을 받아 다 이미 취하여서
> 감상에 젖어 말 재갈 돌릴 줄 모르네.

> 別業臨靑甸, 鳳轡降紫霄.
> 長筵鵷鷺集, 仙管鳳凰調.
> 樹接南山近, 煙含北渚遙.
> 承恩咸已醉, 戀賞未還鑣.

이 시는 『신당서(新唐書)』(本紀)에 장녕공주(長寧公主)의 집에 왕이 임행(臨幸)했다는 기술로 보아서 중종(中宗) 경정(景靜) 4년 5월 정묘(丁卯)(710년)의 것으로 본다. 장녕공주는 위서인(韋庶人)에게서 난 중종의 여식으로서, 양신(楊愼)에게 출가(出嫁)하여 장안(長安)에 집을 짓는데 삼층루(三層樓)를 지어 중종이 임석하고 여러 신하들이 배석(陪席)하여 시연(侍宴)하니, 여기서 이교(李嶠)·최융(崔融)·이적(李適)·서원백(徐元伯) 등이 축시

---

18) 『唐詩選評釋』卷三 ; "其詩之華麗富贍, 亦以此時最有可觀焉." 이 말은 「長寧公主東莊侍宴」 시에 대한 고사를 해설하는 중에 나온 구.

를 지었으며, 이 시는 그 때의 것이다.19) 전반 4구의 매구는 한 가지씩의 사실을 묘사하고 후련에서 별업(別業)의 위치를 서술하여 동장(東莊)을 부각시키고 있다. 제7·8구의 시연(侍宴)으로 이 시의 내외결법(內外結法)이 완비되면서 절정에 달하게 되니 그 묘사와 내용의 배치가 주밀(周密)하고 화려하면서 충절이 넘친다. 전반 4구의 수구(首句)는 공주의 별업을, 다음 구는 제후(帝后)의 임행을, 3구는 시연의 신료(臣僚)를, 4구는 석상의 음악을 각각 묘사하여 상호간에 자연스레 연관되면서 허자(虛字)를 차용하지 않았고 기격(氣格)이 웅혼(雄渾)하니 이것은 비범한 묘법(描法)이라고 하겠다. '청전(靑甸)'에서 청(靑)은 동방의 색(色)이며 전(甸)은 교(郊)이니, 즉 '東莊'의 의미를 분명히 하고 있고, '봉란(鳳鑾)'은 천자의 수레이며 자소(紫霄)는 제궐(帝闕)이니 수레가 궁궐로부터 내려온다 함은 천자가 동장에 임행한다는 것이다. 그리고 '장연(長筵)'을 마련하여 군신이 시연하는 좌석을 삼고 '원추리와 백로 즉 원로(鵷鷺)'가 날아드는 데도 서열이 있게 시어를 배려하여 관작(官爵)의 서차(序次)를 밝혔으며 '선관(仙管)'과 '봉황(鳳凰)'은 진공(秦公)의 딸이 퉁소(簫)를 불어 봉황을 끌어 신선 되었다는(仙去) 고사를 비유한 것으로 공주 자신에 대해 극진한 배려에서 나온 묘사라고 보며 후연의 '북저(北渚)'는 『楚辭』(九章)의 「왕자가 북녘 물가에 내리네(帝子降兮北渚)」구에서 나온 것이니, 제자(帝子)에 근거하여 공주를 역시 추숭(推崇)하여 응용한 묘사이다. 그 시어 선택의 묘(妙)는 이교의 응제시가 갖는 비흥법(比興法)과 풍이부자(諷而不刺)법의 극치라 하겠다. 이어서

---

19) 『唐詩紀事』卷一 中宗條에 "長寧公主, 韋庶人所坐, 下嫁楊愼交, 制曰 ; 駙馬都尉 楊愼交, 分榮戚里, 藉寵公門, 恭肅著於立身, 恪勤效於從政, 鳳凰樓上, 宛符琴瑟 之歡, 烏鵲橋前, 載協松蘿之契, 宜分覃茅土, 式廣山河, 造第東郡, 府History庶竭, 又 取西京高士廉第, 左金吾衛廢營, 合爲宅, 作三層樓, 築山浚池. 帝及后數臨幸, 置 酒賦詩, 群臣屬和, 故李嶠長寧公主東莊侍宴詩, 其末云 ; 承恩咸已醉, 戀賞未還 鑣. 崔湜云 ; 席臨天女貴, 杯接近臣歡. 李適云 ; 願奉瑤池駕, 千春侍德音. 徐元伯 云 ; 鳳房憐簫曲, 鸞閨念掌珠."

(B)시를 보기로 한다.

   남락은 사신과 인연 있고
   동암엔 왕을 도울 이가 머물러 있는데
   그윽한 정감에 황제의 옷 떨치시고
   정드나니 나무하고 고기잡이시네.
   임금이 공동산에 내리셔 길 치시니
   은총은 파수의 가마를 감도는구나.
   소나무 문에 어가가 멈추니
   향초 휘장은 비녀와 옷자락을 당기도다.
   돌길은 땅과 나란히 뻗고
   안개 낀 누대는 푸른 하늘에 걸려있네.
   구름과 안개 신선 길에 가까이 있고
   거문고와 술은 속세와 멀도다.
   높다란 나무 천년도 넘은 듯
   걸려있는 샘 백 길도 넘을 듯
   낭떠러지 깊어서 신선이 연단했고
   바위굴은 오래되어 옛 책 두었네.
   나무에 깃든 넋은 바람차는 큰 새요
   연못에 숨은 것은 계곡 누비는 큰 고기로다.
   어찌 알았으리오, 귀하신 천자가
   또 제갈량의 초가를 기억하고 있을 줄.

   南洛師臣契, 東巖王佐居.
   幽情遺紋冕, 宸眷屬樵漁.
   制下峒山蹕, 恩回灞水輿.
   松門駐旌蓋, 薜幄引簪裾.
   石磴平黃陸, 煙樓半紫虛.
   雲霞仙路近, 琴酒俗塵疏.

喬木千齡外, 懸泉百丈餘.
崖深經鍊藥, 穴古舊藏書.
樹宿搏風鳥. 池潛縱壑魚.
寧知天子貴, 尙憶武侯廬.

위사립(韋嗣立)은 위후(韋后)의 먼 친족으로서 중종의 특별한 경애(敬愛)를 입어[20] 중종 경룡(景龍) 3년 12월(709)에 임금이 여산(驪山) 온천에 휴양차 갈 때에 중서문하(中書門下) 삼품인 위사립의 산장에 들렀는데 사립이 백여(百轝. 많은 수레)와 목기(木器)・등반(藤盤) 등을 헌납하니 별장이 본래 소요원(逍遙原)에 있는 고로 사립을 소요공(逍遙公)이라 하고 이교・심전기(沈佺期)・무평일(武平一)・조언소(趙彦昭)・소정(蘇頲)・송지문(宋之問)・이애(李乂)・최식(崔湜)・서언백(徐彦伯)・유헌(劉憲)・장열(張說) 등 신하에게 시를 짓게 하니[21] 초당대에 이러한 연회와 화시(和詩)가 성행하여 더욱 문풍(文風)이 여조(麗藻)의 수식을 추구하게 하였다. 이 시는 그의 응제시의 대표작으로서 구격(句格)과 용사(用辭)가 장중하고 엄정(壯重嚴正)하다. 위사립의 문체와 별업의 풍광에 대해서 장열(張說)은 그 시회의 서문에 다음과 같이 기록하고 있다.(위사립은 『전당시』 권91에 실려있는 7수의 시에서 4수가 봉화시〔奉和詩〕이다.)

위공의 외모는 곧고 정숙하며 사상은 깊고 넓은데 동산 가에 별업이 있다. 산 기운이 들에 들고 가래나무에 낀 안개 골에서 나오며 돌못과 대언덕, 솔집과 약초밭이 있고, 그리고 무지개 샘에서 번개 같이 화살

---

[20] 韋嗣立, 字延構, 鄭州人. 韋思謙의 子요, 承慶의 弟이다. 則天武后 長安 4年(704)과 景龍 3年(709)에 재상을 지내고 허주와 陳州刺史를 지내다가 66세에 졸.
[21] 『唐詩紀事』 卷 十一 韋嗣立條에 "嗣立莊在驪山鸚鵡谷, 中宗幸之, 嗣立獻食百轝及木器藤盤等物, 上封爲逍遙公, 谷爲逍遙谷, 原爲逍遙原, 中宗留詩, 從臣屬和, 嗣立竝鐫于石, 請張說爲之序, 薛稷書之."

쏘고 구름 낀 나무에서 공허히 시를 읊으니 황홀하여 꿈을 꾼 듯하여 그
간에 적을 것을 잊노라. 이 소위 산골의 기룡이요, 의관 벗은 소부, 허유
로다.

  韋公體含貞靜, 思協幽曠. 東山之曲有別業焉. 嵐氣入野, 榛煙出谷, 石潭
竹岸, 松齋藥畹, 虹泉電射, 雲木虛吟, 恍惚疑夢, 間關忘述. 玆所謂丘壑之
夔龍, 衣冠之巢許也.(『唐詩紀事』 卷十一 및 『唐詩選評釋』 卷四)

  여기서 사립이 곧고 정숙(貞靜)하고 마음이 깊고 넓은(幽曠) 인품을 가
졌으며 그 생활의 근거인 산장이 별천지인 것을 자세히 기술하였다. 이러
한 견지에서 이 시를 살펴보면, 1·2연은 산장에 온 성은(聖恩)이 두터움
을 표현하였는데 1구는 사립이 성은을 입은 일, 2구는 산장, 3구는 산장
중의 신권(宸眷), 4구는 성고(聖顧 : 임금의 왕림)를 입은 산장 등을 순서 있
게 서술하여 출행(出幸)의 서장(序章)으로 도입시켰다. 「동암에 왕을 도울
이가 머무르는데(東巖王佐居)」란 산장이 여산(驪山) 봉황원(鳳凰原)의 앵무
곡(鸚鵡谷)에 있어 장안 동방에 위치한데서 나온 표현이며 왕이 사립을 사
신(師臣)으로 대접하고 왕좌(王佐) 사립의 재능을 인정하는데도 산장에 거
주하면서 성은을 귀중히 여기면서(3·4구) 자연 속에 기오(寄傲)하니 그 깊
은 마음의 고아함은 장열의 말처럼 "산골의 기용이며 의관 걸친 소부와
허유(邱壑夔龍·衣冠巢許)"에 일치한 것이다. 시립의 유정(幽情)한 의식을
이교는 정확하게 묘사하였다고 하겠다.

  3·4연은 임행의 직설적인 표현인데, 5·6구의 가마(車駕)가 임행하는
것과 7·8구의 가마를 영접하는 것은 비유적이며 엄숙한 고사대법(故事對
法)이라 하겠으니, 황제(黃帝)가 공동산에 올라 광성자(廣成子)에게 지도지
정(至道之精. 최고 선의 도리)을 물은 고사를 지금 중종의 임행에 비유하
였고 산장 앞을 흐르는 파수도 성은을 입었으며 벽악(薜幄)은 『초사』(離騷)
의 "백지 향초를 다듬어 장막을 하다(罔薜荔兮爲幄)"에서 나온 말이니, 왕

의 임행에 대한 사실감(寫實感)이 살아 있으면서 숭앙(崇仰)의 의지를 간결하면서도 핍진(逼眞)하게 묘사하여 응제시의 참모습을 보여주고 있다.

5·6연은 산장에서의 어연(御宴)의 상황을 서술하였는데, 5연에선 거가(車駕)의 멈춤, 6연에선 향연의 장면을 그렸다. '황육(黃陸)'의 黃은 황도(黃道)로서, 석등(石磴)이 우뚝 하늘에 솟고, 연루(煙樓)가 푸른 하늘에 높이 서 있어 주연은 고귀하면서 탈속(脫俗)의 경계에서 열린 듯 응제시의 본령을 잘 나타낸 부분이다.

7·8연은 산장의 승경(勝景)을 묘사하였는데, 여기엔 중안동학(重岸洞壑. 겹한 언덕과 깊은 골짜기)과 비류폭포(飛流瀑布. 날아 흐르는 폭포)의 승지가 있고 선인이 단약을 복용한 자취와 '혈고(穴古)' 즉 전고상(典故上) 회계(會稽)에 우혈(禹穴)이 있어 태고서(太古書)가 장서 되어 있었다는 고사가 인술 되어서 장열이 서술한 바 위의 묘사와 상통한다.

끝으로 9·10연은 산장 중의 풍경으로 비흥(比興)의 차법(借法)을 써서 종결을 맺는데, 나무의 새(樹鳥)와 연못의 물고기(池魚)를 빌어 주인의 신분을 비유하였으니 나무에 머무는 자(宿樹者)는 바로 바람 차는(搏風)의 큰 새(大鳥)이며, 못에 잠긴 것은(潛池者) 곧 골을 세로 지르는(縱壑)의 큰 물고기(巨魚)와 같다. 산장에 칩거하는 자 곧 위사립이야말로 왕좌(王佐)요, 사신(師臣)으로서의 대재상(大宰相)임을 기술하면서 이어서 유비(劉備)가 무후의 집(武侯廬)을 삼고(三顧)한 고사를 써서 왕이 산장에 임행한 영광을 긴절하게 그리어 위사립의 업적을 높인 한편, 크게는 왕에 대한 신하된 최대의 충성과 경의를 표현한 결구가 된다. 이 시는 전체적으로 풍격이 장중하고 주의 깊고 화려한 면이 짙으며, 탈속미(脫俗味)를 느끼게 한다. 그리고 서술법이 비흥(比興)과 의사(擬似)를 사용하여 은근한 시취(詩趣)를 주며 시어상으로는 상서로운 동식물명(松門·薜幄)이나 경칭(師0臣·王佐制·恩·旌蓋·輿·天子)의 활용 등은 역시 응제시가 갖는 본령을 모두 이용했다고 본다.

이교의 응제시에서 시어 구사상의 특색이라면 ① 색채미(色彩美)와 보물 명칭의 활용, ② 경어(敬語)의 이용, ③ 사부(辭賦)처럼 동식물의 의인화(擬人化), 선어(仙語)의 이입 등을 들겠는데, 그 용례를 들기로 한다. ①의 경우, 색채는 자연의 황·록·청·백·홍·자(黃·綠·靑·白·紅·紫) 등이 다용되고, 보물은 소중한 윗사람에 대한 대칭(代稱)의 명분을 지니고 있다. 예를 들면, ①의 경우에,

    明珠對月圓. (「中宗降誕日長寧公主滿月侍宴應制」)
    作新金筐裏, 歌奏玉筐前.(上同)
    茰房陳寶席. (「奉和九月九日登慈恩寺浮圖應制」)
    綴綠奇能似, 裁紅巧逼眞. (「立春日侍宴內殿出剪綵花應制」)
    月宇臨丹地, 雲窓網碧紗. (「甘露殿侍宴應制」)
    佇看靑鳥入, 還陟紫雲梯. (「幸白鹿觀應制」)
    和風泛紫若, 柔露濯靑薇. (「二月奉敎作」)
    銀井桐花發, 金堂草色齊. (「三月奉敎作」)
    綠樹炎氣滿, 朱樓夏景長. (「五月奉敎作」)
    故臺蒼頡里, 新邑紫泉居. (「奉和幸三會寺應制」)

②의 경우를 예로 들면,

    漢帝撫戎臣, 絲言命錦輪. (「奉和送金城公主適西蕃應制」)
    幸承天澤豫. (「奉和春日遊苑喜雨應制」)
    承恩恣歡賞. (「甘露殿詩聯應制」)
    忠臣還捧日, 聖后欲捫天. (「奉和驪山高頂寓目應制」)

③의 경우를 예로 들면,

    神龍見像日, 仙鳳養雛年. (「中宗降誕日長寧公主滿月侍宴應制」)

御氣鵬宵近, 升高鳳野開. (「閏九月九日幸總持寺登浮圖應制」)
鶴鳴初警候, 雁上欲凌寒. (「八月奉教作」)
葉徑蘭芳盡, 花潭菊氣濃. (「九月奉教作」)
文如龜負出, 圖似鳳銜來. (「奉和拜洛應制」)
委質承仙翰. (「奉敎追赴九成宮途中口號」)
仙蹕九成臺. (「奉和春日遊苑喜雨應制」)
仙杯還泛菊, 寶饌且調蘭. (「九日應制得歡字」)

Ⅲ. 영물시 120수의 교묘와 미려

 이교의 영물시는 모두 120수이니 순수 영물시로는 가장 많은 양이 된다. 어느 시인이든 영물시는 가지고 있지만, 이교의 시에서는 무엇보다도 영물시 120수를 으뜸으로 삼아야 할 것이며 이것이 이교의 시를 평가하는 기준이 되는 모든 것이라 해도 과언이 아니다.
 본래 영물시는 부체(賦體)에서 시의 제재(題材)가 확대되어 진송간(晉宋間)의 산수시를 계승하여 생긴 것이니[22] 『문심조룡(文心雕龍)』, 「물색편(物色篇)」에 이르기를,

 근대 이래로 문사에 겉모양을 귀히 여겨서 풍경 위에 정감을 담고 초목 위에 모양을 새기어 드러난 바를 읊고 마음이 오직 심원해지며 사물을 체회해 내는 것이 오묘하고 표현하는 공이 더욱 정밀하고 깊어진다.

 自近代以來, 文貴形似. 窺情風景之上, 鑽貌草木之中. 吟詠所發, 志唯深遠, 體物爲妙, 功在密附.

---

22) 紀庸의 「唐詩之因革」 참조.

라고 하여 사물을 체회해 내는 것이 오묘하고 표현하는 공이 정밀하고 깊어진다(體物爲妙, 功在密附)구가 영물에 중요한 것을 서술한 후에, 영물시의 특성을 여러 사람이 논술해 온 것이다. 그 중에서 명대 위경지(魏慶之)는 이르기를,

> 영물시는 분명하게 표현하지 않고 단지 형용하는 듯이 하면서 묘처를 알아보도록 하는 것이니 마치 황정견의 것과 같으니……

> 詠物詩不待分明說盡, 只髣髴形容, 便見妙處, 如魯直 ……(『詩人玉屑』卷六)

라고 하여 영물시의 묘법(妙法)을 암시하였고, 또 위경지는 송대 매성유(梅聖兪)의 『금침시격(金針詩格)』을 인용하여,

> 시는 안팎의 뜻이 있는데 안 뜻은 그 이치를 다하려 하고 밖의 뜻은 그 모습을 다하려 하니 안팎의 뜻이 함축되어서 비로소 시의 격식에 들어맞게 되는 것이다.

> 詩有內外意, 內意欲盡其理, 外意欲盡其象, 內外意含蓄, 方入詩格.(『詩人玉屑』卷九)

라고 해서 탁물(託物)에는 함축적인 의표(意表)가 중요하다는 입장을 내세우고 있다. 이 기탁(寄託)에 대해서 그 후에도 청대 이영(李瑛)은 기탁의 중요성을 강조하기를,

> 영물시는 진실로 이 사물을 확실하고 적절하게 표현해야 하며, 외양을 버리고 흥취를 얻는 것이 더욱 소중하지만, 반드시 뜻을 기탁할 곳이

있어야 비로소 시인의 의취를 얻을 수 있는 것이다.

詠物詩固須確切比物, 尤貴遺貌得神, 然必有命意寄託之處, 方得詩人風旨.(『詩法易簡錄』卷十三)

그리고 청대 설설(薛雪)은 기백(氣魄)을 강조하여 보이지 않는 내적인 정신을 중시하였다. 그 글을 보건대,

시는 마음이 온화함을 중히 여기지만 기백이 있어야 한다. 기백이 없으면 결코 참된 온화함이 아니다. 시는 청진함을 중히 여기는데 더욱 기탁이 있어야 한다. 기탁이 없으면 곧 거짓 청진인 것이다. 기탁이 있으면 반드시 기백이 있어야 한다. 기백이 없으면 기탁은 허튼 말이 된다.

詩重蘊藉, 然要有氣魄. 無氣魄, 決非眞蘊藉. 詩有淸眞, 尤要有寄託. 無寄託, 便詩假淸眞. 有寄託者, 必有氣魄. 無氣魄者, 漫言寄託.(『一瓢詩話』)

아울러, 이 기탁을 영물시에서 강조한 면은 청대 시보화(施補華)가 다음과 같이 보충설명하고 있는 데에서 확실해진다.

영물시는 필히 기탁이 있어야 하는데 기탁이 없으면서 영물하게 되면 시첩체에 지나지 않는다.

詠物詩必須有寄託, 無寄託而詠物, 試帖體也.(『峴傭說詩』)

그리고 청대 이중화(李重華)는 『정일재시설(貞一齋詩說)』에서 영물시의 법칙을 기술하기를,

영물시는 두 법칙이 있으니 하나는 자신을 이면에 놓아두는 것이며 다른 하나는 자신을 곁에 세워두는 것이다.

詠物詩有兩法, 一是將自身放頓在裏面, 一是將自身站立在旁邊.

라고 하여 작자의 의식을 사물의 내외적인 양면에 투시시키는 작업인 것을 밝히고 있다. 이러한 측면에서 이교의 영물시를 여하히 볼 것인가에 대해서 청대 옹방강(翁方綱)의 『석주시화(石洲詩話)』의 다음 말은 참고할 만하다.

이거산의 영물시 120수는 매우 공교하고 절실하지만 성율시로서 음조가 없어서 아작 제량의 유풍을 지니고 있으니 당인의 시첩으로 예시할 수 없는 것이다.

李巨山詠物百二十雖極工切, 而聲律詩有未調, 猶帶齊梁遺習, 未可遽以唐人試帖例視(卷一)

여기서 이거산의 영물시가 초당의 시격(詩格)을 지니고 있는 것은 시대적으로 변환기이므로 고풍(古風)을 지니면서 공절(工切)함이 있다고 그 특성을 밝혔다.

이러한 일반적인 논평을 참고하면서 이거산이 갖고 있는 120수의 풍격을 다음에서 상세하게 분석하고자 한다. 이들 분석에 앞서 영물시 120수를 작시의 소재에 따라서 시제를 분류하면 다음과 같다. 이들 영물시는 『전당시(全唐詩)』에 수록된 것을 대상으로 삼았지만, 천상쥔(陳尙君)의 『전당시속습(全唐詩續拾)』 권9(中華書局·1992년)에는 『일존총서(佚存叢書)』본 『이교잡영백이십수(李嶠雜詠百二十首)』에서 『전당시』의 것과 서로 어긋나는(2구 이상 다른 것) 시들을 소개하였는데 이제 그것을 보게 되면, 「바람

(風)」・「안개(霧)」・「배(梨)」・「누각(樓)」・「다리(橋)」・「발(簾)」 등 16수를 들고 있음을 참고할 필요가 있다.(전당시 권59~60)

① 자연물·자연의 현상-「日」・「月」・「星」・「風」・「雲」・「煙」・「露」・「霧」・「雨」「雪」・「山」・「石」・「原」・「野」・「田」・「道」・「海」・「江」・「河」・「洛」
② 인공적인 시설물-「城」・「門」・「市」・「井」・「宅」・「池」・「樓」・「橋」
③ 시서(詩書)·문방사우(文房四友)-「經」・「史」・「詩」・「賦」・「書」・「檄」・「紙」・「筆」・「硯」・「墨」
④ 전기(戰器)-「劍」・「刀」・「箭」・「彈」・「弩」・「旗」・「旌」・「戈」・「鼓」・「弓」
⑤ 악기(樂器)·가무(歌舞)-「琴」・「瑟」・「琵琶」・「箏」・「鏡」・「簫」・「笛」・「笙」・「歌」・「舞」・「酒」
⑥ 보옥류(寶玉類)-「珠」・「玉」・「金」・「銀」・「錢」
⑦ 포직(布織)-「錦」・「羅」・「綾」・「素」・「布」
⑧ 교통(交通)-「舟」・「車」
⑨ 수렴(帷簾)-「牀」・「席」・「帷」・「簾」・「屛」・「被」
⑩ 여인장품(女人裝品)-「鑑」・「扇」・「燭」
⑪ 초목-「蘭」・「菊」・「竹」・「藤」・「萱」・「茅」・「荷」・「菱」・「瓜」・「松」・「桂」・「槐」・「柳」・「桐」・「桃」・「李」・「梨」・「梅」・「橘」
⑫ 조류(鳥類)-「鳳」・「鶴」・「鳥」・「鵲」・「雁」・「鳬」・「鸚」・「雉」・「燕」・「雀」
⑬ 수류(獸類)-龍・麟・象・馬・牛・豹・熊・鹿・羊・兔

이것을 통해 이교가 자연의 만상을 작시화하여 시정(詩情)을 기탁했음을 알 수 있다. 시의 제재 위에 시화(詩化)의 의취(意趣)를 담기 때문에 시에서 시인의 인품을 투시하게 되는데 이 영물시에는 절속(絶俗)과 기탁의 묘오(妙奧)를 드러내고 있어서, 청대 서증(徐增)이 말한 "시는 곧 사람의 행략인 것이다. 사람의 인품이 높으면 시 또한 높고 사람이 저속하면 시 또한 저속하다. 한 자라도 가려서 꾸밀 수 없으니 그 시를 보면 그 사람을 보게 된다.(詩乃人之行略, 人高則詩亦高, 人俗則詩亦俗, 一字不可掩飾, 見其詩如見其人.)"(『而菴詩話』)라고 한 바와 상통하고 있다.

이제 그의 이들 시의 풍격을 구체화해 보면 (1)천진하여 속됨을 끊은(天眞絶俗) 고아(高雅), (2)시의 섬세하고 기교함(纖巧) 등으로 생각해 볼 수 있다.

1) 천진하여 속된 것에서 벗어남(天眞絶俗)

청대의 오뇌발(吳雷發)은 시의 경지(詩境)에 대해 이르기를,

시의 경지는 유현한 것을 귀히 여기고 뜻은 한냉한 것을 귀히 여기고 사조는 깎아서 줄인 것을 귀히 여기니 한냉하면 곧 준영해지고 깎아서 줄이면 곧 고초 해진다. 이러한 것은 모두 속된 것과 너무 익어 물러진 것을 잘 피하게 되는 것이다.

詩境貴幽, 意貴閒冷, 辭貴刻削, 閒冷便俊永, 刻削便古峭. 若此者, 皆善於避俗, 善於避熟者也.(『說詩菅蒯』)

라고 하여 시경의 궁극적 의도는 속된 것을 피함(避俗)에 있다고 하였으며, 심덕잠(沈德潛)은 영물의 가치를 다음에 말하기를,

영물은 작은 형식이다. 그래서 두보의 「방병조의 호마를 읊음」에 이르기를,「가는 곳 공활한 것 없어 진정 생사를 기탁하리라.」라 한 것은 덕성의 조화가 다 전해진 것이며 정도관의 「자고새를 읊음」에 이르기를 「비 짙게 내리는 청초의 호수 가를 지나는데 꽃 지는 황릉의 묘당에 새가 운다.」이 또한 신운이 뛰어나다.

詠物, 小小體也. 而老杜詠房兵曹胡馬則云:『所向無空闊, 眞堪託死生.』

德性之調良, 俱爲傳出. 鄭都官詠鶯鴣則云 ;『雨昏靑草湖邊過, 花落黃陵廟裏啼.』此又以神韻勝也. (『說詩晬語』)

라고 하여 영물시는 작은 체이지만 덕성이 있어야 하고 신운이 내재되어야 한다고 한 것으로 보아 영물의 최대의 특점은 고결(高潔)과 탈속(脫俗)이라 하겠다. 이교의 영물시에서 탈속을 표출한 소재는 주로 자연(雨・雪 등)과 초목(蘭・梅・菊・松), 그리고 조수류(鳥獸類)(鳳・鶴・雁・龍・麟・象・羊)에서 택하고 있는데, 그 몇 가지 시를 예로 들어서 살피기로 하자. 「눈(雪)」시를 보면,

> 서설이 천리를 놀라게 하며
> 검은 구름은 하늘을 어둡게 하네.
> 땅은 밝은 달밤을 의심케 하고
> 산은 흰 구름 낀 아침인 듯 하네.
> 춤추는 모습 꽃 빛 따라 움직이고
> 노래에 맞춰 부채 그림자처럼 팔랑거리네.
> 대주의 궁궐 길에서 노닐다가
> 오늘 바다 신이 계신 데서 아침 맞으리.

> 瑞雪驚千里, 同雲暗九霄.
> 地疑明月夜, 山似白雲朝.
> 逐舞花光動, 臨歌扇影飄.
> 大周天闕路, 今日海神朝.

여기에서 제2연은 눈 내린 땅을 밝은 달밤(明月夜)에 비유하고, 산을 흰 구름의 아침(白雲朝)에 견주었으며 제3연에서 춤추는 꽃과 빛, 부채와 그림자의 배합은 실로 고아의 극치가 아닐 수 없다. 의취(意趣)의 절속미(絶俗味)는 독자로 하여금 흥분케 하는 것이다. 청대의 왕사한(汪師韓)이 설시

(雪詩)에 고운 어사(姸詞)를 다용했다는 견해가 이설적일 수 있지만[23] 그 자체가 주는 상(像)은 역시 심덕잠(沈德潛)의 "참으로 천진하고 탈속적이다(何天眞絶俗)"의 특성을 절실히 묘사하였다는데 주의할 만하다.[24] 영물시로 「눈(雪)」과 함께 「내(煙)」을 예거할 수 있다.

     상서로운 기운은 푸른 누각 위에 넘나들며
     공허하고 뿌옇게 푸른 산 위에 아롱댄다.
     아득히 쌍궐로에 떠서 맴돌며
     멀리 구선의를 걸치고 있구나!
     뽕 가지는 찬 빛 맞고 있으며
     솔과 대는 저녁 빛에 어두워지누나.
     아직 보라빛 하늘 위에 있어서
     때때로 날으는 봉황새를 맞고 있구나.

     瑞氣凌靑閣, 空濛上翠微.
     廻浮雙闕路, 遙拂九仙衣.
     桑柘迎寒色, 松篁暗晩暉.
     還當紫霄上, 時接彩鸞飛.

이 시는 아지랑이(煙)를 생명이 있는 생체로 보고 선의(仙衣)를 입고 봉황(鸞)과 더불어 날아가는 초탈의 상징으로 미화한 것은 물론, 아지랑이를 통해서 서기(瑞氣) 어린 희망과 이상의 대상으로 묘사하였으니, 이것이 공교(工)와 오묘(妙)의 극치이며, 그리고 기탁에 의한 시인의 살아있는 기백(氣魄)을 담고 있다. 이 맛은 바로 청대 방훈(方薰)이 말한 바 "시는 뜻을

---

23) 汪師韓은 『詩學纂聞』에서 "自謝惠連作雪賦, 後來詠雪者多騁姸詞."라 함.
24) 沈德潛은 『說詩晬語』에서 "古人詠雪多偶然及之. 漢人 『前日風雪中, 故人從此去』, 謝康樂『明日照積雪』, 王龍標『空山多雨雪, 獨立君始悟』, 何天眞絶俗也."라 함.

다 드러내지 않음을 귀히 여긴다. 그러나 모름지기 뜻을 표달해야 한다. (詩貴有不盡意, 然亦須達意."(『山靜居詩話』)와 상동 된다 하겠다.

　초목을 음영한 제재(題材)에서는 「蘭」, 「菊」, 「松」, 「梅」 등을 예거하겠는데, 먼저 「매화(梅)」 시를 보기로 한다.

　　　　대유산은 찬 빛 거두어 있는데
　　　　매화의 남녘 가지는 홀로 일찍 향기롭네.
　　　　눈은 아침 햇살 머금었는데
　　　　바람이 왔다 갔다 향기 돋우네.
　　　　얼굴 가꾸려 청경을 돌리니
　　　　노래에 나는 먼지는 무늬 진 들보에 일도다.
　　　　멀리 목마름을 그치게 할 수 있다면
　　　　어느 겨를에 미주에 옥노를 띄우겠는가.

　　　　大庾斂寒光, 南枝獨早芳.
　　　　雪含朝暎色, 風引去來香.
　　　　妝面回靑鏡, 歌塵起畵梁.
　　　　若能遙止渴, 何暇泛瓊漿.

　이 시가 주는 의미는 화려하면서도 향기 어린 자태를 표현하면서도 독특한 품성과 고고한 취향은 영매시(詠梅詩)가 갖는 「드러난 모습 저 밖에 고고한 기품이 서린 것(象外孤寄)」과 「순수히 손으로 정을 묘사한 것(純手寫情)」을 그대로 그리고 있으니, 이는 매화(梅)가 이성의 벗을 지칭하는 의미와 통하는 정성어린 소묘 때문인가 한다.[25] 그러나 이 의미는 지극히

---

25) 沈德潛, 『說詩晬語』; "詠梅詩應以庾子山之 『枝高出手寒』, 蘇東坡之 『竹外一枝斜更好』爲上. 林和靖之 『雪後園林才半樹, 水邊籬落忽橫枝』, 高季迪之 『流水空山見一枝』, 亦能象外孤寄, 餘皆刻畵矣. 杜少陵之 『幸不折來傷歲暮, 若爲看去亂鄕愁』, 此純乎寫情, 以事外賞之可也."(五十條).

맑고 깨끗한(至淸至潔) 대자연의 가인(佳人)인 것을 알 수 있고 제3·4연은 바로 매화의 숭고한 자태를 의식적으로 의인화(擬人化)한 백묘(白描)수법이라 하겠다. 따라서 매화는 시신(詩神)의 경지까지 승화되어지는 것이다.26) 다음으로「국화(菊)」를 들겠다.

> 계절상 가을이 저무는데
> 국화는 중양절 피도다.
> 꽃은 낙수여인처럼 피고
> 국화주 향기는 야인의 잔에 넘치네.
> 찬 못 가에 한들거려 나부끼고
> 새벽 언덕 가에 고운 자태 드리우네.
> 노란 꽃 오늘 늦도록 이어지니
> 술 든 흰 옷 입은 이가 다시 오지 않을런지.

> 玉律三秋暮, 金精九日開.
> 榮舒洛媛浦, 香泛野人杯.
> 霢靡寒潭側, 丰茸曉岸隈.
> 黃花今日晚, 無復白衣來.

이 시에서 제1연은 국화(菊)의 귀태(貴態)를, 제2연은 국화의 속기(俗氣) 없는 상(像), 제3연은 청순(淸淳), 제4연은 감히 범치 못할 절개와 탈속(脫俗)을 각각 묘사하고 있으니, 비록 공교적(工巧的)인 작법이 있으나27) 국(菊)이 주는 의취(意趣)인 선연(仙緣)과 굴원(屈原) 및 도잠(陶潛)적인 견정(堅貞)에다가 명예를 중시하는 강한 자존심(自尊心)을 기탁하고 있다고 할

---

26) 張健은 "訪梅, 惜梅, 與梅對語, 與梅相思, 梅花開了便忘歸, 這不都把梅花視作佳人麽? 佳人如梅, 梅是佳人―不止色秀, 抑且神淸."(『中國文學與思想散論』, p.25).
27) 『詩人玉屑』; "唐人嘗詠十月菊, 自緣今日人心別, 未必秋香一夜衰, 世以爲工, 蓋不隨物而盡."(卷六)이라 함.

것이다.28) 그리고 동물로는 「학(鶴)」과 「양(羊)」을 절속(絶俗)의 우수작으로 보겠다.

황학이 멀리 훨훨 날아서
봉황새 따라 안개에 내리네.
높이 날아 일 만리요
왔다 갔다 몇 천년이랴.
푸른 밭가에서 어느 덧 쉬면서
가끔 궁궐 붉은 계단 앞에서 노는구나.
공연히 서리를 꺼리지 말고.
오히려 소리가 한껏 하늘에 닿기 바라고 있네.

黃鶴遠聯翩, 從鸞下紫煙.
翱翔一萬里, 來去幾千年.
已憩靑田側, 時遊丹禁前.
莫言空警露, 猶冀一聞天. (「鶴」)

마실 것 끊고 속된 것 씻어
힘써 내달려 뛰어난 재주 꿈에 그리네.
양치는 선인은 돌 안고 가고
동자는 수레 타고 오네.
별자리에 밤의 옥이 별을 머금고서 움직이고
아침 햇빛에 비치는 깃털 눈같이 빛나네.
그 천리 날만한 힘일랑 말을 말지니
오래 상림 가에 깃들리라.

絶飮懲澆俗, 行驅夢逸材.
仙人擁石去, 童子馭車來.

---

28) 주(25)의 pp.34~35 참고.

夜玉含星動, 晨氈映雪開.
莫言鴻漸力, 長牧上林隈. (「羊」)

「학(鶴)」의 제1·2연은 속계(俗界)의 탈출이요, 제3·4연은 청계(淸界)에의 안주(安住)인 것이며, 「양(羊)」의 제1·2연은 속계를 씻고 선인(仙人)을 좇음이며, 제3·4연은 양의 심성과 자태를 별(星)과 눈(雪)에 기탁함이다.

2) 섬세와 기려

영물시에서의 섬교(纖巧)와 화려(華麗)는 그 자체가 가지고 있는 특색이다.29) 시에서 격이 높고 섬교해야 규격이 맞는다고(즉 가치 있다) 하겠으며 아울러 문학적 의미가 더해진다고 할 것이다.30) 이교의 영물시에는 특히 이 점이 강조된다. 그 이유는 기설한 바 부(賦)에서 온 영물시라는 것과 제량(齊梁)의 부염(浮艷)이 스며 있다는데 있다. 이교에게서 화려미는 다음 「구슬(珠)」과 「침상(牀)」에서 그 묘미(妙味)를 확인할 수 있다.

찬란하게 금수레 옆에 빛나
영롱하게 옥궁전 가에 울린다.
곤명지에 명월이 가득 차고
함포엔 야광이 감돌도다.
채색 빛은 영사진주 쫓아 감돌고
고운 모습은 춤추는 봉황 따라 오도다.

---

29) 『全唐詩話續編』卷上; "漢武秋風辭, 此結四句脫胎所自也. 用其意而不用其詞, 特爲妙麗"라 하고 또 『石洲詩話』卷 一; "李巨山詠物百二十首雖極工巧……"라 함.

30) 沈德潛은 『說詩晬語』(五十九條)에서 "詩中高格, 入詞便苦其腐, 詞中麗句, 入詩便苦其纖. 各有規格在也."라 하고 汪師韓은 『詩學纂聞』에서 "魏文帝典論曰; 『詩賦欲麗』; 陸士衡文賦曰; 『詩緣情而綺麗』; 劉彦和明詩亦曰; 『四言正體, 則雅潤爲本; 五言流調, 則淸麗居宗.』 以綺麗說詩, 後之君子所斥爲不知理義知歸也"라 하여 詩의 品格을 一面 강조.

임금이 감천궁에서 일어나서
망풍대에서 얻은 흰 구슬 꽃같이 곱도다.

燦爛金輿側, 玲瓏玉殿隈.
昆池明月滿, 合浦夜光回.
彩逐靈蛇轉, 形隨舞鳳來.
甘泉宮起罷, 花媚望風臺. (「珠」)

듣자니 맹장군이 상아 침상 있어
옛날에 군왕에 드렸다하네.
거북 등과 금으로 뼈대 삼고
산호 칠보로 꾸몄도다.
계수 대자리는 잣 향기 머금고
난초 자리는 짙은 향내 뿜도다.
원하건대 비단 수막 둘러친 밤에
오래도록 가을 달빛 물들어 있기를.

傳聞有象牀, 疇昔獻君王.
玳瑁千金起, 珊瑚七寶妝.
桂筵含栢馥, 蘭席拂沈香.
願奉羅帷夜, 長乘秋月光. (「牀」)

「珠」에서는 시어의 표현(燦爛・金輿・玲瓏・玉殿・明月・夜光・彩・形 등)과 제3・4연의 율동적이고 미려한 묘사가 묘미를 느끼게 하며, 「牀」에서는 역시 시어(象牀・君王・玳瑁・千金・珊瑚・七寶・桂筵・栢馥・蘭席・沈香・羅帷 등)의 활용과 시 전체의 수식과 묘사가 변체(騈體)의 구조를 닮은 것 또한 이교 시의 탁월한 면이다.

그리고 시의 섬교성은 기교의 섬세와 공교인데 그의 「춤(舞)」과 「발(簾)」을 보고자 한다.

    예쁜 기녀는 금곡에 놀고
    가인은 석성에 가득하네.
    노을진 저고리는 자리 위에 감돌고
    꽃 소매는 눈앞에 빛나네.
    의젓한 봉황은 청곡 따라 어울리고
    맴도는 난새는 우아한 소리에 응하네.
    그대 잘 보지 않으면
    뉘 흰 허리의 경쾌함을 감상할 수 있으리.

    妙伎遊金谷, 佳人滿石城.
    霞衣席上轉, 花紬雪前明.
    儀鳳諧淸曲, 回鸞應雅聲.
    非君一顧重, 誰賞素腰輕. (「舞」)

    청풍에 가끔 제비 날아들고
    푸른 집은 거의 가을에 묻혀 있네.
    아득히 영각을 감싸고서
    섬세히 옥 고리에 걸려 있네.
    창가에는 비취새가 놀고 있고
    문밖엔 물방울이 떠있구나.
    교묘하게 용무늬 어린 품위 지니고서
    길게 날으는 제비를 맞아 노닌다네.

    淸風時入燕, 紫殿幾含秋.
    曖曖籠鈴閣, 纖纖上玉鉤.

窓中翡翠動, 戶外水精浮.
巧作盤龍勢, 長迎飛鵬遊. (「簾」)

「舞」에서 제2연의 「轉」과 「明」자는 자태와 형태의 동작 및 초점을 오직 한자(一字)로써 부각하여 시적인 교묘(巧妙)를 살렸고 제3연의 「該」와 「應」자는 상호, 평측법(平仄法)에 의해 조화의 기취(奇趣)를 보여서 작시상의 공교(工巧)를 십분 살리고 있으며, 「簾」에서 제1연의 「時」와 「幾」는 시공(時空)의 한계를 시대와 계절에 조화되게 하면서 제2연에서는 첩어(疊語)의 사용과 미어(美語)의 인용으로 실상(實相)을 보는 감각을 불러일으킨다. 그리고 제3연에서 「動」과 「浮」자는 동중정(動中靜)의 이율적(二律的) 묘사법을 강구하고 제4연에서는 「巧」와 「長」자를 통하여 대소(大小)와 세장(細長)의 상대적 개성을 일체화(一體化)시키고 있다.

Ⅳ. 시론「평시격(評詩格)」의 개관

이교의 「평시격」은 흔히 최융(崔融)의 「신정시체(新定詩體)」와 같이 다루고 있는데, 이는 일본 중택희남(中澤希男)의 『문경비부론(文鏡秘府論)』, 「예기」의 다음 말에서 그 진위(眞僞)를 알 수 있다.

> 최융의 신정시체 한 권이 일찍 일실되고 후인도 저자의 성명과 서명을 모르고서 단지 그 남긴 글을 이교의 이름에 기탁하여 그 책의 제목을 평시격이라 한 것이다. 그러하지 않으면 이교와 최융이 같이 주영학사이므로 신정시체 역시 평시격의 십체구대설에서 취하기도 했을 것이다. 고로 신정시체가 망실되고 평시격에서 인용하여 홀로 전해진 것인가?

> 崔融新定詩體一書早失, 後人竝昧撰者姓名及書名, 但將其遺文托名李嶠

而題其書曰評詩格. 不然, 則因李嶠崔融同爲珠英學士, 新定詩體亦有取於
評詩格十體九對之說, 故新定詩體亡佚而引用之評詩格獨流傳乎.

　여기서 「평시격」은 「신정시체」의 내용을 그대로 가진 것이며, 최융(崔
融)의 것이 망실되어 「평시격」의 이름으로 전하여졌다는 것을 말하고 있
는데, 사실 「평시격」이 북송과 남송까지도 서지(書志) 명목에 없었다가 진
진손(陳振孫)의 『직재서록해제(直齋書錄解題)』(권22)에 비로소 "평시격 한
권은 당의 이교가 지은 것이다. 이교는 왕창령 보다 앞서 있었으니 왕창
령의 시격 팔병을 인용했다는 것은 그러하지 않다.(評詩格一卷, 唐李嶠
撰. 嶠在昌齡之前, 而引昌齡詩格八病, 亦未然也.)"라고 기록되니 위의 일
본인의 설을 뒷받침한다. 이제 그 출처에 이설이 있으나, 이교의 이름으
로 「평시격」을 내세우는 바, 그 내용을 왕몽오우(王夢鷗) 교수의 『초당시
학저술고(初唐詩學著述考)』의 「崔融詩學著述」장을 주된 글로 하여 개략하
고자 한다.

　「평시격」은 구대(九對)와 십체(十體)로 구성되어 있으니, 구대(九對)란 절
대(切對)·절측대(切側對)·삼자대(三字對)·자측대(字側對)·성대(聲對)·쌍
성대(雙聲對)·측쌍성대(側雙聲對)·첩운대(疊韻對)·첩운측대(疊韻側對)
등이며 십체(十體)란 형사(形似)·기질(氣質)·정리(情理)·직치(直置)·조조
(雕藻)·영대(影帶)·완전(婉轉)·비동(飛動)·정절(情切)·정화(精華) 등이다.
먼저 구대의 내용을 살펴보고자 한다.

　　「절대(切對)」; (시구의 예가 빠짐) "물상이 절대 바르므로 치우치고 마르지
　　　　　　　 않음(家物(物象)切正不偏枯"를 의미한다고 하는데, 「對」에 대
　　　　　　　 한 명명(命名)이 사람에 따라 달라서 상관의(上官儀)는 「정명
　　　　　　　 대(正名對)」라 하고, 원긍(元兢)은 「정대(正對)」라 하여 이교와
　　　　　　　 는 다른 데가 있다.
　　「절측대(切側對)」; "물고기 노니 새연꽃 출렁이고 새 흩어나니 남은 꽃 지

느나.(魚戲新荷動, 鳥散餘花落.)"(謝朓의 「遊東田」시구)「절대」와 달리 정의 풀이가 없으며 시구인용도 별다른 의의가 없다. 『문경비부론(文鏡秘府論)』에 "절측대라는 것은 다른 것을 정세하게 묘사하고 같은 것을 성글게 조화시키는 것을 말하니 이것이 시이다.(切側對者, 謂精異粗同, 是詩.)"라 하니 실물과 차유물(借喩物)의 다름을 말한다.

「자대(字對)」; "산버들 가지에 찬이슬이 맺히고 연못가에는 찬바람이 울린다.(山柳架寒露, 池條韻凉颷.)" 도 정의(定義)가 역시 빠져 있으며 인시(引詩)에서 산유(山柳)는 산초(山椒)(山頂의 뜻)이 옳다고 왕몽구 교수는 안견(按見)을 달고 있다.

「자측대(字側對)」; "옥시내의 맑아 오락에 흐르고 서설은 삼진에 비친다.(玉溪淸五洛, 瑞雪映三秦.)", "자의가 모두 다르니 형체가 반이 같다.(字義俱別, 形體半同.)"을 일컫는다라 하였다.

「성대(聲對)」; 시에 이르기를: "뜸한 매미 소리 높은 버들에서 울고 많은 새는 깊은 솔에 걸려있다.(疎蟬韻高柳, 密鳥掛深松.)", "자의가 다르니 성조와 명칭이 대를 이룬다.(字義別, 聲名對也.)"를 일컫는다고 했다.

「쌍성대(雙聲對)」; 시에 이르기를: "물섬 가에 둥글게 빛이 드리운데 나뭉와 돌이 서로 어우러져 있다.(洲渚近環映, 樹石相因依.)" 정의가 빠져 있으니 인용시에서 환영(環映)은 쌍성자(雙聲字)가 아니므로 "둘러 비친다(縈映)"로 하여서 영대(縈映)과 인의(因依)가 양쌍성자대(兩雙聲字對)가 된다.

「쌍성측대(雙聲側對)」; 역시 정의 없이 인용시만 있어 "꽃이 금곡의 나무에 밝은데 수양산의 고사리를 딴다.(花明金谷樹, 榮映首山薇.)"에서 금곡과 수산이 대(對)가 된다.

「첩운대(疊韻對)」; 원문 일실. 시에 이르기를: "새벽에 수놓은 옷 걸치고 곱게 꽃 뜰을 걷는다.(平明被繡帳, 窈窕步花庭.)"에서 평명(平明)과 요조(窈窕)가 쌍운어(雙韻語)이지만 뜻이 정대(正對)가 아니므로 첩운측대(疊韻側對)가 된다.

「첩운절대(疊韻切對)」; 원래의 정의와 시구의 예가 일실한데 『문경비부론

(文鏡秘府論)』에 "첩운측대란 자의가 달라 성명첩운대라 하니 이것이다(疊韻側對者, 謂字義別, 聲名疊韻對, 是.)"라 함.

다음은 십체(十體)의 내용을 살펴보도록 한다.

「형사(形似)」; "그 형상을 본 따서 비슷하게 됨을 말한다.(謂貌其形而得似也.)" 시에 이르기를 : "바람 타는 꽃은 정해진 그림자가 없고 이슬진 대나무엔 은근한 정이 서려 있다.(風花無定影, 露竹有餘情.)"

「질기(質氣)」; "바탕의 골격이 있으므로 해서 그 기운을 실림을 말한다.(謂有質骨而依其氣也.)" 시에 이르기를 : "서리 내린 봉우리는 어두워 빛이 없고 눈이 덮인 길은 하얗구나.(霜峯暗無色, 雪覆登道白.)"

「정리(情理)」; "성정을 펴서 이치를 얻음을 말한다.(謂敍情以入理致也.)" 시에 이르기를 : "노닐던 새는 저녁에 돌아올 줄 아는데 길가는 나그네는 홀로 돌아가지 못하네.(遊禽暮知返, 行客獨未歸.)" 시정의 감흥은 인과(因果) 관계에 따라서 묘사되니 이를 정리체(情理體)라 한다.

「직치(直置)」; "사물을 직설로 기술하여 시구에 담는 것을 말한다.(謂直書可置於句也.)" 시에 이르기를 : "아련히 산은 대지를 나누어 있고 푸른 바다는 하늘에 닿아 있다.(隱隱山分地, 蒼蒼海接天.)"『문경비부론(文鏡秘府論)』에서 "직지체란 그 사실을 직설로 기술하여 시구에 매어놓는 것을 말한다.(直置體者, 謂直書其事, 置之於句者是.)"라 함.

「조조(雕藻)」; "대개 눈앞의 일을 다듬어 꾸미는 것을 말한다. (謂以凡目前事而雕硏之也.)" 시에 이르기를 : "언덕이 푸르니 강가의 버들이 싹트고 연못이 붉으니 석류에도 물들었네.(岸綠開河柳, 池紅照海榴.)" (江總,「山庭春日」『문경비부론(文鏡秘府論)』에 "조조체란 사리를 다듬어 꾸미어서 아름답게 하는 것으로 마치 채색 실이 얽히고 쇠붙이가 단련되는 것과 같음을 말한다.

(雕藻體者, 謂以凡事理而雕藻之, 成於硏麗, 如絲彩之錯綜, 金鐵之砥鍊者是.)"라고 하여 자세히 풀이하였다.

「영대(影帶)」; "일의 뜻이 서로 맞아서 쓰임을 말한다.(謂以事意相愜而用之也.)" 시에 이르기를 : "이슬진 꽃이 갓 씻은 비단 같고 샘의 알은 가라앉은 갈고리 같도다.(露花如濯錦, 泉月似沈鉤.)" 『문경비부론』에 "영대체란 사의가 서로 맞아서 다시 쓰이는 것을 말한다.(影帶體者, 謂以事意相愜, 複而用之者是.)"라 하여 밝힘.

「완전(婉轉)」; "시의 어사를 빗둘러서 표현하여 곱게 구를 이룸을 말한다.(謂屈曲其詞, 婉轉成句也.)" 시에 이르기를 : "흐르는 물결 달을 거느리고 가고 호수의 물은 별을 대하며 오도다.(流波將月去, 湖水對星來.)"

「비동(飛動)」; 정의가 결해 있다. 시에 이르기를 : "텅 빈 줄사철나무에 이슬빛이 맺혀 있고 낙엽은 가을 소리에 움직이도다.(空薜凝露色, 落葉動秋聲.)" 『문경비부론(文鏡秘府論)』에는 "비동체란 어사가 마치 날아올라 움직이는 것 같음을 말한다.(飛動體者, 謂詞若飛騰而動者是.)"라 함.

「청절(淸切)」; 정의가 결함. 시에 이르기를 : "원숭이 소리 깎아지른 계곡에서 나고 달 그림자는 찬 강에 지도다.(猿聲出峽斷, 月影落江寒.)" 『문경비부론』에 "청절체란 어사가 맑으며 긴절한 것을 말한다.(淸切體者, 謂詞淸而切者是.)"

「정화(精華)」; 역시 정의가 결함. 시에 이르기를 : "푸른 밭에 떠날 학이 있는데 단혈에서 봉황을 타려 하도다.(靑田凝駕鶴, 丹穴欲乘鳳.)" 『문경비부론』에 "정화체란 그 정수를 얻어서 그 찌꺼기를 잊는 것을 말한다.(精華體者, 謂得其精而忘其塵者是.)"라 함.

이상의 구대 십체는 완정한 것이 아니며 매 조마다 이설이 적지 않으니 본문에선 어디까지나 왕몽구 교수의 의견을 참조하여 첨언한 것이다.

이교의 생애가 상세하지 않고 시론 또한 자료가 미흡하여 내용이 충실하지 못하매 본문은 주관과 억설(臆說)이 적지 않았다고 본다. 말을 끝맺으면서 본문이 다 정리된 것이 아니므로 여기에 풍격상의 시어 분석에 첩어(疊語)·전고(典故)·대구(對句), 그리고 시의 회화성(繪畫性) 등을 보완해야 하리라 보며, 「評詩格」의 인증과 분석을 별도로 발표할 필요가 있다. 그리고 한국한문학에 있어서 영물시를 다작한 문인 중에 고려(高麗)의 이규보(李奎報)의 「군충영(群蟲詠)」 등과 조선의 신위(申緯)의 「상산사십영(象山四十詠)」 등을 이교와 비교하는 것도 요구된다. 이교의 시는 제량(齊梁)풍이긴 하여도 심전기(沈佺期)·송지문(宋之問) 이후의 초당 낭만파(浪漫派)와 교류하면서 부체적(賦體的) 풍격에서 순수한 당시체화(唐詩體化) 하는 데 큰 역할을 하였다고 본다.

왕범지(王梵志)와 그 시의 현실문제 고발의식

돈황사본(敦煌寫本)에서 발견된 왕범지의 시를 수집하여 정리한 자료들에서 비교적 주석이 상세한 것으로 대개 다음의 세 가지를 들 수 있다.

『王梵志詩集校釋』, 張錫厚, 中華書局 1983
『王梵志詩研究』(上・下), 朱鳳玉, 臺灣學生書局 1986
『王梵志詩校註』, 項楚, 上海古籍出版社 1992

상기의 자료는 나름대로 작품을 최대한 수집하고 있는데, 시앙추(項楚) 교주본에 390수까지 재록(載錄)하고 있으며 주석도 서로 다른 점이 적지 않지만, 그 또한 출전(出典)을 활용하면서 난해한 어구와 그 당시의 방언을 유추(類推)하고자 한 점을 높이 평가해 볼 수 있다. 예견되는 일이지, 향후에도 사본(寫本)을 통한 작품의 수집이 계속될 것이며 그 수량도 좀 더 추가될 것으로 본다. 외국학도로서 이미 수집된 자료를 접하는 입장에서 수집상의 오류와 중복, 타인 작의 이입(移入), 자구의 착오, 고증의 과실 등이 최소화되기를 바란다.

이 글에서 개관하게 되지만, 런반탕(任半塘)이 왕범지의 시를 특징짓기를 "시기가 이르다(早)"·"작품이 많다(多)"·"시의 표현이 세속적이다(俗)"· "내용이 맵다(辣)"의 넉자로 해설한 것은 왕범지 시가 초당대에 수용되고 후대에 유전된 조류를 타고 있었음을 극명하게 대변해주는 적절한 표현이 었다고 보기 때문에, 여기에서는 그러한 범위와 추측되는 왕범지 자신의 성분(成分), 그리고 시의 창작여건을 작품을 바탕으로 하여 추측하는 단계 까지 개관하고자 한다.

I. 왕범지의 생존 시기와 그의 생활환경

왕범지가 실재했던 인물이며 그 생존시기는 어떠한가를 구명하기가 용이하지 않지만, 그의 활동시기를 초당대에 놓고 그의 시를 이해한다는 선행적 관점 하에서 이 글을 전개(展開)해 나가야 할 것이다.

왕범지의 생평에 대해서는 추정할만한 사료(史料)는 없고 당대 풍익(馮翊)의 『계원총담(桂苑叢談)』(「王梵志條」)과 범터(范攄의 『운계우의(雲溪友議)』(「蜀僧喩」), 그리고 송대초 『태평광기(太平廣記)』(권82)에 간단하게 사유(史遺)처럼 그에 관한 기록이 있을 뿐이다.1) 다음에 풍씨(馮氏)의 원문에 부주(附注)한 『太平廣記』의 기록을 보기로 한다.

> 왕범지는 위주의 여양 사람이다. 여양성 동쪽 15리밖에 왕덕조란 사람이 있는데 수나라 문제 때에(풍씨의 본에는 「수나라 때에」라 함), 집에 능금나무가 있는데, 큰 혹이 나서 자루만 하였다. 삼 년을 지나서 (그 혹이) (풍씨 본에는 이 두자가 있음), 썩어 문드러지매, 덕조가 보고서 곧 그 껍질을 가르니 (풍씨는 「긁어내다」로 함), 마침내 한 아이가 태를 안

---

1) 張錫厚, 『王梵志詩校輯』 p.6.

고 (나오매)(풍씨본은 이 자가 있다) 덕조가 주워다가 키웠다. 칠 세가 되어서야 말을 하게 되자 (물어)말하기를, 누가 나를 키웠나요? 또 이름이 무엇인가요? 라고 하기에 (풍씨는 이름을 묻기까지 하였다함) 덕조가 자세히 사실대로 일러주었다. 이름하여 수풀 림, 나무 목하니 범천(풍씨는 수풀에서 나왔다하여 범천이라고 함)이라 한데, 후에 梵志라고 고쳤다. (풍씨에는 범자가 없음)말하기를 왕씨 집이 나를 키웠으니(풍씨는 우리 집에서 자라나다라고 했는데 틀린 듯함) 성을 왕이라 한다. 梵志는 시를 지어 남에게 보이니 심히 그 뜻이 깊도다. (풍씨에는 梵志乃 세자가 없고 시를 풍이라 함)

  王梵志, 衛州黎陽人也. 黎陽城東十五里有王德祖, 當隋文帝時(馮本作當隋之時), 家有林檎樹, 生癭大如斗. 經三年(馮本有此二字)朽爛, 德祖見之, 乃剖(馮作撤)其皮, 遂見一孩兒抱胎而(出)(馮本有此字)德祖收養之. 至七歲, 能語(問)曰, 誰人育我? 復何(馮作及問)姓名. 德祖具以實語之. 因名曰林木梵天(馮作因林木生曰梵天), 後改曰梵志(馮無梵字). 曰 : 王家育我(馮作我家長育, 似誤)可姓王也. 梵志乃作詩示人, 甚有義旨. (馮無梵志乃三字, 示作風)

여기서 비록 전설같은 고사이지만 왕범지의 고향이 위주(衛州)의 여양(黎陽)(지금의 하남성 준현濬縣)이라는 것과 수문제(隋文帝)(581~604)시의 생존, 그리고 성명인 王梵志의 의미 등을 파악할 수 있다. 그러니까 이 자료로는 육조말(六朝末)에서 당대 초에 생존했음을 확인할 수 있으며 그의 시가 유행한 증거로 흔히 『돈황사본역대법보기(敦煌寫本歷代法寶記)』 장권(長卷) 중에 무주화상(無住和尙)(774년 졸)이 왕범지의 「혜안은 비운 마음에 가깝다(慧眼近空心)」시를 인용하고 있는 점을 열거하여 8세기에는 이미 왕범지의 시들이 유행하였다는 확증 하에 왕범지를 초당시인으로 확정 시켜 놓고 있다. 왕범지의 생졸(生卒) 연대에 관한 몇 가지 자료를 살펴본다면, 후스(胡適)의 『백화문학사(白話文學史)』(1928년)를 먼저 들 수 있는

데, 그는 그 생졸 연대를 AD590~660년 사이로 추정하였고, 또 『현대평론』에서는,

> 역대법 보기로 증명한다면 구설에 기록된 梵志의 시대는 그리 이른 것 같지 않다. 그가 수대에 나서 당대 고종 때에 죽었기에 8세기의 사천성의 한 스님이 그의 시구를 인용했던 것이다.

> 以歷代法寶記證之, 舊說所記梵志的時代, 似不爲過早, 他生于隋朝, 死于唐高宗時(約 660~670), 故八世紀的一個四川和尙得引用他的詩句.(『現代評論』6卷 156期)

라고 하여 당대 고종(高宗)시를 졸년으로 구체화시키고 있다. 찐치화(金啓華)도 후스(胡適)의 학설을 수용하여 이르기를,

> 무주 스님이 성당 시기에 사천에서 활동하다가 대력 9년에 죽었다. 왕범지의 시가 이 시기에 유행하였으며 대개 7세기 중엽에 사망하였음을 알 수 있다. 따라서 우리는 잠정적으로 왕범지의 생졸년이 590에서 660년경으로 추측하는데 믿을만하다고 본다.

> 而無住活動於盛唐時期的四川, 死於大歷九年(774). 可見王梵志的詩在這時期是很流行的, 他大約死於七世紀中期. 因此, 我們姑且推測王梵志的生卒年爲公元590左右~660左右, 或者是可靠的.(『名作欣賞』1982年 第6期)

라고 하였으며 꽝푸(匡扶)는 그 시기를 다소 늦추어서 700년대로 설정하여서,

> 왕범지 활동의 상한 시기는 초당대 무덕 년간이며 가장 늦어도 개원 시기를 넘지 않으므로 대략 500에서 720년 사이에 해당한다.

> 王梵志活動的上限是初唐武德年間, 最遲不晩於開元年間, 約當於公元

620至749年之間.(「王梵志詩社會內容淺析」・『西北師院學報』・1983年 第4期)

라고 하여 그 생존시기의 폭을 확대시키고 있다.

한편, 왕범지의 재세 시기를 확인할 수 있는 근거들은 역사적인 자료와 그의 시에 묘사되는 상황이나 풍물 등을 통해서 다수 예증할 수 있으리라 본다. 전자의 경우로는 돈황사본(敦煌寫本)「王道祭楊筠文」(P 4978)을 보면,

> 당대 개원 27년 계축 2월에 동삭방 여양 고통현학사 왕범지의 직손 왕도는 삼가 흰 막걸리를 제수로 올리어서 경건히 방랑객 풍광자 주사 양치아 홍농 양균의 영전에 제사 드리나이다.

> 維大唐開元二十七年歲在癸丑二月, 東朔方黎陽故通玄學士王梵志直下孫王道, 謹請酌白醪之尊; 敬祭沒逗留風狂子, 朱沙梁癡兒弘農楊筠之靈…

라고 하여 개원(開元) 27년(739)에 이미 왕범지는 재세하지 않았음을 알 수 있다. 그리고 초당의 사회정황을 예로 든다면『정관정요(貞觀政要)』속에 기재된 사실 가운데,

> 정관 11년, 마주가 상소하건대, 요역을 나가는데, 길에 서로 연이어서 형이 떠나면 아우가 돌아와 머리와 꼬리가 끊이지 않고 원정간 자의 왕래가 오육십 리나 되어 춘하추동으로 쉴 때가 없나이다.

> 貞觀十一年(637), 馬周上疏, 供官徭役, 道路相繼, 兄去弟還, 首尾不絶, 遠者往來五六千里, 春夏秋冬, 略無休時

라고 한 사실을 왕범지 자신의 다음 시에서 반영하고 있는 것을 보면,

집마다 호역과 요역이 부과되니
우리 부부를 끌어 가누나.
아내는 걸칠 베옷조차 없고
남편은 몸에 잠방이도 없구나.

戶役差科來, 牽挽我夫婦.
妻卽無褐被, 夫體無禪衿.

—「夫婦生五男」의 일부·264호·권5

그의 시명에 대해서는 일본의 평안조시대(平安朝時代)(784~897)에 이미 왕범지의 시가 있었다는 사실에서 당송대의 상황을 숙지할 수 있다.[2] 이같이 일본에까지 이름이 알려졌으니, 당대의 그 당시로서는 그 유행이 대단하였음을 유추할 수 있다. 보건대, 왕유(王維)의 송판본(宋板本) 『王右丞詩』(권3)의 「호거사와 이 시를 붙여 학인에게 보임(與胡居士皆寄此詩兼示學人二首)」 아래에 자주(自注)하여 '두 수는 범지체이다(二首梵志體)'라[3] 한 것이라던가, 교연(皎然)이 이미 왕범지의 도정시(道情詩), 곽박(郭璞)의 유선시(游仙詩), 하지장(賀知章)의 방달시(放達詩), 노조린(盧照隣)의 만작시(漫作詩)(이상은 교연이 각 가의 시를 특성화하여 붙인 이름) 등을 질탕격(跌宕格)의 해속품(駭俗品)으로 분류하여 "겉으로는 놀랄 만큼 세속적인 모습을 보여 주지만, 속으로는 달인의 풍도를 지니고 있다.(外示驚俗之貌, 內藏達人之度.)"라고 한 것들은 모두 당시의 왕범지 시에 대한 관심과 그

---

2) 神田喜一郞, 『敦煌學五十年』 중의 「敦煌學近況」 p.75.
3) 청대 조전성(趙殿成)의 전주본에는 梵志體란 기재가 없지만, 「自注」했다는 것은 王維 자신이 범지의 시를 숙지했다는 의미이다. 여기 그 其一을 보겠다. "一興微塵念, 橫有朝露身. 如是觀陰界, 何方置我人. 礙有固爲主, 趣空寧捨賓. 洗心詎懸解, 悟道正迷津. 因愛果生病, 從貪始覺貧. 色聲非彼妄, 浮幻卽吾眞. 四達竟何遣, 萬殊安可塵. 胡生但高枕, 寂寞與誰隣. 戰勝不謀食, 理齊甘負薪. 子若未始異, 詎論疏與親."

영향력을 짐작케 한다.4) 이러한 여러 상황이 왕범지를 당대 초기에 놓은 것을 분명케 한다는 사실 하나만으로 그에 대한 생졸 년대의 구명 못지 않게 중요하다고 할 것이며 고증이 불가한 연대에 집착하지 않아도 왕범지의 시풍에 대한 논구의 시점을 확정 시켰다고 할 것이다.

왕범지의 시에서 시점을 파악할 수 있는 것으로「전감을 친히 다스려 화폐를 주조케 하여(奉使親監鑄)」(74호·권2)는 화폐명을 통하여 더욱 초당시임을 입증케 한다. 그 시를 보면,

전감을 친히 다스려 화폐를 주조케 하여
옛 돈을 바꾸어 새 돈을 만드네.
개통이 만리에 달하고
원보는 청황색을 내도다.
본 왕조에 전해지게 하여
억조의 세월에 끊임없이 이어지리라.
가난한 일 생각에 무심하니
(5자 결)
때때로 보면서 기뻐하며
귀중히 여기는 것 부모보다 더하네.
모름지기 집안이 넉넉해야 하리니
늘상 양홍의 현처 맹광 같은 사람을 대하리라.

奉使親監鑄, 改故造新光.
開通萬里達, 元寶出靑黃.
本姓使流傳, 涓涓億兆陽.
無心念貧事, (缺句)
有時見卽喜, 貴重劇耶娘.

---

4) 교연(皎然)의『詩式』에서의 품평은『唐詩紀事』(卷七十三)과『全唐詩話』(卷六) 등에서 확인함.

唯須家中足, 時時對孟光.5)

제3·4구의「개통」과「원보」는 당초 무덕(武德) 4년(621)에 설치된 전감(錢監)에서 주조한「개원통보(開元通寶)」를 지칭한다. 제2구는 수대(隋代)의 전(錢)을 신전(新錢)으로 바꾼다는 뜻이니 이것은『구당서』의 다음 기록에서 확인하게 된다.

고조가 즉위하여 여전히 수대의 오수전을 사용하였다. 무덕 4년 7월에 오수전을 폐지하고 개원통보전을 시행하게 되었다.

高祖卽位, 仍用隋之五銖錢. 武德四年七月, 廢五銖錢, 行開元通寶錢.(卷四十八食貨 上)

고조(高祖)가 수대의 화폐를 폐지하고 개원통보를 발행한 시기가 고조 시이라면 이 시는 그 후에 쓰여진 것이며, 그 후에 건봉(乾封) 원년(高宗·666)에는 다시 신전을 개조하여「건봉천보(乾封泉寶)」라 하고 구전(舊錢)(개원통보)과 병행케 했다고 한다.6) 그러나 구전에 대한 가치를 높이 두고 선왕의 뜻(先旨)을 따라 당대화폐의 모본으로 삼았음을 다음 조서(詔書)에서 알 수 있다.

건봉 2년 정월, 조서가 내리니,「고조께서 난을 뿌리뽑고 반정하여 이에 나라의 규범을 세우셨다. 태종께서 천자에 등극하시어 고쳐 만드시지 않았다. 이제 옛 것을 폐지하고 새 것을 만들매 옛 뜻을 어길까 두렵도다. 그 개원통보는 옛 것에 의해 시행하여 만대의 법도로 삼아야 할 것이라.

---

5) 孟光: 東漢梁鴻의 賢妻.『後漢書』梁鴻傳(卷六十) 云: "吾欲裘褐之人, 可與俱隱深山者爾. 今乃衣綺縞, 傳粉墨, 豈鴻所哉. 孟光曰: 以觀夫子之志耳, 妾自有隱居之服."
6)『舊唐書』卷四十八食貨上: "至乾封元年封嶽之後, 又改造新錢, 文曰乾封泉寶, 徑一寸, 重二銖六分. 仍與舊錢並行, 新錢一文當舊錢之十. 周年之後, 舊錢並廢."

乾封二年正月, 下詔曰:「高祖揆亂反正, 爰創軌模. 太宗立極承天, 無所改作. 今廢舊造新, 恐乘先旨. 其開元通寶, 宜依舊施行, 爲萬代之法.(『舊唐書』卷四十八食貨上)

왕범지의 상기시는 이 같은 사실(史實)을 극명하게 묘사하여 주는 것이며 더구나 시속의 「개통」·「원보」는 속칭 「개통원보」라고 하였다는『구당서』의 기록에서 더욱 분명해진다.

개원전의 글은 급사 중 구양순이 글을 짓고 쓴 것이니 그 뛰어남을 칭찬하였다. 그 글씨는 팔분체와 예서체로 썼으며 먼저 위에서 아래로 그리고 왼쪽에서 오른쪽으로 읽게 된다. 왼쪽에서부터 둘러서 읽어도 그 뜻이 통하므로 흔히들 개통원보전이라고 일컫게 되었다.

開元錢之文, 給事中歐陽詢制詞及書, 時稱其工. 其字含八分及隸體, 其詞先上後下, 次左後右讀之. 自上及左廻環讀之, 其義亦通, 流俗謂之開通元寶錢.(卷四十八食貨上)

그러니까 시의 용어는 그 당시의 유속독법(流俗讀法)에 의한 호칭인 것이다. 이것으로 정확한 생졸 년대는 불상하지만 왕범지가 초당대에 시작활동 하였음을 단정하게 된다.

왕범지의 가정환경은 단지 그의 시작을 통해서만 엿볼 수 있으니, 소시에는 비교적 유족한 것으로 보인다. 그의 「우리 집엔 밭이 많으나(吾家多有田)」(권2)의 첫 연에서,

우리 집엔 밭이 많으나
광평왕 보다는 못하네.
돈이 있어도 아까워 쓰지 않으니
몸이 죽어 남기면 무엇이 이로울까.

>   吾家多有田, 不善廣平王.
>   有錢惜不用, 身死留何益.

라고 한 것이라든가 「우리 집 옛날에 부유했고(吾家昔富有)」(권5)에서,

>   우리 집 옛날에 부유했고
>   너의 몸은 빈궁하여 죽을 지경이었지.
>   너는 지금 마침 돈이 있어
>   나의 옛날과 비슷하다네.
>   나는 지금 마침 빈궁할 때가
>   옛날의 너와 같았다네.
>   애석하도다 좋은 신발이
>   헐어빠진 헌 신짝이 되었구나.

>   吾家昔富有, 爾身窮欲死.
>   爾今初有錢, 與我昔相似.
>   吾今作無初, 還同昔日爾.
>   可惜好靴牙, 翻作破皮底.

라 하여 한 때의 풍족한 가세와 작시시기의 불우함을 대비하여 보여준다. 그리고 「우리 집은 어디인가(我家在何處)」(권3)는 범지의 부유했던 생활환경을 분별하는 하나의 예시이다.

>   우리 집은 어디인가?
>   산모퉁이에 집을 짓도다.
>   뜰 옆에 여우와 이리 굴 있고
>   문 앞엔 까마귀와 까치의 둥지 있네.
>   꾀꼬리 소리 들으며 씨 뿌리고

기러기 소리 들으며 벼를 거두네.
괴로우면 하인으로 피리 불게 하고
한가하면 여종으로 노래 부르게 하네.
아들로 글을 읊고 짓게 하며
딸로는 베짜기를 배우게 하네.
하늘에 이르노니
날러는 어찌 하면 좋으리?

我家在何處, 結宇對山阿.
院側狐狸窟, 門前烏鵲窠.
聞鶯便下種, 聽雁卽收禾.
悶遣奴吹笛, 閑令婢唱歌.
兒卽敎誦賦, 女卽學調梭.
寄語天公道, 寧能那我何.

　더 바랄 것 없는 유족한 가정에서 성장한 것으로 보이는데 수도의 고행을 위해 자신의 복록(福祿)을 포기한 탈속을 추구한 결과에서 객관적이며 냉혹한 비판의식을 갖게 되고, 미련 없는 강직성(剛直性)을 세워나갈 수 있었을 것이다. 촌철살인(寸鐵殺人)같은 필치는 한 치의 관용도 허락치 않는다. 평화롭던 가정을 탈피하고 또 부세(賦稅)와 천재로 인해 삼식조차 잇지 못하는 신세를 자임(自任)한 듯「내가 옛날 태어나기 전에(我昔未生時)」(권6)에서 독백하고 있다.

내가 옛날 태어나기 전에는
어둡고 아득하여 아무 것도 몰랐네.
하늘이 억지로 나를 낳으시니
나를 낳아서 또 무엇 하리오?
옷이 없으니 나를 춥게 하고

먹을 것이 없으니 나를 주리게 하네.
그대 하늘이여 나를 돌려주소서
나를 태어나기 전으로 돌려주소서.

我昔未生時, 冥冥無所知.
天公强生我, 生我復何爲.
無衣使我寒, 無食使我饑.
還爾天公我, 還我未生時.

여기서 후반구들은 자신의 처지를 직시하며 귀천(歸天)의 허무(虛無) 까지 표출해준다.

한편, 왕범지가 불가에 귀의하기 전에는 가정적으로 유가(儒家)의 영향을 받았음을 알 수 있는데, 이것은 도가(道家)와 함께 범지의 시가 삼교(三敎)의 윤리의식을 공유하는 근거가 되는 것이다. 그의 「세상에 어느 물건이 귀한가(世間何物貴)」(권6)를 보면,

세상에 어느 물건이 귀한가?
시경이며 서경은 값으로 따질 수 없네.
분명히 인의를 말하면
어리석은 지아비들 아무도 모르나니
깊은 방에서는 비첩을 금하면서
객을 두고서는 처자식 자랑하네.
푸른 섬돌 길에서
죽을 때를 미처 모르네.

世間何物貴, 無價是詩書.
了了說仁義, 愚夫都不知.
深房禁婢妾, 對客誇妻兒.
靑石砌行路, 未知身死時.

라고 하여 시서가 인의를 거론하고 있는데 그가 불가에서 득도한 시기는 다음「그는 늘 배불리 먹는다 하지만(他道恒飽食)」(권3)에서 대략 50세 전후로 파악된다.

  그는 늘 배불리 먹는다 하지만
  나는 메마르고 주려 죽겠네.
  오직 한 가지만 배울지니
  벼슬일랑 다신 하지 마오.
  내 나이 오십 여세 되어
  비로소 아무 도리 없음을 알겠네.

  他道恒飽食, 我瘦餓欲死.
  惟徇擧一種, 勿復靑當史.
  行年五十餘, 始覺無道理.

이같이 왕범지의 생평에서 나타나는 기복이 종교적 가치관에 혼합되어 사실과 직언의 시를 창출했다고 본다.

한편, 왕범지의 작품이 필사(筆寫)되어 유전된 내력은 분명치 않으나 기설한 바 29종의 사본7) 가운데 8종이 초사(抄寫) 연대가 기록되어 있는 바 다음과 같다.

  (1) L.1456 : 大歷六年(771)五月(缺一字)日沙門法忍寫本

---

7) 敦煌寫本王梵志詩原卷眞迹 29종은 다음과 같다. S.0778, S.5796, S.5474, S.1399,「王梵志詩集卷上」· P.3211, P.3826, S.5541, S.5641 「王梵志詩卷中」· P.3833, P.3558, P.3696, P.3716「王梵志詩一卷」· P.4094「王梵志詩集一卷」· P.3266「王梵志詩一卷」· P.2842, S.2710, S.3393, S.4669, S.5794「王梵志詩一卷」· P.2607「王梵志詩一卷殘本」· P.3418, P.3724, S.6032, S.4277「王梵志詩殘卷」· P.2125「歷代法寶記引王梵志詩一首」· S.0516 「歷代法寶記引王梵志詩一首」· P.3876「佛書引王梵志詩一首」

(2) S.2710 : 淸泰四年(937)丁酉歲十二月舍書吳儒賢寫本
(3) P.2842 : 己酉年(949)高文(缺一字)寫本
(4) P.4094 : 乾祐二年己酉(949)樊文昇寫本
(5) P.2914 : 大漢天福三年庚戌(970)金光明寺僧寫本
(6) P.2718 : 宋開寶三年壬申歲(972)閻海眞寫本
(7) S.5441 : 太平興三年(978)戊寅歲四月十日氾禮目陰奴兒自手寫秀布一卷
(8) P.3833 : 丙申年(936)二月拾九日蓮台寺學仕郞王和通寫本[8]

 이상에서 (3)·(4)·(5)·(6)은 후스(胡適)가 『백화문학사(白話文學史)』에서 이미 소개하였으며(「唐初的白話詩」), (1)·(2)·(7)·(8)은 찌앙시호우(張錫厚)가 추가한 것으로 사본 년대가 명기된 사본에서 (1)인 레닌그라드(L) 1456호본의 원권제기(原卷題記)에 '대력 6년 5월 왕범지 시 110수를 적음. 사문법인이 적어 (大歷六年五月日抄王梵志詩一百一十首沙門法忍寫之記)' 라고 기재되어 있어서 왕범지 시가 대력 년간에 서부 변방까지 널리 유전되었음을 보여준다. 송 이후에 점차 산실되어 갔고 청대에는 전당시(全唐詩)에 한 수도 실리지 않았음은 매우 불가사의한 일이라 하겠다.[9]

---

8) 張錫厚, 「關於敦煌寫本王梵志詩整理的若干問題」(『文史』第十五輯·1982)의 내용을 再整理.
9) 皎然의 『詩式』에는 王梵志의 「我昔未生時」가 들어있고, 范攄의 『雲谿友議』에는 「天公未生我」·「我肉衆生肉」·「多置莊田廣修宅」·「造作莊田猶未已」·「粗行出家兒」· 「不願大大富」·「良田收百頃」·「本是尿屎袋」·「生時不供作榮華」·「衆生頭兀兀」· 「世無百年人」·「家有梵志詩」·「勸君莫殺命」·「照面不用鏡」·「大皮裹大樹」·「我身雖孤獨」·「世間何物貴」 등 17首가 收錄되어 있으며, 惠洪의 『林間錄』(卷下)에는 「梵志翻着襪」이, 惠洪의 『冷齋夜話』(卷十)에는 「城外土饅頭」가, 그리고 阮閱의 『詩話總龜』(前集卷四十一)에는 「城外土饅頭」, 上同書後集(卷四十七)에는 「梵志翻着襪」이 각각 실려 있으며, 曉瑩의 『感山雲臥紀譚』(卷上)에는 「城外土饅頭」가, 費袞의 『梁谿漫志』(卷十)에는 「欺誑得錢君莫羨」·「多量莊田廣修宅」·「造作莊田猶未已」·「衆生頭兀兀」·「世無百年人」·「勸君休殺命」·「他人騎大馬」·「家有梵志詩」 등 8首가 각각 수록되었으며, 計有功의 『唐詩紀事』(卷七十三)에는 「我昔未生時」가, 胡仔의 『苕溪漁隱叢話』(前集卷五六)에는 「城外土饅頭」가, 陳巖肖의 『庚溪詩話』(卷下)에는 「倖門如鼠穴」·「茅屋松窓小隱家」가,

Ⅱ. 왕범지 시의 창작배경

시앙추(項楚)의 『왕범지시교주』(칠권본)(上海古籍出版社, 1991)은 장시호후(張錫厚)의 『왕범지시교집』(육권본)(중화서국, 1983)을 보완하여 「멀리 세상 사람을 보니(遙看世間人)」(권1)부터 「함께 하늘은 짐작하시거요(幷是天甚酌)」(권7)까지 모두 390수를 수록하고 있고, 주펑위(朱鳳玉)의 『왕범지시연구』하책(학생서국, 1987)에 수록된 작품수도 시앙추 주본(注本)과 동수이어서 지금까지 가능한 왕범지의 시는 390수로 확정시킨 상태다. 따라서 왕범지를 분석하는 데에 있어 최근본인 시앙추 주본을 저본(底本)으로 삼아 본고를 전개함이 타당할 것이다.

후스(胡適)와 증국번(曾國藩) 그리고 꿔짜이이(郭在貽)등은 백화시로 보고, 양꿍찌(楊公驥)는 민가로 분류하며[10] 평석을 가해 왔던 왕범지 시는 그 작가의 혼몽성과 작품의 직서적이며 독특한 품격 때문인지 불명하지만, 『전당시』에는 단 한 수도 재록되지 않았던 것이다.[11]

陶宗儀의 『說郛』에는 「我肉衆生肉」이, 揚愼의 『禪林鉤玄』(卷四)에는 「皇天未生我」와 「梵志翻着襪」가 각각 수록되어 있다.

10) 胡適은 일찍이 「白話詩人 王梵志」에서 「宋人筆記裏屢次提起王梵志的詩, 讀者往往不大注意, 都以爲是宋朝的一個打油詩人 …… 全唐詩裏也不曾收他的詩.」(『現代評論』 卷6・156期)라 하고 또 「唐初的白話詩」에서는 「唐初的白話詩人之中, 王梵志與寒山, 拾得都是走嘲戲的路出來的, 都是從打油詩出來的」(『白話文學史』)라고 한 것과 高國藩은 「談敦煌五言白話詩」에서 「近來的研究者, …… 都說成是初唐白話詩人王梵志作的 ……」(『關隴文學論叢・敦煌文學專集』. 甘肅人民出版社・1983)라 한 것, 敦在貽의 「唐代白話詩釋詞」(『敦煌研究』 創刊號・1983)와 李正宇의 「釋沒忽(上同)」 등에서 확인됨.
11) 『全唐詩』에 王梵志詩를 載錄하지 않은 이유를 潘重規는 "王梵志出生時期的新觀察"에서 「惟一能解答此一問題, 便是他們根據桂苑叢談・太平廣記, 認定王梵志是隋代人. 惟有編纂全隋詩的時候, 才會搜集收錄. 這就是全唐詩編者不收錄王梵志詩集的眞正原因. 儻使敦煌石室王梵志詩集提早三百年發現, 他們自然會收錄王

이런 여건의 시에 대한 작시배경을 유추하는 것은 용이하지 않지만, 다음 두 가지 면에서 살펴보고자 한다. 먼저 직접적인 배경으로는 석망명(釋亡名)의 「오성음(五盛陰)」(『廣弘明集』 권30)과 왕범지의 「전에 죽는 건 긴 이별이 아니니 (前死未長別)」(시앙추의 주본 권5)의 상사점이다.[12] 석망명은 남조 사족(士族) 출신으로 양(梁)이 멸망한 후에 승려가 되어 「지도론(至道論)」, 「순덕론(淳德論)」 등을 썼으며, 그의 종교시는 후세 승려의 선시(禪詩)에 영향 준 바 크다.[13] 여기서 「오성음」을 먼저 보고 왕범지의 시와 비교하도록 한다.

> 먼저 가도 긴 이별이 아니고
> 나중에 와도 오래 친해지지 않네.
> 새 무덤이 옛집과 같이
> 가지런하여 고기비늘 같도다.
> 무릉에서 누가 한나라를 분별하고
> 여산에서 어찌 진나라를 알아보랴.
> 천년이 어제와 같으니
> 다 함께 모두 먼지가 되었도다.
> 알겠노라, 현세의 땅에서
> 옛사람을 찾겠노라.
> 어찌 남의 뼈를 골라내고
> 다시 내 몸을 묻을 수 있겠는가!

> 先去非長別, 後來非久親.
> 新墳將舊家, 相次似魚鱗.

梵志的詩, 編在寒山, 拾得的前面."(朱鳳玉『王梵志詩研究』上冊 p.315附錄)
12) 「釋亡名與敦煌文學」(1983年 全國敦煌吐魯番學術討論會文集文史遺書編 下冊)의 緖頭에 擧論.(項楚校注本附錄 p.889).
13) 『續高僧傳』卷七에 周渭濱沙門釋亡名傳이 있어 俗姓이 宗氏이며 南郡人이고, 梁元帝를 섬겼다함.

茂陵誰辨漢, 驪山詎識秦.
千年與昨日, 一種幷成塵.
定知今世土, 還是昔時人.
焉能取他骨, 復持埋我身.

한편 왕범지의 「전에 죽는건 긴 이별이 아니니(前死未長別)」(권5)를 보면,

전에 죽는 건 긴 이별이 아니고
나중에 왔다고 오래 가는 것이 아니네.
새 무덤이 옛 무덤에 그림자 드리워서
서로 이어져 있는 것이 비늘 같구나.
의릉은 가을에 멀리 보이는데
벌써 몇 번이나 봄을 맞았는가!
오랜 세월 오늘 같이
하나 같이 고운 먼지가 되었도다.
알겠나니 흙 속을 보면서
옛 사람을 찾아보니
오래 된 뼈를 열어 헤치고
갱을 만들어 내 몸을 묻는구나.

前死未長別, 後來亦非久.
新墳影舊塚, 相續似魚鱗.
義陵秋節遠, 曾逢幾箇春.
萬劫同今日, 一種化微塵.
定知見土裏, 還得昔時人.
頻開積代骨, 爲坑埋我身.

여기에서 뒤의 시가 앞의 시를 모작(模作)하였음을 알게 된다. 시의 의

취와 시어의 인용이 추숭자로서 선승의 영향을 받은 것을 알 수 있다. 의취로서는 삶의 허무를 취하였으며 시어로는 선어(禪語)의 활용을 보게 되는데 제1연의 동일함과 '新墳', '微塵'이나 말구의 '埋我身', 그리고 허사로서 '一種'이나 '定知'같은 표현은 다분히 모의에 근접하고 있다. 위에서 두 시를 비교한 것에서 왕범지가 승려이기에 선대의 화상을 본받은 구체적인 예증을 확인하게 된다. 수와 당대의 초기에는 불도가 더욱 추숭되어서 수 문제(文帝) 양견(楊堅)이 반야사(般若寺)에서 출생하였다든지, 조서(詔書)를 내려서 장려하였다는 기록들과14) 당대 무측천(武則天)이 불교를 제창하였다는 상황에서15) 도교를 국교로 한 풍토 하에서도 당초의 불교중시를 보게 된다. 그러면 왕범지의 시에서 불리(佛理)가 담긴 경우를 통하여 그 상관성을 살펴보려 한다. 인과순환(因果循環)의 12단계인 「십이 인연(十二因緣)」16)을 묘사한 예를 보면 윤회보응(輪廻報應)의 사상을 토로한 것으로서,

전생의 인연으로 복덕을 높이어서
오늘 큰 태아를 얻었도다.
인과응보는 이전에 심어 놓았고
고해를 벗어나는 다리는 전에 놓았네.
나에게 오늘의 열락을 미리 빼앗아서
사후의 매파에게 주려함인가!
머리를 바꾸고 얼굴을 달리하는데
누구로 태어나게 될지 알기나 할가

---

14) 『隋書』卷一 高祖本紀 上과 上同書 高祖本紀 下의 詔書에 "佛法深妙, 道敎虛融 …… 凡在含識, 皆蒙覆護. …… 沙門壞佛像, 道士壞天尊者, 以惡逆論."
15) 『舊唐書』卷六 則天皇后本紀.
16) 朱鳳玉, 『王梵志詩硏究』(上) p.164에 十二因緣의 항목을 과거의 二因(無明, 行), 現在의 五果(識, 名色, 六入, 觸, 受), 現在의 三緣(愛, 取, 有), 그리고 未來의 二果(生, 老死)로 분류표를 작성.

先因崇福德, 今日受肥胎.
果報迎先種, 橋樑預早開.
奪我先時樂, 將充死後媒.
改頭換却面, 知作阿誰來.(卷三)

여기서 제1연은 불교의 인과관념과 전세설(轉世說)에 의거한 금생의 낙과(樂果)는 선세의 선인(善因)에서 기인하는 의미이니, 내생의 악과(惡果)를 얻으려면 금생에서 예비해야 하므로 제3연으로 표현되었다. 고락순환(苦樂循環)의 설에 의해 금생의 고뇌는 내생의 낙으로 유도된다 하여 제3연으로 묘사되었다. 말 연은 내세보다는 현세의 선행을 지킬 것을 더 강조한 것이다. 왕범지 시가 형성되는 내면에는 역시 불교이론이 주된 흐름으로 자리잡고 있음을 밝히는 것이 중요한데, 그의 제1연의 불교철리시가 반야십유(般若十喩)를 인술(겉으로는 놀랄 만큼 세속적인 모습을 보여 주지만, 속으로는 달인의 풍도를 지니고 있다.)하고 있는 것이 그 예증이 되겠다.17) 그 십유를 작시화하여

「人去像還去」(80號, 卷三) ― 거울 속의 형상 같음(如鏡中像)
「一身元本別」(81號, 卷三) ― 불꽃 같음(如焰)
「以影觀他影」(82號, 卷三) ― 그림자 같음(如影)
「觀影元非有」(83號, 卷三) ― 그림자 같고, 꿈과 같음(如影, 如夢)
「雷發南山上」(84號, 卷三) ― 허공 같음(如虛空)
「非相非非相」(85號, 卷三) ― 공즉시색(空卽是色)
「但看滿作蛾」(86號, 卷三) ― 승화함, 꿈 같음(如化, 如夢)
「黃母化爲鼈」(87號, 卷三) ― 승화함(如化)

---

17) 鳩摩羅什, 『摩訶般若波羅蜜經』序品云 ; "解了諸法, 如幻, 如焰, 如水中月, 如虛空, 如響, 如犍婆城, 如夢, 如影, 如鏡中像, 如化."

이와 같이 열거할 수 있으니, 이 중에서 「이 한 몸 본래 떨어진 것이니 (一身元本別)」를 보면,

    이 한 몸 본래 떨어진 것이나
    四大가 한 데 모였다네.
    곧 바람이 불에 불어온 듯
    또 불이 바람을 쫓는 듯 하네.
    불이 강하면 바람이 세차고
    바람이 세차면 불도 더 타오르네.
    불과 바람의 모든 기운이 다하면
    흩어져서 모두 空이 되네.

    一身元本別, 四大聚會同.
    直似風吹火, 還如火逐風.
    火强風熾疾, 風疾火愈烘.
    火風俱氣盡, 星散惣成空.

여기서 「사대」는 「지수화풍」으로 인간생성의 구성요소이니 인간이라는 이 「四大」가 인연가합(因緣假合)하여 나온 산물이므로 허환부실(虛幻不實)하다는 것이다. 이 시는 이들 반야시(般若詩)들의 주제가 되는 것이다.[18] 왕범지 시가 불리에 바탕을 두고 있으면서 그 표현과 내용이 백화적이며 해학과 냉소가 담겨진 것은 초당대의 기풍과 상관이 있다. 대개 승려들의 게송(偈頌)은 전교를 의식하여 백화체가 다용되었으며[19], 사회모순을 지적

---

18) 項楚『王梵志詩校注』前言 p.8 : "一身元本別發揮如焰之喩, 宣稱人身不過是因緣假合的産物, 虛幻不實, 這也是這一組詩的總的主題."
19) 胡適,『白話文學史』,「唐初的白話詩」: "宗敎要傳佈的遠, 說理要說的明白淸楚, 都不能不告非白話 …… 佛敎來自印度, 本身就有許多韻文的偈頌." 全啓華,「一

하여 풍세권선(諷世勸善)을 택하는 경향이 강한 데에서 왕범지 시 같은 풍격이 나올 수 있었다. 초당시는 궁정체를 주된 대상으로 삼은 반면, 대중에서 있어서는 혼란한 세태를 직시하는 일단의 왕적(王績), 한산(寒山), 습득(拾得) 같은 시은(詩隱)과 시승(詩僧) 부류도 간과할 수 없으니, 왕범지는 시승의 하나로 활동한 것이다.20) 왕범지 시의 형성은 기설한 바 불교의 사상과 대중을 계도하기 위한 평이한 시, 그리고 삶의 정도를 추구하려는 풍자와 비판의식에서 충분히 가능했다고 볼 수 있다.

Ⅲ. 왕범지 시의 일반 성격

왕범지 시의 일반성격에 대해서 런빤탕(任半塘)은 이미 〈早, 多, 俗, 辣〉의 네 글자로 집약한 바 있다.21) 〈早〉란 그의 시가 초당대에 나왔다는 것으로 돈황사본 「왕도의 양균 제문(王道祭楊筠文)」(P.4978) 의 다음 문구를 인증으로 삼고 있다.

  維大唐開元 二十七年 歲在癸丑二月, 東朔方黎陽故通玄學士 王梵志直下孫王道, 謹淸酌白醪之奠, 敬祭沒逗留風狂子, 朱沙染癡兒弘農楊筠之靈
  …… (이미 인용하여 한역한 바 여기서는 생략) ……

여기서 이 글을 쓴 개원 27년에는 왕범지가 이미 하세한 뒤인 것을 알

  位埋沒天載的詩人」;"初唐詩壇出現王梵志的詩, 我們究其遠因, 當系從佛敎的偈體而來 …… 據高僧傳, 續高僧傳裏的記載, 如單道開, 耆域. 慧可等都有偈作 ……"(『名作欣賞』, 1982)
20) 全啓華의 上同書:"王績, 王梵志在初唐前期的詩壇上, 一個是以寫田園詩著名, 一個則以寫方外生活, 闡發哲理的詩見稱. 一個是詩隱, 一個是詩僧."
21) 任半塘은 「王梵志詩校輯序」(『社會科學』 1982年 第3期).

수 있으며, 〈多〉란 돈황시가 중에 일인의 작으로는 최다인 390수에 달한다는 것이다. 쭈펑위와 시앙추의 주본에 수록된 편수이다. 그리고 〈俗〉이란 구어이사(口語俚詞)가 형식에 구속되지 않고 자재하게 입시되어 「원서(原序)」의 '경전을 따르지 않음(不守經典)'과 상통하며, 〈辣〉이란 「原序」의 "시사를 직언하고 헛된 말을 하지 않음(直言時事, 不浪虛談)"이라 한 바와 같이 신랄한 권선징악의 기풍을 보인다는 의미로 요약하고 있다. 따라서 왕범지 시에 대한 개괄적 성격을 파악하는 것이 보다 구체적인 시의 상석을 위해 요긴하다고 본다. 이를 위해서 왕범지 자신이 기술한 것이 아니지만22), 다음 「원서(原序)」 속에서 왕범지의 작시 의도와 소재, 그리고 체례와 시어에 대한 성격을 살펴 볼 수 있겠다.

오로지 불교의 교리로서 나 자신을 버리고 무아의 무상세계를 추구할 것이다. 전생의 박한 복으로 인하여 후생의 보람이 보잘것없음을 아노라. 몸을 수신하여 선한 일을 권면하고 죄를 경계하여 어긋나지 아니할 것이다. 왕범지 시집의 목록이 몇 종류 되지만 담긴 시가 300여수가 된다. 현세의 일들을 직설적으로 표현하여 헛돈 말을 멋대로 하지 않았다. 왕범지가 남긴 글은 정란과 곽거 같은 효도의 참뜻을 다지고 있다. 경전의 문구에 얽매이지 아니하고 속된 말을 쓰고 있다. 이 시들을 보면, 지혜로운 선비가 마음을 돌리게 되고 어리석은 지아비도 쉽게 몸가짐을 고칠 것이다. 먼 곳과 가까운 곳 모두 널리 전하여져서 권선징악이 되도록 할 것이다. 탐욕스러운 관리는 백성을 약탈하는 짓을 그만두게 될 것이며, 무위도식하는 관리는 스스로 청렴하고 삼가게 될 것이다. 각 사람이 비록 어리석다 할지라도 이 시를 읽으면 마음이 매우 쓸쓸해질 것이다. 이 시를 한 번 두루 읽어보고 그 내용을 두 번 세 번 깊이 생각하여 잊지 말아야 할 것이다. 비록 높은 스님이 강론을 한다할 지라도 이 좋은 글을 읽는 이만 못하니라. 부모의 뜻을 어기는 자식이 반성하여 효도하게 될 것이며, 게으른 며느리가 아침저녁으로 시부모를 모시게 될 것

---

22) 序文에 「王梵志之遺文」 句에서 후인의 작임을 추단됨.

이다 불량배와 탕자가 부끄러워하게 될 것이며 온 나라의 떠돌이꾼이 고향을 그리워하게 될 것이다. 게으른 지아비가 밤에 잠에서 깨어나고 (원문탈자3) 게으른 지어미가 밤새도록 베틀을 대하고 있게 될 것이다. 모두 다 함께 죄와 복(인과응보)을 알게 되니 부지런히 밭 갈고 정성으로 노력하여 먹을 양식을 넉넉히 하게 될 것이다. 마음을 한결같이 하고 다섯 가지 감정을 쉽게 바꾸지 아니하면 동쪽의 주와 서쪽의 군에서 모두 받들어서 칭찬하게 될 것이다. 오로지 이 시를 읽어서 익히게 되면, 어리석고 미련한 사람들이 모두 어질고 착하게 될 것이다.

但以佛教道法, 無我若空. 知先薄之福緣, 悉後微之因果. 撰修勸善, 誡勗非違. 目錄雖則數條, 制詩三百餘數. 具言時事, 不浪虛談. 王梵志之遺文, 習丁郭之要義[23]. 不守經典, 皆陳俗語. 非但智士迴意, 實亦愚夫改容. 遠近傳聞, 勸懲令善. 貪婪之史, 稍息侵漁 ; 尸祿之官, 自當廉謹. 各雖愚昧, 情極愴然. 一遍略尋, 三思無忘. 縱使大德講說, 不及讀此善文.[24] 逆子定省翻成孝, 嬾婦晨夕事姑嫜. 查郎蕩子生慙愧, 諸州遊客憶家鄉. 慵夫夜起□□□ (원문탈자), 嬾婦徹明對緝筐. 悉皆咸臻知罪福, 懃耕懇苦足粎粮. 一志五情不改易, 東州西郡幷稱揚. 但令讀此篇章熟, 頑愚暗春悉賢良.(項楚, 『王梵志詩校注』 輯序)

이 서문의 전단은 사언체의 간결한 문장으로 근엄한 불교의 교법으로 훈계적인 시 300 여수를 시사에 따라 통속적인 시어를 구사하여 직언한다고 밝혔으며, 후단은 칠언고체의 시로 표현하여 이들 시를 통하여 여러 계층의 사람들이 개과천선하는 동기를 찾을 것을 권고하고 있다. 요컨대, 불

---

23) 丁郭-丁蘭과 郭巨, 劉知幾『史通』外篇 雜說上:「尋子春孝道, 義感神明, 固以方駕曾閔, 連蹤丁郭.」丁蘭 故事는 『法苑珠林』卷62에 劉向孝子傳을 引述하였고 郭巨 故事는 干寶의『搜神記』卷11에 보임.
24) "一遍略尋, …… 不及讀此善文." 句를 張錫厚는 "一遍略尋三思, 無忘縱使大德講說不及, 讀此善文"(한번 두루 보면서 세 번씩 깊이 음미해 보면 잊지 못하여 큰 덕을 따라 행하게 되리라. 말로 다 못하니 이 좋은 글을 읽도록 할지라.)로 구독했다.

교 교법으로 "시사를 구체적으로 말함(具言時事)"(시의 내용)하고, "경전을 따르지 않고 모두 속어로 진술함(不守經典, 皆陳俗語)"(시어의 구사)하는데 그 목적은 '권선징악(勸善懲惡)'에 있는 것이다. 서에서 왕범지 시에 대한 일반특성을 다음과 같이 추출하여 정리할 수 있다

첫째는 초당시인으로서는 다작이라는 것이다. 서에서 "目錄雖則數條, 制詩三百餘首."(이미 인용하여 역함)라 하여 초당시인으로 이만한 시작을 남긴 자가 없으며, 더구나 조실되어 『全唐詩』에 열입되지 않은 상황에서는 놀랄 만한 일이다. 그리고 그것들이 일관되게 교계적(敎誡的)이면서 풍인적(諷人的)이어서 『太平廣記』의 "왕범지는 시를 잘 지어서 의취가 자못 깃들어 있다(梵志善作詩, 甚有旨趣)"(권82)라 하였다.

둘째는 시가 유불의 규범에 바탕을 두고 있다는 것이다. 서의 '불교의 교법(佛敎敎法)'과 '무아하여 공과 같음(無我若空)'구는 불리에 근원을 둔 시라는 것을 강조했다고 보며, '三思無忘', '省翻成孝', '事姑嫜'구(위에 역함)는 불가에 근거를 두고 표현된 관점이다. 범터(范攄)는 "그 어사는 비루하나 그 이치는 참되다(其言雖鄙, 其理歸眞)"(『雲谿友議』,「蜀僧喩」下)라고 한 것이나, 풍익(馮翊)이 "시를 써서 세인을 풍자하였으니 바른 뜻이 깊이 들어 있어 보살의 교화라 하겠다.(作詩諷人, 甚有義旨. 蓋菩薩示化也)"(『桂苑叢談』)라고 한 말은 모두 종교시적 특성이라 할 것이다. 예컨대,「형상이 아니라고 해서 형상 아닌 것이 아니고(非相非非相)」(권3)를 보면,

> 형상이 아니라고 해서 형상 아닌 것이 아니고,
> 지혜가 없다고 해서 지혜가 없는 것이 아니네.
> 속된 것을 쫓느라 망령된 마음 나오니,
> 지혜가 어둠에서 나오네.
> 지혜가 어둠을 뚫고 나오면,
> 망령된 마음 끓어지고 맑아지네.
> 열반의 열락을 알 수 있다면,

자연히 속세의 감정일랑 없어지리라.

非相非非相, 無明無無明.
相逐妄中出, 明從暗裏生.
明通暗卽盡, 妄絶相還淸.
能知寂滅樂, 自然無色聲.

이 시는 불교의 공의(空義)를 밝히는 것으로 불리를 시로 극대화시키고 있다. 이것이 곧 보살시화(菩薩示化)적인 계시(戒詩)인 것이다. 그리고 유가정신을 담은 시로,

형제를 깊이 생각하여 존중해야 하니,
동기간은 연리지 처럼 굳게 맺어야 하네.
항산의 의좋은 새를 보지 않으면,
공자도 이별의 소리 듣는 걸 싫어하시리

孔懷須敬重, 同氣幷連枝.
不見恒山鳥, 孔子惡聞離.(卷四)

여기서는 형제우애를 공자와 안회(顏回)와의 고사를 사용하여 표현하였고, 다음 시는 효행의 본을 강조하고 있다.

몸가짐을 바르게 하여 효도를 행하고,
일을 조심히 하여 허물없이 할지라.
오로지 오래도록 허물이 없으면,
살으신 어르신네들 높이 베개 베고 잘 수 있네.

立身行孝道, 省事莫爲愆.

但使長無過, 耶孃高枕眠.(卷四)

셋째는 시를 통한 사회현실의 묘사인데, 이것은 바로 모순비판과 상통한다. 왕범지가 원서에서 '具言時事, 不浪虛談.'(이미 인용)이라 한 것은 주어진 당초의 현실제사를 직설했다는 비연(費袞)의 '표현된 시어가 소박하면서도 내용이 이치에 맞음(詞樸而理)(『梁谿漫志』)(권10)라고 한 것으로 대신할 수 있다. 묘사의 대상도 다양하여 부병제(府兵制)의 모순점을 지적한 「부모가 아이를 낳고(父母生兒身)」(권5)를 보면,

> 부모님 아이 몸 낳으시고,
> 의식으로 아이의 덕을 길렀네.
> 잠시 의탁하여 세상에 나왔으니,
> 빌린 것과 같음이로다.
> 아이가 커서 병사가 되어,
> 서쪽으로 토번의 적을 정벌 갔네.
> 간 후에 온 집안이 죽어서,
> 돌아와도 찾을 수 없다네.
> 아이는 얼굴을 남쪽으로 향해 있고,
> 죽은 자는 머리를 북쪽으로 향해 있네.

> 父母生兒身, 衣食養兒德.
> 暫託寄出來, 欲以便相貸.
> 兒大作兵夫, 西征吐藩賊.
> 行後渾家死, 回來覓不得.
> 兒身面向南, 死者頭向北.

여기서는 병역이 백성에게 주는 고통을 제시해 주고 있다. 다음으로 「삼년 벼슬에 이년 반(三年作官二年半)」(권3)을 보면,

삼 년 벼슬에 이년 반을,
청사 수리하느라고 보낸 늙은 바보야!
나 범지에게 좀 맡겼다면,
머리에 갓 쓰고 빗속에서 가려내려니.

三年作官二年半, 修理廳館老癡漢.
但知多少與梵志, 頭戴笠子雨裏判.

여기서는 관리가 녹을 먹으며 하는 일없이 지내는 것을 풍자하고 있다. 전련은 관직 삼 년에 이 년 반을 청사를 수리하는데 소비한 관리의 무능함과 무책임에 대한 질책이며, 후련은 자신의 의지와 입장에서 직분에 대한 최선의 책임감을 요구하고 있다. 아울러 관직을 이용한 부정축재를 매도한 「관작으로 재물을 탐내지 말라(官職莫貪財)」(권3)를 보면,

관직으로 재물을 탐내지 말지니,
재물을 탐내면 죽음에 가까이 가리.
있으면 온 집안이 쓰나,
법에 걸리는 것은 오직 그대 한 몸이라.
법률과 형벌이 무거우니,
망령되이 남을 따르지 말지라.
하루아침에 감옥에 갇히고서
비로소 청빈함을 되새기게 되리라.

官職莫貪財, 貪財向死親.
有卽渾家用, 遭羅唯一身.
法律刑名重, 不許浪推人.
一朝囹圄裏, 方始憶淸貧.

여기서는 관직으로 재물을 탐내면 패가망신한다는 경종의 의취를 보여주고 있다. 끝으로 왕범지의 시가 구어를 다용하고 있다는 것이다. 그 특성의 하나로 유희적이고 풍자적인 수법을 들 수 있는데, 간결하면서 소박한 표현으로 언외의 뜻을 표달해 준다. 이것이 소위 '버선을 뒤집어 신 듯 본의는 뒤집어 놓아 보이지 않으나 그 뜻이 은유적으로 드러나는 표현법(翻着襪法)'으로서[25] 예시하면,

> 성 밖에는 흙 만두(무덤) 있고,
> 성안에는 소가 풀을 뜯는다.
> 한 사람이 하나를 먹어 보고서,
> 맛이 없다고 말하지 마시오.

> **城外土饅頭, 餡草在城裏.**
> 一人吃一個, 莫言沒滋味.(卷六)

이 시는 평속하지만 인생의 종말을 언외적으로 희학(戱謔)하고 있다. 그리고 또 하나의 특징은 왕범지 시가 직설법을 다용하는 것이다. 원서의 '不拘經典, 具言時事'(이미 인용)에서 '具言'이라 함은 곧 백묘(白描)로서 그 표현과 의미는 범터(范攄)가 말한 바, '其言雖鄙, 其理歸眞.'(이미 인용)와 상통한다. 「좋은 일은 서로 양보해야 한다(好事須相讓).」(권4)을 보면,

> 좋은 일은 서로 양보해야 하고,
> 나쁜 일은 서로 미루지 마오.

---

25) 「翻着襪」은 「梵志翻着襪」(卷六)에서 출원하니 『山谷題跋』 卷六, 「書梵志翻着襪詩」: "梵志翻着襪, 人皆道是錯. 乍可刺爾眼, 不可隱我脚. 一切衆生顚倒類如此, 及知梵志大修行人也." 또 陳善은 『捫蝨新話』(卷五)에서 "文章雖工, 而觀人文章, 亦自難識. 知梵志翻着襪法, 則可以作文."

오직 이 뜻을 분별할 수 있으면,
재앙이 떠나가고 행복이 찾아오리라.

好事須相讓, 惡事莫相推.
但能辦此意, 禍去福招來.

이 시는 동시처럼 간결하고 평이하다. 뜻이 평범하고 절실하며 표현이 사실적이다. 당어(唐語)가 직접 구사된 경우를 보면,

절로 태어났다가 절로 죽으니,
죽고 사는 것이 나에게서 말미암지 않으니라.
줄달아서 태어나오니,
세상에 머물 곳이 없도다.
서둘러 추려 버리지 않으면,
눈으로 보아 천지가 무너지리라.

自生還自死, 煞活非關我.
續續生出來, 世間無處坐.
若不急抽却, 眼看塞天破(卷二)

이 시는 인간의 필연적인 사생을 객관적으로 묘사하였으니, 제2구, 제3구, 제5구에서 '煞活'·'生出來'·'抽却' 같은 그 당시의 구어를 구사하고 있음을 엿볼 수 있다. 그리고 「가난하다고 비웃어서는 안 된다(他貧不得笑)」(권4)에서 보면,

가난하다고 비웃어서는 안 되며,
약하다고 속여서도 안 되네.
오직 사람 자체만을 볼지니,

곧 반가이 맞아야 할지라.

他貧不得笑, 他弱不得欺.
但看人頭數, 卽須受逢迎.

 이 시는 인간 자체의 소중함을 강조한 것으로 제2구의 '欺'(上平 支)와 제4구의 '迎'(上聲 庚)을 통운(通韻)한 것은 당대의 음운상 가능한 그 당시의 속운(俗韻)에 맞춘 것이다.26)
 왕범지 자신에 대한 불명한 생평 파악과 전설적인 일화, 그리고 작품의 불확정적인 정리 등으로 인해 그에 대한 연구기반이 아직은 단단하다고 볼 수 없다. 본격연구의 핵심이 되는 사회현실에 대한 직설적 비판을 보다 사실적으로 인증하면서 부각시키기 위해서도 생평과 사본의 투명한 고증, 그리고 시대상황의 대조 등이 절실한 단계에 있는 것이다. 예컨대, 「천하에 관직을 미워하니(天下惡官職)」(권2)을 보고자 한다.

천하에 관직을 미워하나니
단지 부병에 지나지 않도다.
사방에서 도적이 난동하면
당일로 즉시 출동해야 하네.
연분이 있으면 다시 만나겠지만
업보가 박하면 곧 생을 달리하도다.
도적을 만나면 맞아 죽게 되니
전공 세워 받는 오품 벼슬을 다투려 않도다.

---

26) 項楚『王梵志詩校注』卷四(p.519)에서 "楚按: 此首以「欺」, 「迎」爲韻, 唐五代西北方音如此", 朱鳳玉, 『王梵志詩硏究』下冊(p.308)에서 "按:「欺, 魚」叶韻, 且文義相貫穩安."

天下惡官職, 不過是府兵.
四面有賊動, 當日卽須行.
有緣重相見, 業薄卽隔生.
逢賊被打煞, 五品無人爭.

　이 시의 내면을 알기 위해서는 "정관 년간에, 서북지방에 주둔하는 부역이 이미 매우 심하였다.(貞觀中, 西北屯戌之役已甚繁重.)"(尙鉞『中國歷史綱要』)라든가 "부병은 본래 농사에 병역을 부과하는 일종의 병역제도이다. 평시에는 부병이 대부분 농사에 종사하고, 일부분이 순번대로 서울의 수위나 변방 수자리에 임했던 것이다.(府兵本是寓兵於農的一種兵制. 平時, 府兵大部分從事農耕, 小部分按番到京師宿衛或戌邊.)"(范文瀾『中國通史』第三冊) 등의 기록을 통해 부병의 내용을 파악해야 하는데 기존의 주석본이 갖는 취약점이 여기에 있는 것이다.

Ⅳ. 종교에 대한 비판의식

　왕범지는 승려이면서 사회개혁과 종교계의 이질분자라 할 것이다. 이질분자는 비판론자이며, 속승들과는 별개의 선승이며, 독설가로서의 자질을 발휘한 고발자였던 것이다. 왕범지 시의 유불도(儒佛道) 삼교에 대한 비판과 고발을 주제로 삼는 것으로 한정하려 한다. 그의 390수의 시(項楚本에 의거함)는 다양한 소재와 내용을 담고 있지만, 시집서에서 기술한 바, "몸을 수신하여 선한 일을 권면하고 죄를 경계하여 어긋나지 아니할 것이다.(撰修勸善, 誡勗非違.)"라고 한 표현처럼 시종일관 시가 지닌 교훈적 가치를 잃지 않고 있다. 청대 서증(徐增)이『이암시화(而菴詩話)』에서,

　　　시는 곧 그 사람의 내력이 된다. 사람됨이 고아하면 시 또한 고아하

고, 사람됨이 저속하면 시 또한 저속하니, 글자 하나라도 가식해서는 안 되는 것이다. 그 시를 보면 곧 그 사람을 보는 것 같다.

　　詩乃人之行略, 人高則詩亦高, 人俗則詩亦俗, 一字不可掩飾, 見其詩如 見其人. (二十一條)

라고 하였는데, 이 말은 왕범지와 그의 시를 대비해 볼 때 깊이 동의하는 것이다. 본고의 의도는 시에서 그 시인의 위인을 그려 볼 수 있다는 점에서 유추되는 바가 있으리라고 기대하는 것이다. 인용되는 시의 출전은 모두 시앙추(項楚)의 권수와 작품번호를 따르고자 한다.

1. 유가(儒家)의 인륜 타락

왕범지 시 집서에서 언급하였듯이 불효에 바탕 둔 시를 썼지만,「王梵志之貴文, 習丁郭之要義」라든가, "讀此善文, 逆子定省飜成孝, 嫩婦晨夕事姑嬋, 查郎蕩子生慚愧, 諸州遊客憶家鄕."(이상은 이미 앞장에서 인용) 라고 하는 데에서 효행에 대한 기본규범을 숙지하고 있음을 알 수 있다. 유가의 경전을 통달했기에 "不守經典, 皆陳俗語."(序)(앞장에서 인용)라고 하여 나름대로의 경계를 개척할 수도 있었다. 그러기에 인륜타락에 대해서 거침없이 질책을 토로하였다. 그의 「지네가 좋은 자식이라면(你若是好兒)」(권2)는 효도의 표본을 제시하여 대상이 본받고 따를 것을 권훈하는 알맞은 예시라고 할 수 있다.

　　자네가 좋은 자식이라면
　　효심으로 부모를 섬기세.
　　새벽에 침상 앞에 일어나서
　　안부를 여쭐지라.
　　하늘이 자네의 좋은 마음 알지니

재물이 뜻밖에 문으로 들어오리라.
진나라의 왕상이 어머니 은혜 공경하여
겨울에도 죽순을 따서 드렸다네.
효도로는 한백유이며
동영은 외로이 어머니를 모셨다네.
자네 효도하고 나 또한 효도하니
효도의 가문이 끊기지 않으리라.

你若是好兒, 孝心看父母.
五更床前立, 卽問安穩不.
天明汝好心, 錢財橫八尺.
王祥經母恩, 冬竹抽筍輿.
孝是韓伯瑜, 董永孤養母.
你孝我亦孝, 不絶孝門戶.

　　인의예지(仁義禮智)의 유가 기본 사단(四端)의 실종된 실상을 지적하기 위해서는 위와 같은 교훈시가 필요했을 것이다. 그러기에 진대(晉代)의 왕상(王祥)이 계모를 공경한 일과, 초국(楚國)의 맹종(孟宗)이 겨울에 대순을 찾은 고사, 한백유(韓伯瑜)의 고희를 넘어서까지 자모에 대한 효성, 그리고 동영(董永)의 양모(養母) 등을 사표로 삼은 내용이 시속에 두루 포용되어 묘사하고 있다.27) 그러나 왕범지의 눈에는 이런 효행이 변질되고 패륜적인 작태를 좌시할 수 없었으니, 「어머니가 자식 아끼는 것만 보일 뿐(只見母憐兒)」를 보면,

---

27) 『搜神記』卷十 ; 「祥性至孝. 早喪親 , 繼母朱氏不慈, 數譖之, 由是失愛於父.……父母有疾, 衣不解帶, 湯藥必親嘗.……」, 『藝文類聚』卷二十 ; "韓伯瑜有過, 其母笞之, 泣, 母曰 ; 他日未嘗泣, 今何泣. 對曰 ; 他日得笞, 嘗痛, 今母之力不能痛, 是以泣也.", 『珠林』卷六二 ; "董永者, 少偏孤, 與父居, 乃肆力田畝, 鹿車載父自隨. 父終, 自賣於富公以供喪事."

어머니가 자식 아끼는 것만 보일 뿐
자식이 부모 아끼는 건 보이지 않네.
장성하여 장가를 들면
오히려 부모를 추하다고 꺼려하네.
부모는 아랑곳하지 않고
단지 아내의 말만 들으려하네.
생전에 공경하여 모시지 않다가
사후에 진흙에다 제사를 지낸다오.
이와 같이 부랑당 같은 자식일랑
크게 다그쳐도 옹호할 리 없으리라.

只見母憐兒, 不見兒憐母.
長大取得妻, 却嫌父母醜.
耶娘不採括, 專心聽婦語.
生時不恭養, 死後祭泥土.
如此倒見賊, 打煞無人護. (卷二)

여기서 '倒見賊'은 불효자를 지칭하는 것으로 '倒見'이란 본분이 전도된 망령된 생각을 의미하기 때문이다.28) 시인은 강렬한 직설을 가미하여 불효에 대한 패륜행위를 매도하고 있다.

왕범지 시대에도 이런 부덕이 있었으니 오늘의 위치에서 고금의 차이가 없음을 보게 된다. 그리고 「부모가 아들 딸 낳고(父母生男女)」(권2)와 「효도는 전신의 인연이라(孝是前身緣)」(권2) 두 작품은 인륜을 어김을 더욱 극단적으로 비판하고 있다.

---

28) 『珠林』 卷六 : "但所施之人, 盡是邪行倒見之徒, 佛心受汝恭敬之養."

부모는 아들과 딸을 낳고
귀엽다고 사랑 베푸네.
좋은 음식을 보면
종이에 싸서 가져다준다.
마음으로 항상 새기어 잊지 못하여
집에 들어서자 아들딸을 찾는구나.
장성하여 어른이 되면
눈을 치켜 떠서 더불어 말하기 어렵구나.
불효하여 부모의 뜻 거슬리는 일
예나 지금이나 있으니
내가 죽게 되면
곧이어 너희들 차례 되리라.

父母生男女, 沒娑可憐許.
逢着好飮食, 紙裹將來與.
心恒憶不忘, 入家覓男女.
養大長成人, 角睛難共語.
五逆前後事, 我孔卽到汝.

ⓑ
효도는 전생의 인연인 것이니
본받아 배워서 되는 것이 아니네.
아들은 밖에 나가 어머니 생각 않고
어머니 항상 서나 앉으나 눈물 흘리네.
아들이 원정가면 어머니 또한 따라가니
목의 혹이 죽도록 붙어있는 듯 하네.
적이 나타났단 말 들으면
어머니 근심하여 공연히 뼈에 사무치네.
아들이 돌아와 어머니 얼굴 보니
안색에 살이 홀쭉하다네.

孝是前身緣, 不由相放習.
兒行不憶母, 母恒行坐泣.
兒行母亦征, 項腿連腦急.
聞道賊出來, 母愁空有骨.
兒廻見母面, 顏色肥沒忽.

(A)시에서 제5연은 '五逆'[29] 곧 불효의 일들이 예부터 현재까지 끊임없이 이어지는 것이 인간의 삶에서 나타나는 현상이니 인간이 존재하는 한, 근절할 수 없는 패륜적 행위임을 강조한다. 따라서 효도를 제창하고 역자(逆子)를 견책하고자 한 주제에 따라서 지어진 것이다.[30]

이것은 돈황본 「불설부모은중경(佛說父母恩重經)」과 깊은 연관성을 지닌 것으로, 그 일단을 보면

> 어머니는 아들보고 기뻐하며, 아들은 어머니를 보고 기뻐하니, 두 사람의 사랑이 자못 깊어서 이 보다 더 한 것 없도다. 나이 들어 노쇠하니 서캐가 들끓어서 주야로 눕지 못하고 길게 탄식하니 무슨 깊은 죄 허물 있다고 이런 불효자식 낳았는가! 어쩌다 불러 보면 눈을 치켜 뜨고 화를 낸다. 며느리는 욕을 하며 머리 숙여 비웃도다.

> 母見兒歡, 兒見母喜, 二情恩愛慈重, 莫復過此 …… 年老色衰, 多饒蟣虱, 夙夜不臥, 長呼歎息, 何罪宿愆, 生此不孝之子. 或時喚呼, 瞋目驚怒. 婦兒罵詈, 低頭含笑.

---

29) 五逆·朱鳳玉,『王梵志詩研究』 卷中:"佛敎稱, 殺父·殺母·殺阿羅漢·由佛身出血·破和合僧等五種極爲逆理的深重罪爲五逆", 項楚, 『王梵志詩校注』 卷二 p.156:"五逆鬼, 不孝鬼. …… 而民間則往往以五逆專指不孝, 這是詞義的縮小」", 故圓鑒大師二十四孝押座文:"孝慈必感天宮福, 五逆能招地獄殃"
30) 項楚,『王梵志詩校注』卷二 p.175 참고.

이 글은 역대 대장경엔 실리지 않았으나31) 30여 개의 돈황사본이 있는 것으로 보아 민간에 널리 유행되었음을 알 수 있으며 (A)시는 이 경문의 주제를 인용한 시가의 하나라고 본다. 그리고 (B)시는 대표적인 효심의 중요성을 강조한 작품으로서, 제1연은 효도는 인간이 지닌 천생의 도리이니 배워서 되는 것이 아니라 필연적인 정도라는 것이다. 이 또한 시앙추(項楚)의 견해에 의하면,32) 당대에 민간에 유행하던「부모은중경강경문(父母恩重經講經文)」·「돈황곡교록십은덕(敦煌曲校錄十恩德)」 등에서 연유하여 이와 같은 간절한 교훈시를 써낼 수 있었다. 시가 시의 기능을 하려면 시의 계시적인 의취가 내포되어야 하는데 왕범지 시는 모두가 긍정과 부정의 대립, 그리고 적극적 묘사와 소극적인 비유 등이 조화를 이룬 가운데에서 독자의 심금을 울리게 하는 것이다.

가정의 화합과 사회의 안정은 형제와 친우와의 우애일지니,『논어(論語)』「學而」에서 "군자는 근본을 힘쓸 것이니 근본이 서면 도가 일어난다. 효도와 우애는 인을 행하는 근본이니라.(君子務本, 本立而道生. 孝悌也者, 其爲仁之本歟.)"라고 한 바와 같이 왕범지는 이 시에서 형제의 화락을 강조하고 있다.「형제는 모름지기 화순해야 한다(兄弟須和順)」(권4)을 보면

   형제는 화목할지니
   숙질간에 경멸하여 속여서는 안되네.
   재물은 상자를 같이 할 것이니
   방 속에 사사로이 쌓아서는 안되네.

   兄弟須和順, 叔姪莫輕欺.

---

31) 上揭書, p.176.
32) 項楚『王梵志詩校注』卷二(p.179)의 楚按에 의하면 "'變文集父母恩重經講經文云:經道兒行千里, 母行千里. 男女成長已後, 各順仕宦經營.……' 又云:'敦煌曲校十恩德第九遠行憶念恩:放兒去, 任征邊, 阿娘魂魄於先.' 內容皆與梵志比詩有相似之處, 當非偶然"

財物同箱櫃, 房中莫畜私.

이 시는 형제화목과 친척간의 정도, 그리고 재물로 불의하지 말기를 밝히고 있다. 또 「형제가 서로 사랑할지라(兄弟相憐愛)」(권4)에서는,

형제는 서로 사랑할 것이며
동기간에는 따로 지내지 말지라.
혹자는 떨어져 지내고자 하나
이렇다면 몹쓸 놈이로다.

兄弟相憐愛, 同生莫異居.
若人欲得別, 此則是兵奴.

여기서는 동기간에 동거하여 병노(兵奴)같은[33] 관계가 되어서는 안 된다고 경고한다. 그리고 「형제는 보물처럼 얻기 어려우니(兄弟寶難得)」(권4)을 보면,

형제는 보물처럼 얻기 어려우니
타인을 가까이 해서는 안 되네.
장자의 말씀을 알기만이라도 해도
손발처럼 끊기 어려울지라.

兄弟寶難得, 他人不可親.
但尋莊子語, 手足斷難論.

이 시는 형제의 관계를 손발과 같은 것으로 비교하면서 긴밀한 화합을

---

33) 『釋氏要覽』卷中: "若佛子應如法次第坐, 先受戒者在前坐, 不以老少貴賤, 莫如兵奴外道之法.", 『全唐詩話』卷二: "皇甫湜云: 詩未有劉長卿一句, 已呼宋玉爲老兵矣, 語未有駱賓王一字, 已罵宋玉爲罪人矣."

역설하고 있다. 『장자(莊子)』에는 없으나 돈황 자료에 보이는 바, 시인은 그 일화를 시에 활용한 것이다.34) 특히, 「옛날에 전진의 형제가 재물을 나누니(昔日田眞分)」(권4)에서는 한대 성제시(成帝時)의 전진(田眞)의 우애를 고사로 인용하여 간접화법으로 형제애를 제시하였으니,

  옛날에 전진의 형제가 재산을 나누려니
  뜰의 가시나무 곧 시들었도다.
  의논하여 헤어지지 않기로 하니
  그 나무가 다시 살아나 무성하였네.

  昔日田眞分, 庭荊當卽衰.
  平章却不異, 其樹復還滋.

여기서는 전진의35) 삼 형제가 재산을 삼분하였다가 마당에 심은 나무까지 말라죽게 되자 반성하여 재물을 모아서 효도의 가문이 되었다는 비유법을 강구하였다.

왕범지 시에서는 유가풍의 다른 면으로 경신(敬愼)을 소홀히 하는 풍조를 경계함도 간과할 수 없으니, 처세의 자세로 공경을 강조한 예시를 보면,

  남을 공경하면 스스로 존경받으며
  남을 멸시하면 스스로 경시한다네.
  남을 한 두 마디 욕하면
  남은 몇 천 마디 욕한다네.

---

34) 敦煌遺書 p.2588, 「新集九經文詞抄」: "莊子云: 兄弟如手足, 妻子如衣服. 衣服破而更新, 手足斷而難續."
35) 『太平御覽』 卷四一一: "田眞兄弟三人, 家臣富而殊不睦. 忽共議分財, 金銀珍物, …… 兄弟相感, 競合財産, 遂成純孝之門."

남의 부모 존함 범하면
남은 조상 존함을 범한다네.
성내어 보복 없이 하려면
말을 적게 함이 가장 좋으리라.

敬他還自敬, 輕他還自輕.
罵他一兩口, 他罵幾千聲.
觸他父母諱, 他觸祖公名.
欲覓無嗔根, 少語最爲精. (卷三)

이 시는 항상 겸손하여 자중함을 강조하고 솔선하여 남을 공경하며 처신을 신중히 하라는 것이다. 더욱이 언행에 근신을 하며 은혜를 반드시 갚아야함을 묘사한 예시를 보면,

은혜를 알면 보은을 해야 하니
은혜 받아 갚지 않으면 안되네.
물 마른 우물에 빠져 있어도
누가 다시 구하려 올 건가!

知恩須報恩, 有恩莫不報.
更在枯井中, 誰能重來救. (卷四)

여기서는 보은의 여부(報恩與否)가 사람을 좌우한다는 의미로서 위대(魏代) 화흠(華歆)의 고사로[36] 은혜를 잊는 자가 다시 재난을 당할 시에 구제될 수 없음을 보은의 당위성과 상관시켰다. 또 「주인이 왕림하면(主人相屈至)」(권4)에서

---

36) 『三國志』魏志華歆傳 : "歆少以高行顯名. 比丈夫中道墮井, 皆欲棄之."

주인이 왕림하시면
객은 먼저 문에 들지 말지라.
존귀한 분 계시면
때를 맞추어서 친히 문을 두드리라.

主人相屈至, 客莫先入門.
若是尊人處, 臨時自打門.

　객으로서 존장에 대한 예의를 단편적으로 묘사하였으나, 『예기(禮記)』의37) 객을 영접하는 절차를 현실에 맞게 계훈하고 있다. 유가의 도덕관이 희석되는 사회상을 염려하는 일종의 경고표현이랄 수 있다.
　한편, 선비의 영달의식과 축재욕망은 초당의 과도기에 극심하였다. 더구나 무위도식하는 낭인 같은 선비에 대해서는 왕범지의 필설이 추호의 관용 없이 날카로웠다. 게으르고 무료한 선비를 매도한「세상에 게으른 사람이(世間慵懶人)」(권3)을 보면,

세상에 게으른 사람이
오 분의 이는 된다네.
으레 성근 적삼을 걸치고는
두 어깨 으쓱대며 산자 모양을 하고
말할 때는 주둥이 끝을 삐죽하며
거짓되이 벼슬아치 노릇이라.
초가에는 원래 침상도 없으며,
담요나 이불도 없구나.
다른 사람은 한밤중에 눕는데
해 서쪽에 보이면 다리 펴고 자도다.
남들은 새벽녘에 다니는데,

---

37) 『禮記』 曲禮上 : "凡與客入者, 每門讓於客. 客至於寢門, 則主人請入爲席, 然後出迎客. 客固辭, 主人肅客而入."

해가 높이 떴는데 일어나려 않네.
친구들 수십 명이
떠들면서 노름판을 벌리도다.
야채 죽 한 사발 마시고서
길가에 다리 벌리고 서 있도다.
사람 만나서 함께 얘기하는데
세상일들을 헛되이 떠들지 마오.
계집애 불러다가 하녀로 삼고
사내아이 끌어다가 사동을 삼도다.
아내는 벌거벗고 다니면서
늘 상 굶어 죽겠다 하네.
한 무리의 문둥이 같은 놈들
자못 부모 마음 부끄럽게 하네.
해와 달이 자못 넓게 은혜를 베풀지만
살인꾼 같은 불효 자식놈에겐
비추이지 않으리라.

世間慵懶人, 五分向有二
例著一草杉, 兩膊成山字.38)
出語觜頭高, 詐作達官子.
草舍元無床, 無氈復無被.
他家人定臥, 日西展脚睡.
諸人五更走39), 日高未肯起.
朝庭數十人, 平章共博戲.
菜粥喫一棟, 街頭闊立地.
逢人若共語, 荒說天下事.

---

38) 『隋唐嘉話』: "太宗宴近臣, 戲以嘲謔. 趙公無忌嘲歐陽率更曰: 聳髆成山字, 埋肩不出頭. 誰家麟閣上, 畵此一獼猴."
39) 『五燈會元』卷十二: "旣是山僧之母, 爲甚麽煩諸人燒香."

> 喚女作家生, 將兒作奴使.
> 妻卽赤體行, 尋常飢欲死.
> 一群病癩賊, 却搦父母恥.
> 日月甚寬恩, 不照五逆鬼.

당초에 혼란기가 가시기 전에 과도기의 민심을 대변해주면서 그 당시의 사회상을 보여준다. 유인이 단순한 선비의 자세를 망각하고 태만과 도박, 가정파괴까지 자행하면서 교만과 사술을 일삼는 작태를 세심하게 묘사하였으니, 「달관자(達官子)」란[40] 능통한 자를 지칭하는 것이기에, 나태한 자의 가식적인 경박한 허풍에서 그 당시의 유인의 무도한 행색을 엿보게 한다.

2. 도석(道釋)의 속된 마음

왕범지는 구구절절이 비유와 풍자, 나아가서는 신랄한 비판과 극단적인 매도와 저주의 표현을 서슴지 않았다. 어느 시대가 종교의 타락상을 문제 삼지 않음이 없지만 왕범지는 자신이 승려이기에 다는 승려들의 단점을 더욱 직설적으로 고발하였다. 이 점은 도교자에게도 같이 적용되었으니, 「도사의 머리를 비스듬히 하고(道士頭側方)」(권2)을 보면,

> 도사가 머리를 비스듬히 하고
> 온 몸에는 황색 도포를 걸쳤네.
> 예불하고픈 마음은 전혀 없으면서
> 항상 천존 신의 사당을 소중히 하네.
> 삼 교 모두 하나 같이

---

[40] 『太平廣記』卷一七六 : "今輕薄十年裂餠緣, 割瓜侵瓤, 以爲達官兒郞, 通人之所不爲也."

부질없이 잘난 체 뽐내네.
하나로 성현의 물 먹었으니
약하지도 강하지도 않는도다.
차별하여 생각하지 말아야 하는데
스님네들 스스로 잘났다고 떠들도다.
불교과 도교를 함께 받들어서
세상사람들 옷가지 마련하여 보내도다.
양식이며 약품도 보내오니
죽어가면서 탕약을 끊이지 않네.
바르게 평생을 한결같이 산다면
응당히 보답되어 천당에 오르리라.

道士頭側方, 渾身惣著黃.
無心禮拜佛, 恒貴天尊堂.
二敎同一體, 徒自浪褒揚.
一種霑賢聖, 無弱亦無强.
莫爲分別想, 師僧自說長.
同尊佛道敎, 凡俗送衣裳.
糧食逢醫藥, 垂死續命湯.
救取一生活, 應報上天堂.

왕범지는 당초에 국교로 받든 도교의 도사들이 득세하며 수도에 힘쓰지 않음을 승려와 다를 바 없는 통속화된 타락의 상징으로 매도하였다. 이러한 현상은 당초에 도사를 불승보다 우위에 놓아서 받든 풍조 때문에 왕범지로서는 대상의 예외일 수 없었다. 「승사략(僧史略)」(권중)에,

당대 정관 11년에 낙양을 순행한데 도사로 먼저 스님과 논하는 자가 있거늘 태종께 알리었더니, 조서를 내리어, 여도사는 여승 위에 둘만 하

다하더라.

　　唐貞觀十一年, 駕幸洛陽, 道士先有與僧論者, 聞之於太宗, 乃下詔曰 ; 道士女冠可在僧尼之上.

라고 기록된 데에서 그 당시의 의식을 알 수 있는데 이러한 의식이 건국 초기를 넘기고 사회가 안정되면서 도석일종(道釋一宗)의 관념으로 변화하면서 이들 수도자들의 부조리 현상은 극심해졌다고 하겠다.[41] 이제『전당문(全唐文)』에 기록된 일단을 보면 그 상황을 확인할 수 있으니,

　　여기에 천박한 무리 있어서 내것 네것 하며 다투매 때론 그로 인해 화를 내어 추악한 말을 하도다. 승려는 이미 도사를 배척하고 도사는 불법을 비방하여 서로 헐뜯어 더욱 심해지니 인심이 나빠짐이 이 지경에 이르렀도다.

　　此有淺識之徒, 競生物我, 或人懟怒, 各出醜言. 僧旣排斥老君, 道士乃誹謗佛法. 更相訾毁, 務在加諸, 人而無良, 乃至於此(卷九,「禁僧道毀謗制」)

　도사가 예불에 뜻을 두지 않고 중생 앞에서 잘난 체 하며 약탈과 기만을 일삼는 것이다. 두 종교가 상호 훼방하니 민심이 불안하여 안사(安史)의 난을 위시한 사회혼란이 이미 예기되었다 할 것이다. 제2연의 예불(禮佛)하려는 마음은 없지만 도사의 행세를 위해서는 형식적으로나마 천존(天尊)을 모시는 자세를 취하는 모습이며 제6연에서 민생들이 수도자라고 존중하여 옷가지를 보내오는 순진성, 그리고 제5연에서 도교와 불교의 불화와 승려가 도교를 배척하는 풍조를 엿보게 한다.[42]

---

[41] 『全唐文』 卷九,「武則天禁僧道毀謗制」: "佛道二敎, 同歸於善, 無爲究竟, 皆爲一宗."
[42] 項楚는 이 시의 해설에서 제5연 "莫爲分別相, 師僧自說長."에 대해 "則其所不

그리고 수도자의 신성한 장소가 빈궁한 여인들의 은거지가 되어서 혼탁해진 양상을 질타하는 「도장에 아녀자가 있는데(觀內有婦人)」(권2)에서는 수도자의 생활상을 극명하게 풍자하고 있다.

> 도장에 아낙네 있는데
> 일컬어 여도사라 하네.
> 저마다 머리 빗고 몸단장하여
> 모두 다 연꽃 머리관을 둘렀도다.
> 긴 치마는 금빛으로 빛나고
> 비스듬히 황색 홑저고리 걸치었네.
> 아침마다 도덕경 읊는 가락에
> 외치는 소리는 수다하도다.
> 가난하여 문전 구걸하여서
> 양식을 얻으면 서로 같이 먹도다.
> 부엌에는 마련한 것 없는데
> 안방에는 솥이 놓여 있도다.
> 가족들은 나라의 부역 나가서
> 의식을 멀리에서 구하기 어렵도다.
> 출가하여 지아비를 만나지 못하니
> 병으로 고통스러워도 돌볼 이 없도다.
> 구걸할지언정 고향에서 산다면
> 즉시 춥고 굶주림을 면하게 되리라.
>
> 觀內有婦人, 號名是女官.
> 各各能梳略, 悉帶芙蓉冠.
> 長裙並金色, 橫披黃儭單.
> 朝朝步虛讚,⁴³⁾ 道聲數千般.

平者, 實爲僧徒倨傲自高, 排斥道教之現象."(『王梵志詩校注』卷二, p.96).

貧無巡門乞, 得穀相共餐.
常住無貯積, 鐺釜當房安.
眷屬王役苦, 衣食遠求難.
出無夫婿見, 病困絶人看.
乞就生緣活, 交卽免饑寒.

여기서 수도자가 본분을 지키지 못하고 구걸과 질병으로 고생하며 신세 한탄 하고 있으니, 속인과 다를 바 없으매, 『太平廣記』(권66)「謝自然」에서,

> 수도함에는 산림에서 조용히 지내야 하니 마을 가에 가까이 해선 안 된다. …… 모름지기 집과 친족을 멀리해야 하니, 근심 속에 정이 일면 수도의 행실 지키지 못한다.
>
> 修道要山林靜居, 不宜附近村柵, …… 仍須遠家及血屬, 慮有恩情忽起, 卽非修持之行.

라고 한 것과 상반되는 상황을 직접 질책적으로 묘사하고 있다.

왕범지는 불승의 탈선에 대해 더욱 날카로운 매를 들고 있으니, 가면 쓴 승려들의 속성을 고발한 「스님의 머리 매끈하고(道人頭兀雷)」(권2)를 보면,

> 스님의 머리 매끈하고
> 의례히 살찐 숫소의 배로다.
> 본래 속세의 인간인데,

---

43) 道敎 예찬의 곡조. 『樂府古題要解』卷下,「步虛詞」: "右道觀所唱, 備言衆仙縹緲輕擧之美."

출가하여 높은 지위에 섰도다.
음식은 대접에 먹고
의복은 깃대에 걸어두네.
매일 시주 집에 가서
일곱 부처에 불공드리네.
포식하여 돈을 꿰차고는
머리 숙이고 문을 나서네.
손에는 두세 염주 들고 가나
배를 가르면 본래 아무 것도 없으리라.
평생을 끝내 깨닫지 못하고
단지 살만 잔뜩 찌누나.
벌레나 뱀도 은혜를 갚거늘
사람의 자식이 어디에서 나왔는가?

道人頭兀雷, 例頭肥特肚.
本是俗家人, 出身勝地立.
飮食哺盂中, 衣裳架上出.
每日趁齋家, 卽禮七拜佛.
飽喫更色錢, 低頭著門出.
手把數珠行, 開肚元無物.
生平未必識. 獨養肥沒忽.
虫蛇能報恩, 人子何處出.

　기름기 넘치는 중들의 머리와 살찐 풍모, 돈을 중시하는 행태, 허황된 겉모습의 꼴불견 등 모든 것이 어느 것 하나 불심과는 상관이 없다. 의식은「禮七」즉 칠불(七佛)을 외면서 마음은 불승전(佛僧錢)에 두었으니 그 당시의 타락승의 보편화된 현상임을 알 수 있다. 그리고「절간의 여러 여승(寺內數箇尼)」(권2)에서는 비구니의 한심한 작태를 통하여 성직자의 비리를 통박하고 있으니, 그 일단을 보면,

절 안에 여승들 여럿이
서로 옷차림과 몸치장을 일삼도다.
본래 속인의 딸인데
출가하여 승복을 걸쳤네.
……
불전을 알지 못하니
불가의 승복을 못쓰게 하네.
……
단지 재물만을 구하니
나머지 일일랑은 멋대로 하네.
부자들은 너무나도 중시하고
가난한 자엔 왕래가 드물도다.
단지 하루의 쾌락만을 알뿐이니
백년의 기근일랑 잊고 있다네.
가족들 여위는 건 개의치 않고
오직 자기 한 몸 살찌기 바란다네.

寺內數箇尼, 各各事威儀.
本是俗人女, 出家掛佛衣.
……
佛殿元不識, 損壞法家衣.
……
只求多財富, 餘事且隨宜.
富者相過重, 貧者往還希.
但知一日樂, 忘却百年飢.
不採生緣瘦, 唯願當身肥.

이 너무도 적나라한 실상의 고발에서 왕범지의 수도정신을 확인하게 되고, 불교의 타락상을 엿보게 된다. 구사된 시어가 평범한 일상용어이지만 그 속에 담긴 예리한 관찰력은 이 시의 승화된 진실성을 돋보이게 한다.

한편, 왕범지는 승려가 쾌락만을 추구함을 직시하며 「아이가 출가하여(童子得出家)」(권7)에서,

>아이가 출가하여 수도한다면서
>평생 두고 쾌락을 누리도다.
>음식은 대접에 가득하고
>깃대에서는 입을 옷을 골라내네.
>새벽에 묽은 죽을 한다면서
>손으로는 고깃국을 맛보는도다.
>......
>미련하여서 몸이 살찌기를 바라니
>매일 석약을 복용하네.
>산 부처께 예불하지 아니하고
>재색에 빠져 헤매는도다.
>낮에는 공명을 추구하고
>밤에는 쾌락을 찾아 헤매네.
>아득히 탈속할 생각은 않고
>미적대며 속정에 매여 있도다.
>온 길거리에는 똥보가 가득하니
>마치 발 없는 자라새끼 같구나.

>童子得出家, 一生受快樂.
>飮食滿盂中, 架上選衣著.
>平明欲稀粥, 食手調羹朧.
>......
>憨癡求身肥, 每日服石藥.
>生佛不拜禮, 財色偏染著.

왕범지(王梵志)와 그 시의 현실문제 고발의식 · 305

白日趁身名, 兼能夜逐樂.
不肯逍遙行, 故故相纏縛.
滿街肥統統, 恰似鱉無脚.

　불도는 떠나 있고 속계의 물욕에 젖어 있어 위선적 성직의 탈을 쓴 불자의 한심스런 작태를 사실대로 그려 놓았다. 통렬한 자아비판의 표출이기도 하다. 그리고「염불 소리는 들리지 않고(不見念佛聲)」(권5)의 전단을 보면,

　　염불 소리는 들리지 않고,
　　거리마다 우는 소리만 들리네.
　　살았을 때는 털 이불 썼지만,
　　죽고 나니 시체라 싫어하네.
　　죽은 시체 오래 남겨둘 수 없어
　　서둘러서 매장해야하네.

不見念佛聲, 滿街聞哭聲.
生時同氈被, 死則嫌屍妨.
屍穢不中停, 火急須埋葬.

　승려가 타락하니 백성들의 초상집에 염불소리가 들릴 리 없다. 시세의 조류가 혼탁하였지만, 왕범지 자신은 타락을 비판할 수 있는 엄숙한 신앙심을 유지하고 있었음을 다음 시에서 확인할 수 있다.

　　나 왕범지가 죽어서
　　혼백이 염라대왕을 알현하겠지.
　　역대 제왕의 속된 전적을 다 읽어본들
　　채찍 당하는 일 면치 못하리라.
　　오로지 나무아불을 따라 행하면

모두 불도를 터득하리라.

  梵志死去來, 魂魄見閻老.
  讀盡百王書, 不免被捶拷.
  一稱南無佛, 皆已成佛道.(卷六).

 왕범지의 詩에서 위와 같은 종교적 색채가 가장 짙게 표현되어 있다. 상기의 모순점을 지적하는 것 외에, 수다한 초탈적 의식의 발로를 작시화 한 것이 적지 않다. 선경(禪境)을 추구하여 육신을 꿈같이 허무한 의식세계로 승화시킨 시세계 또한 매우 중요한 특성이다. 「그림자 보노라면 본래 보이지 않고(觀影元非有)」(권3)에서,

  그림자 보노라면 본래 있지 않고
  육신을 보아도 또한 텅 비어 있네.
  그건 물밑의 달을 따는 것 같고
  그건 나무 끝의 바람을 잡는 것 같네.
  따려 하면 보이지 않고
  잡으려 하면 끝간데가 없구나.
  중생의 전생의 업보를 따라 돌거늘
  그건 마치 꿈속에서 잠자는 듯 하네.

  觀影元非有, 觀身亦是空.
  如採水底月, 似捉樹頭風.
  攬之不可見, 尋之不可窮.
  眾生隨業轉, 恰似寐夢中.

라고 한 의취는 단순한 삶의 초탈을 희구하는 허무의식이 아니라 속세의 현실을 보고 종교의 비신앙적 양상을 직시하면서 현실망각의 바램이 담겨져 있다고도 보아진다.

V. 사회 부조리에 대한 냉엄한 질책

수도하는 신세의 왕범지이지만 그 시대의 사회상을 직시하고 민감하게 반응하는 안목을 지니고 있었다. 그가 남긴 390여 수의 시에서 높이 평가될 수 있는 부분은 시의 묘사와 격조의 우수성보다는 통속적인 시어로 사실들을 백묘(白描)수법으로 비웃고 화내며 풍자하면서 사회의 폐단과 백성의 질고(疾苦)를 직설적으로 그려낼 수 있었다는 것이다. 초당대의 사회계급의 분화와 빈부의 불균형 현상이 극심해졌을 때에 비등해진 백성의 애증(愛憎)심리를 다각적으로 대변해준 것이다.44)

본문의 내용은 당대 사회현상의 불합리성을 지적하는 데에 초점을 두려 한다. 거기에는 지주계급의 착취와 신분상의 불공평, 그리고 관리의 전횡(專橫)과 재물욕을 들 수 있으며 나태와 유랑의 민심을 우려하는 테마들을 포함시킬 수 있다. 정관(貞觀) 시기의 사회상을 기술한 『당회요(唐會要)』(권83)의 일단을 보면,

> 이제 백성들이 변란을 당한 후에 수나라 때에 비하여 겨우 십분의 일이다. 관청에 요역을 나가서 길에 연이어 있으며, 형이 나가면 아우가 돌아가면서 앞머리에서 꼬리까지 끊이지 않고 춘하추동을 거의 쉴 틈이 없다
>
> 今百姓承喪亂之後, 比於隋時, 才十分之一, 而供官徭役, 道路相繼, 兄去

---

44) 朱鳳玉, 『王梵志詩研究』 上 p.190 : "王梵志詩以通俗淺近的語言, 白描寫實的手法, 嬉笑怒罵, 冷佩熱嘲地將社會的弊端, 百姓的苦痛披露出來, 擧凡租庸調與差科徭役等之繁重 ; 兵役征防之頻仍, 以及逃亡等社會黑暗痛苦的現象, 均毫不保留加以刻." 匡扶, 「王梵之詩社會內容淺析」: "王梵之曾用他較多的詩篇, 眞實地揭露了初唐時期社會中兩極分化, 貧富不均的普遍而嚴重的現象, 而且是描寫具體, 愛憎分明."(『西北師院學報』1983年 第4期).

弟還, 首尾不絶, 春秋冬夏略無休時.(「貞觀十一年侍御史馬周上疏」)

라고 하여 그 당시의 가정과 사회가 무너진 상태의 단면을 보여준다. 따라서 왕범지의 시들은 청대 서증(徐增)이 말한 바,

> 당시를 배우려면 먼저 필작의 연단을 해야 하나니 사작의 연습이 자유자재로 뜻한 바와 같이 되면 절로 좋은 시가 우러나오게 된다.

> 學唐詩先須鍊筆, 到得伸縮如意, 自有好詩作出來.(『而菴詩話』十二條)

와는 거리가 있지만, 시의 사실성과 정직성이란 면에서 볼 때, 왕범지의 사회시는 역시 청대 조집신(趙執信)이 말한 바,

> 시인은 학식을 아는 것을 높이사는데 도리를 아는 것은 더욱 높이살 것이다. 소동파가 두보 시를 논함에 있어 또 다른 담긴 뜻이 있다고 한 것은 바로 이것이다.

> 詩人貴知學, 尤貴知道. 東坡論少陵詩外尙有事在, 是也. (『談龍錄』十六條)

라고 한 입론과 상통하겠다. 왕범지의 사회상을 묘사한 작품은 송곳 그 자체가 되어 민심의 핵(核)을 끊임없이 찍어내어 보여주고 고발한다.

1. 신분계급의 차별

어느 사회이든 통치와 종속관계가 성립됨은 필연적인 이치일 것이다. 통치자와 그 부속부류는 피지배계급에 대해 절대 군림하였음은 정사(正史)

인 『신당서(新唐書)』(本紀) 후미에 「贊」이 부언된 것만으로도 가히 유추할 수 있다. 이제 그 일단을 보기로 한다.

  찬사하노니 당이 천하를 얻은 지 20대에 이르렀는데, 칭송할 만한 분 세 임금이니 현종과 헌종은 그 유종의 미를 거두지 못했지만, 위대하도 다! 태종의 공적이여! 수나라의 난을 잡았으니, 그 자취는 탕과 무왕에 비기겠다.

  贊曰 : 唐有天下, 傳世二十, 其可稱者三君, 玄宗·憲宗皆不克其終, 盛哉, 太宗之烈也, 其除隋之亂, 比迹湯武(卷二 本紀第二太宗)

초당의 절대중앙집권체제로 인한 사회계급이 양극화되어 빈부의 불균등 현상이 심화되고 사족문벌제도(士族門閥制度)가 악화되면서 신분이나 직업의 귀천의식이 노골화되었다. 왕범지는 이러한 사회구조를 사실적으로 묘사하고 애증의 도를 분명히 헤아려 놓았다.[45] 그의 「기공은 기술을 배우지 말라(工匠莫學巧)」(권2)는 농공상들의 세습적인 신분차별과 역경을 대변해주는 실례라 할 것이다.

  기공들은 기술을 배우지 말지니
  기술 있으면 남에게 부림을 받네.
  신분이 본래 노예이니
  아내 또한 관리의 여종이네.
  남편이 잠시 없으면,
  끌고 가서 모욕을 당한다네.
  일하기 전엔 돈을 준다고 말하고서

---

45) 匡扶, 「王梵之詩社會內容淺析」(『西北師院學報』 1983年 第4期) ; "王梵之曾用他較多的詩篇, 眞實地揭露了初唐時期社會中兩極分化, 貧富不均的普遍而嚴重的現象, 而且是描寫具體, 愛憎分明."

일하고 나면 눈을 부릅뜬다네.
호인이 술과 음식 내려주면서
은혜로운 말에서 아름다운 정이 솟는다.
무뢰한이 돈은 주지 않고
시커먼 속셈으로 등허리를 친다네.
빈궁하면서 참으로 불쌍하니
굶주리고 추운 모습 드러나네.
부역이 하나 같이 내려오니
나가지 않으면 맞아 죽도다.
차라리 도망가다 잡힐지언정
뉘라서 매맞고 모욕당하겠는가?
어째서 집을 버리고 도망가는가?
진실로 학대를 중지하지 않기 때문이라네.

工匠莫學巧, 巧卽他人使.
身是自來奴, 妻亦官人婢.
夫婿暫時無, 曳將伋被恥.
未作道與錢, 作了擘眼你.
奴人賜酒食, 恩言出美氣.
無賴不與錢, 蛆心打脊使.
貧窮實可憐, 飢寒肚露地.
戶役一槪差, 不辦棒下死.
寧可出頭坐, 誰肯被鞭恥.
何爲抛宅走, 良由不得止.

 이 시는 기능공의 구속생활과 그 가족까지 모욕을 감수해야하는 노예신분임을 통렬하게 고발하고 있다. 『당육전(唐六典)』(권6)에 "기공으로 일하는 사람들이 일단 기공으로 들어가면 각자의 능력에 직분을 얻지 못하게 된다. 주물기공으로 주물에 뛰어난 자는 정공에 임명된다.(工匠作業之子弟, 一入工匠後, 不得別入諸色. 其和頤鑄匠有名解鑄者, 則補正工)" 여기서 단공(短工) 다음에 정공(正工)에 보임되는데 세습적이어서 마음대로 직업변경이 불가했음을 알 수 있다. 그리고 그 처자식도 관노비(官奴婢)의 신세가 되니 그들의 궁극적인 행로는 도주이며 유랑으로 귀착된 것이다. 그러면 당시 기세 등등한 관리들의 자부심을 갖게 해 준 관리선발을 빗대어서 허울좋은 외식적 규범을 비판하는 예시 「첫째는 고상한 품행이어야(第一須景行)」(권3)를 보기로 한다.

   첫째는 고상한 품행이 있어야 하며
   둘째는 유능하고 총명해야 한다.
   법령에 물결같이 뛰어나고
   문필은 화초같이 피어나네.
   정신은 빠른 화살같이 곧으며
   회포는 깨끗한 모래처럼 맑도다,
   살펴 본 바 모두 이와 같으니
   어찌 근심하며 불안해하는가?

   第一須景行, 第二須强明
   律令波濤涌, 文詞花草生
   心神激箭直, 懷抱徹沙清.
   觀察惣如此, 何愁不太平

이처럼 재기가 발랄한 관리들이 하급계층에 대한 학대와 능욕을 일삼은 이유는 무엇이며 결국은 유랑으로 몰고 갔는지에 대한 해답은 단 한 마디 '덕행'을 경시한 선발기준에 있는 것이다. 『신당서(新唐書)』(選擧志下)에 보면,

무릇 사람을 고르는 방법은 네 가지가 있다. 첫째는 몸이니 외모가 넉넉하고 커야한다. 둘째는 언사이니, 언사가 발라야 한다. 셋째는 글씨이니 서법이 고와야 한다. 넷째는 판별이니, 문리가 뛰어나야 한다.

凡擇人之法有四 : 一曰新, 體貌豊偉, 二曰言, 言辭辯正, 三曰書, 楷法遒美, 四曰判, 文理優長.

라고 하였듯이 4조건에서 덕행은 제외되어 인품 결여로 있음을 보게 된다. 이런 제도로 인해 관리의 전횡은 심해지고 계급간의 괴리가 커져서 서민과는 주종(主從)관계가 강화되는 모순현상이 더욱 뚜렷해졌다.46) 이것을 왕범지는 「천자를 대신하여 백성을 다스리다(代天理百姓)」(권3)에서 직설하고 있다.

천자를 대신하여 백성을 다스리며
법령 또한 준수해야 하네.
관리가 기뻐하면 법도 기쁘고
관리가 성내면 법도 성내네.
모두 관리에 의해 법을 시행하니
어찌 법으로 사람을 다스리겠는가?
순식간에 목을 처단하니
이유가 있다한들 어떻게 호소할 수 있으리오.

代天理百姓, 格式亦須遵.
官喜律卽喜, 官嗔律卽嗔.
惣由官斷法, 何須法斷人.

---

46) 『貞觀政要』 擇官 : "貞觀三年, 太宗謂吏部尙書社如晦曰, 比見吏部擇人, 惟取其言詞刀筆 不悉其景行. 數年之後, 惡跡始彰, 雖加刑戮, 而百姓已受其弊."

一時截却項, 有理若爲申.

　　관리가 천자를 대신하여 백성을 다스리는 데의 기본대상은 상벌관계로서 이 권한은 관민의 차별의식을 심화시켰고 백성은 관리의 언행에 따라 희비가 엇갈리는 운명에 놓이곤 하였다[47]. 따라서 관리가 곧 법이 되어 희비에 따라 백성에 대한 범법의 한계가 달라지는 괴현상을 제2·3연에서 직언하고 있다. 그러니까 사법(司法)이 문란하여지고 혹리(酷吏)의 횡행이 가능하며 후안무치(厚顏無恥)의 관료의식이 만연될 수 있었다. 이런 면을 왕범지는 주저 없이 매도하고 있으니, 「백성이 모욕을 당하면(百姓被欺屈)」(권3)을 보면,

　　　　백성이 모욕을 당하면
　　　　상서, 어사대, 대리사 등의 관리가 처리해야 하네.
　　　　매일 매일 둘러앉아서
　　　　갈수록 억울한 사정이 새로워지네.
　　　　느릅나무를 잘라서 버드나무라 하고
　　　　귀신을 오히려 사람이라고 판결하네.
　　　　천자가 백성의 원한을 껴안아지고
　　　　나쁜 관리는 밭이랑의 먼지를 흩날리네.

　　　　百姓被欺屈, 三官須爲申.
　　　　朝朝團坐入, 漸漸曲精新.
　　　　斷楡翻作柳, 判鬼却爲人.
　　　　天子抱冤屈, 他揚陌上塵.

---

47) 『新唐書』 刑法志:「賞罰所以代天行法.」, 『舊唐書』 代宗紀:"至于國朝, 實執其政, 當左輔右弼之寄, 總代天理物之名, 典領百療, 陶鎔景化."

무측천(武則天) 시기의 관리의 신분적 학대는 일반화된 현상으로 보인다.48) 도리와 원칙도 없이 백성을 소유물로 경시하는 풍조를 좌시만 할 수 없는 데에서 왕범지는 어사(御史)의 가식적 위세를「천하의 나쁜 관직(天下惡官職)」(권3)에서 다음과 같이 묘사한 것이다.

> 천하의 아무리 못된 관직도
> 어사만큼은 못하리라.
> 눈썹을 힘주어 눈을 부릅뜨니
> 어찌 사자무가 필요하겠는가.
> 옆에서 보니 너무도 무서워서
> 절로 괴로워 죽고 싶구나.
> 가면 도구를 벗어버리면
> 남들과 다른 게 없는 것들이.

> 天下惡官職, 未過御吏臺.
> 努眉復張眼, 何須弄師子.
> 傍看甚可畏, 自家困求死.
> 脫却面頭皮, 還共人相似.

어사대(御史臺)는 당대의 중앙감찰기구(中央監察機構)이니, 정의의 상징이어야 할 어사가 가장 악질의 관리로 부각되었다면 이 시는 비판의 극을 발양한 것으로 본다. 사자무(獅子舞)에 착용하는 가면을 쓴 위인으로서의 어사의 작태는 대표적인 신분계급의 악습을 대언하는 것이 되겠다.

상기한 신분차별로 겪는 모욕을 피하여 유랑하는 서민의 모습에서, 왕

---

48) 학대의 예문을 들면『朝野僉載』卷二 "監察御史李全交素以羅織酷虐爲業, 臺中號爲人頭羅刹, 殿中王永號爲鬼面夜叉"

범지는 이런 현상을 사회안정에 부정적 요인으로 본 것이다. 그의 「천하에 유랑하는 사람(天下浮逃人)」(권5)을 보면,

  천하에 유랑하는 사람들
  반 이상은 넘을 것이네.
  남북으로 자취를 곳곳에 남기고
  남에게는 곧 고향에 돌아간다고 속이네.
  유랑하며 스스로 살길을 찾으니
  부역에 응할 일 염려 안 해도 되네.
  부모님 생각일랑 마음에 없고
  못된 패거리와 어울릴 마음뿐이네.
  이익이 되는 곳이면 의례 머리 내미니,
  주인의 부름에 응할 필요 없네.
  괴롭다 하면 깊이 숨고서
  늘 상 서로 남 해칠 생각만 하네.
  마치 새들이 무리를 이루었다가
  놀라면 즉시 흩어져 날아가는 것 같네.
  마음이 악독하여 충효란 전혀 없으니
  떠돌아다니는 부랑아이로세.

  天下浮逃人, 不啻多一半.
  南北擲蹤藏, 誑他暫歸貫.
  遊遊自覓活, 不愁應戶役.
  無心念二親, 有意隨惡伴.
  强處出頭來, 不須曹主喚.
  聞若卽深藏, 尋常擬相筭.
  欲似鳥作群, 驚卽當頭散.
  心毒無忠孝, 不過浮遊漢.

이 시는 당대 전기에 나타난 심각한 사회문제를 반영해주는 것으로 바로 농촌의 거대한 이탈인 것이다. 제1연에서 호구의 이탈이 심한 것과 말구의 가정의 기강이 파괴되고 이탈주민에 대한 무관심에서 인륜과 애민의 부재를 알 수 있다. 그래서 「빈궁한 업보에 들면(近逢窮業至)」(권2)는 유랑객의 행색을 실감있게 그려 놓았다.

   빈궁한 업보에 처하면
   온 몸엔 아무 것도 남아 있지 않네.
   새끼줄을 매고 밧줄을 둘러서
   길 갈 때 지팡이를 잡아야 하네.
   온 세상의 사람들과 교제도 끊기고
   가족들은 떠났다가 돌아오는 이 드물다.
   동쪽이나 서쪽이나 몸을 의지할 데 없으니,
   어느 곳이든 곧 평안히 머물러라.

   近逢窮業至, 緣身一物無.
   披繩兼帶索, 行時須杖扶.
   四海交遊絶, 眷屬往還疏.
   東西無繫著, 到處卽安居.

왕범지는 실상에 대한 묘사가 직감과 직설, 그리고 직유(直喩) 등 삼직(三直)의 정신을 통하여 사실적으로 표출하였다는 데에서 그 장처를 인정할 수 있는데 이 시의 유랑 행태에 대한 묘회(描繪)는 제2연에서 정절에 달하고 있다. 도주와 탈현실의 귀착지는 역시 인간 이하의 참상이 기다렸을 것이며 당대사회의 혼란의 계기가 되어 안사란(安史亂)으로 비화되었다고 본다. 상하계층의 약육강식적 주종관념이 주류가 된 사회풍토의 단면이라 할 것이다.

2. 미풍양속의 저해(沮害)

　전통적인 유가사상에 의한 예법과 관습이 변질되는 상황에 대해 시를 통하여 풍유(諷諭)하고 있다. 그의 풍자 대상은 가정의 불효, 연장자에 대한 공경, 태만한 생활태도, 그리고 음주 등 퇴폐적인 습관이 되겠다. 이제 부모에 대한 예의를 읊은 경우를 보면,「부모 따라 나가면(尊人相逐出)」(권4)에서,

　　　　부모님을 따라서 나갈 때에
　　　　자녀는 앞서서 가지 말지라.
　　　　사리를 아는 것은 만나봐야 하나니
　　　　예의를 모르는 자는 익히 알게 되네.

　　　　尊人相逐出, 子莫向前行.
　　　　識事須相逢, 情知乏禮生.

　여기서 존인(尊人)은 부모와 같은 연장자를 말하며, 말구의 '乏禮生'은 예의를 모르는 사람이니, 철저한 순종의 자세를 강조하고 있다. 그리고「어른과 젊은이 함께 공경하면(長幼同欽敬)」(권4)을 보면,

　　　　어른과 젊은이 함께 공경하면
　　　　어른을 알아보고 순종하지 않는 자 없네.
　　　　다만 예악을 행할 수 있다면
　　　　마을 사람들은 스스로 어질다고 할 것이네.

　　　　長幼同欽敬, 知尊莫不遵.
　　　　但能行禮樂, 鄉里自稱仁.

라 하여 장유유서(長幼有序)의 예교가 인(仁)의 근본임을 기술하였다.[49]
또「친족이 빈객으로 모여(親家會賓客)」(권4)에서는,

> 친족들이 손님으로 모여
> 좌석에 앉음은 높낮이가 있다네.
> 남들이 젓가락을 잡지 않았는데
> 먼저 젓가락질을 하지 말지라.
>
> 親家會賓客, 在席有尊卑.
> 諸人未下筯, 不得在前椅.

라고 하여 실질적인 가정에서의 생활예의를 구체적으로 제시해 주고 있다. 이러한 왕범지의 엄격한 인륜의식은 미풍양속을 해치는 작태에 대해 실망과 함께 질타와 훈계를 서슴지 않았던 것이다. 그는 태만한 생활태도에 대해「집안이 점점 가난해져서(家中漸漸貧)」(권2)에서 섬세한 관찰력으로 여인의 온당치 않은 언행을 개조식(個條式)으로 지적하고 있다.

> 집안이 점점 가난해지니
> 진실로 게으른 아내 때문이네.
> 하루 종일 침상에 앉기를 좋아하고
> 배불리 먹으며 배를 어루만지네.
> 해마다 아이를 낳으면서
> 집안 가구는 들이려 않누나.
> 술을 마시매 다섯 남자와 대할만 하고
> 적삼과 바지는 꿰매려 않는구나.
> 의례 옷을 입기 좋아하며

---

49) 『禮記』樂記: "在族長鄉里之中, 長幼同聽之, 則莫不和順, 在閨門之內, 父子兄弟同聽之, 則莫不和親."

왕범지(王梵志)와 그 시의 현실문제 고발의식 · 319

틈만 나면 밖으로 나가네.
남자를 찾아 짝하지 않으나
마음속에는 항상 그리워하네.
동쪽 집과 입씨름 잘하고
서쪽 집과는 싸우기도 잘하네.
두 집이 서로 화합하지 않고
눈을 부릅뜨고 질투만 하도다.
따로이 좋은 짝을 찾게 되면
내쫓고는 오래 머물지 못하게 하네.

家中漸漸貧, 良由慵懶婦.
長頭愛床坐, 飽喫沒婆肚.
頻年勲生兒, 不肯收家具.
飮酒五夫敵, 不解縫衫袴.
事當好衣裳, 得便走出去.
不要男爲伴, 心裏恒攀慕.
東家能涅舌, 西家好合鬪.
兩家旣不合, 角眼相蛆妒.
別覓好時對, 趁却莫交住.

　여기서 지적된 여인의 게으른 생활태도를 보자, ① 침상에 있어 포식을 추구, ② 아이는 낳되 집물을 들이지 않음, ③ 술 좋아하고 옷 꿰매지 않음, ④ 외출만을 좋아함, ⑤ 외간 남자에 관심 있음, ⑥ 말 옮기며 다툼, ⑦ 남자를 자주 바꿈 등 그 당시에 타락한 하나의 여인상을 묘사해 놓았다. 그리고「관직도 구하여야 하고(官職亦須求)」(권3)는 선비의 의욕상실과 요행을 직설하였으니.

　　관직도 구해야 하고

재물도 또한 찾아내야 하네.
하늘에서 비가 내리면 곰보 얼굴의 흉터에는
삼 년에 비 한 방울 떨어지듯 하는 신세.
旺日과 相日의 길일에 득의하면
연회석에 참석한 듯 순조로울 것인데.
멍하니 집안에 앉아만 있으니
배고파 그대 눈이 벌겋게 되었도다.

官職亦須求, 錢財亦須覓.
天雨麻點孔, 三年著一滴.
王相逢便宜, 參差著局席.
兀兀舍底坐, 餓你眼赫赤.

  부귀에 대한 욕망은 있으면서 기회를 찾으려는 의욕이 없으니 삼 년에 빗방울 한 방울 떨어지는 것과 같으며, 길일을 골라 계획을 추구하지도 않으니, 자신은 물론 가족까지 기아에 들게 한다는 치밀하고 단계적인 묘사를 구사하였다. 제2연의 비유는 『잡아함경(雜阿含經)』의50) 예화와 상통하여 왕범지의 일관된 불심을 그 근저에 두고 있음을 알 수 있다. 왕범지는 특히 음주에 대해 부정적인 관념이 짙다. 「존인이 객을 대하고 마시다(尊人對客飮)」(권4)는 음주의 몸가짐을, 「존인이 술을 마시다(尊人與酒喫)」는 권주의 예법을, 「존인과 동석으로 마시다(尊人同席飮)」는 음주시의 언사와 겸양을, 「다니며 술 많이 마시지 말라(巡來莫多飮)」는 교만하지 말고 장유의 예의를 따라 음주할 것을 설파하였는데, 이 중에서 「존인 객을 대하고 마시다(尊人對客飮)」를 예시하기로 한다.

---

50) 『雜阿含經』 卷十五 : "譬如大地, 悉成大海, 有一盲龜, 壽無量劫, 百年一出其頭. 海中有浮木, 止有一孔, 漂流海浪, 隨風東西. 盲龜百年一出其頭, 當得遇此孔不?"

어른 된 손님을 대하여 술을 마시면
곧게 서서 있되 서두르지 말지어다.
부름 받으면 명령대로 따라 할 것이며,
몸을 굽히되 단정하지 않으면 안되네.

 尊人對客飮, 卓立莫東西.
 使喚須依命, 弓身莫不齊.

따라서 왕범지는 음주로 인해 종교적으로 육식하게 되고 언행의 탈선을 경계하여[51] 금주의 도리를 지킬 것을 역설하였는데, 「음주는 어리석은 업보(飮酒是癡報)」(권4)를 보면,

음주란 바보 같은 업보러니
사람이 똥통에 빠지는 것과 같도다.
깨끗지 않음을 분명히 알지니
어찌하여 둑 가에서 헤매고 있는가?

 飮酒是癡報, 如人落糞坑.
 情知有不淨, 豈合岸頭行.

라 하여 주벽은 전생의 업이라고 통박하면서 부정한 습성임을 질책하였으며, 「술 담그는 죄 심히 무겁다(造酒罪甚重)」(권4)을 보면,

술 담그는 일 그 죄가 매우 무거우며
술과 고기 가까이 함은 모두 죄가 가볍지 않네.
누구든 이 말을 못 믿겠거든

---

51) 『珠林』 卷112 薩遮尼乾子經偈 : "飮酒多放逸, 現世常愚癡, 忘却一切事, 常被智者呵."

열반경을 가져다 찾아볼지라.

造酒罪甚重, 酒肉俱不輕.
若人不信語, 檢取涅槃經.52)

라고 하여 불법의 이치에 맞지 않는 언행을 금지해야 할 것을 피력하면서 미풍의 유지와 부정한 습성의 유행을 경계하는 직언을 펴놓았다. 왕범지의 안중에 보이는 탈선행위에 대해 시로써 경계함(以詩戒之)의 필단을 멈추지 않았기에 세상을 바로 구하는(救時) 사도라고 칭할 만 하다.

VI. 민생질고(疾苦)에 대한 민심의 통분적 대변

왕범지의 시는 민심의 대언자와 같은 역할을 하였다. 빈부의 차별에서는 갈등과 각종 부역(賦役)에 시달리는 고통의 고발자로서의 왕범지 시는 당시의 중요한 가치를 지닌다고 하겠다. 두보의 시를 시사(詩史)라 한다면 왕범지의 시는 '시민(詩民)'이라고 해야 할 것이다. 그 표현이 정제(整齊)되지 않았을 뿐, 열정과 강개가 있고 기개와 용기가 발양되어 있기에 더욱 값지며, 본고의 의의도 거기에 있는 것이다. 시인은 백성의 당면문제인 부병(府兵)과 요역(徭役), 그리고 각종 조세(租稅)에 생활의 기반과 안정을 상실 당하였으며, 기설한 바 유랑과 도주의 처지를 겪었으며, 신분계급의 차이에서 오는 빈부 차이에서 오는 극단적인 괴리(乖離)는 더욱 사회구조를 악화시켰다고 본다.

---

52) 『大般涅槃經』 四相品 : "爾時迦葉菩薩白佛言 : 世尊, 食肉之人不應施肉, 何以故? 我見不食肉者有大功德."

1. 부병(府兵)의 고통

영토확장과 전쟁으로 초당에 병역법이 실시되면서 국가경제 악화와 민심 이탈이 가중되었다. 다음 시앙위에(尙鉞)의 『中國歷史鋼要』의 당초 부병제에 대한 기술은 참고할 만하다.

> 정관 연간에 서북방의 수자리 부역이 이미 매우 과중하였으니 …… 대군은 만 명, 소군은 천 명으로 봉화 수자리군과 나졸이 만리 길에 이어져 있었다. 고종 때에는 변방 군사비가 더욱 늘어나고 수자리의 연한도 길어지매, 농민들은 병역을 면키 위해 혹은 지체를 자해하기도, 혹은 도망가기도 하였다.

> 貞觀中, 西北屯戍之役已甚繁重, …… 大軍萬人, 小軍千人, 烽戍邏卒, 萬里相繼. 高宗時邊防軍額更增, 屯戍年限亦久, 農民避免兵役, 或自殘肢體, 或被迫逃亡.

그리고 판원란(范文瀾)은 『중국통사』에서,

> 부병은 본래 농민에게 병역을 부여하는 일종의 병역제이다. 평시에는 부병 대부분이 농사에 종사하고, 일부가 순번에 따라 서울이나 변방을 지키도록 했다.

> 府兵本是寓兵於農的一種兵制. 平時, 府兵大部分從事農耕, 小部分按番到京師宿衛或戍邊.(第三冊)

라고 하여 실질적으로 부병이 생활상 농민의 부담을 가중시켰음을 확인하게 된다. 「천하에 나쁜 관직(天下惡官職)」(권2)을 살펴보고자 한다.

천하에 아무리 나쁜 관직이라도
부병만은 못하리라.
사방에서 도적이 난동하면
당일로 즉시 출동해야 하네.
연분이 있으면 다시 만나겠지만
업보가 박하면 곧 생을 달리하도다.
도적을 만나면 맞아 죽게 되니
전공 세워 받는 오품 벼슬을 다투려 않도다.

天下惡官職, 不過是府兵.
四面有賊動, 當日卽須行.
有緣重相見, 業薄卽隔生.
逢賊被打煞, 五品無人爭.

　절망 중에 부병에 임하는 농민의 심경을 대언하고 있다. 이로 인해 빈고의 상황은 더해 가며 지주의 자제는 물질로 대체하는 부조리가 나타났다. 그러니까 농민의 부병으로 인해 농가에는 여러 현상이 발생하게 되었으니, 장부가 부병을 피하여 도주하게 되매, 아들 대신 노모가, 그리고 남편 대신 부인이 요역(徭役)을 나가는 문제가 제기되었다.[53] 「아들 딸 있는 것도 좋지만(男女有亦好)」(권5)를 보면,

아들 딸이 있는 것도 좋지만
없을 때가 역시 가장 좋도다.
아들 있으면 그의 부역을 걱정하며
또한 징집되어 출정할 것을 두려워한다.
첫째 租稅와 調稅 없고,

---

53) 남편 대신 賦役의 예시로 「相將歸去來」(旣引)의 "婦人應重役, 男子從征行."句.

왕범지(王梵志)와 그 시의 현실문제 고발의식 · 325

둘째 군대 나오라는 일이 없다네.
문을 닫으니 부려먹는 이 없어
귓속은 지극히 맑고 평온하도다.

男女有亦好, 無時亦最精.
兒在愁他役, 又恐點着征.
一則無租調, 二則絶兵名.
閉門無呼喚, 耳裏極星星.

이것은 병역 나간 농민의 부모의 비통한 신음소리이니, 가정의 나약한 가족의 차역(差役)으로 갖은 질병과 재난이 오고 농민장부들이 방술(防戍)에서 사망하면서 농촌은 피폐하는 사태가 생겨났다. 왕범지는 요역의 불가피와 운명을 '天曹(하늘)'에 맡기는 허탈감을 다음 「임무가 부여되면 나가야 한다(差著卽須行)」(권3)에서 독백하고 있다.

임무가 부여되면 나아가야 하니
파견되어 떠나감에 머물길 바라지 말라.
이름은 돌 상자 속에 있고
관직은 하늘의 관아에서 정해진다네.
재산은 귀신이 따져보고
옷과 음식은 명백히 부여 되도.
나아가고 물러남은 내 뜻대로가 아니니
어찌 공연히 근심하고 두려워할 필요 있으리오?

差著卽須行, 遣去莫求住.
名字石函裏, 官職天曹注.
錢財鬼料量, 衣食明分付.
進退不由我, 何須滿憂懼.

당초의 부병과 요역은 가정과 농촌의 피폐를 조장하였고, 이의 부작용은 민심의 동요와 이탈을 가져오고 국가의 기강이 이완되었다. 이제 가정의 참상을 적나라하게 묘사한 「부부가 아들 다섯을 낳고(夫婦生五男)」(권5)를 예시로 들겠다.

> 부부가 아들 다섯을 낳았고,
> 아울러 딸 쌍둥이를 두었네.
> 아들이 장성하니 장가를 들어야 하고
> 딸이 장성하니 시집을 가야 하네.
> 집마다 호역과 요역이 부과되니
> 우리 부부를 끌고 가누나.
> 아내는 걸칠 거친 베옷조차 없고
> 남편은 몸에 입을 잠방이도 없구나.
> 부모님은 모두 팔십 세이며
> 아들의 나이는 쉰 다섯이라.
> 머리 맞대고 처자식을 걱정하면서
> 부모님 봉양에는 게으르구나.
> ……(이하 생략)……

> 夫婦生五男, 幷有一雙女.
> 兒大須取妻, 女大須嫁處.
> 戶役差科來, 牽挽我夫婦.
> 妻卽無褐被, 夫體無褌袴.
> 父母俱八十, 兒年五十五.
> 當頭憂妻兒, 不勤養父母.
> ……(下略)……

2. 조용조(租庸調)의 가혹

당대는 균전제(均田制)를 채용하여 납세의 의무를 부과하였는데, 『唐六典』에 보면,

무릇 부역제도는 네 가지 있는데, 첫째는 조세, 둘째는 용역, 셋째는 調稅, 넷째는 雜徭이다.

凡賦役之制有四:一曰租, 二曰調, 三曰役, 四曰雜徭.(卷三)

라고 명기하고 있는데, 여기서는 착취와 같은 세금과다로 인해 빈부의 격차가 심화되어 사회번영의 방해가 되었던 세금에 관한 왕범지의 질책을 보고자 한다. 먼저, 「빈궁한 시골뜨기(貧窮田舍漢)」(권5)를 보면,

가난한 시골뜨기 초가집이
너무도 외롭고 쓸쓸하도다.
두 사람이 모두 전생의 업으로 인해
현세에 와서 부부가 되었도다.
아내는 품팔아 나락을 찧으며
남편은 품팔아 쟁기로 밭가네.
저녁에 집으로 돌아오면
쌀도 땔감도 모두 없도다.
두 부부가 공연히 굶주린 배를 가누르니
그 형상이 마치 하루 한 끼의 재계 같네.
이정은 용세와 조세를 재촉하고
촌장은 그와 함께 다구치도다.
머리에 맨 두건이 헤어져 드러났고
홑적삼은 헤어져 뱃가죽이 드러났네.
몸에는 잠방이가 없고

발에는 짚신조차 없도다.
못생긴 아내 화나서 욕을 하고
시끄럽게 떠들며 머리 두건을 잡아채네.
이정에게 다리를 채이며
촌장에게는 주먹으로 얻어 맞도다.
뛰어가서 현령을 만나 볼려면
등을 때리면서 돌려보내네.
세금일랑 낼 만한 방도가 없으니
당연히 이정이 배상해야 하겠네.

貧窮田舍漢, 菴子極孤恓.
兩共前生種, 今世作夫妻.
婦卽客春擣, 夫卽客扶犁.
黃昏到家裏, 無米復無柴.
男女空餓肚, 狀似一食齋.
里正追庸調, 村頭共相催.
襆頭巾子露, 衫破肚皮開.
體上無褌袴, 足下復無鞋.
醜婦來惡罵, 啾喞搯頭灰.
里正被脚蹴, 村頭被拳搓.
駈將見明府, 打脊趁迴來.
租調無處出, 還須里正倍.

이 시에서 과다한 징세로 신음하는 가난한 백성의 현실과 세리의 독촉이 사실적으로 묘사되어 있다. 이정(里正)과 촌두(村頭)가 주동이 되어 혹리역(酷吏役)을 자행하였으니,『당율(唐律)』의 「이정수전과농상조(里正授田課農桑條)」에 그 수법이 기록되어 있다.

여러 이정들은 법령에 의하여 사람과 밭에 농사와 양잠의 세를 매기는데, …… 이와 같은 일에 있어 법령을 어기는 자는 사건 하나에 태장 사십 대를 부과하였다.

諸里正依令授人田課農桑, ……, 如此類事, 違法者, 失一事笞四十.

이러한 수탈의 대상인 농민·서민은 삶에 자포자기하고 희망과 의욕도 상실하였으니 왕범지는 냉소의 풍자시 「남들 나의 가난을 비웃는다(他家笑吾貧)」(권1)에서 울분을 토로하고 있다.

남들 나의 가난을 비웃는데
내가 가난해도 마냥 즐겁기만 하네.
소도 없으며 말도 없으매
도적이 빼앗아 갈까 걱정 안 하네.
그대는 부유하고 호역도 높으니
요역도 이겨낼만 하네.
나는 불러주는 곳도 없으니
배불리 먹으며 항상 다리 편다네.
…… (이하 생략) ……

他家笑吾貧, 吾貧極快樂.
無牛亦無馬, 不愁賊抄掠.
你富戶亦高, 差科並用却.
吾無呼喚處, 飽喫常展脚.
…… (下略) ……

과중한 각종 세제로 인해 농민은 족쇄를 걸치고 통고하고 지주와 관료는 면세특권을 누렸으니 조용조제(租庸調制)의 잔혹성을 비판한 왕범지의 시를 두보가 유신(庾信)을 평한 소위 '청신하고 준일함(淸新俊逸)'[54]하게

까지는 높여 평가할 수 없겠지만, '시로써 감흥을 기탁함(詩以寄興)'의55) 경지에는 도달하였음을 인정해야 할 것이다. 왕범지의 사회현실에 대한 냉엄한 지적은 시심을 무용한 소재에56) 두는 폐단을 극복한 생명력 넘치는 수신가의 정신에서 나온 것이기에 더욱 가능했다고 본다.

왕범지의 시는 촌철살인적인 예리하고 아픈 맛을 주기 때문에 비흥(比興)보다는 부(賦)의 직설에 가까와서, 그것이 한산(寒山)·습득(拾得)에 비해 문학적인 가치면에서 볼 때 덜 중시될 수도 있다고 본다. 그러나 가식과 냉담을 배제하고 진솔하고 열정 어린 독설적인 양심의 호소를 윤리와 종교적 차원에서 토로해 준 고발의식을 문학 이상의 사회 개혁적 입장에서 재조명해야 한다고 본다. 왕범지 시가 지닌 간결과 평이가 외적인 관점이라면, 고뇌와 자조(自嘲), 그리고 절규는 만인공감의 내적인 형상사유(形象思惟)에 비유할 수 있을 것이다. 본고의 한계는 그의 시가 지닌 세속으로부터 승화된 의취(意趣)를 용이하게 파악하지 못한 필자의 천견과 주어진 기존의 참고자료도 참고할 만한 면이 적다는 것, 그리고 그 나마의 자료조차 극소한 점에 있다고 자평하고 싶다.

---

54) 趙執信, 『談龍錄』 十八條 : "淸新俊逸, 杜老所重."
55) 宋大樽, 『茗香詩論』 七條 : "詩以寄興也."
56) 李沂, 『秋星閣詩話』 : "由邪徑, 費精神於無用之地."

진자앙(陳子昂)의 교유관계와 복고개혁적 시풍

　진자앙(661~702)은 초당의 문단이 과도기적인 시점에서 활약한 시인이다. 즉 제량(齊梁)과 반제량의 풍격이 밀물처럼 이리 저리 쏠리는 와중에서 의연히 반제량으로 기치를 들고 나온 것이다.

　그는 한 문학개혁론자요, 사회신풍조성자로서 시단에서 차지하는 위치와 그 의미가 지대한 만큼, 후세에의 영향 또한 막대하여 이백·두보를 위시하여 백거이·원진(元稹)은 물론, 송명 이후까지 시론의 개혁자로서의 가치를 인정받았다.

　따라서 본고는 그의 교유상 밝혀지지 않은 상호교유 내용을 세찰하여 보고 판본의 상황을 재록하며, 시론의 복고적 주창자로서의 의미와 시 자체 특히「감우시(感遇詩)」의 특징과 자연귀거의 풍을 개괄하고자 한다.

　아울러 주요판본은『신교진자앙집(新校陳子昂集)』(臺灣 世界書局)과『진백옥문집(陳伯玉文集)』(楊澄校·四部叢刊, 臺灣 商務印書館)으로 하되, 각 시문의 인용처는 전자의 서에 근거하고자 한다.

Ⅰ. 교유관계와 판본(版本)

1. 교유관계

　　진자앙의 생년 자체에 관하여는 주지하는 바이므로, 본문에서 심고를 요치 않으나, 재주(梓州) 사홍인(射洪人)으로 고종(高宗) 용삭(龍朔) 원년(661)에 출생하여 주(周)·성신황제(聖神皇帝) 장안(長安) 2년(702)에 사망한 사실은 별다른 이론이 없다.[1] 진자앙의 관직은 그의 나이 24세에 인대정자(麟臺正字)로부터 시작하여 33세에 우습유(右拾遺·從八品上)에 발탁된 것이 최고직이며 그 이후엔 외근의 직을 맴돌았다고 할 것이다. 특히 부친인 원경(元敬)이 죽고 나서(聖歷 2年 己亥·699·7月 7日 사망), 효심이 지극한 진자앙이 사홍현령(射洪縣令) 단간(段簡)의 박해를 이기지 못한 것도 수명을 단축(短促)한 계기가 되었다. 진자앙의 사인을 놓고 볼 때, 다음 심아지(沈亞之)의 「구강에 올라 정사군에 글 주며(上九江鄭使君書中)」(『전당시』권 493)의 주(注)는 자앙의 죽음에 대해 요약하고 있다.

　　　교지지는 참소로 죽고 진자앙는 기두에 죽었느니 모두 무삼사가 일시의 감정으로 분노하여 심히 작해한 때문이다. 하나는 기첩을 빼앗기어 원한이 더하였고 다른 하나는 배척 당한 것이 마음에 짐이 되어 모두 비명에 죽었다.

　　　喬死于讒, 陳死于柱, 皆由武三思嫉怒于一時之情, 致力剋害. 一則奪其

---

1) 羅庸의 『陳子昂年譜』(『國學季刊』, 北京大學)에 의거한 논지로서 『唐書』의 「天命不祐, 吾殆死乎. 果死獄中, 四十三.」라고 한 것과 차이가 있음. 그런데, 盧藏用의 "陳氏別傳"에는 「仰而號曰, 天命不祐, 吾其死矣, 於是遂絶, 年四十二."라고 하니 나이 42세 생존기가 무리가 없다 할 것이다.

妓妾以加憾. 一則疑其擯排以爲累, 除令桑梓宰拉辱之, 皆死于非命.

여기서 무삼사(武三思)는 무승사(武承嗣)의 종제(從弟)로서 무후 시절에 대권을 쥐고 갖은 음란을 다 행하매(『신당서』권206), 진자앙의 정직성이 용납할 수 없었으니, 비록 현령의 박해라 해도 내용은 곧 무씨 양인의 소행임을 알 수 있다.2)

이 같은 비극적인 종말의 뒤에는 진자앙 자신의 인물됨에 있어 강직하고 과단성이 있으며 화합을 좋아하는 의기로 인해 피해를 본 경우로 볼 수 있을 것이다.3)

진자앙의 생평이 이런 만큼 그의 작품에는 적지 않은 교유시가 남아 있으니, 여기선 시를 통해 나눈 교우를 개관하고자 한다.

먼저 그의 교유시의 목록을 보고자 한다.(『新校陳子昻集』에 의거함. 세계서국)

卷一:「入東陽峽與李明府船前後不相及」(李明府)
卷二:「西還至散關答喬補闕知之」(喬知之)・「還至張掖古城聞東軍告捷贈韋五虛己」(韋虛己)・「度峽口山贈喬補闕知之王二無競」(王無競・『新唐書』卷107列傳32참조)・「題祀山烽樹贈喬十二侍御」(喬知之)・「題居延古城贈喬十二知之」(喬知之)・「薊丘覽古贈盧居士藏用」(盧藏用)・「贈趙六貞固」(趙貞固)・「答韓使同在邊」(韓使)・「東征至淇門答宋參軍之問」

---

2) 투옥사건의 전말에 대해 회의가 많아왔으나 蔡茂雄은 『陳子昻』(林白出版社)에서 (p.24)「陳子昻及其文集之事跡」문을 인용하여, 사인에 대한 의문을 제기하였는데, 즉 "以武后, 周, 來之淫威, 子昻未之懼, 何獨畏夫縣命段簡, 可疑一. 子昻居朝, 嘗陷獄案指延載元年「公元六九四年」因爲牽連到逆黨案件入獄, 到證聖元年「公元六九五年」才出獄事), 鐵窓風味, 固飽嘗之, 何竟對一縣令而自餒若此, 可疑二. 子昻雖退居於林下, 猶是省官, 唐人重內職. 固足與縣令對抗, 何以急納賄, 且賄納二十萬, 數不爲小, 何以仍誅求無已, 可疑三." 여기서 제기된 의문점이 무씨가 주모된 배경을 가지고 풀리게 된다.
3) 小川環樹의 『唐代の詩人』(大修館書店, 昭和 51年) 참조.

(宋之問)・「贈嚴倉曹乞推命錄」(嚴倉曹)・「答洛陽主人」・「酬暉上人秋夜山亭有贈」(暉上人)・「同王員外雨後登開元寺南樓酬暉上人獨坐山亭有贈」(暉上人)・「酬李參軍崇嗣旅館見贈」(李崇嗣)・「酬暉上人夏日林泉」(暉上人)・「酬田逸人見尋不遇題隱居里壁」(田遊巖)・「題李三書齋」(李崇嗣)・「題田洗馬遊巖桔橰」(田遊巖)・「古意題徐令壁」(徐令壁)・「同宋參軍之問夢趙六贈陳二子之作」(宋之問)・「和陸明府贈將軍重出塞」(陸明府)・「同旻上人傷壽安傅少府」(旻上人)・「詠主人壁上畫鶴寄喬主簿崔著作」(崔融)・「登薊丘樓送賈兵曹入都」(賈兵曹)・「送魏大從軍」(魏大)・「送殷大入蜀」(殷大)・「落第西還別劉祭酒高明府」(劉祭酒)・「落第西還別魏四懍」(魏四懍)・「宋東萊王學無競」(王無競)・「送梁李二明府」(梁明府)・「送魏兵曹使巂州得登字」(魏兵曹)・「江上暫別蕭四劉三旋欣接遇」(蕭四・劉三)・「送著作左郎崔融等從梁王東征」(崔融)・「春晦餞陶七於江南同用風字」(陶七)・「夏日暉上人房別李參軍崇嗣」(李崇嗣)・「秋日遇荊州府崔兵曹使讌」(崔兵曹)・「喜遇冀侍御珪崔司議泰之二使」(冀珪・崔泰之)・「贈別冀侍御崔司議」(上同)・「登薊城西北樓送崔著作融入都」(崔融)・「喜馬參軍相遇醉歌」(馬參軍)・「秋園臥疾呈暉上人」(暉上人)・「夏日遊暉上人房」(暉上人)・「群公集畢氏林亭」(史畢構)

  이상에서 진자앙는 시우 및 거사와의 교류에만 편재(偏在)되어 있음을 알 수 있으며 특히 최융(崔融)・송지문(宋之問)・왕무경(王無競)・이숭사(李崇嗣)・교지지(喬知之)・전유암(田遊巖)・최태지(崔泰之) 등과의 시교를 통해 진자앙의 시작과 사람됨을 평하는데 도움이 되지 않을 수 없다. 더구나 휘상인(暉上人)에 준 시가 4수요, 서(序)가 2편이나 되는4) 것은 진자앙의 문풍을 이해하는데 도움이 되리라 본다. 이제 상기자를 대상으로 한 자앙시와 그들의 작풍 일면을 실례를 통해 살펴보고자 한다.

---

4) 暉上人에게 쓴 서는 「暉上人上人房餞齊少府使入京府序」와 「夏日暉上人房別李參軍序」가 있다.

1) 최융(崔融)

먼저, 최융(653~706)과의 관계에 있어서 진자앙은 최융에게 준 시 2수를 남기고 있는데, 자앙이 30대 후반에 종군한 경력이 있는 만큼, 최융을 변방에 보내면서 쓴 시「저작좌랑 최융 등이양왕을 수종하여 동정함을 전송하며(送著作左郎崔融等從梁王東征)」의 서(序)에 보건대,

> 그 해 7월에 군대가 성문을 나서니 하늘은 밝아 구름이 없고 삭풍이 청해에 부는데 마침 낭중 당봉일, 고공원외랑 이경수, 저작랑 최융 등이 모두 주빈으로 참여하고 서기의 직을 맡아서, 연남으로 이별을 슬퍼하며 낙북에서 기쁜 일을 생각하면서 깃발을 내리고 잠시 멈추어 조정에 출정을 아뢰게 되었다. 영창승 방사현이 의관이 출중하거늘 이에 장혜원이 마루에 자리하고 사대를 돌면서 술잔을 거들며 서울의 보름달을 그리고 후정의 경치를 감상하였다. 이에 술항아리 기우리고 화살을 쏘며 장기를 두고 징을 치고 거문고를 타며 역수가를 부르면서 강개에 차고 관산악을 연주하며 배회한다. 석양이 숲에 반쯤 드리우나 엷은 그늘이 자리에 드리운데 바람이 파도 칠가 근심하고 뜨거운 해가 어그칠가 두렵도다. 술 속에 즐거웁고 칼 뽑아 춤추니 기개가 요하의 돌산을 가로지르고 뜻이 오랑캐를 쓸어 버렸도다. 손을 높이 들어 무슨 말을 할건가. 시를 지어 바치노라.

> 歲七月, 軍出國門, 天白無雲, 朔風淸海, 時北部郎中唐奉一·考功員外郎李逈秀·著作郎崔融, 幷參帷幕之賓, 掌書記之任, 燕南恨別, 洛北思懽, 頓旌節而少留, 傾朝廷而出餞. 永昌丞房思玄, 衣冠之秀, 乃張蕙圃, 席蘭堂. 環曲榭, 羅羽觴, 寫中京之望, 縱候亭之賞. 爾乃投壺習射, 博奕觀兵, 鏜金鐃, 戛瑤琴, 歌易水之慷慨, 奏關山以徘徊. 頹陽半林, 微陰出座, 思長風以破浪, 恐白日之蹉跎. 酒中樂酣, 拔劍起舞, 則已氣橫遼碣, 志掃獫戎, 抗手何言, 賦詩以贈.(卷二)

라고 하여 격려와 승리를 일깨우면서 "칼을 뽑아 일어나 춤추니 이미 기세가 요하의 돌산을 가로질렀고 뜻은 오랑캐를 쓸어 버렸도다.(拔劍起舞, 則已氣橫遼碣, 志掃獯戎.)"라는 정벌의 성취를 확신케 하는 우의를 피력하였다. 이에 따른 본시를 보면,

> 가을 날씨 차가우니
> 흰 서리 온통 깔리고
> 군사 싸우기 싫어하나
> 병기 갈고 다듬네.
> 바다 기운 남부에 들고
> 변방 바람 북평에 치누나.
> 노룡새 팔지 마오.
> 돌아가 인각명에 모시고자……
>
> 金天方肅殺, 白露始專征.
> 王師非樂戰, 之子愼佳兵.
> 海氣侵南部, 邊風掃北平.
> 莫賣盧龍塞, 歸邀麟閣名.

여기에서 3·4구는 본래 비전(非戰)의 의사이지만 침노(侵奴)의 방어를 위하고 국운을 지키기 위해 정벌하지 않을 수 없는 입장을 밝히고 있다.
그리고 「계성의 북루에 올라 최융 저작이 서울에 드는 것을 전송하며 (登薊城北樓送崔著作融入都)」의 서 일단을 보면, 더욱 위국보주(爲國報主)의 의지가 깃들어 있는 서술하고 있으니,

> 몸을 나라에 바치니 나는 마땅히 어진 일이라 본다. 도리를 논하여 임금을 바르게 하면 그대 군주에 보답하는 것이라 생각한다네.

以身許國, 我則當仁, 論道匡君, 子思報主.

라고 한 것이 바로 충의를 기린 표현이다. 그의 본시에서는,

> 계루에서 연나라 땅 보노라니
> 칼 메고 기뻐 여기 올랐네.
> 맑은 음악 그대 막 타노라니
> 짧은 창일랑 나는 능치 못한다오.
> 한 겨울에 변방 바람 세찬데
> 구름 낀 하늘엔 서리가 깔렸구나.
> 강개 어린 이 마음 어찌 다 말하리오.
> 서남에서 벗 잃은 것 한하노라.

> 薊樓望燕國, 負劍喜玆登.
> 淸規子方奏, 單戟我無能.
> 仲冬邊風急, 雲漢復霜稜.
> 慷慨意何道, 西南恨失朋.

라고 하여 송별의 만감을 말 2구의 강개와 친구 잃음(失朋)에 맞춰서 토로하였다. 이들의 우정은 외형상으론 종사를 통한 교류로 나타나지만, 초당시인의 주전의식이 국가의 성립과 안정을 위한 긍정적인 여건에서 형성된 것으로 본다면[5], 당시의 상황에서 의기를 중시하는 하나의 민족적 성향과 『史記』에서 말한 바 "연나라와 조나라엔 예부터 강개하여 비가를 부르는 선비가 많았다.(燕趙古多慷慨悲歌之士)"라 한 환경적인 요인이 작용한 처지에 있었던 만큼 양인의 교분이 소재상으로 한정된 것만으로 단정할 수는 없다.

---

5) 胡雲翼의 『唐代的戰爭文學』 pp.13~21 참조.

그 이유로는 최융 자신의 작품에서 진자앙과 교분이 깊었던 송지문(宋之問)과 두심언(杜審言)(추후 상론)에게 준 것이 남아 있고, 그 내용이 유적하며, 그리고 자앙시에 나오는 양왕을 소재로 한 시가 최융에게도 활용되어 있는 것을 알 수 있기 때문이다.6)

2) 송지문(宋之問)

송지문(?~713)은 심전기(沈佺期)와 함께 율시형성의 선성인 것은 주지하는 바인 고로 여기서는 오직 진자앙과의 관계만을 찾아보고자 한다. 자앙이 복고론자라면 지문은 제량의 보수적인 풍을 지키면서 시의 규격화를 추구한 것인데, 입장이 비록 상통하진 않았어도 개진의 자세를 병립시킨 면에서 우의가 상통한 것이다. 자앙은 두 편의 시 즉 「동정하여 기문에 이르러 송지문 참군에게 답하며(東征至淇門答宋參軍之問)」(권2)와 「송지문 참군과 함께 조육을 꿈에 보고 노·진 두 사람에게 드림(同宋參軍之問夢趙六贈盧陳二子之作)」(권2) 등을 남겼는데 전자를 보자면,

    남녘 별 속의 큰불로
    그대 맑은 기수 건너게 하리.
    서쪽 숲엔 초생달 보이고
    원정의 깃발은 공허히 홀로 섰네.
    푸른 못 멀리 떠난 지금
    고운 꽃 꺾어 뉘에게 주리오.
    요양의 수자리 묻는다면

---

6) 최융의 작은 총 19수가 현존하는데, 그 중에서 송지문과의 시는 「和宋之問寒食題黃梅臨江驛」이며, 두심언과의 시는 「留別杜審言幷呈洛中舊遊」이다. 여기서 후자의 시를 보면, "斑鬢今爲別, 紅顔昨共遊. 年年春不待, 處處酒相留. 駐馬西橋上, 回車南陌頭. 故人從此隔, 風月坐悠悠."(『全唐詩』二函二冊). 梁王에 관한 것으로 「和梁王衆傳張光祿是王子晉候身」(上同)이 있다.

아득히 저 하늘 끝에 깃발 날리리.

南星中大火, 將子涉淸淇.
西林改微月, 征旆空自持.
碧潭去已遠, 瑤花折遺誰.
若問遼陽戍, 悠悠天際旗.

역시 기상이 넘치고 격려의 의지가 깃들어 있다. 말 2구의 '若問遼陽戍, 悠悠天際旗'구는 장엄한 노래의 맛이 돋보인다. 송지문도 자앙에 관한 시 1수를 남긴 것으로 보아 양인의 교왕이 범상하지 않은 듯하다. 그러나 지문의 위인이 간특하고 기회적이어서 교제의 진실은 없었을 뿐 오직 시교의 우정으로만 간주함이 가할 줄 안다. 이에 지문의 「천평군마로 가며 진자앙과 신향에서 기약을 한 바 돌아와서 만나지 못하고(使往天平軍馬約與陳子昻新鄕爲期及還而不相遇)」(『전당시』권51)를 보면,

위 땅에 들어 그대를 기다리며
아아! 적지 아니 머물렀네.
그리운 이는 어디 간고
기수의 물만 유유히 흐르노라.
항갈엔 푸른 구름 끊기고
형장엔 흰 이슬이 가을빛이라.
아노라, 그대 마음 나라에 바친 것
봉후를 바라는 일 아니어라.

入衛期之子, 吁嗟不少留.
情人去何處, 淇水日悠悠.
恒碣靑雲斷, 衡漳白露秋.
知君心許國, 不是愛封侯.

여기서 허심하고 진솔한 자앙의 일면을 기술하고 있음을 알 수 있고 지문도 그 점을 청운이니 백로니, 나라에 헌신(許國) 등으로 비유하고 있다.

3) 왕무경(王無競)(652~705)

왕무경은 자가 중열(仲烈), 낭야인(琅邪人)으로, 의기가 호방하여 조주(趙州) 난성현(欒城縣) 위역서성정자(尉歷書省正字)를 지내고 감찰어사(監察御使)를 거쳐서 태자사인(太子舍人)이 되었다가 장역지(張易之)와 친분이 있다하여 죽음을 당하였다. (『新唐書』 권107 列傳 32를 따름.『舊唐書』엔 "卒於廣州"라고 함)

무경은 『전당시』(권67)에 시 5수가 전해지나 그 중 송지문에 관계한 시 2수가 있으며[7] 이들 풍격은 화섬(華贍)하면서 격정이 넘치고 있어서 자앙과 상통하는 면이 있으며 자앙이 준 시로서 「협구산을 건너며 교지지보궐과 왕무경에게 주며(度峽口山贈喬補闕知之王二無競)」와 「동래의 왕학사 무경을 보내며(送東萊王學士無競)」(권2)이 있는데, 그 중 후자의 시를 보면,

　　보검을 천금에 사니
　　평생 남에게 줄려함이 아니라.
　　그대와 만리 길 이별을 생각하여
　　우정의 뜻으로 그대에 줄려하는데.
　　외론 솔만 세모에 어울릴 뿐
　　온갖 초목 봄을 그리워하니
　　아서라! 뭘 또 말하리오?
　　떠난 후 흰머리 늘지나 말기를.

---

7) 王無競의 시(『全唐詩』권67)로는 「和宋之問下山歌」, 「北使長城」, 「鳳臺曲」, 「銅雀臺」, 「巫山」 등이 있다.

寶劍千金買, 平生未許人.
懷君萬里別, 持贈結交親.
孤松宜晚歲, 衆木愛芳春.
已矣將何道, 無令白髮新.

라고 하여 깊은 우정을 엿볼 수 있는데 특히 제2연은 송별하며 결교(結交)의 정회를 가눌 길 없는 묘사인 것이다.

4) 교지지(喬知之)(?~697)

지지에 관한 일화는 그의 시「녹주편(綠珠篇)」(『전당시』권81)에 얽힌 고사로 유명한데,『본사시(本事詩)』(情感제1부분)의 일단을 보면,

당대 무후 때에 좌사낭중 교지지는 여종 요랑이 있었는데 재색이 당시에 제일이거늘 지지는 총애하여 그로 인해 혼인을 하지 아니하니 무연사가 그걸 듣고 한 번 보길 바라매 권세를 이기지 못하고서 보여준 바, 즉시 머물러 다신 돌려보내지 아니 하였다. 지지는 분하고 괴로워 병이 들어, 때문에 시를 지어 흰 비단으로 써서 문지기에게 후한 뇌물을 주어 전하게 하였다. 요랑이 시를 얻어 보고 슬퍼하여 치마 허리띠에 묶어 우물에 빠져 주었다. 연사가 시를 보고 가혹한 관리로 하여금 지지를 무고케 하여 그 집안을 파산하였다.

唐武后時, 左司郞中喬知之, 有婢名窈娘, 藝色爲當時第一, 知之寵愛, 爲之不婚. 武延嗣聞之, 求一見, 勢不可抑. 旣見, 卽留無復還理. 知之憤痛成疾, 因爲詩寫以縑素, 厚賂閽守以達. 窈娘得詩悲惋, 結於裙帶, 赴井而死. 延嗣見詩, 遣酷吏誣陷知之, 破其家.

라고 하니, 이로써 그의 정분이 넘치는 의식을 통해 표현된 작들이 거의 또

한 애정을 주제로 하고 있음을 그의 18수를 남긴 것에서도 알 수 있다.[8] 자앙이 쓴 지지에의 시는「西還至散關答喬補闕知之」,「題祀山烽樹贈喬十二侍御」,「題居延古城贈喬十二知之」가 있고, 표(表)로는「爲喬補闕慶武成殿表」·「爲喬補闕論突厥表」가 있다. 자앙이 지지에게 준「연고성에 머물며 교지지에게 줌(題居延古城贈喬十二知之)」는 우인의 염려와 뜻을 달성치 못하고 연로해 가는 심회를 나눈 것으로 깊은 교우의 정도를 알 수 있는데 이제 그 시를 보고자 한다.

  그대 동산에 뜻 두고
  향초 꽃에 마음 둔단 말 듣네.
  창주는 지금 어느 메인가.
  백발로 변방을 나들이하다니
  돌아 왔으되 공로는 적고
  오랑캐 몰아내려니 그 뜻 펴지 못했으니.
  아아! 해는 지는데
  마주 앉으니 노을 진 구름 이는구나.
  계수나무 향기 지려는데
  율무의 시샘 뉘 아는가.
  한 일 없이 늙기만 하니
  탄식 속에 이 생을 등지려네.

  聞君東山意, 宿習紫芝榮.
  滄州今何在, 華髮旅邊城.
  還漢功旣薄, 逐胡策未行.
  徒嗟白日暮, 坐對黃雲生.
  桂枝芳欲晚, 薏苡謗誰明.

---

8) 시 중에「巫山高」,「棄妾篇」,「定情篇」,「綠珠篇」,「倡女行」,「銅雀妓」,「梨園亭子侍宴」,「折楊柳」등이 염시이다.

진자앙(陳子昂)의 교유관계와 복고개혁적 시풍 343

無爲空自老, 含嘆負平生.

그리고 지지의 작품(현존 18수, 『전당시』 권81) 중에도 「의고하여 진자앙에게 주며(擬古贈陳子昂)」는 헤어지는 우정의 절실한 비애를 토로하고 있으니, 보건대,

쓸쓸히 외론 신세
쓸쓸히 홀로 노는 이 마음.
이로써 나라일 다하며
늘 그대와 같이 지냈었지.
멀리 이별하고서
원정의 마음 깊어만 가네.
오랑캐 하늘엔 밤비 서리되고
오랑캐 기러긴 아침에 남으로 날도다.
풍물에 이별의 마음 더욱 짙으니
같이 있노라고 고향을 떠났도다.
돌아갈 날 멀어만 가고
북녘엔 갈대만 흩날리네.
초가을 7월에
들 밖에서 전송했더니
바다바람 찬 나무에 불고
변방의 찬 소리 가지 끝에 울리네.
멀리 떠나 나라일 하면서
어언 50년이나 되니
이 마음 뉘에게 말하리오.
거문고 잡고 노래하는 술자리에
한 번 타는 중에 세 번이나 탄식하니
모신 님 눈물만 하염없이 지누나.
그대 보내며 이 곡을 마치나니

이후론 현줄을 오래도록 끊으리라.

惸惸孤形影, 悄悄獨遊心.
以此從王事, 常與子同衾.
別離三河間, 征戰二庭深.
胡天夜雨霜, 胡雁晨南翔.
節物感離居, 同衾違故鄕.
南歸日將遠, 北方尙蓬飄.
孟秋七月時, 相送出外郊.
海風吹涼木, 邊城響梢梢.
勤役千萬里, 將臨五十年.
心事爲誰道, 抽琴歌坐筵.
一彈再三歎, 賓御淚潺湲.
送君竟此曲, 從玆長絶弦.

여기에 말 3연은 바로 지지의 자앙에 대한 끊지 못할 정회의 핍진(逼眞)한 표현이라 할 것이다.

5) 전유암(田遊巖)(670년 전후 재세)

유암은 기산(箕山)에 들어가서 허유동묘(許由東廟)를 짓고 산수를 즐기며 숭산(嵩山)에 있을 때, 고종(高宗)이 유암을 찾으니(679), 그가 산과 밭을 의관으로 삼아서(山衣田冠) 즉 속세를 떠나 순수한 충정의 마음을 가지고 절하매, 이를 연유로 해서 태자선마(太子洗馬)까지 지내다가 수공초(垂拱初)(685)에 배염선(裵炎善)과 연좌되어 쫓겨 나는 일생을 갖고 있는데,9) 그

---

9) 『全唐詩』권48과 『中國文學家大辭典』(世界書局)에 참조. 그의 작은 "弘農巖曲有盤石可坐宋十一每拂拭待余寄詩贈之" 1수가 있음. 위에 의하면, 자가 애매하고,

의식이 귀자연풍의 은일낭만을 추구한 것을 알 수 있다. 자앙의 「은거하여 만나지 못한 전일인에게 드리며(酬田逸人見尋不遇第隱居里壁)」(권2)을 보면,

노는 이 글 띄우고
저물녘에 영대에 돌아오니
이 벗을 찾아와서
청낭 메고 복점 주러 왔더라네.
꾀꼬리 소리에 그대 찾아 왔는데
봉황을 만나는 듯 오래두고 서성댔네.
돌 뿌리 괜히 꽉 붙잡고서
금경일랑 펴보려고도 않누나.
도포 입은 선비인가
낙양의 재자인가.

遊人獻書去, 薄暮返靈臺.
傳道尋仙友, 靑囊賣卜來.
聞鶯忽相訪, 題鳳久徘徊.
石髓空盈握, 金經閉不開.
還疑縫掖子, 復似洛陽才.

여기서 선우(仙友)라든가 청낭 등의 선어(仙語)로 표현하고 탈속에의 희구를 제3·4연에서 묘사하여 전일인에게 향한 청고한 우정을 짙게 우러나게 한 것을 알 수 있다.

京兆三原人으로 나옴.

6) 최태지(崔泰之)

『전당시』(권91)에서 그의 약력을 기록하기를,

> 최태지는 언능인으로 개원년 중에 공부상서의 관직을 지내고 시 3수가 있다.

> 崔泰之, 鄢陵人, 開元中, 官工部尙書, 詩三首.

라고 하고, 『당시기사(唐詩紀事)』(권14)에서는,

> 최태지는 당시에 예부로 낙양에 거하며 위사립, 장열, 최일지와 자주 수창하였다. 태지는 지온의 아들이다.

> 泰之時以禮部居洛, 故與嗣立・說・日知, 數有酬唱. 泰之, 知溫之子.

라고 기재하고 있는데, 이로써 태지는 당대의 대가인 위사립(韋嗣立)・장열(張說)・최일지(崔日知) 등과 교류하고 자앙과 일맥상통하는 기회가 있었다고 본다. 자앙은 두 편의 태지에 관한 시를 남기고 있는데, 「기규 시어와 최태지 사의 두 자사를 기뻐 만나서(喜遇冀侍御珪崔司議泰之二使)」의 병서(幷序)에는 두 우인에 대한 자신의 담백한 심정을 기술하였는데,

> 명성에 총애 넘치니 백년 중에 기쁨이 어떠한가. 일월이 운행함은 목전의 관상을 위함이 아니고 이별 후의 그리움을 더하게 하는 것이니 귀뚜라미 사람을 비웃는데 그대는 어찌 하여 탄식을 하는가?

名位寵辱, 一百年中, 歡娛如何, 日月其邁, 不爲目前之賞, 以增別後之思,
　　　蟋蟀笑人, 夫子何歎.

이라고 하여 자연과 벗하는 마음으로 두 벗을 그리는 진솔한 우정을 표시하고 있다. 그에 따른 다음 시는 더욱 청진한 기풍을 주고 있다.

　　　남산 마루에 병들어 쉬노라니
　　　깊이 누운 중에 봄인지도 모르노라.
　　　별이 동녘 우물에 드니
　　　옛 교분이 그리워라.
　　　봄바람에 가야금 뜯는 중에
　　　초생달에 참마음 드는구나.
　　　난간에 기대어 술에 취하고서
　　　멀리 그리운 님에 이 마음 부치노라.

　　　謝病南山下, 幽臥不知春.
　　　使星入東井, 云是故交親.
　　　惠風吹寶瑟, 微月懷淸眞.
　　　憑軒一留醉, 江海寄情人.

여기서 자앙의 시적인 의취가 성당의 낭만과 성정위주의 풍격에 준 영향까지 감지할 수 있을 만큼, 시정이 고아하다.

7) 휘상인(暉上人)

자앙은 산수를 즐기며 도관을 가까이 하면서 휘상인·민상인(旻上人) 등의 도인과 상교한 것으로 본다. 더욱이 휘상인과는 가장 많은 그에 관한 작을 남긴 것으로도 짐작할 수 있으니, 단지 휘상인에 관한 인적 사항이 없는 것이 문제가 되긴 해도 자앙의 교유에서 제외시킬 수 없는 부분이다.

자앙이 휘상인과의 연관하에 쓴 작이 시 4수·서(序) 2편 「暉上人房餞齊少府使入京府序」·「夏日暉上人房別李參軍幷序」 등이 있는데, 전자의 서에서10) 양인이 인자의 교유(仁者之交)를 나누고 불후의 자취(不朽之迹)을 추구한 것을 알 수 있다. 자앙의 「여름날 산천에서 휘상인에게 드리며(酬暉上人夏日林泉)」를 보면 자앙의 학선(學仙)이 휘상인과 교류하는 바탕이 되었음을 확인하게 된다. 그 시를 보건대,

> 듣자하니 그대 흰 구름에 은거하여
> 그윽한 절에 있다하네.
> 바위 샘 만길 높이 흘러내리고
> 나무와 돌은 천년의 빛 누리도다.
> 숲에 누워 난간 창을 대하니
> 산그늘 집 뜰에 가득차네.
> 세상일 다 떨치고
> 그대 따라 난초 두약이나 벗하고플 뿐……

> 聞道白雲居, 窈窕靑蓮宇.
> 巖泉萬丈流, 樹石千年古.
> 林臥對軒窓, 山陰滿庭戶.
> 方釋塵事勞, 從君襲蘭杜.

진자앙의 「형옥편을 보며의 서문(觀荊玉篇序)」에 「나의 집은 대대로 단약을 복식하기 좋아하니, 예부터 항상 단것을 먹었다.(予家世好服食, 昔常餌之.)」라 하니 집안이 이미 도선(道仙)을 추종한 것을 알 수 있고 휘상인을 가까이 한 것도 이러한 관계와 이어진다. 자앙이 홍도(弘道) 원년(683),

---

10) 「暉上人房餞齊少府使入京府序」: 嗟呼, 朝廷子入, 期富貴于崇朝. 林嶺吾棲, 學神仙而未畢, 靑霞路絶, 朱紱途遙, 言此會之何時. 願相逢而誰代, 永懷千古, 豈知仁者之交. 凡我三人, 蓋崇不朽之迹. 斯文未喪, 題之此山, 同疏六韻云爾.(卷之七)

그의 나이 23세에 사홍(射洪)으로 낙향하면서 휘상인을 접하며 쓴 것이 이 시라 하는 만큼[11] 자앙의 초년의 심경을 파악하는 자료가 되기도 한다. 제1연은 휘상인의 거처를 속조적으로 그리고, 제2연은 산수의 경물을 그렸으며, 제3연은 휘상인의 유한한 심경과 거실의 유정(幽靜)을 묘사하면서 말 연에서 상인에 대한 경모심을 표현하여 깊은 우정이 내재된 자아의식을 동시에 부각하였다.

8) 노장용(盧藏用)(664~713)

『구당서(舊唐書)』(「列傳」제44권)에 보면,

> 노장용은 자가 자잠이며 탁지상서 승경의 질손이다. 부친 경은 당시에 유명하여 관직이 위주사마에 이르렀고 장용은 어려서 문학으로 칭찬 받아 처음에 진사에 천거되었다. 관직이 순조롭지 않아서 방초부를 지어 뜻을 보이고 종남산에 은거하여 곡기를 끊고 기를 연단하는 방술을 배웠다. 장안 년간에 좌습유가 되니 마침 측천이 만안산에서 궁전을 건축하려하매 장용이 상소하여 이르기를 …… 황제의 열조를 위하여 어찌 만물을 널리 베푸시고 중생을 구제하시어서 인자와 관용에 뜻을 모우시지 않으십니까 라고 하였다.

> 盧藏用, 字子潛, 度支尙書承慶之姪孫也. 父璥有名於時, 官至魏州司馬, 藏用少以辭學著稱, 初擧進士. 選不調, 乃著芳草賦見意, 尋隱居終南山, 學辟穀練氣之術, 長安中徵拜左拾遺, 時則天將營興泰宮於萬安山, 藏用上疏諫曰爲帝皇之烈, 豈不以克念徇物博施濟衆以臻於仁恕哉. 陛下西幸東巡, 人未休息土木之役, 歲月不空, 陛下不因此時施德布化, 復廣造宮苑, 臣恐人未易堪. 臣聞忠臣下避死之亡患. 以納君於仁也, 明主不惡切直之言以垂名千載.

---

11) 蔡茂雄의 『陳子昻詩選』, p.82 참조.(林白出版社).

라고 하여, 장용이 관로에 늦게 진출하였으며 종남산(終南山) 등에서 연단술(練丹術)을 배우며 선학(仙學)을 배웠고, 관직에 출사하여서는 직언을 서슴지 않고 간언을 하였음을 알 수 있다. 그리고 또 보면,

> 장용은 전서와 예서에 뛰어나고 거문고와 위기를 좋아하여 당시에 능력이 많은 선비로 칭하였다. 어려서 진자앙과 조정고와 벗하였는데 두 사람이 일찍 죽으매 장용은 그 자식을 후하게 돌보아서 그 때에 칭찬 받았다. 그러나 처음 은거시에 곧고 검소한 절조를 가지고 소실과 종남 두 산에 왕래하여 사람들이 가마를 수종하는 은둔자라 칭하였다.

> 藏用工篆隸, 好琴碁, 當時稱爲多能之士, 少與陳子昻趙貞固友善, 二人幷早卒, 藏用厚撫其子, 爲時所稱, 然初隱之時, 有貞儉之操, 往來于少室終南二山, 時人稱爲隨駕隱士.

라고 하여 장용이 진자앙과 조년에 이미 교왕하고 성품이 정검(貞儉)하였음을 밝히고 있다. 진자앙이 장용에게 준「계구에서 고적을 유람하면서 노장용 거사에게 보냄 7수(薊丘覽古贈盧居士藏用七首)」는 병서(幷序)에서 "종남산의 노거사에게 부친다(寄終南盧居士)"라고 했듯이 은거하고 있는 우인에게 지금의 베이징의 덕승문(北京 德勝門)의 근방인 계구(薊丘)를 유람하면서 군신간의 현의(賢義)를 회상하며 그 뜻을 비의(比擬)하여 읊은 것을 알 수 있다.

노장용의 현존시 8수에는『全唐詩』권93) "송주부 명고가 조육을 꿈꾸었는데 내가 말하기 전에 진자앙이 죽었다고 말한 바 이제 추념하여 이 시를 지어 송주부에 답하며(宋主簿鳴皐夢趙六余未及報而陳子云亡今追爲此詩答宋兼貽平昔遊舊)" 1수가 자앙의 품성을 기술하고 있어 참고가 되며 그 외에 그 유명한 「진씨별전(陳氏別傳)」, 그리고 「진공의 제문(祭陳公文)」·「진백옥집서(陳伯玉文集序)」 등은 자앙을 이해하고 자앙에 대한 장용의 친분을 알게 하는 호재인 것이다. 먼저 장용의 글들에서 자앙과의 친교를 살피면,「진씨별전(陳氏別傳)」에 보면,

더욱 교우의 분수를 중히 여기어 의기가 합치되니 날카로운 칼로도
가를 수가 없었다. 친구 조정고 …… 우사 최태지와 모두 어려운 시기의
교분이 돈독하니 노장용과 가장 오래 교유하였다.

> 尤重交友之分, 意氣一合, 雖白刃不可奪也. 友人趙貞固 …… 右史崔泰之
> …… 皆篤歲寒之交, 與藏用遊最久, 飽于其論故其事可得而述也.

라고 하여 자신이 자앙과 가장 오랜 벗이라고 밝혔고, 제문에서는,

> 그대 살아서는 구슬같이 둥글고 고우며 옥같이 결백하였도다. 그대
> 죽으니 태산이 기울고 좋은 나무 꺾어졌도다. …… 아아, 술 차려 그대에
> 제사하는데 그대는 돌아보지 않고 침통한 소리로 그대를 애곡하는데 그
> 대는 돌아오지 않도다. 오직 천도일 뿐 의지할 데 없고 단지 마음을 달
> 래며 이미 시들어간다.

> 子之生也, 珠圓流兮玉分潔. 子之沒也, 太山頹兮良木折. …… 嗚呼, 置酒
> 祭子子不顧, 沈聲哭子子不廻. 唯天道而無託, 但撫心而已摧.

라고 하여 친우를 잃은 슬픔을 애절하게 묘사하고 있다. 그리고 문집서에서
도 이르기를,

> 예부터 늘상 나와 몸을 돌보지 않는 관계를 가진 바 이 세상에 오직
> 한 사람 뿐이라. 좋은 벗이 죽으니 하늘이 나를 버렸도다.

> 昔常與余有忘形之契, 四海之內, 一人而已. 良友歿矣. 天其喪予.

라고 하였으니 그 자신이 자앙을 가장 가까운 친구로는 단 하나뿐이라고 그
절친함을 강조하고 있다. 따라서 자앙의 죽음을 하늘이 자신을 버린 것에

부연하고 있다. 그 관계는 각별하다고 밖에 말할 수 없다. 장용의 다음 시의 중반에서는 자앙의 품성을 섬세하게 묘사하고 있다.

> 진생은 청렴하면서
> 말끔하고 글이 뛰어났고
> 무산의 구름을 그리워하며
> 민강의 물을 좋아하였네.
> 당당히 충의를 애타하고
> 감격하며 벗을 그리워했네.
> 칼 잡고 계문에 오르고
> 외로이 연시에 들기도 하였네.
> 호연히 노래하며 서울을 떠났다가
> 돌아와 서산 마루 지켰네.
> 숨어 지내며 자연의 조화 익히니
> 그 세운 말 천년에 드러나리.
> 묻혀 살며 근검한 마음에
> 좋은 뜻은 벌써 끝난 것이라.
> 조용히 그리며 평생을 노닐면서
> 십 년 두고 숭산을 품고 산다네.
> 쓴 시는 낡은 벽에 가득하고
> 약초 캐느라 깊은 바위 두루 헤매도다.

> 陳生富淸理, 卓犖兼文史.
> 思縟巫山雲, 調逸岷江水.
> 鏗鏘哀忠義, 感激懷知己.
> 負劍登薊門, 孤遊入燕市.
> 浩歌去京國, 歸守西山趾.
> 幽居探元化, 立言見千祀.
> 埋沒經濟情, 良圖竟云已.

坐憶平生遊, 十載懷嵩丘.
題書滿古壁, 採藥遍巖幽.
(「宋主簿鳴皐夢趙六余未及報而陳子云亡今追爲此詩答宋兼貽平昔遊舊」
·『全唐詩』권93)

라고 하니 장용이야말로 자앙을 가장 깊이 알고 있는 벗임을 확인할 수 있다. 자앙의 사람됨을 장용이 후세에 우연히 전해 주었다고도 할 수 있으니 장용은 자앙에 있어 불가분의 상대임이 분명하다. 특히, 양인은 재도설(載道說)을 내세워 문학론에 있어서도 동조의 길을 걸었으니, 자앙이 문장의 지취(志趣)를 강조하고 장용은 공성지문(孔聖之文)을 제창하여 육조의 송나라와 제나라의 문풍(宋齊之文)을 반대한 것에서 그 상통점을 찾을 수 있다.12)

2. 문집의 판본(版本)

『진백옥문집(陳伯玉文集)』(10권)은 송각본(宋刻本)엔 안 보이고 최조본이 명대에 와서 홍치(弘治) 4년(1491)의 「양징흑구본(楊澄黑口本)」으로 알려져 있다. 「상숙구씨서목(常熟瞿氏書目)」에서 기술된 바 "명대 신도의 양춘과 사홍의 양징이 교정함(明新都楊春, 射洪楊澄校定)"이라 한 것은 바로 이 판본을 일컫는 것이다. 이 판본에는 노장용의 서와 뒤에 「백옥별전(伯玉別傳)」 및 「진씨서록(陳氏書錄)」이 붙어 있다. 『사고총목(四庫總

---

12) 뤄건주어(羅根澤)는 『隋唐文學批評史』에서 이 점을 이미 거론했으니, 盧藏用이 쓴 자앙의 문집서에 「昔孔宣父以天縱之才, 自衛反魯, 乃刪詩書, 述易道, 而修春秋, 數千百年, 文章粲然可觀也.宋齊之末, 蓋憔悴矣. 逶迤陵頹, 流靡忘返. 至於徐庾, 天之將喪斯文也. 後進之士, 若士官儀者, 繼踵而至, 於是風雅之道, 掃地盡矣. 易曰:『物不可以終否, 故受之以秦』道喪五百歲而得陳君, 崛起江漢, 虎視雒夏, 卓立千古, 橫制頹波, 天下翕然質文一變.」이라 하고 毛傑의 「與盧藏用書」에는 「傑聞君所貴者道也, 所好者才也.」라 하였으며 장용 자신이 「答毛傑書」에서 「猥辱書札, 期我遐意, 詢於道眞.」이라 하여 양인이 모두 不道之文을 개혁하고 도덕을 밝히려 했다. (자앙의 개혁론은 후설하겠음.)

目)』의「진습유집제요(陳拾遺集提要)」에 보면,13) 사고본도 전사본(傳寫本)에 의거한 것을 알 수 있는데, 권수와 편목으로 보아「홍치흑구본(弘治黑口本)」이 믿을만한 저본(底本)이라 하겠다.「홍치본」은 제7권「아문(牙文)」등 4편이 모두 수록되어 있으며,「진소부를 전별하며의 서(餞陳少府序)」는 목록에는 보이지만 원주(原注)에는 궐문(闕文)이라 하고,「대숭복관기(大崇福觀記)」는 실려 있지 않다.「홍치본」머리엔「장이서(張頤序)」와「노장용서(盧藏用序)」가 있고 제10권 부록(附錄)에는「당서열전(唐書列傳)」·「진씨별전(陳氏別傳)」·「정덕비제문(旌德碑祭文)」등과「학당을 지나며 문집을 열람한 시(過學堂覽文集詩)」(원주는 결함),「양징의 후서(楊澄後序)」가 붙어 있다. 참고로 양씨의 서 일단을 보면,

  나는 외람 되게도 선생과 동향으로 남긴 향내를 마시며 존경심이 일어나고 남긴 자취를 생각하면서 찬식하는도다. 이 불평을 지니고서 힘껏 그를 위해 서간에 변론하지 못하였으니 공의 도리를 천하에 알리나니 공의 변론은 백성의 마음에 둔 것이로다. 홍치 4년, 해는 기해이다.

  余忝與先生同鄕, 酌餘馨而起敬, 想遺跡而興嗟. 抱此不平, 得不力爲之辯於末簡, 以白公道在天下, 公論在人心耶. 弘治四年, 歲在己亥.」(『新校陳子昻集』 부록)

라고 하여 양씨의 의도가 공도(公道)와 인심(人心)에 두고서 수집 정리한 것을 밝혔다. 이외에 유사한 것으로 양춘(楊春)이 중편(重編)하고 양징(楊澄)이 교정한 중간(重刊)본은 (孫星衍의「平津館鑑藏記」와「廉石居藏書記」에 의거) 흑구본(黑口本)과 차이가 없으되 장이(張頤)와 양징(楊澄)의 서발(序跋)이 없

---

13) 第七卷闕兩葉, 搬目錄尋之,「牙文」·「榮海文」在「文苑英華」九百九十五卷;「弔塞上翁文」在九百九十九卷;「祭孫府君文」在九百七十九卷. 友送崔融等序之後, 據目錄尙有 「餞陳少府序」一篇, 此本亦佚,「英華」七百十九卷有此文.(『唐集敍錄』p.37에서 재인용)

는 것이 다를 뿐이다. 「증정사고간목표주(增訂四庫簡目標注)」에 홍구본의 규모를 설명하기를 "반쪽이 10행이며 한 행이 21자이고 또 한쪽이 22행에 한 행이 29자, 또 16행에 한 행이 17자이기도 하다(半頁十行, 行二十一字, 又一本頁二十二行, 行二十九字, 又本十六行, 行十七字)"라고 한데서 명대에 이미 수차 번각(飜刻)이 있었고 또 오류도 있는 것으로 볼 수 있다. 어떻든 진씨의 문집은 노장용편 및 서의 현존하는 간본으로는 홍치흑구본을 제일저본으로 보지 않을 수 없는 것이다.

이 외에『선본서실장서지(善本書實藏書志)』에『陳伯玉集』(二卷本) 두 종류가 있으니 하나는 명번송본(明翻宋本)이며 또 하나는 명간본(明刊本)이라 하지만,「二卷」이란「十卷」의「前二卷」일 뿐 그 제삼권 이하는 실리지 않았음을 의미한다.

현존하는 완정본은 1960년 중화서국(中華書局) 배인본(排印本)인 사부총간영인홍치본(四部叢刊影印弘治本)으로서『전당시(全唐詩)』·『전당문(全唐文)』·『촉주간본(蜀州刊本)』(1837년)과 세계서국의『진백옥집(陳伯玉集)』·『문원영화(文苑英華)』·『당문습유(唐文拾遺)』등에서 시 7수와 문 6편을 더 보충해서 모았으니 비교적 구비된 집본이 되었다고 볼 수 있다.(萬曼의『唐集敍錄』참조).

Ⅱ. 복고개혁(復古改革)의 시론

진자앙의 복고적 시론은 수(隋)까지의 제양풍(齊梁風)을 반대하는 입장을 표방한 것인데, 그 내용은 시론의 개혁이란 점에서 매우 중요한 의미를 지닌다. 자앙이 시의 복고사상을 선언한 것은, 「수죽편(修竹篇)」시의 다음 병서(幷序)에서 동방규(東方虯)에 보내는 문장의 형식(文型)을 빌려 피력한 데에 있다.

문장의 도가 없어진지 오백 년인데, 한위의 풍골이 진송에 전해지지 않았으니, 문헌에서도 찾아 볼 수 있다. 나는 일찍이 틈이 있을 때면 제량의 시를 보면서 문채가 화려하고 지나치게 번잡하여 흥기가 모두 끊어져서 매양 탄식하였다. 옛 사람을 생각하면 항상 기력이 쇠퇴함을 두려워하고, 풍아가 써지지 않음을 근심하였다. 어제 공의 고동편을 읽고 세 가지 점을 이해하게 되었으니, 시의 근본이 단아하고 기개가 나는 듯 하며, 음정이 격동하며, 광채가 빼어나고 세련되어 금석의 소리가 나는 듯 하였다. 마침내 마음을 깨끗하게 하고 눈부시게 하여 울적함을 다 씻는 듯 하였다. 정시의 음을 쓴 것은 아니나, 다시 여기서 보는 듯 하니 건안의 작자를 서로 만나 웃는 듯 하였다.

文章道弊五百年矣. 漢魏風骨, 晉宋莫傳. 然而文獻有可徵者. 僕嘗暇時觀齊梁間詩, 彩麗競繁, 而興寄都絶, 每以永歎. 思古人常恐逶迤頹靡, 風雅不作, 以耿耿也. 一昨於解三處, 見明公詠孤桐篇, 骨氣端翔, 音情頓挫, 光英朗煉, 有金石聲. 遂用洗心飾視, 發揮幽鬱, 不圖正始之音, 復覩於玆, 可使建安作者相視而笑.(卷之一)

이 글은 자앙의 시가창작에 대한 새로운 태도를 요구하는 선언이며 당대의 시단이 가야할 혁신적인 격문(檄文)이라 할 것이다. 비록「영고동편(詠孤桐篇)」이 전해지지 않으나, 이를 통해 선언한 자앙의 주장은 형식주의에만 흘러 진송(晉宋)이래 흥기(興寄)가 끊어지고 풍경이 쇠하여 유미한 데로 나간 것과 건안정시(建安正始)로 돌아가지 못하고 골기가 단상(端翔)하지 못한 것을 지탄하면서 한위풍골과 건안작품을 추구하는 복고사상을 강조하였다.

자앙이 이 같은 시가의 복고를 주창하면서 건안정시로 돌아 가고자한 근거는 무엇인지를 이해하는 데는 그의 정치적인 의식을 생각해 볼 필요가 있다.[14] 자앙은 그의「계성 서북루에 올라 최저작 융이 서울에 감을 전송하며의 서문(登薊城西北樓送崔著作融入都幷序)」에서 이르기를,

칼을 잡고 무슨 말 하리오. 길게 노래하며 탄식이 더하도다. 몸을 나라에 바치니 나는 마땅히 어진 일이라 본다. 도리를 논하여 임금을 바르게 하면 그대 군주에 보답하는 것이라 생각한다네.

　　　撫劍何道, 長謠增歎, 以身許國, 我則當仁, 論道匡君, 子思報主.

라고 하여「몸을 나라에 바침」과「도리를 논하여 왕을 바르게」하려는 자앙의 출사의욕이 깃들어 있고 또「기쁘게 마참군과 만나서 취해 술에 노래하고 어울리며 서(喜馬參軍相遇醉歌幷序)」에도,

　　　나는 등용되지 않은지 오래다. 나가도 의로써 나라에 보탬이 못되고 물러나도 도리로써 몸을 숨길 수 없도다.

　　　吾無用久矣. 進不能以義補國, 退不能以道隱身.

라고 하여 현실적 처신을 고뇌하였다. 충성의 의념이 넘치고 있는데, 그의「신종인의 원옥서(申宗人冤獄書)」(卷九書)에는 이런 의식이 더욱 짙게 드러나 있다.

　　　소신이 옛 성현의 말을 듣건대 나라를 위한 충신은 반쯤 죽지만 나라를 위해 바른 말 하는 신하는 반드시 죽는다. 그러나 충성이 지극한 신하는 죽음을 면하려고 임금에게 지극히 성명하신 군주라고 하지 않으며 직언하여 충성하지 못함을 싫어하지 않는다. 신하는 폐하가 지극히 성명하여 충성을 좋아하고 직언을 사랑해 매양 바른 말과 직간이 특히 아름다운 모습으로 보인다.

---

14) 예칭빙(葉慶炳)은, "論陳子昂·李白詩歌之復古思想"(第 3會 東洋學國際學術會議)라 함. 예교수는 자앙이 본래 문학에 뜻을 두지 않고 정치에 두었기 때문에 문학에 대한 이상이 결핍되어 있다고 주장함.

> 臣聞古人言. 爲國忠臣者半死, 而爲國諫臣者必死 然而至忠之臣, 不避死以諫主至聖之主, 不惡直以廢忠. 臣幸逢陛下至聖大明, 好忠愛直, 每正言直諫, 特見優容.

 여기서 자앙은 신하로서의 더 할 수 없는 충직을 토로하고 있어 평소 자앙의 관념을 간파할 수 있는 글이 되는 것이다. 이러한 자앙이 시가의 복고를 주장함으로써 자기 자신의 정치에의 불여의를 해소하고 나아가서 작시에의 구태를 지양하는 획기적인 반작용을 일으킨 것인가? 동기는 어떻든 간에 자앙의 복고선언은 당시의 개화를 터준 밑거름이 된 것이다.
 자앙의 복고선언이 그 동기의 여부를 떠나서, 그의 이 선언은 문학론에 있어서 하나의 큰 혁신인 것만은 중대한 사건이었다. 그의 제창을 요약한다면, 첫째는 시가에 현실을 반영할 때 기탁과 이상이 함축된 '홍기(興寄)'와 둘째는 작품에 사상과 풍격이 내재하는 풍골을 담을 것을 강조하였다. 여기서 홍기의 의미를 새기어 볼 필요가 있으니, 『창랑시화(滄浪詩話)』, 「시변(詩辨)」에서 엄우(嚴羽)가 주장한 홍취설(興趣說)과 입신설(入神說)과 연관시켜서 본다면, 자앙의 홍기는 분명해 질 수 있을 것이다. 자앙의 "한위대의 풍골이 진송대에는 전해지지 못하였다.(漢魏風骨, 晉宋莫傳)"라는 의미와 창랑의 "시를 논함은 선을 논함과 같으니 한위진대와 성당의 시가 가장 으뜸가는 것이다.(論詩如論禪, 漢魏晉與盛唐之詩, 第一義也.)"라 한 의미와는 근원적으로 서로 상통하는 것이어서, '홍취'의 의미를 알면 자앙의 홍기에서 연원하고 있다는 사실의 파악도 가능해질 것이다. 창랑은 이르기를,

> 시라는 것은 성정을 읊어 노래하는 것이다. 성당의 제자의 시가 오직 홍취에 들어 영양이 뿔을 나무에 걸어 자취를 찾을 수 없는 것 같다(초탈하여 자유분방한 시계에 있다). 고로 그 묘처는 맑고 영롱하여 모아

머물게 할 수 없으니 마치 공중의 소리, 얼굴의 색, 물 속의 달, 거울 속의 모습 같아 말로는 다 표현했으나, 그 뜻은 무궁한 것이다.

> 詩者, 吟詠情性也. 盛唐諸人, 惟在興趣. 羚羊掛角, 無迹可求. 故其妙處, 透徹玲瓏, 不可湊泊. 如空中之音, 相中之色, 水中之月, 鏡中之象, 言有盡而意無窮.

라고 하여 흥취를 "영양이 뿔을 걸다(羚羊掛角)"와 "공중의 소리, 얼굴의 색, 물 속의 달, 거울 속의 모습(空中之音, 相中之色, 水中之月, 鏡中之象)"으로 비유하였는데, 흥취의 의미가 『문심조룡(文心雕龍)』, 「은수(隱秀)」편의 "무릇 은유의 본체는 뜻이 그 표현된 글 이상의 깊은 데에 있어서 숨은 소리가 옆으로 통하고 은근히 드러난다.(夫隱之爲體, 義生文外, 秘響傍通, 伏采潛發.)"에서의 은(隱)과 가깝고 또 그 물색(物色)편의 "그래서 흥취에 드는데는 한정을 귀히 여긴다.…… 맛이 가벼이 느껴지게 하며 그 정은 시원히 더 새롭게 한다.(而入興貴閑 …… 使味飄飄而輕擧, 情嘩嘩而更新.)"의 입흥(入興)과 통하여 함축적이며 심원한 미감을 제시하는 것으로 본다. 이것은 "영양이 뿔을 나무에 거는 것(羚羊掛角)"처럼 초탈하여 자유분방한 시의 세계와 결부되는 풍격이며 나아가서 왕어양(王漁洋)의 신운설(神韻說)을 낳을 근거로 제시된 것이니, 이것이 시의 입신까지 단계적으로 승화시킨 이론과 연결된다. 창랑이 말한 입신은 그 어원이 "정세한 뜻이 입신에 들어 쓰이게 된다.(精義入神, 以致用也.)"에서 나왔는데, 『문심조룡』의 "문사의 사조는 그 담긴 정신이 원대한 데에 있다.(文之思也, 其神遠也.)"(「神思」篇)와 뜻이 통한다. 도명준(陶明濬)은 시의 입신을 정의하기를,

> 입신이란 두 자의 의미는 그 도에 통하여 입으로는 표현할 수 없다. 자신만이 지니고 있어서 타인이 이어 가질 수 없다. 소위 남과 도리를 함께 할 수는 있으되 남으로 기교 부리게 할 수는 없다. 기교 부리는 것이 극치에 이르면 입신이 된다.

입神二字之義, 心通其道, 口不能言, 己所專有, 他人不得襲取. 所謂能與人規矩, 不能使人巧. 巧者其極爲入神.(『詩說雜記』 卷八)

라고 하여 남과 비교할 수 없는 자신만의 독특한 시경으로 비유하였고, 허학이(許學夷)는 이르기를,

이백과 두보는 재능이 대단하여 조예가 매우 높고 의취와 흥취가 매우 원대하다. 고로 그 오칠언 고시는 체제가 많이 변하고 어구가 많이 기위하며 기상과 풍격이 잘 갖추어져서 다분히 입신의 경지에 든다.

李杜才力甚大而造詣極高, 意興極遠, 故其五七言古, 體多變化, 語多奇偉, 而氣象風格大備, 多入於神矣.(卷十八)

라고 하여 입신이 시심의 초탈성과 상관됨을 밝혔다. 이것은 창랑이 이백·두보를 추숭한 것을 생각할 때[15] 진자앙의 홍기와 연관시키지 않을 수 없다. 왜냐하면, 이·두의 시는 이미 자앙의 영향권에 있다고 보아야 하기 때문이다. 자앙과 이백의 시에 관하여 보면, 루오껀쩌(羅根澤)는 양인을 복고사상적 입장에서 사회 시적인 면에서 비교하여 불가분의 관계로 설정하였

---

15) 궈샤오위(郭紹虞)는 홍취설의 바탕을 李杜에 둔데 대해 "滄浪興趣之說, 正同於王士禎所謂神韻之義. 何以滄浪又標擧李杜, 而宗不主王孟呢? 此點似有矛盾, 實則也是滄浪論詩宗旨."(『滄浪詩話校釋』 p.37)라 하고 錢鍾書는 "滄浪獨以神韻許李杜, 漁洋號爲師法滄浪, 乃僅知有王韋, 撰『唐賢三昧集』, 不取李杜, 蓋盟失滄浪之意矣."(『談藝錄』 p.49)라 하여 李·杜를 취한 입장을 나름대로 평가하고 있다. 창랑이 李·杜를 가지고 연원한 것은 자앙의 홍기와 무관하게 볼 수 없는 맥이 있음을 의미한다. (필자의 의견) 興寄, 興趣를 입신과 일맥으로 놓고서 장젠(張健)은 "他的興趣說和入神說之間, 根本沒有一必然的內在關係, 他時而如此設想, 時而如此起意, 又並列書之, 結果便互見扞格了."(『滄浪詩話硏究』 p.23)라 논술한 것은 유의할 만하다.

으니, 개혁적인 의미로도 창랑의 말에 일치시키는 이론이 성립된다.16) 따라서 진·이의 시적 맥락은 긍정적이라고 볼 것이며 창랑이 말한 흥취는 흥기의 논리를 부연했다고 할 수 있다.

아울러 자앙과 두보와의 관계는 또한 루오건저에 의해서 뚜렷이 서술되어 있으니, 백거이(白居易)의 「원구에게 주는 글(與元九書)」에서 보면,

> 당조 200년 동안에 시인이 이루 헤아릴 수 없이 많았다. 들어보면, 진자앙의 감우시 20수가 있고 포방의 감흥시 15수도 있으며 시의 호탕한 자로는 세칭 이백과 두보를 이른다.

> 唐興二百年, 其間詩人, 不可勝數. 所可擧者; 陳子昻有感遇詩二十首, 鮑防有感興詩十五首. 又詩之豪者, 世稱李杜.

라고 하여 자앙의 감우시에서 두보까지 같은 맥으로 설정한 점을 루오씨는 긍정하면서 백거이의 「당의 거리를 아파하며(傷唐衢)」의 「우리 진자앙과 두보 사이를 보면 아끼고 거듭이 대단하다.(致吾陳杜間, 賞愛非常意)」(『全唐詩』권 450)구에서도 더욱 확실한 예증을 보게 된다.17) 이것은 백씨가 진·두의

---

16) 羅根澤은 『隋唐文學批評史』에서 "到了陳子昻和李白的時代, 已不復是完美無缺的盛世, 使他們逐漸厭棄粉飾太平的詩歌, 而思恢復到質直言志的故道."(第三章, 「詩與社會及政治」, p.44)라 하고, 이어서 양인의 주창을 더욱 긴밀히 서술하기를 "陳子昻的提唱風雅, 大體怵於時代喪亂, 欲 『以義補國』; 李白的提唱古風. 雖亦由於 『古風變太古, 道喪無時還』(「古風」第三十首), 「頌聲久崩淪」, 「我志在刪述」, 但大半爲矯正當時的句酌仔葚的律詩. 所以陳子昻要使詩有比興的功用, 李白則要使詩不失元古的清直; 陳子昻是爲社會政治而改革詩, 李白則爲詩而改革詩."(상동 p.45)라고 하여 양인의 개혁동인이 다르다고 하나 일맥에서 비교하고 있다. 예칭빙(葉慶炳)은 羅氏의 상문을 인술하여 양인의 복고개혁을 상관시키는 입론하였음은 기술한 바이다.(「論陳子昻·李白詩歌之復古思想」).

17) 羅根澤은 백거이의 말을 통해 陳·杜의 관계를 밀착시키고 있는데, 예컨대 "又喜歡別人說他的詩似陳杜.(白) 知他的作詩也在效法陳杜都是提唱幷創作社會詩的, 他們旣效法幷稱陳杜, 同時稱讚陳杜的又恰是 『激烈』, 『興寄』, 『風雅比興』的

시를 본받았다는 의미이므로 같은 맥락에서 봄이 가당하니, 따라서 홍취는 자앙의 홍기에서 나오고 후대의 시론에 본이 되는 만큼 자앙의 입론은 더욱 확고하다고 볼 것이다.

다음으로 「풍골(風骨)」의 의미를 파악함으로써 자앙의 개혁적 시관을 보고자 한다. 『문심조룡』의 「풍골」편에 보면,

> 시경의 체재는 모두 육의인데, 풍이 그 으뜸이 된다. 이것은 곧 교화의 근본이며 감동의 근원이며 지기를 표현하는 정표이다. 따라서 슬퍼하여 정감을 표현하는 데는 반드시 풍에서 비롯해야 하며 시가를 읊고 사부를 서술하는데 골보다 앞서는 것이 없다. 고로 문사가 골에 의탁함이 몸이 골격에 의지함과 같고, 정감이 풍을 지님이 몸이 기를 지님과 같다. 말 맺음이 단아하고 바르면, 글의 골이 이루어지고 의가 빼어나고 맑으면 글의 풍이 맑아진다.…… 고로 골을 잘 다듬으면 수사에 정밀하고 풍을 깊이 터득하면 성정표현이 밝아진다. 자구를 단단히 다듬어서 뜻이 다르지 않게 하고 성조의 연결을 잘 하여 막히지 않게 하면 이것이 風骨의 힘이다. 만약 내용이 비어있고 수식만 가하고 번잡하여 조리를 잃으면, 骨이 없는 징표이며 문사가 두루 고르지 않고 메마르고 기풍이 없으면 風이 없는 징표이다.

> 詩總六義, 風冠其首, 斯乃化感本之本源, 志氣之符契也. 是以怊悵述情, 必始乎風; 沈吟鋪辭, 莫先於骨. 故辭之待骨, 如體之樹骸; 情之含風, 猶形之包氣. 結言端直, 則文骨成焉; 意氣駿爽, 則文風生焉.…… 故練於骨者, 析辭必精; 深乎風者, 述情必顯. 捶字堅而難移, 結響凝而不滯, 此風骨之力也. 若瘠義肥辭, 煩雜失統. 則無骨之徵也; 四不環周, 索莫乏氣. 則無風之驗也.

라고 하여 『위서(魏書)』의 「조영전(祖瑩傳)」에서 "문장은 절로 베틀에서 실

社會詩, 當然也要提唱社會詩, 創作社會詩了."라 한 시구에서 알 수 있다.

뽑듯 자연스러이 한 풍골을 이룬다.(文章順自出機杼, 成一家風骨.)"라고 한 풍골을 『문심조룡』에서는 구체적으로 문학론에 의거하여 풀이하고 있다. 즉 여기서 골은 언정(言精 ; 내용)이며, 풍은 문장(文暢 ; 문식,형식)이니 내용이 형식이나 기교보다 충실해야 한다. 진자앙의 풍골은 바로 이와 상통하는 것이어서, 그가 말한 '한위의 풍골(漢魏風骨)'은 곧 『시품(詩品)』서(序)에서의 '건안의 풍력(建安風力)'과 일치하는 것이다.18)

한위, 곧 건안풍골은 『문심조룡』의 「명시(明詩)」편에서 말한 바19), 자연산수와 어울려 열락을 추구하고 비분강개하며 재기를 중히 여기며 미려한 문장보다는 내실을 찾는 풍기를 지녔던 순수문학의 창도기에 해당하는 것으로 보아서 자앙이 특히 이것을 추숭한 것이다.

자앙이 말한 '풍아의 작(風雅之作)'·'한위풍골(漢魏風骨)'·'건안작품(建安作品)' 등의 복고적 용어는 단순한 고인에 대한 모방이 아니라 당 이전의 시가에 대한 반성이며 전통에의 복귀를 의미하는 것이다. 그러길래 명대 송렴(宋濂)은 이르기를,

> 오로지 진자앙이 그 폐단을 심히 나무라서 한위대를 본받고 곽박과 도잠을 벗하였으니 곧아서 어울리지 않은 선비라 할 수 있으며 복고를 절실하게 취하여 이에 크게 되었다.

> 唯陳伯玉痛懲其弊, 專師漢魏. 而友景純·淵明, 可謂挺然不群之士, 復古之切, 於是爲大.(「答章秀才論詩書」)

라고 한 것이라든가, 옹방강(翁方綱)이 서술한 바,

---

18) 『詩品』序에 "永嘉時, 貴黃老, 稱尙虛談 …… 孫綽·許詢·恒·庾諸公詩, 皆平典似道德論, 建安風力盡矣."라 함.
19) 『文心雕龍』, 「明詩篇」: "竝憐風月, 狎池苑, 述恩榮, 敍酬宴, 慷慨以任氣, 磊落以使才, 造懷指事, 不求纖密之巧, 驅辭逐貌, 唯取昭晣之能."

당대 초기에 여러 문인들이 다투어 창작하였지만 육조의 여파를 답습할 뿐인데 오직 진자앙에 이르러 빼어나고 기특하여 풍골이 우뚝 뛰어났다.

　　唐初群雅競奏, 然尙沿六代餘波. 獨至陳伯玉, 兀英奇, 風骨峻上, 蓋其詣力畢見於東方左史一書.(『石洲詩話』 卷一)

라고 한 것은 모두 자앙의 시사적 개혁이론을 확증해 주는 선대의 증언이라 하겠으며 자앙의 개혁적 시론의 중요성을 강조한 것이라 본다.

Ⅲ. 감우시의 풍자의식과 귀자연적 시의 흥취

　진자앙은 제량풍을 반대하고 양신(楊愼)이 『승암시화(升菴詩話)』에서 "그의 문사가 간결하고 직설적이어서 한위의 풍격을 지닌다.(其辭簡直, 有漢魏之風.)"라고 밝혔듯이 복고적 풍격을 지켜나갈 것을 주창하였다. 그의 이런 개혁정신은 한유(韓愈)의 「선비를 추천함」에서,

　　당대의 문장이 성행하니 진자앙에서 비로소 높은 경지에 이르렀다.

　　國朝盛文章, 子昻始高蹈.(「薦士」)

라고 한 문구와 『舊唐書』 본전에서,

　　당조가 일어나서 문장이 서릉과 유신의 여풍을 잇게되매 천하가 이것

을 받들다가 진자앙에 와서 비로소 고아하고 바르게 바꾸었다.

唐興, 文章承徐庾餘風. 天下祖尙. 子昻始變雅正.

라고 한 「始」자의 의미에서 더욱 분명히 표현되어 있다. 당초의 시풍으로서는 파격적인 것이며 이색적이었다고 할 것이다. 그러나 그의 시 자체는 「감우시」를 제외하고는 시적 가치상 뛰어나다고만 볼 수 없다.[20] 단지 평이하면서도 진실감이 있으며 자연의 미와 산천의 유정(幽靜)을 묘사한 면은 간과할 수 없다.

따라서 본고에서는 자앙의 「감우시(感遇詩)」를 살펴보고, 한편 현실에의 관심과 애국의 염이 담긴 면, 그리고 자연에의 초탈의식을 실은 면을 살펴보고자 한다.

1. 감우시의 특점

자앙의 「감우시」 38수는 그의 대표적이며 영향력이 가장 큰 명작으로 내용도 상당히 복잡하여서 그 안에 정치에의 비판과 항의, 인민생활고에 대한 묘사와 동정, 그리고 은일 생활에 대한 찬미와 희망, 자기 불우에 대한 감개와 불평을 담고 있는 것이다. 이러한 내용상의 특성을 다루기 앞서 먼저 전체의 풍격을 보면, 문필이 질박강건(樸質剛健)하고 음절이 명량(明

---

[20] 『藝苑巵言』에서 "陳正字陶洗六朝, 鉛華都盡, 托寄大阮, 微如斷裁. 而天韻不及, 律體詩時時入古, 亦格矯柱之過."(卷四)라 하고 특히 陸侃如는 『中國詩史』에서 "感遇詩以外的詩, 實未能稱是. 我們細獨他的全集, 實在找不出多少好詩. 固然他對於不詠艶情的信條似乎很能遵守, 全集中的確沒有一言宮體嫌疑的詩. 但是新體詩却已成爲當時很流行的體裁, 且漸進而成爲律絶, 所以他的詩中有許多可以說是五律五絶的詩, 而這些五律五絶却沒有一首是高明的."라고 한 담백한 평어를 주의할 필요가 있다. 그러나 본고는 자앙의 특점만을 긍정적으로 서술하려 한다.

亮하며 기상이 웅혼(雄渾)하고, 완적(阮籍)의 「영회시(詠懷詩)」와 좌사(左思)의 「영사시(詠史詩)」, 그리고 왕적(王績)의 「고의육수(古意六首)」 등에서 영향받았고 특히 「영회시(詠懷詩)」에서 가장 깊은 영향을 입었다고 할 것이다. 그 실례를 양인의 시구에서 추출하여 열거하면,

┌便便夸毗子(感其十)　　　　┌萬世同一時(感其十)
└如何夸毗子(詠其五十三)　　└萬世同一時(詠其十)

┌五咄咄安可言(感其十七)　　┌去去桃李花(感其九)
└咄咄復可言詠(詠其六十九)　└熒熒桃李花(詠其四十四)

┌伯陽遁面溟(感其十七)　　　┌多材固爲累(感其二十三)
└伯陽隱西戎(詠其四十二)　　└多材爲患害(詠其三十三)

┌死生俱赤停(感其八)　　　　┌可爲洗心言(感其三十)
└死生自然理(詠其四十八)　　└可用慰我情(詠其三十六)

┌臨岐泣世道(感其十四)　　　┌春秋迭來過(感其三十六)
└楊朱泣岐路(詠其二十)　　　└四時更代謝(詠其七)

등을 들 수 있으며, 그 외에 다른 작가의 것에서 본받은 예를 수사적인 면으로도 비교할 수 있다. 즉,

┌射咒雲夢林, 竭來高唐觀(感其二十八)
└楚襄王與宋玉游於雲夢臺望高唐觀(宋玉・「高唐賦序」)

┌蘭若生春夏(感其二)　　　　┌三五明月滿(感其二十四)

┌蘭若生春陽(枚乘・「雜詩」)　　　┌三五明月滿(「古詩十九首」第十七)

　　┌朱蘂冒紫莖(感其二)　　　　　　┌携手在何時(感其三十二)
　　└朱華冒綠池(曹植・「公讌詩」)　　└執手將何時(曹植・「贈白馬王彪」)

　　┌哀哀明月樓(感其三十四)　　　　┌朝發宜都渚(感其二十七)
　　└明月照高樓(曹植・「七哀」)　　　└朝發鄴都橋(王粲・「從軍詩」)

　　┌窮岫泄雲生(感其二十九)　　　　┌聞道泰階平(感其二十九)
　　└窮岫泄雲(左思・「魏都賦」)　　　└令覩斯民泰階之平(左思・「魏都賦」)

　　┌骨肉且相薄(感其思)　　　　　　┌微月生西海(感其一)
　　└骨肉還相薄(左思・「雜詩」)　　　└微月生西方(傅玄・「雜詩」)

　　┌水木淡孤清(感其十三)　　　　　┌瑤臺有青鳥, 遠食玉山禾(感其二十五)
　　└水木淡清華(謝混・「西游　　　　└識不及青鳥, 遠食玉山禾(鮑照「代空池」)
　　　城雀」)

　　┌寶鼎淪伊穀(感其十四)　　　　　┌懷古心悠哉(感其三十五)
　　└素景淪伊穀(謝朓・「和王著　　　└懷古信悠哉(謝朓・「觀朝雨詩」)
　　　作八公詩」)

　　┌巫山彩雲沒(感其二十七)　　　　┌誰能測淪溟(感其六)
　　└巫山彩雲合(王融・「古意」)　　　└誰能測幽微(江淹・「雜體」)

　이상에서「감우시」는 다양하게 연원 되어 형성되었음을 알 수 있다. 이제「感遇」의 의미부터 보면, 『당음(唐音)』주(注)에 이르기를 "마음에 감흥이 있으면 말에 기탁하게 되어 그 뜻을 펴게 된다.(有感于心, 而寓於言, 以

攄其意也.)"라 하고 또 "마음에 느껴지어 눈에 들어온다.(感之於心, 遇之於目.)"라고 하여 당시의 정치적인 음영(陰影)과 시인 자신의 불우한 심기를 솔직히 표현할 수 없는 처지에서 자연히 은회(隱晦)한 상징 수법을 차용하여 붙인 것을 확인하게 된다. 그러나 명대 종성(鍾惺)이 말한 바, "진자앙의 감우시는 절로 고담하며 오묘한 의취를 지니고 있는데 의취가 다분히 표현된 언사에 담긴 그것보다도 더 깊은 데서 우러나오고 주지는 어디에 매여 있지 아니하매 도저히 구절을 따라 그 담긴 이치를 찾아 이해하기가 쉽지 않다.(子昻感遇, 自爲澹古夐渺之意, 意多言外, 旨無專屬, 不當逐句求之.)"(『唐詩歸』 권2)라고 한 것처럼 시인의 사상과 감정을 외표되지 않은 곳에서 은연중에 그 본의를 투시해 볼 수 있는 장점이 있다는 점을 강조한 것이다. 시의 내용에 있어서는 형맹(邢孟)이 이 시에 담긴 사항을 설명하기를,

  감우시는 군자가 때를 잃어 뜻을 이루지 못함을 한탄한 것이니 인을 어찌 가까이 할 것인가. 전혀 가까이 할 수 없다. 쇠퇴한 세상에 옛 도리가 어두우니 이익을 탐내면 영화가 오래 가지 못하고 사리를 탐하면 반드시 재화로 빼앗기게 되고 정애는 화를 일으킨다는 것을 경계하고 있다.

  感遇詩, 歎君子失時而無成, 仁何親, 殘不可近. 衰世不明古道, 戒嗜利, 寵不可久居, 寵利必見禍奪. 情愛生禍, 材美多累, 多言喪道. 大運所向, 豪聖難爲.(楊鐘義, 『歷代五言詩評選』 卷五引)

라고 하여 총괄하였으며, 표현수법에 대해서 명대 담원춘(譚元春)은 이르기를,

  진자앙의 감우시들은 마치 연단서 같고 역경주 같으며 영사 같고 산

해경을 읽는 것 같다. 기묘한 변화는 단서를 잡을 수 없으니 또 하나의 천지인 것이다.

　　子昂感遇諸詩, 有似丹書者, 有似易注者, 有似詠史者, 有似讀山海經者. 奇奧變化, 莫可端倪, 眞又是一天地矣.(『唐詩歸』卷二)

라고 하여 다양한 묘법을 쓴 것을 강조하였다. 따라서 묘사에 있어서 자신의 회포를 서술하는 데는 옛 것을 빌려서 지금 것을 비유함(借古喩今)을 택하고, 현실에 대한 풍자에는 사물을 통하여 성정을 부침(托物寄情)을 택하며 군자의 충정과 실망을 표현하는데는 향초나 미인으로써 비유하며 속세의 번뇌를 떨치는 묘법은 신선에의 기탁을 택하고 있음을 볼 수 있다.

1) 현실에의 비판

이제 내용상 자앙의 당시 정치에의 비판적 의식을 토로한 면을 보자면, 제15수에서,

　　　　귀인은 뜻 이루기 어려우니
　　　　은혜와 총애는 잠시뿐이라네.
　　　　옥 같은 마음으로
　　　　명월주랑 바라지 마오.
　　　　옛날 자랑턴 예쁜 미인
　　　　지금은 죄지어 갇힌 몸 되었으니
　　　　주공의 치효시에 낙양을 슬퍼했고
　　　　서시의 고소대엔 사슴이 울고 있다네.
　　　　뉘 쪽배로 오호로 가던 범여의 마음 알리오?

　　　　貴人難得意, 賞愛在須臾.

莫以心如玉, 探他明月珠.
昔稱夭桃子, 今爲春市徒.
鴟鶚悲東國, 麋鹿泣姑蘇.
誰見鴟夷子, 扁舟去五湖.

이 시는 무측천(武則天)의 혹리등용(酷吏登用)과 형벌남용(刑罰濫用)에 대해 은유적인 방법으로 묘사하였는데 청대 진항(陳沆)이 말한바, "장상과 대신의 유종의 미를 거두지 못함을 애도한다.(悼將相大臣之不令終)"(『詩比興箋』권3)의 비감이 깃들어 있다. 자앙 자신은 당시의 형벌에 대해 "형벌과 옥살이가 성급하고 법망이 너그럽지 못하니 이건 지금 성명한 정치의 요체가 아닌 것이다.(刑獄尙急, 法網未寬, 恐非當今聖政之要者.)"(「答制問事」八條)라고 하였듯이 무측천의 신하에 대한 가혹을 이 시에서 간파할 수 있게 하며 제2·4연은 감개하여 일깨워 주는 정감을 느끼게 한다. 그 당시의 정치상의 암흑, 권력의 부패, 사회의 불안 등을 풍자한 점은 제10·16·5·4·12·20·9·32수 등에서 그 시구의 예를 더 찾게 된다.[21] 그리고 제26수를 다시 보겠다.

황당하도다, 주의 목왕이여!
흰 구름과 기약하기 좋아했으니,
궁녀는 원한 속에
층층 궁궐에 가득한데
날마다 서왕모의 요지에 빠져 놀면서

---
21) 제10수의 "悱然爭朶頤, 讒說相啗食, 利害紛, 便便夸毘子, 榮耀更相持." 제16수의 "勞利迭相干", 제5수의 "市人矜巧智, 於道若童蒙. 傾奪相誇侈, 不知身所終", 제4수의 "骨肉且相薄, 他人安得忠", 제12수의 "怨憎未相復, 親愛生禍罪", 제20수의 "群議曷嗤嗤", 제9수의 "聖人秘玄命, 懼世亂其眞", 제32수의 "陽彩皆陰翳" 등을 들 수 있다.

어이 도리 만발한 젊은 날을 애타하는지?
푸른 이끼는 시드는 데
백발은 장막 속에 늘어만 가네.

荒哉穆天子, 好與白雲期.
宮女多怨曠, 層城閉蛾眉.
日耽瑤池樂, 豈傷桃李時.
青苔空姿絶, 白髮生羅帷.

이 시는 제27·28수 등과 함께 고인과 고사의 소재를 빌려서 목천자(穆天子)와 초양왕(楚襄王)의 황음(荒淫)을 노래하면서 당시 권문의 타락상을 비유하였다.22) 구체적으로는 목천자를 무후에 풍자하여 그 황폐한 조정을 묘사한 것이다. 이 시는 즉 "옛 것을 빌려서 지금 것을 비유하고 사물을 비유하여 인사를 징험한다.(借古喩今, 比物徵事.)"의 묘법을 강구하였다. 무후의 실정과 민정을 보다 강하게 그린 제29수는 대표적인 정치비판의 예가 된다.

정해년이 저무는데
서산에선 군사 훈련하네.
공주의 길에는 양식이 쌓여 있고
병사들은 창 잡고 강성에서 싸우려하네.
엄동에 북풍이 세차고
황량한 산에는 구름이 빗겨나네.
어두워 밤낮이 따로 없는데
격문에 다시 서로 놀라는 도다.

---

22) 楚襄王을 빌려서 현실을 비유한 시로는 제20수의 "憶昔楚襄王,朝雲無所處,, 荊國亦淪亡."과 제28수의 「荊王樂荒淫 …… 雄圖今何在」도 있다.

몸을 굽혀 만 길을 오르고
위태로이 가파른 계곡을 거치네.
수다한 산봉과 계곡을 지나
처량히 눈 어름길 가는도다.
성인이 우주를 다스린다면
태평성세 당연하리 라는데
고기 먹는 분들 하는 일 어찌 손실뿐인가?
기장풀만 가로 세로 깔려 있으니.

丁亥歲云暮, 西山事甲兵.
贏糧匝邛道, 荷戟爭羌城.
嚴冬陰風勁, 窮岫池雲生.
昏曀無晝夜, 羽檄復相驚.
拳踢競萬仞, 崩危走九冥.
藉藉峰壑裏, 哀哀氷雪行.
聖人御宇宙, 聞道泰陛平.
肉食謀何失, 藜藿緬縱橫.

이 시에서 정해년(丁亥年)은 무측천 수공(垂拱) 3년(687) 자앙의 나이 27세 때의 작으로, 무측천이 외족 강(羌)을 공격하는 불의의 전쟁과 인민과 사병에게 주는 재난을 묘사하면서 함부로 전쟁을 일으켜서 군사를 어렵게 하는 소위 독무궁병(黷武窮兵)에 반대하는 인도주의사상을 강렬히 표현하였다. 자앙의 「아주에 강을 토벌하는 데에 대해서 간하는 글(諫雅州討生羌書)」(권9)에서 이러한 불의의 전쟁으로 민심을 피폐해서는 안 되는 것을 피력하고 있음도 유의할 만하다.[23] 자앙 자신이 촉인(蜀人)이므로 그 사정

---

23) 「諫雅州討生羌書」:「國家欲開蜀山, 自雅州道入討生羌, 因以襲擊吐番雅之邊羌, 自國初以來, 未嘗一日爲盜. 今一旦無罪受戮, 其怨必甚, 怨甚懼誅, 必蜂駭西山. 西山盜起, 則蜀之邊邑, 不得不連兵備守, 兵久不解, 則蜀之禍搆矣.」

을 잘 알고 있어 그 폐해가 크며, 국가 이익을 고려치 않은 거사를 보고 간언한 것이다. 윗 시의 제8연에서는 엄동의 황량한 산을 묘사하고, 제5연에서는 전쟁의 시작명령에 행군의 노고를 그리고, 말 2연은 전쟁을 기도하는 정치와 그 부역에 시달리는 참상을 서술하였다. 일면으로 사회혁신적인 의지가 남긴 시라고도 보여진다.

2) 신세불우에 대한 불평과 은일(隱逸)

예부터 신세의 불우를 노래한 것이 수다하지만, 자앙의 경우에 있어선 그 내심이 더욱 짙게 표출되어 있다. 그의 제2수를 보면,

    난초·두약은 봄여름으로 나니
    울창하고 또 어찌도 푸르는지.
    그윽하고 외로이 고운 자태는
    붉은 꽃 푸른 줄기에 맺혀 있구나.
    늬엿 늬엿 해는 지는데
    가을바람 산들 거리누나.
    한 해의 꽃 다 지려는데
    향기론 뜻 어이하면 이루리?

    蘭若生春夏, 芊蔚何靑靑.
    幽獨空林色, 朱蕤冒紫莖.
    遲遲白日晩, 嫋嫋秋風生.
    歲華盡搖落, 芳意竟何成.

이 시는 초사의「이소(離騷)」의 기법을 활용하여 비의적인 묘사를 통해 노년과 뜻을 펴지 못하는(志不成) 점을 개탄하고 있다.「난야(蘭若)」라는

향초에서 고아한 품성과 군자의 기풍을 표출하고 있다. (전 4구), 후 4구에서 실의와 고민, 그리고 모순의 심정을 나타내었다. 그리고 제7수에서 보면,

> 한낮 늘 숲에 묻혀 있다가
> 어느덧 봄빛이 저무는구나.
> 아득히 나는 뭘 그리워하리?
> 숲에 누워 끝없는 세월 느끼는 듯
> 백화 때 따라 시들고
> 두견은 구슬피 우짖는데
> 고운 풍물 벌써 다하나
> 뉘 소부를 알기나 하랴?

> 白日每不歸, 靑陽時暮矣.
> 茫茫吾何思, 林臥觀無始.
> 衆芳委時晦, 鶗鴂鳴悲耳.
> 鴻荒古已頹, 誰識巢居子.

라고 하여 세월이 유수 같고 지우가 없음을 한탄하였다. 「陳氏別傳」에 "진자앙은 만년에 황노술을 좋아하여 더욱 심취하여 닮아가고 왕왕 그 이론에 정통하기도 하였다.(子昻晩愛黃老言, 尤耽味易象, 往往精詣.)"라 하고 또 "성력 초년에 그대는 고향 산에 돌아가 숨어 살며 관직을 초월한 뜻을 가졌다.(聖曆初, 君歸隱舊山, 有掛冠之志.)"(상동)라고 한 데서 성력 초(698년 전후)에 은거한 뒤에 쓰여진 신세의 불우에서 오는 은거의 시라고 볼 수 있다. 제3연에서 자앙의 은거 중에 속세를 떠났으면서도 뜻을 펼 기회가 없는 것을 슬퍼하고 있으며 말구에는 마음의 불평이 나타나 있다. 「감우시」 가운데에서 분개를 토로한 예구로는,

복숭아와 오얏 꽃을 찾아가리니
말 많아 죽는 이 삼베 같구나.
去走桃李花, 多言死如麻. (제9수)

푸른 계수나무 흔들어대니
숨은 좀벌레가 또한 구멍을 만들었구나.
招搖靑桂樹, 幽蠹亦成科. (제12수)

등을 들 수 있다. 자앙은 사회에 대한 불만과 억압 속에서, 자연히 허환(虛幻)한 정신세계를 흠모하고 은일 생활을 찬미하는 경향을 보이는 시로서 제11수를 다음에 본다.

나는 귀곡자 좋아하니
맑은 냇물에 티끌 하나 없구나.
주머니엔 경세의 도리 담겨 있고
남긴 육신은 흰 구름에 떠 있다.
일곱 영웅이 용처럼 싸우니
세상은 어지러운데 그 님은 없도다.
뜬 영화 귀하지 않으니
도를 쫓고 덕을 기르며 난세에 숨었도다.
펼치면 우주에 차고
말면 한 치도 안 되지만
산나무가 오래 살기 어이 바라리오?
공허히 노루와 짝할 따름이로다.

吾愛鬼谷子, 靑谿無垢氣.
囊括經世道, 遺身在白雲.

七雄力龍鬪, 天下亂無君.
浮榮不足貴, 遵養晦時文.
舒之彌宇宙, 卷之不盈分.
豈圖山木壽, 空與麋鹿群.

이 시는 귀곡자(鬼谷子)에 자신을 비유하여 앞 4구는 포부를 품고 있으면서 도를 쫓아 언행을 삼가 한다는 뜻을 묘사하고 다음의 4구에는 어지러운 시대상을 그렸으며 말 4구 는 선계의 도를 터득하여 천명을 따라 사슴과 고라니 같은 무리와 은거하려는 내심을 토로하였다. 자앙은 그의 「무단첩(無端帖)」(補遺)에서 "도가 이미 행해지지 않고 또 천명을 알아서 즐길 수 없으며 산림에 깊이 숨을 수 없도다. 이에 때로 속세에 나오면 절로 무단한 사람인 것을 느끼도다. 하물며 가까이에 좋은 이를 듣지 못하니 절로 참으로 애석하구나.(道旣不行, 復不能知命樂天, 又不能深隱于山藪, 乃亦時出人間, 自覺是無端之人. 況漸近無聞, 不免自惜如何.)"라고 한 것은 바로 이 시의 내함(內涵)과 상통한다고 할 것이다.

3) 변새(邊塞)생활의 감회

자앙은 전쟁과 변새에 대해 체험과 관찰이 깊이 스며든 시를 쓰고 있다. 변새의 시는 대개 전쟁을 피하고 평화를 갈구하는 면과 전쟁에서 공을 세우는 면으로 분별해 볼 수 있는데, 전자의 경우를 제3수에서 보기로 한다.

푸른 하늘 영대 변새 위에
예부터 길 황량히 뻗어 있고
수루 우뚝 섰는데
드러난 뼈는 온전한 것 없도다.
누런 모래 남쪽에서 몰아치고

밝은 해는 서녘으로 숨는구나.
삼십만 한나라 군사
흉노를 섬긴 일 있었던 곳.
모래 터에 죽은 자만 보일 뿐
변새의 고독을 뉘 달래리.

蒼蒼丁靈塞, 今古緬荒途.
亭堠何崔兀, 暴骨無全軀.
黃沙漠南起, 白日隱西隅.
漢甲三十萬, 曾以事匈奴.
但見沙場死, 誰憐塞上孤.

 이 시는 자앙이 교지지(喬知之)를 따라 종군하던 일을 회상한 것인데 자앙의 「연연군인 화상명 병서(燕然軍人畵像銘幷序)」에 김휘주도독(金徽州都督)에의 혼란으로 인해 좌보궐(左補闕)인 교지지로 호군(護軍)케 하였다는 글로써 알 수 있다.[24] 그는 종군하면서 전후의 참상을 목도한 것이다. 제1연에선 광대한 정영지(丁靈地)의 황량한 광경을 묘사하고, 제3연에서는 사막의 변화무쌍한 경관을 그리었다. 그리고 제2연과 제5연은 사장(沙場)의 정경을, 제4연은 한인(漢人)의 굴욕을 묘사하는 듯이 쓰면서 이 북방 종군을 설욕하려는 의지를 표현하면서 전체시의 흐름이 전쟁의 비애를 담고 있다. 한편 후자의 예로 제37수를 들어본다.

  아침에 운중군에 드니
  북녘엔 선우대 보이네.

---

[24] 「燕然軍人畵像銘序」에 "金徽州都督僕固始桀驁, 惑亂其人. 天子命在豹韜衛將軍劉敬周發河西騎士, 自居延海入以討之, 特勅左補闕喬知之攝侍御史, 護其軍."(卷六).

오랑캐 진땅이 어찌도 가까운지
사막의 찬 기운 세기도 하여라.
어지러이 흘러간 중에 천자 우뚝 서니
미쳐 날뛰며 다시금 몰려오네.
변새엔 명장 없으며
수루만 공허히 우뚝 섰는데
한숨 지며 내 무얼 탄식하는가?
변방 사람 가던 길에 잡초만 무성쿠나.

朝入雲中郡, 北望單于臺.
胡秦何密邇, 沙朔氣雄哉.
藉藉天驕子, 猖狂已復來.
塞垣無名將, 亭堠空崔嵬.
咄嗟吾何歎, 邊人塗草萊.

 이 시는 자앙이 글안(契丹)을 정벌하는 것을 그렸다. 제3연까지는 운중군(雲中郡)과 선우대(單于臺)의 형세와 풍토를 묘사하고 제4연에는 변새에 명장이 없되 보국(報國)의 의지를 보이면서 말 연에선 전장의 비상(悲傷)을 떨치지 못하고 있다. 자앙의 감우시는 교연(皎然)이 "자앙의 감우시는 그 근원이 완적의 영회시에서 나왔다.(子昂感遇, 其源出于阮公詠懷)"(『詩式』)이라고 평가하고, 명대 왕세정(王世貞)이 또 이 둘의 같지 않은 면을 평가하기를 "완적은 원근간의 일을 영회하여 어떤 처경에서 드러내고 어떤 감흥에서 나타내는 면에서 잘 하지만 그 내용의 종지와 미려함을 다 논하지 못한 것이 있을 따름이다. 사람들은 이래서 진자앙이 완적보다 났다고 말한다. 하필이면 어찌 진자앙이라고 해서 감흥이 없었겠는가.(阮公詠懷遠近之間, 遇境卽際, 興窮卽之. 坐不着論宗佳耳. 人乃謂陳子昂勝之, 何必子昂寧無感興乎哉)"(『藝苑卮言』 권3)라고 하여 자앙시의 특성을 밝히고 있다.

2. 자연에의 귀거(歸去)

자앙시에서 사향(思鄕)의 정회와 탈속의 경지를 담은 것을 가지고 이 항목의 주제로 삼는다. 먼저 사향을 읊은 「저녁에 낙향현에 머물며(晚次樂鄕縣)」(권1)를 보겠다.

> 고향 끝없이 아득한데
> 저물녘 홀로 길을 가누나.
> 시내와 들엔 옛 나라 안보이고
> 길은 변성에 이어 있다네.
> 들의 수자리엔 거친 연기 끊기었고
> 깊은 산엔 고목이 나란히……
> 이 맺힌 한을 어이 하리오?
> 찍찍 밤에 원숭이 울어대네.

> 故鄕杳無際, 日暮且孤征.
> 川原迷舊國, 道路入邊城.
> 野戍荒烟斷, 深山古木平.
> 如何此時恨, 噭噭夜猿鳴.

이 시는 자앙이 21세에 (681) 고향인 사홍(射洪)에서 장안(長安)으로 가던 길에 낙향현(樂鄕縣)을 지나며 지었다. 제1연은 고향을 떠나고서 고향 생각하는 마음과 외로운 심정을 읊었으며, 제3연의 들의 수자리(野戍)와 깊은 산(深山)은 타향의 이미지를 더욱 강하게 부각시키며 말 연은 사령운(謝靈運)의 「석문의 최고 정상에 올라(登石門最高頂)」시를 모의한 구로서 객인의 적막하고 슬픈 감회를 돋구어서 제1연의 시취(詩趣)와 다시 어울리

는 맛을 준다. 그리고 「거연해의 나무에서 꾀꼬리 소리 들으면서 지음(居延海樹聞鶯同作)」을 보면,

> 변방엔 향기론 나무 없는데
> 꾀꼬리 소리 문득 새로워지네.
> 꾀꼴 꾀꼴 뜻이 담긴 듯
> 깊은 근심은 님을 그리는 듯
> 왕소군이 총애 잃은 슬픔인 듯
> 채염이 오랑캐 땅에 잡힌 근심인 듯……
> 앉아서 듣노라니 눈물이 지나니
> 고향의 봄이 더욱더 그리워라.

> 邊地無芳樹, 鶯聲忽聽新.
> 問關如有意, 愁絶若懷人.
> 明妃失漢寵, 蔡女沒胡塵.
> 坐聞應落淚, 況憶故園春.

여기서 거연해는 지금의 영하(寧夏) 거연시(居延市)에 있는 호수로 수공(垂拱) 원년 1월(685)에 동라(同羅)와 복고(僕固) 등이 반란을 일으키자, 이듬해 3월에 토벌에 참가하여 쓴 시이다. 특히 제3연은 한대 채염(蔡琰)이 흉노(匈奴)에게 잡혀가서, 맺힌 망향의 비감을 빌려서 자신의 정감과 서로 상통하는 느낌을 준다.

다음으로 탈속의 심경에 대해서는 자앙에 있어 도가의 의취로 표현되고 있다. 예컨대, 『병들어 집 뜰에 누워서(臥疾家園)』(권2)를 보면,

> 세상에 이름 없는 사람
> 세상의 세월 가기만 하네.

나라 위해 계책 다 버리고
조용히 맑은 도리 본으로 삼아
병든 몸 뉘 물으면
한가로이 지내며 경물을 벗한다고.
영대의 옛 벗 그리웁고
진경에 깃들려고 선소에 숨었다네.
환단을 먹고 해를 좇으며
늙지 않으려 운아차를 마시도다.
어이 알리오. 백사 도장의 나그네를.
소평이 동릉에 오이 심던 그 마음 따르는 길.

世上無名子, 人間歲月餘.
縱橫策已棄, 寂寞道爲家.
臥疾誰能問, 閑居空物華.
猶憶靈臺友, 棲眞隱太霞.
還丹奔日御, 却老餌雲芽.
寧知白社客, 不厭靑門瓜.

 이 시는 장수(長壽) 원년(692)인 자앙 32세 전후의 작이다. 『新唐書』에 "모친의 상을 당하여 관직을 떠났는데 우습유에 발탁되었는데도 자앙은 병이 많아서 직책에 있으면서도 즐겁지 않았다.(以母喪去官, 擢右拾遺, 子昂多病, 居職不樂.)"라 한 기록에서도 알 수 있듯이 이 때는 모친상을 당하고 와병하여 소극적으로 은거하며 도선을 배우면서(學仙) 요양하고 있었다. 이 시는 사절(四折)로 나누어서 살필 수 있으니, 전 4구의 제1절은 나이 들고 공업이 없음을 탄식하였고 중 4구의 제2절은 병중의 정황을 묘사하고, 말 4구는 은거의 희원을 서술하고 있다. 이 시에는 '주문왕의 영대의 벗(靈臺友)'·'진경에 머물다(棲眞)'·'태하(太霞)'·'단약을 먹다(還

丹)'·'해를 따르다(日御)'·'운아차(雲芽)'·'백사의 객(白社客)'·'청문의 오이(靑門瓜)' 등 선어가 다용되어 있음도 탈속적 시의와 상관된다. 그리고「가을 밤 산정에서 휘상인에게 드림(酬暉上人秋夜山亭有贈)」(권2)을 보면,

밝은 달 드리운 숲엔 가을이 깊고
희미한 푸른 산엔 정적이 흐르누나.
참선하는 중에 어느덧 경물이 달라지매
홀로 앉아서 난간 병풍 열어 펴니
소슬한 샘 소리 밤과 한데 어울려 있고
달빛 어린 이슬 한 밤에 더욱 차네.
감사드리네. 이 속세를 떨친 님에게!
나도 티끌 진 이 근심 가눌 길 없으니.

皎皎白林秋, 微微翠山靜.
禪居感物變, 獨坐開軒屏.
風泉夜聲雜, 月露宵光冷.
多謝忘機人, 塵憂未能整.

이 시에서 전 2구는 아름다운 추야의 경색을 보여 준다. '달 밝은 흰 숲(皎皎白林)'은 찬 숲의 쓸쓸함과 달빛 아래 비치는 한 조각 백색, 여기에 '秋'자가 절기를 일러준다. 이것은 그림 속의 근경이다. 그리고 '희미한 푸른 산(微微翠山)'은 그림 속의 원경이다. 끝의 '靜'자가 있으므로 원산의 신기를 드러내고 밤의 기분을 홍탁(烘托)해내고 있다. 제2연은 속계를 벗어난 선취(禪趣)의 경물을 접하고 있는 묘사이다. 여기서 선취란 청대의 오교(吳喬)가 말한 바, "동파가 이르기를 시는 기이한 흥취를 종지로 삼는다. 상도에 반하면서 도에 맞는 것을 흥취로 삼는다라는 이 말은 가장 뛰

어나다. 기취가 없으면 어찌 시라 하겠는가? 상도에 반하면서 도에 맞지 않으면 이것은 어지러운 말이라 한다. 상도에 반하지 않으면서 도에 맞으면 곧 문장인 것이다. (子瞻曰:『詩以奇趣爲宗, 反常合道爲趣』此語最善, 無奇趣何以爲詩? 反常而不合道, 是謂亂談, 不反常而合道, 則文章也.)"(『圍爐詩話』권1)라는 내용과 일치하는 시정이다. 제3연에 들어서는, 자연과 같은 호흡의 경지에 들고, 말 연에서는 속진(俗塵)을 떨치고 세상 고뇌 잊어야(忘機) 할 것이련만, 휘상인에 못 미치는 부끄러움이 깃들어 있다. 그러나 이 시의 운미(韻味)는 호자(胡子)의 말대로 "그의 시를 보면 매미가 세상에서 껍질 벗고 만물 저 밖에서 떠돌아 노니는 것을 알게 된다.(觀其詩, 知其蟬蛻塵埃之中, 浮游萬物之表者也.)"(『苕溪漁隱叢話』前集)에서와 같이 심경의 평온을 다한 신적(神寂)을 감득한 작자의 심상이 아닐런지? 자앙의 이 시는 예술적 처리 또한 높은 기교를 발휘하고 있다. 경물묘사의 정련(精煉), 시구구성의 정제(整齊), 정경의 교융(交融) 등은 성당대에 새로운 시적인 지평을 제시해줬다고 할 수 있다. 초당에서 성당으로 넘어가는 교량적 역할을 한 진자앙의 시는 127수에 지나지 않지만[25], 담지 않은 소재가 드물 만큼 넓고 깊은 것이 그 특징이며, 풍격 또한 초당시인이면서 한위대의 풍골(漢魏風骨)에서 성당의 낭만까지 지니지 않은 것이 없을 정도이다. 교유는 당대의 대가들인 송지문(宋之問)·심전기(沈佺期)·최융(崔融)·최태지(崔泰之)에서 노장용(盧藏用)과 왕무경(王無競)까지, 그리고 휘상인(暉上人) 등 도인과의 현학적인 교류 또한 그의 문학형성에 많은 상관성을 지녔다.

---

25) 퉁양녠(童養年)이 편한 『全唐詩續遺』 卷一(中華書局·1992年)에는 『文苑英華』 七九○에서 수집한 다음과 같은 「座右銘」 1수가 추가되어 있다. "事父盡孝敬, 事君端忠貞. 兄弟敦和睦, 朋友篤信誠. 從官重公愼, 立身貴廉明. 待士慕謙讓, 蒞民尙寬平. 理訟惟正直, 察獄必審情. 謗議不足怨, 寵辱詎須驚. 處滿常憚溢, 居高本慮傾. 詩禮固可學, 鄭衛不足聽. 幸能修實操, 何俟鉤虛聲. 白珪玷可滅, 黃金諾不輕. 秦穆飮盜馬, 楚客報絶纓. 言行旣無擇, 存歿自揚名."

시론의 개혁은 흥기와 풍골을 담는 내용을 강조하고 시 자체의 특성에 있어서 「감우시」를 현실과 이상이라는 양면에서 그 맛을 찾으려 하였다. 단순한 신세한탄이 아니라 보국관(報國觀)과 평화주의적인 비전(非戰)의식이 이었으므로, 현실을 은유적으로 풍자하면서 은둔적인 의지를 취하기도 하였다. 그러나 감우시 자체는 현실과 타협하지 않았고 초탈하려는 관념보다는 현실개선과 적극적인 참여의 자세를 오히려 엿보여준다. 그러므로 감우시는 사실주의적인 현실의식과 함께 현실비판을 공유하고 있다. 그리고 호응린(胡應麟)이 말한 바, "당대 초기에 양수대의 풍격을 이어받았는데 진자앙은 홀로 고아한 풍격의 근원을 개척하였으니 고적·왕창령·잠삼·이기 등의 고아함을 본받아 기골을 더해준 사람들이다.(唐初承襲梁隋, 陳子昂獨開古雅之源. 高適岑參王昌齡李頎本子昂之古雅而加以氣骨者也.)"(『詩藪』권7)라든가, 陳沆이 말한 바, "진자앙은 완적의 풍격을 이어서 이백과 두보의 선구자가 되었다.(射洪嗣阮公, 振李杜之先聲.)"(『詩比興箋』권3)라고 한 평어(評語)는 진자앙의 중국시사상의 비중을 단적으로 대변해 준다고 할 것이다.

◆ 찾아보기

ㄱ

감우시(感遇詩) 331, 365, 374, 378, 384
강릉여가(江陵女歌) 97
강영과(江盈科) 162
개구운(開口韻) 68, 91
거성(去聲) 25
건무곡(健舞曲) 97
건안풍골 363
게송(偈頌) 274
격구용운(隔句用韻) 67
계시(戒詩) 279
계원총담(桂苑叢談) 256
계유공(計有功) 98, 214
고락순환(苦樂循環) 273
고려악(高麗樂) 102
고병(高棅) 15
고운(顧雲) 14
고의육수(古意六首) 366
고적(高適) 17, 76, 83, 85, 384
고창기(高昌伎) 94
고창악(高昌樂) 102
고측(孤仄) 86
고평(孤平) 77, 86
곡자사(曲子詞) 93
곽거병(霍去病) 153, 155
곽무천(郭茂倩) 64, 94, 95, 97, 107
곽박(郭璞) 260
곽북린(郭北麟) 156
곽원진(郭元振) 119
관휴(貫休) 14
교연(皎然) 205, 260, 378
교지지(喬知之) 189, 334, 341, 377
구구용운(句句用韻) 67
구자(龜玆) 103
구자악(龜玆樂) 102, 103
굴원(屈原) 244
궁정체(宮廷體) 151, 173
권덕여(權德輿) 78
금침시격(金針詩格) 236
기무잠(綦毋潛) 17
기험(奇嶮) 18
김가기(金可紀) 13

386 · 중국 초당시론

김시습(金時習) 50
김운경(金雲卿) 13
김입지(金立之) 13
김진덕(金眞德) 13
김태준(金台俊) 49
꽝푸(匡扶) 258

ⓝ

나은(羅隱) 14
낙빈왕(駱賓王) 16
낙조(落調) 81
남윤수(南潤秀) 50
남화(南畵) 14
낭사원(郞士元) 34, 78
냉조양(冷朝陽) 34
노륜(盧綸) 18
노장용(盧藏用) 349, 350, 353, 383
노조린(盧照鄰) 260
녹주편(綠珠篇) 341
능개재만록(能改齋漫錄) 201

ⓓ

담원춘(譚元春) 368
당등과고(唐登科考) 126
당시기사(唐詩紀事) 126, 135, 214, 346
당시담총(唐詩談叢)』 100
당어림(唐語林) 178
당여순(唐汝詢) 202
당육전(唐六典) 310

당음계첨(唐音癸籤) 123
당재자전(唐才子傳) 124, 208
당초체(唐初體) 15, 206
당회요(唐會要) 307
대각체(臺閣體) 218
대곡(大曲) 94, 103
대당신어(大唐新語) 178, 192
대력십재자(大歷十才子) 18
대우(對偶) 67
대창(對唱) 114
도덕경(道德經) 12
도명준(陶明濬) 359
도정시(道情詩) 260
돈황곡(敦煌曲) 97
돈황곡자(敦煌曲子) 116
돈황사본(敦煌寫本) 255, 259
동방규(東方虯) 355
동영(董永) 287
동운운각(同韻韻脚) 70
두목(杜牧) 19
두보(杜甫) 77, 84
두순학(杜荀鶴) 19
두심언(杜審言) 30, 136, 138, 139, 168, 188, 189, 338
두진(竇璡) 94
두헌(竇憲) 155

ⓔ

루칸루(陸侃如) 64

리우다지에(劉大杰) 136, 150

ㅁ

만작시(漫作詩) 260
매성유(梅聖兪) 236
맹계(孟棨) 201
맹교(孟郊) 18
맹종(孟宗) 287
맹호연(孟浩然) 17, 81, 82
모릉(摸稜) 187
모문석(毛文錫) 113
목천자(穆天子) 371
무단첩(無端帖) 376
무삼사(武三思) 129, 136, 138, 183, 189, 194, 333
무평일(武平一) 231
문경비부론(文鏡秘府論) 249
문심조룡(文心雕龍) 235, 362, 359
문언문(文言文) 27
문장사우(文章四友) 135, 172, 174, 204
문체명변(文體明辨) 66

ㅂ

박인범(朴仁範) 13
반야시(般若詩) 274
반제량풍(反齊梁風) 15
반초(班超) 153, 155
방달시(放達詩) 260
방훈(方薰) 242

배선례(裵宣禮) 209
배율(排律) 20
배적(裵迪) 17
백거이(白居易) 18, 97, 361
백량연구(柏梁聯句) 67
백묘(白描)수법 243, 307
백화문(白話文) 27
백화문학사(白話文學史) 257
범고평(犯孤平)」 80
범터(范攄) 278
범특(范攄) 256
법곡(法曲) 94, 103
변새(邊塞) 17
변새시(邊塞詩) 197, 225
보구(補救) 80
보살시화(菩薩示化) 279
본사시(本事詩) 201
본운불통전(本韻不通轉) 67
봉화시(奉和詩) 226
부구백(浮丘伯) 153
부병(府兵) 322
부시(賦詩) 98
부여려(傅與礪) 150
비연(費袞) 280
비전(非戰)사상 17, 219
비전(非戰)의식 197
비흥(比興) 233, 330
빈공과(賓貢科) 13

ㅅ

사구일환운(四句一換韻) 67
사령운(謝靈運) 147, 379
사우시전록(師友詩傳錄) 217
사자평성(四字平聲) 87
사족문벌제도(士族門閥制度) 309
사측성(四仄聲) 75, 76
사평성(四平聲) 79, 81
산성(散聲) 64, 67, 91, 108
삼직(三直) 316
삼평성(三平聲) 79
삼평조(三平調) 21, 72, 73
삼황오제(三皇五帝) 11
상건(常建) 82
상관완아(上官婉兒) 30
상관의(上官儀) 15, 16, 30, 205, 206
상성(上聲) 25
서곡(西曲) 94
서량악(西涼樂) 102, 103
서수생(徐首生) 49
서언백(徐彦伯) 231
서원백(徐元伯) 228
서증(徐增) 239, 285, 308
석종시연(石淙侍宴) 138
석주시화(石洲詩話) 238
선경(禪境) 197, 306
선리(禪理) 197
선어(禪語) 271
선취(禪趣) 382
설능(薛能) 34

설설(薛雪) 165, 237
설시간궤(說詩晉蒯) 226
설요(薛瑤) 13, 119, 136, 138, 189
섭구운(攝口韻) 68, 91
섭몽득(葉夢得) 153
성당체(盛唐體) 15
성조보(聲調譜) 71, 81, 82
소미도(蘇味道) 16, 124, 136, 149, 179, 187, 196
소정(蘇頲) 231
속강변문(俗講變文) 93
속악(俗樂) 94
손팔주(孫八洲) 49
송렴(宋濂) 363
송약시격(宋約詩格) 206
송지문(宋之問) 15, 30, 136, 144, 231, 254, 334, 338, 340, 383
송지문(宋之問), 144
수쉐린(蘇雪林) 149, 151, 159
수의환운(隨意換韻) 70, 91
수죽편(修竹篇) 355
습득(拾得) 275, 330
승문서(僧文漵) 101
승암시화(升菴詩話) 364
시견오(施肩吾) 104
시경(詩經) 27
시경체(詩經體) 20
시보화(施補華) 227, 237
시승(詩僧) 275
시앙(尙鉞) 323
시앙추(項楚) 122, 255, 269, 291

시은(詩隱) 275
시중유화(詩中有畵) 40
시진(謝榛) 160
시품(詩品) 363
신문방(辛文房) 208
신악부(新樂府)」 14
신악부운동(新樂府運動) 18
신운설(神韻說) 359
신위(申緯) 254
新定詩體 249
신정시체(新定詩體) 173
심덕잠(沈德潛) 240, 242
심송체(沈宋體) 206
심약(沈約) 205
심전기(沈佺期) 15, 30, 76, 136, 144, 145, 183, 188, 189, 231, 254, 338, 383
십이시가(十二時歌) 117

◎

아악(雅樂) 94
아정체(雅正體) 98
안국악(安國樂) 102
안사란(安史亂) 214, 316
안회(顔回) 279
압운(押韻) 67
애책문(哀冊文) 169
양견(楊堅) 272
양경술(楊敬述) 136, 138, 183, 189
양류지(楊柳枝)」 97

양신(楊愼) 179, 364
양웅(揚雄) 147
양징(楊澄) 354
양춘(楊春) 354
양형(楊炯) 16
엄우(嚴羽) 206, 358
여광(呂光) 103
여재(呂才) 94
연개사(連介詞) 88
연구(煉句) 156
연년산(燕然山) 155
연단(鍊丹) 12
연산석(燕山石) 155
연악(燕樂) 94
연자(煉字) 156
연장가요형식(聯章歌謠形式) 116
연환구(連環句) 89, 91
염조은(閻朝隱) 189
영물시(詠物詩) 165, 183, 218, 235
영사시(詠史詩) 366
영호원(令狐垣) 34
영회시(詠懷詩) 366, 378
오가(吳歌) 94
오가서곡(吳歌西曲) 114
오교(吳喬) 382
오뇌발(吳雷發) 226, 240
오성가곡(吳聲歌曲) 97
오웬(Owen) 151
오증(吳曾) 201
오측구(五仄句) 79
오평구(五平句) 79

오평성(五平聲) 79
옹방강(翁方綱) 238, 363
완적(阮籍) 366, 378
왕거인(王巨仁) 13
왕건(王建) 18
왕규(王珪) 30
왕당(王讜) 178
왕무경(王無競) 334, 340, 383
왕발(王勃) 15, 16
왕범지(王梵志) 16, 256, 257, 266, 313,
　　314, 330
왕부지(王夫之) 180
왕사정(王士禎) 49
왕사한(汪師韓) 241
왕상(王祥) 287
왕상기(王湘綺) 66
왕세정(王世貞) 378
왕양노낙체(王楊盧駱體) 206
왕어양(王漁洋) 217, 218
왕유(王維) 17, 72, 77, 82, 85, 260
왕자진(王子晋) 156
왕적(王績) 16, 275, 366
왕진(王縉) 35
왕창령(王昌齡) 79, 82, 89, 205, 384
왕한(王翰) 119
요구(拗句) 84
요숭(姚崇) 189
요역(徭役) 322
용비어천가(龍飛御天歌) 49
우계자(于季子) 136, 138, 189
우무(尤袤) 98

우세남(虞世南) 30
운각(韻脚) 68
운계우의(雲溪友議)』 256
원결(元結) 18
원긍(元兢) 205, 206
원진(元稹) 14, 18
원호문(元好問) 49
원화체(元和體) 15
위경지(魏慶之) 235
위사립(韋嗣立) 231, 346
위응물(韋應物) 17, 87
위징(魏徵) 30, 217
위청(衛靑) 153, 155
유비(劉備) 233
유선시(游仙詩) 260
유속독법(流俗讀法) 263
유숙(劉肅) 178, 192
유신(庾信) 66, 329
유우석(劉禹錫) 18, 89, 97, 109
유장경(劉長卿) 74, 82
유종원(柳宗元) 18
유태진(劉太眞) 34
유헌(劉憲) 231
유희재(劉熙載) 165
육구몽(陸龜蒙) 120
육심원(陸心源) 131
육유(陸游) 15
윤회보응(輪廻報應) 272
융욱(戎昱) 38
은번(殷璠) 205
음창잡록(吟窓雜錄) 206

응제시(應制詩)　151, 169, 181, 218,
　　226, 229
이가우(李嘉祐)　34
이교(李嶠)　16, 173, 184, 204, 211,
　　214, 219, 221, 228, 231, 249
이규보(李奎報)　254
이기(李頎)　73, 75, 76, 82, 83, 85, 154
이길보(李吉甫)　34
이능우(李能雨)　49
이단(李端)　73
이백　75, 84
이백약(李百藥)　216
이병주(李丙疇)　49
이병한(李炳漢)　49
이사진(李嗣眞)　206, 209
이상은(李商隱)　19
이석호　51
이섭(李涉)　13
이소(離騷)　373
이숭사(李崇嗣)　334
이암시화(而菴詩話)　285
이애(李乂)　231
이영(李瑛)　236
이적(李適)　228
이중화(李重華)　237
이창룡(李昌龍)　50, 51
이하(李賀)　18, 70
인과순환(因果循環)　272
일운도저(一韻到底)　21, 67, 107
입성(入聲)　25
입신설(入神說)　358

ㅈ

잠삼(岑參)　17, 85, 384
잡곡(雜曲)　94
장건(張騫)　153, 155
장구령(張九齡)　15, 123
장대수(張大收)　94
장소(長嘯)　12
장역지(張易之)　132, 136, 138, 183,
　　189, 192, 340
장열(張說)　17, 79, 136, 147, 211, 231,
　　346
장이(張頤)　354
장적(張籍)　13, 18, 69
장창종(張昌宗)　136, 138, 189
장표신(張表臣)　156
장효표(章孝標)　13
저거몽손(沮渠蒙遜)　103
저광희(儲光羲)　90
적편(摘遍)　103
전가시(戰歌詩)　225
전기(錢起)　18
전당시(全唐詩)　29
전당시속습(全唐詩續拾)　238
전당시화(全唐詩話)　148, 201
전세설(轉世說)　273
전유암(田遊巖)　334, 344
전탁성(全濁聲)　69
정격연장(定格聯章)　106, 117
정경교융(情景交融)　40, 160, 199

정곡(鄭谷) 14
정관지치(貞觀之治) 99
정대창(程大昌) 98
정령위(丁令威) 153
정일재시설(貞一齋詩說) 237
정전쥐(鄭振鐸) 149
정철가사(鄭澈歌辭) 50
정학모(鄭鶴模) 49
제량(齊梁) 123, 138
제량풍(齊梁風) 5, 15, 148, 173, 174, 355
조린(趙璘) 101
조세(租稅) 322
조언소(趙彦昭) 231
조용조(租庸調) 327
조정음악(朝廷音樂) 94
조집신(趙執信) 71, 81, 308
종남산(終南山) 350
종성(鍾惺) 368
좌사(左思) 366
죽지(竹枝) 97
증국번(曾國藩) 269
직유(直喩) 316
직재서록해제(直齋書錄解題) 250
진순(陳洵) 168
진자앙(陳子昻) 15, 74, 123, 129, 136, 140, 141, 331, 348, 350, 355
진진손(陳振孫) 250
진항(陳沆) 370
질탕격(跌宕格) 260
짱시호우(張錫厚) 122

쩐치화(金啓華) 258

(ㅊ)

착운(窄韻) 68
창랑시화(滄浪詩話) 15, 358
채염(蔡琰) 66, 380
천상쮠(陳尙君) 238
첩어(疊語) 158, 249
청상곡(淸商曲) 96
첸중수(錢鍾書) 15
초당사걸(初唐四傑) 15
초사(楚辭) 27
초양왕(楚襄王) 371
촉기식(促起式) 71
촉수식(促收式) 71
최국보(崔國輔) 119
최면(崔沔) 136
최서(崔曙) 75
최식(崔湜) 148, 231
최융(崔融) 15, 125, 130, 144, 162, 183, 205, 206, 228, 249, 250, 334, 335, 383
최일지(崔日知) 346
최치원(崔致遠) 13
최태지(崔泰之) 334, 346, 383
최호(崔顥) 90, 115
측고(仄古) 91
측운고시(仄韻古詩) 67
측운고풍(仄韻古風) 68
측운시(仄韻詩) 73

측천무후(則天武后) 126, 131, 181
츤자(襯字) 97
치우시에유(邱燮友) 93

ㅌ

탄사(彈詞) 92
탄파(攤破) 103
태악승(太樂丞) 14
태평광기(太平廣記) 126, 132, 256
태현진경(太玄眞經) 12

ㅍ

파진무(破陣舞) 98
판원란(范文瀾) 323
팔병설(八病說) 205
펑위엔쥔(馮沅君) 64
평고(平古) 91
평담(平淡) 18
평삼연(平三連) 72
평성(平聲) 25
평시격(評詩格) 173
평운(平韻) 20
평운고시(平韻古詩) 67
평운시(平韻詩) 73
평측(平仄) 67
평측론(平仄論) 21
평측법(平仄法) 249
포조(鮑照) 66
풍골(風骨) 123, 362
풍세권선(諷世勸善) 275

풍익(馮翊) 256, 278
피일휴(皮日休) 14, 19

ㅎ

하지장(賀知章) 17, 260
한굉(韓翃) 34
한백유(韓伯瑜) 287
한산(寒山) 16, 275, 330
한위풍골(漢魏風骨) 363
한유(韓愈) 18, 87, 364
합구운(合口韻) 68
해속품(駭俗品) 260
향토색(鄕土色) 98
허권수(許捲洙) 51
허세욱(許世旭) 49
허자(虛字) 229
허학이(許學夷) 360
험운(險韻) 68
현용설시(峴傭說詩) 227
현장법사(玄奬法師) 13
형상사유(形象思惟) 330
형맹(邢孟) 368
호응린(胡應麟) 174, 384
호자(胡子) 383
호진형(胡震亨) 100, 123
홍매(洪邁) 100
홍인표(洪寅杓) 49
홍탁(烘托) 382
화성(和聲) 97, 108, 111
화창(和唱) 114

환운(換韻)　21
황보송(皇甫松)　110
황보염(皇甫冉)　34, 35
황보증(皇甫曾)　35
황종지우(黃鐘之羽)　109
황죽자(黃竹子)　97
후스(胡適)　257, 258, 268, 269
후윈이(胡雲翼)　149, 219
휘상인(暉上人)　334, 347
흥취설(興趣說)　358

류성준(柳晟俊)

1943년 출생
서울대학교 중문과 졸업, 서울대학교 대학원 중문과 문학석사
국립 타이완(臺灣)사범대학 국문연구소 문학박사
공군사관학교 교수부 조교수, 계명대학교 중국학연구소 소장, 한국외국어대학교 중국문제연구소 소장, 한국외국어대학교 언어연구소 소장, 미국 Harvard 대학교 교환교수, 한국중어중문학회 회장, 한국외국어대학교 동양학대학 학장
현재 : 한국외국어대학교 중국어과 교수, 중국연구소 소장

논문 : 〈全唐詩所載新羅人詩〉,〈寒山과 그 詩考〉,〈滄浪詩話詩辨考〉,〈鄭燮詩考〉, 〈王梵志詩考〉,〈戴叔倫의 五律考〉,〈錢起詩考〉 등 200여 편
저서 : ≪王維詩比較硏究≫, ≪中國唐詩硏究≫, ≪중국 현대시의 이해≫, ≪淸詩話 硏究≫, ≪初唐詩와 盛唐詩 연구≫, ≪韓國漢詩와 唐詩의 비교≫ 등 80여 권

•중국 초당시론

초판인쇄	2003년 5월 5일
초판발행	2003년 5월 10일

지 은 이 류 성 준
펴 낸 이 한 봉 숙
펴 낸 곳 푸른사상사

출판등록 제2-2876호
주   소 100-193 서울시 중구 을지로3가 296-10 장양빌딩 202호
전   화 02) 2268-8706-8707
팩시밀리 02) 2268-8708
이 메 일 prun21c@yahoo.co.kr / prun21c@hanmail.net
홈페이지 prun21c.com
편집•박영원／김윤경
기획/영업•김두천／김태훈／박선

ⓒ 2003, 류성준
ISBN 89-5640-103-9-03820

정가 17,000원